海纳百川　取则行远

中国海洋大学史

历史卷（上）

主　　编　魏世江

副 主 编　王淑芳　杨洪勋　纪玉洪　王宣民

参编人员　（以姓氏笔画为序）

王宣民　王淑芳　冯文波　纪玉洪

杨洪勋　张　影　呼双双　魏世江

中国海洋大学出版社

·青岛·

图书在版编目（CIP）数据

中国海洋大学史. 历史卷 / 魏世江主编. —青岛：中国
海洋大学出版社，2024.8

ISBN 978-7-5670-3860-8

Ⅰ. ①中… Ⅱ. ①魏… Ⅲ. ①中国海洋大学 – 校史
Ⅳ. ①G649.285.23

中国国家版本馆CIP数据核字（2024）第097181号

ZHONGGUO HAIYANG DAXUE SHI LISHI JUAN

中国海洋大学史 历史卷

出版发行	中国海洋大学出版社
社 址	青岛市香港东路 23 号 　　**邮政编码** 266071
网 址	http://pub.ouc.edu.cn
出版人	刘文菁
责任编辑	孙宇菲 付绍瑜 王 晓 **电 话** 0532-85902349
电子信箱	cbsebs@ouc.edu.cn
印 制	青岛海蓝印刷有限责任公司
版 次	2024年8月第1版
印 次	2024年8月第1次印刷
成品尺寸	185 mm × 260 mm
印 张	84.75
字 数	1580千
印 数	1 ~ 3300
定 价	528.00元（全三册）
订购电话	0532-82032573（传真）

发现印装质量问题，请致电 0532-88786655，由印刷厂负责调换。

总　序

世纪海大　谋海济国

中国海洋大学是一所具有鲜明红色基因、优良革命传统、执着蓝色梦想的国家重点建设的综合性研究型大学，是国家"世界一流大学建设高校"（A类）。民国时期，学校筚路蓝缕，于艰难之中图存图兴；新中国成立后，学校坚持把党的全面领导作为根本保证，坚持把服务国家作为最高追求，坚持把改革创新作为强大动力，坚持把特色一流作为必由之路，奋力建设特色显著的世界一流大学，在科教兴国、海洋强国建设中勇立潮头、走在前列，引领推动着我国海洋高等教育创新发展，为国家海洋事业作出了应有的历史贡献，谱写了一曲不懈奋斗、向海图强的蓝色华章。

为了铭本记源，资政育人，让大家更好地了解中国海大，也让明天的中国海大人能够立足百年基业，持续树人立新、谋海济国，我们编修了这部校史。

一、坚持把党的全面领导作为根本保证

红色基因贯通了世纪海大。新中国成立后，坚持和加强党的全面领导，始终给学校以正确的方向和强大的精神与组织力量。

1. 红色基因与生俱来

从首届学生中走出的中华人民共和国元帅罗荣桓、革命英烈彭明晶（罗荣桓的入党介绍人）、中共第一本无线电通信密码编制者张沈川等中国共产党早期优秀分子，到1932年成立的山东省最早红色学生社团"海鸥剧社"，到1937年在此成立、由在校学生李欣任书记的中共青岛特别支部，到抗战期间由中共青岛特别支部改组成立、由学生陈振麓任书记的中共青岛市委，到解放战争时期爆发的师生反对美国士兵暴行和"六二"反

饥饿、反内战、反迫害运动。旧中国暗夜中,红色基因不断激发师生团结奋进,救亡图存,追寻光明。

2. 党的领导把握方向

新中国成立后,学校坚持党的领导,全面贯彻党的教育方针,把牢社会主义办学方向,坚持马克思主义指导地位,落实立德树人根本任务。靠党的领导强化制度建设,建立健全党委领导下的校长负责制、民主集中制等各项制度,确保党管办学方向、党管干部、党管人才,全面落实党的教育方针;靠党的领导擘画事业蓝图,坚持将党建与事业发展深度融合,凝聚师生智慧,始终把服务国家作为最高追求,做好战略规划;靠党的领导汇聚发展动能,坚持党的宗旨和群众路线,始终把广大师生作为坚强依靠,汇聚团结奋斗的强大合力,推进科学发展。

3. 党建领航争创一流

进入新时代,学校第十一次党代会深入贯彻落实习近平新时代中国特色社会主义思想,提出实施新时代党建领航工程、新时代奋进海大工程、新时代卓越海大工程、新时代创新海大工程、新时代幸福海大工程,着力发展提速、着力改革突破、着力建设攻坚、着力防范风险,全面开创特色显著的世界一流大学建设新局面,为以中国式现代化全面推进强国建设、民族复兴伟业作出新的历史贡献。

二、坚持把服务国家作为最高追求

坚持把服务国家作为最高追求,是世纪海大始终坚守的价值取向。

1. 救国之需,应时而生

1924年10月,私立青岛大学在今中国海洋大学鱼山校区创立,是国人在齐鲁大地上创立的第一所本科起点的现代高等学府。校纲办学宗旨对接《大学令》:"教授高深学术,养成硕学宏材,应国家需要。"开办当年就开设了工科和商科,次年增设铁路管理科,学科设置和培养要求与当时经济社会发展需求高度契合。齐鲁大地、黄海之滨,一所大学以现代高等教育之光和革命星火点亮了神州一隅,与19世纪末20世纪初应教育救国之需而诞生的一批中国现代大学遥相辉映,联袂担当起教育救国的责任。

2. 兴国之需，与时偕行

新中国成立后，1951年学校与华东大学合并，定名为山东大学，实施"文史见长，加强理科，发展生物，开拓海洋"的办学方针，既保持了一定的综合实力，也孕育了鲜明的特色优势。以"中国克隆之父"童第周为代表的一大批理工科名家巨匠带动学校理科水平处于国内前列；1951年《文史哲》创刊，学校呈现人文兴盛之势。1952年全国高校进行院系调整，厦门大学海洋系理化组部分师生北迁青岛，与学校海洋物理研究所一起组建成立了海洋系；1953年9月，河北水产专科学校部分师生和仪器并入学校水产系，水产学科力量进一步增强，成为学校重点发展系科，为最终发展成为一所综合性海洋大学夯实了基础。

1958年秋，遵山东省委指令，山东大学大部迁至济南，时称山东大学（济南）。海洋系、水产系、地质系以及生物系的海洋生物专业、物理系和化学系的部分教研室及直属教研室部分人员留在青岛，时称山东大学（青岛）。1959年3月，经中共中央批准，以山东大学（青岛）为基础成立了山东海洋学院，中国第一所海洋高等学府由此诞生。

3. 强国之需，谋海济国

学校不断应国家经济社会发展，特别是海洋事业和高等教育发展之需，强化特色，加快发展，成为海洋强国建设的中流砥柱。学校师生作为主力参与新中国首次大规模海洋综合调查，制定我国海洋调查规范，摸清我国近海资源家底；赫崇本教授牵头联合海洋界同仁倡建国家海洋局，完善国家海洋治理体系；文圣常院士提出"普遍风浪谱"理论（文氏风浪谱），新型海浪计算方法被纳入我国《海港水文规范》，结束了我国建港规范长期依赖国外海浪谱的历史；管华诗院士及其团队研制上市我国第一个现代海洋药物藻酸双酯钠（PSS），获得了我国海洋和水产领域迄今为止唯一的国家技术发明一等奖，开辟了我国海洋药物研究新领域；海大人引领和推动了藻、虾、贝、鱼、海珍品海水养殖业的"五次浪潮"，为推进深远海立体养殖新领域、推动我国成为世界第一水产大国、推进国家海洋经济繁荣，作出了不可替代的贡献；自20世纪80年代初期中国极地科学考察起步开始，中国海大人作为主力积极参与，为我国成为南北极科考大国作出了积极贡献；进入新时代，学校先后提出"透明海洋""蓝色药库""蓝色粮仓"等重大科技计划,成为我国海洋领域重大科技项目的重要发起和承担单位,为我国挺进深蓝,引领国际海洋科技进步展开了新的时代画卷。

建校百年来,学校先后为国家培养了36万余栋梁之材。他们遍及神州,远及海外,成为各行各业特别是我国海洋、水产行业的骨干和中坚。其中16人成长为中国科学院或中国工程院院士、4人先后担任国家海洋局局长,我国海洋领域、水产领域1/3以上的博士从这里毕业。"神舟"飞天、"嫦娥"奔月、"蛟龙"探海、极地科考、巡洋护航、守礁戍边、观风测云、海浪预报、架桥通隧、乡村振兴、探究"透明海洋"、建设"蓝色粮仓"……无不有中国海大人的身影。

三、坚持把改革创新作为强大动力

坚持把改革创新作为强大动力,是世纪海大不断前进的制胜法宝。

1. 不断推进立德树人

学校始终遵循党的教育方针,以培养德智体美劳全面发展、具有民族精神和社会责任感、具有国际视野和合作竞争意识、具有科学精神和人文素养、具有创新意识和实践能力的高素质创新型人才为目标,以造就国家海洋事业的领军人才和骨干力量为特殊使命,形成了"五育并举"的人才培养格局。德育方面,坚持以立德树人为根本,以社会主义核心价值观为指导,突出"海味"特色,充分发挥课堂主渠道、社会实践和校园文化等的综合育人功能,构建思政工作体系。长期坚持学生思政工作考核评估,实施"时代新人铸魂工程"和"海之子成长计划",深化"三全育人"综合改革,培育学生对党忠实、为人诚实、学识扎实、干事踏实、作风朴实、进取求实的"六实"特质,教育引导学生厚植家国情怀、矢志谋海济国。智育方面,学校提出"通识为体,专业为用"的本科教育理念,建立"有限条件下的自主选课制"和"学业与毕业专业识别确认制"为核心的本科教育运行体系,帮助学生形成通专结合的知识构架和自我培养、自主学习的能力,促进学生适应经济社会的快速发展。学校实施以"3+1+1+4"本硕博贯通培养为核心的研究生教育综合改革,实现了博士生思政课实践教学的全覆盖,构建了以一级学科硕博贯通培养方案为统领、以高水平科学研究为支撑、以提升科研创新和实践创新能力为重点的研究生分类培养体系,打造以培养海洋特色拔尖创新人才为导向的人才培养的海大模式。体育、美育、劳育方面，学校均出台了专门的工作方案，着力提升学生的综合素质，赢得了学习在海大、创新在海大、成才在海大的美誉。

2. 不断完善治理体系

新中国成立初期，党的坚强领导和以华岗校长的政治大课为代表的马克思主义教育，较好地促进了红与专的统一，学校很快步入社会主义大学正轨。改革开放之后，学校以改革为动力，以发展为目的，以稳定为前提，很好地处理了三者之间的关系，确保学校行稳致远。世纪之交，学校坚持"重特色、求质量，先做强、再做大"的发展策略，稳慎扩展办学规模，率先举起高水平特色大学旗帜，较好地处理了内涵与外延的关系。学校始终重视教学，通过质量保障机制、职称评审制度、改革分配制度等多方面引导促进教学工作，积极推动科研与教学相结合，让科研最新成果进课堂，较好地处理了教学与科研的关系，促进了研究型大学的建设。在世纪之交中国高等教育大改革、大发展的背景下，学校科学研判国家经济社会发展战略需求和自身特点，提出并实施"强化发展特色、协调发展综合，以特色带动综合、以综合强化特色"的学科发展思路，科学处理了特色与综合的辩证关系。积极推进以《中国海洋大学章程》为代表的管理制度体系建设，探索以分配制度改革为核心的人事制度改革，探索适应时代要求的教育教学改革、破除"五唯"的教育评价改革、科研体制改革，探索大部制改革、校院两级管理体制改革，因地制宜地推进综合改革、优化多校区运行管理机制，不断完善中国特色的现代大学制度。

3. 不断弘扬崇尚学术

创校之始，《私立青岛大学暂行大纲》开宗明义，教授高深学术。此后，国立青岛大学筹委会确定学校的定位与目标时强调"大学是造成最高学术的机构"。1963年9月，山东海洋学院成立学术委员会并制定了工作条例。新世纪，学校明确提出了"崇尚学术，谋海济国"的价值追求，"治学严谨、执教严明、要求严格"的教风，"求是、求博、求精、求新"的学风。学校的"大先生"们以崇高的境界、丰厚的学识、执着的精神，引领着一代代海大人孜孜以求。弘扬崇尚学术的治学执教之道，成就严谨而又活泼的学术风气，日久而弥坚。

4. 不断拓展开放合作

学校始终与青岛市、山东省和国家海洋局系统密切合作。特别是世纪之交，学校积极推进办学体制改革，在全国高校中率先开启省部共建，开启教育部、山东省人民政府、国家海洋局和青岛市人民政府四家共建。新世纪，学校积极开展行业合作，牵头集成青岛海洋科教力量建设青岛海洋科学与技术试点国家实验室（现崂山实验室），推进学校与实验室融合发展。积极开展校地合作，与海南、云南、黑龙江、广西等省（自治区）和山东沿海各市签署合作协议，在海南三亚、广东深圳等地共建海洋研究院。积极开展校企合作，与华为、海尔、海信、山东港口集团、58同城等大型企业签署战略合作协议，开展深度科研和人才培养合作。实施国际化战略，发起成立国际涉海大学联盟、中国－挪威海洋大学联盟，开展中美、中澳、中英、中德、中法等务实合作，与来自50多个国家和地区的300余个合作伙伴共建全球海洋科教合作协同创新平台与网络，积极助力国家对外开放战略实施和"一带一路"及海洋命运共同体建设。

四、坚持把特色一流作为必由之路

坚持把特色一流作为必由之路，是世纪海大追求卓越的战略选择。

1. 建成综合性海洋学科体系

学校的海洋学科体系，以海洋为线索，贯通了理、工、农、医、文、经、管、法、历史、教育等学科，涵盖了物理海洋、海洋化学、海洋地质、海洋生物、水产、海洋食品、海洋医药、海洋工程、海洋技术、海洋环境、海洋管理、海洋法学、海洋经济、海洋文化等方面，对复合型海洋人才培养和大跨度重大海洋科研与社会服务，都能提供强力支撑。

2. 打造高水平人才队伍

学校目前有全职两院院士8人，国家杰青等国家级人才164人，泰山学者等省部级人才446人，学校"筑峰""繁荣""名师""英才"等高层次人才和优秀青年人才436人。正是这一大批涉海高层次人才的强力支撑，学校海洋、水产两个学科在国家历次学科评估中始终位列第一，迈进世界一流学科前列，若干研究方向处于世界领跑地位。

3. 建成高层次人才培养体系

学校以培养国家海洋事业的领军人才和骨干力量为特殊使命，建成了覆盖我国所有涉海本科专业、硕博士点和博士后流动站，发挥海洋科技优势，加强科教融汇、产教融合，系统性、整体性、协调性地建设有组织人才培养的海洋人才培养体系。有涉海本科专业24个，国家基础学科拔尖学生培养计划2.0基地2个，国家基础科学研究和教学人才培养基地2个，国家生命科学与技术人才培养基地1个，国家级人才培养模式创新试验区2个，国家级特色专业12个，国家级一流专业38个。制定了海洋科学类专业教学质量国家标准（2016）、海洋科学类专业实践教学标准（2017），成为50多所高校近百个海洋科学类专业办学的重要依据。

4. 建成一系列高水平科技平台和新型研发机构

学校建立起自近岸、近海至深远海的海洋调查船队平台。其中5000吨级"东方红3"是世界上同类科考船中最先进、科考功能最完备的静音科考船。构建了国际上规模最大的区域海洋观测系统——"南海-西太潜标观测网"、全球首个西北太平洋黑潮延伸体定点观测系统和马里亚纳海沟万米深渊综合观测阵列。建有青岛海洋生物医药研究院、三亚海洋研究院和深圳研究院等高水平新型研发机构。

5. 建成服务海洋强国建设的高端"蓝色智库"

学校充分发挥海洋综合学科优势，成立海洋发展研究院，中国海洋发展研究中心落户学校，积极服务海洋强国和"一带一路"建设，为我国制定海洋战略、立法、规划、标准及参与全球治理提供全方位智力支持。

2022年4月10日，习近平总书记在视察学校三亚海洋研究院时强调："建设海洋强国是实现中华民族伟大复兴的重大战略任务。"党的二十大报告强调要加快建设教育强国、科技强国、人才强国、文化强国和海洋强国。习近平总书记的重要讲话和党的二十大赋予海洋强国建设新的更高的历史地位，赋予科教事业新的更重的时代责任，赋予中国海大新的更大的光荣使命。站在历史新起点，面向百年新跨越，学校正面临着前所未有的发展期待、前所未有的发展机遇和前所未有的发展挑战。我们必须深入学习贯彻习近平新时代中国特色社会主义思想，勇担使命，踔厉奋发，以前所未有的责任担当精神、干事创业精神、改革创新精神、勇于斗争精神和自我革命精神，着力打造人才培养的海大模式、科学研究的海大学派、服务社会的海大经验、文化传承的海大精神、开放合作的海大格局，奋力谱写高质量发展新篇章，确保实现到2030年建成世界一流的综合性海洋大学、到本世纪中叶建成特色显著的世界一流大学的"两步走"战略，为强国建设和民族复兴伟业作出中国海大新的历史贡献。

世纪海大，谋海济国。

世纪海大，再创辉煌。

田辉　张峻峰

2024年6月

序　二

2023年11月，当《中国海洋大学史·历史卷》放到我案头时，尽管对学校修史之事大致了解，但还是被深深地触动了。面对内蕴着数代海大人百年奋斗的心血付出，梳理了海大发展轨迹的百万言史稿，感慨万分！首先由衷感到的是编著者的辛劳和心血！因为我知道这次修史基础之薄弱，困难之巨大。如今，这部皇皇之作即将问世，怎不令人为之感慨，感到欣慰！感到海大人的自豪！

盛世修史是中华民族的优良传统。中华文明之所以未蹈其他三大古文明之覆辙而绵延不绝，与此有莫大关系。清末思想家、教育家龚自珍有云："欲知大道，必先为史"，强调的是了解历史对于认识和把握社会发展规律的重要性。同理，要认识和把握高等教育发展规律，也需要了解大学的校史。再者，离开了校史，大学文化建设与精神追求就成了无源之水、无本之木。对于一所现代大学而言，应当深刻了解自己的过去，明白自己的现在，以更好地走向未来。正基于此，学校领导班子才下决心组织编撰《中国海洋大学史》。五年多来，主创团队寒暑煎熬，数易其稿，反复审修，又加全校上下的支持，终于克成大功。这是中国海洋大学文化建设上的一个里程碑，也是献给学校百年华诞的一份厚礼。

阅读《历史卷》，我有个深切感受：中国海洋大学的近百年，与祖国和民族休戚与共，同频共振。国家动荡，则学校受挫；国家安宁，则学校处顺。民国时期年荒世乱，民生凋敝，学校于艰难之中图存图兴，尽其在我；新中国成立后时通运泰，历代海大人革故鼎新，矢志于图兴图强，争创一流。百年中，学校形成了厚基础、严要求，尚学术、重特色的办学传统，走出了一条由海而兴、向海图强、谋海济国之路，始终处于中国大学的第一方阵，以质量和特色著称于世。

读完《历史卷》，它理清了学校百年发展的脉络，忠实记录了各时期重大事件之始末、重点人物之所为。

我曾记得，主创者在校史编委会第一次会议上就提出，中国海洋大学的校史应该是人才培养史、学科发展史和科技发展史。现在看来，他们很好地把握住了这个定位。事实上，加强教学以培养人才，发展学科以提升学术，增强科技以服务国家，乃大学之天职。这部校史遵循其道，竭力挖掘史料，给予重点记述，做到了宏旨突出，编排有序，体例规整。

我还记得，有人在编委会全体会议上提及，这次修史有三个关键点：即私立青岛大学的创立、山东海洋学院的成立、校史源头的追溯。说清楚、弄明白这三件事，在一定程度上影响着校史的质量与水平。我欣慰地看到，主创团队以科学的态度，用翔实的史料，提要钩玄，正本清源，端正视听，交出了令人信服的优秀答卷。

由于众所周知的原因，在很长一段时间里，校史上有的知名人物被边缘化，有些重要事件的真相被遮蔽，其中最为典型的有一人一事。一人是指赵太侔先生。他曾两度执掌国立山东大学，对学校的发展尤其是涉海学科的拓展倾尽心力，居功至伟，但却因为种种原因而被边缘化。这次主创团队运用唯物史观，将其放在当时的社会环境中重新审视，坚持论从史出，既肯定了赵太侔校长治校理学的历史性贡献，又不回避他在处理特殊事情上的局限性乃至错误，做到了一分为二、客观公允。一事是指1949年春水产系二、三年级学生借读复旦大学。这件事在不少书籍中被定性为"水产系南迁"，完全背离了事实真相。更重要的是，此说置参与其中的师生于政治正确的对立面，导致他们中有些人在之后的政治运动中受到不公正对待。此次修史，主创者广泛搜集并缜密考订史料，讲清了事件的来龙去脉、是非曲直，用确凿的证据揭示了被长期遮蔽的真相，为涉事师生辨诬。读来让人心绪难平，感慨不已。

凭借上述，有理由认为，《中国海洋大学史·历史卷》可称得上是一部质量上乘之作，尽管它并不完美。

几度风霜雨雪，几度春华秋实。我们为之倾注了无数心血的母校——中国海洋大学，再过十个月，就迎来百年华诞。我对这一天的到来，抱有殷切期盼和美好祝愿。同样，相信《中国海洋大学史》的面世，定会在建设特色显著的世界一流大学进程中发挥出资政、育人功效，助力凝聚海大人的智慧和力量，为海洋强国建设、为中华民族复兴伟业作出新的更大贡献。

2024年元旦

目　录　| CONTENTS

（1924—1929）

（1929—1932）

（1932—1949）

第四篇　新中国文理为主的综合大学

（1949—1958）

第一篇
工商立基的私立大学
（1924—1929）

19世纪末20世纪初，在西方列强的侵略、欺凌之下，也在西方现代科学技术与文化思想的冲击和影响之下，作为中华民族觉醒、自救和自强的标志性新生事物——一批现代意义的大学应运而生了。中国海洋大学的前身——私立青岛大学就在其中。

私立青岛大学是中国海洋大学的源头，创立于1924年8月。学校名为"私立"，实则官民合办。首任校长是曾任北洋政府交通总长兼教育总长、时任胶澳商埠督办的高恩洪。校址为德国侵占青岛时期所建的俾斯麦兵营，占地300余亩，有十余栋建筑。

学校规制仿照西方现代大学，实行董事会制，聘任学界名流梁启超、蔡元培、张伯苓、黄炎培等为名誉董事。计划开设文、农、工、商等七科，限于条件，首设工科与商科。首届招生80人，其中就有罗荣桓等具有先进思想的青年，还有留学生数人。罗荣桓等人的革命活动，为学校的发展注入了红色基因。

1924年10月25日，私立青岛大学举行开学典礼，并定该日为成立纪念日。中国海洋大学的校庆日即源于此。

开学时公布的《私立青岛大学暂行大纲》开宗明义，以"教授高深学术，养成硕学宏材，应国家需要"为办学宗旨。囿于经费、政局困扰，私立青岛大学管理层秉持昌明教育、作育人才初心，在困境中艰难图存。

私立青岛大学是青岛主权收回后，国人在齐鲁大地上创办的第一所以本科为起点的现代大学。

1929年6月，国民政府指令在青岛设立国立青岛大学，接收原私立青岛大学、省立山东大学校舍校产，校址为私立青岛大学校址。

第一章
私立青岛大学的创建

　　1922年中国政府收回青岛主权后，国人在这里自主发展高等教育成为可能。中国政府把青岛辟为直属中央管辖的商埠，委派有着交通总长、教育总长履历的高恩洪出任胶澳商埠督办。高恩洪成为短时间内创办一所大学的强有力推动者。而青岛20多年被德国、日本侵占的历史，也让这座城市中的绅商阶层对中国自主发展教育的渴望更加强烈。可以说，是历史的必然和偶然因素的共同作用，促使私立青岛大学适时出世。

第一节　私立青岛大学创建的背景

　　在私立青岛大学诞生之前，中国近代高等教育已经有近30年的实践。在中华民族面临千年大变局的危难之际，教育救国是一代代有识之士矢志不渝的追求。他们的探索和经验，也为私立青岛大学的成立和发展提供了借鉴。

一、近代高等教育的探索与实践

　　19世纪中后期，列强环伺，国势日衰。伴随坚船利炮而来的西方先进学说和科学技术，不断冲击着国人的思想观念。在西强中弱对比下，以"出仕"为目标的传统教育难以培养出能应对大变局的人才，有识之士纷纷呼吁改革教育。在救亡图存成为迫切的时代和历史要求之际，教育的任务已然改变。

第二次鸦片战争失败后，为学习、引进西方的先进技术和管理经验，洋务派开始兴办新式学堂。新式学堂主要有西文与西艺两类，如京师同文馆、福州船政学堂、江南水师学堂、山海关铁路学堂、上海电报学堂、南京矿路学堂，借鉴西方学校的教学制度和课程设置，直接引进原版或翻译教材，培养了近代中国第一批新型人才。但新式学堂是洋务派为解决新式工业所需人才问题而开办的职业性、技术性教育机构，前无与之对应的新式基础教育，后无相应的新式高等教育，缺少衔接配套、循序渐进的教育体系，加之依旧是变器不变道、变末不变本的办学指导思想，没有从思想上、制度上革新封建王朝的教育体制。

甲午海战，中国战败，举国哗然。有识之士普遍认识到，日本之胜，在于教育普及；中国之败，在于民智未开、人才匮乏。维新派人士主张彻底革新传统教育，发展系统的新学制教育，建立小、中、大学堂，并选拔学生出国留学，造就学有专长的人才。在时代和历史的双重召唤下，中国教育拉开革新的大幕。

在维新思潮中，中国历史上第一所官办近代大学出现了。天津海关道盛宣怀于1895年10月创办天津中西学堂（今天津大学前身），翌年改名为北洋大学堂。1898年6月，光绪皇帝在《明定国是诏》中提出要举办京师大学堂，并第一次从国家层面对人才提出具体要求：中西兼通。[①]1898年12月，京师大学堂开学。1909年，京师大学堂又筹办分科大学，设经、法、文、格致、农、工、商七科，具有了现代大学的雏形。因新学制建立前后，相应生源缺乏，京师大学堂学生为30岁以下的举人、贡生、监生，其他在京官员自愿入学的，毕业后给予相应"出身"。

在官办大学兴起之时，在实业救国思潮中，清政府还倡办实业学堂，同时向日本和欧美国家派遣大量留学生。留学生所学多是国家急需的实科类，归国后，分布于各个领域，对中国政治、经济、文化、教育等方面的进步发挥了巨大推动作用。

1901年清政府施行"新政"，使整个教育体制发生了划时代变革，除京师大学堂外，各省设在省城的书院改为大学堂，各府及直隶州的为中学堂，各州县的为小学堂，并多设蒙养学堂，一套中学西学兼具的近代学堂体系建立起来。1905年9月，绵延1300多年的科举制度被废止，传统学制亦随之成为历史。1904年初清政府颁布癸卯学制，第一次以国

---

① 《明定国是诏》中提出："……中外大小诸臣，自王公以及士庶，各宜努力向上，发愤为雄。以圣贤义理之学，植其根本，又须博采西学之切于时务者，实力讲求，以救空疏迂谬之弊。专心致志，精益求精，毋徒袭其皮毛，毋竟腾其口说。总期化无用为有用，以成通经济变之才。"见刘斯奋主编，刘斯翰编纂：《今文选9·近代政论卷》，中国言实出版社2015年版，第104页。

家法令的形式明确各级各类学校的培养目标、学习年限、课程设置以及相互之间的统属衔接关系。

　　癸卯学制规定高等教育分为高等学堂和大学堂，高等学堂是具有大学预科功能的学校，大学堂是分科大学。在京师设立的大学堂必须八科全备，这八科是经学、政法、文、医、格致、农、工、商，每科之下又分设若干门；外省的至少要设三科才准予成立。癸卯学制颁布后，各省由书院改设的大学堂又改为高等学堂。科举制度废止后，新制学校在各类措施的共同作用下得到快速发展。癸卯学制是学习日本教育模式的产物，又保留一些传统因素，基本适应了当时的国家需要，中华民国成立后被废止。

　　尽管大学堂在形式上已采用西方近代大学的学科分设制度，但"遵经""尊孔"的教育指导思想，使得"这些大学推行的总方针，还是为了要产生一个于政府有用，能尽忠职守的群体"[1]，无论是学术的追求还是培养人才的目标，与时代的要求都相去甚远。

　　1912年中华民国成立，随着封建帝制的瓦解，以之为支撑的意识形态、价值理念、道德标准、教育思想等都开始发生变化。社会需要大量适应新的政治、经济、文化等发展要求的人才，发展资产阶级教育、用民主共和思想价值体系改造国民、培养人才，势为必然。

　　1912年1月，蔡元培出任南京临时政府教育总长，开始组织绘制教育事业蓝图。他较早注意到德国教育的先进性，认为"救中国必以学，世界学术德最尊"[2]。19世纪初，新人文主义思想家威廉·冯·洪堡开创了"柏林大学模式"——大学自治、国家支持、学术自由、教授治校，使德国的大学培养了大批人才，推动了德国科学、工业、经济、文化和社会各方面的进步。19世纪70年代德意志民族实现统一后，德国成为世界的教育和科学中心。1907年，蔡元培自费到德国留学，"专修文科之学，并研究教育原理……至少以五年为期，冀归国后，或能效壤流之助于教育界"[3]。他在莱比锡大学选修了大量课程，同时注意考察德国教育制度，辛亥革命爆发后回国。在革故鼎新的历史转折时期，蔡元培以及他的继任者们，适应政体变革，召开全国教育会议，讨论新教育方针，制定新学制，陆续颁布了多部教育法令法规，于1913年形成壬子癸丑学制。

　　壬子癸丑学制否定了以"忠君""尊孔"为核心的封建道德和封建教育思想，将自由、平等、博爱奉为教育圭臬。确定新的教育宗旨为"注重道德教育，以实利教育、军国

---

① 蔡元培：《中国现代大学观念及教育趋向》，中国蔡元培研究会编：《蔡元培全集》第5卷，浙江教育出版社1997年版，第311页。

② 黄炎培：《吾师蔡孑民先生悼辞》（1940），中国蔡元培研究会编：《蔡元培纪念集》，浙江教育出版社1998年版，第93页。

③ 蔡元培：《为自费游学德国请学部给予咨文呈》，中国蔡元培研究会编：《蔡元培全集》第1卷，浙江教育出版社1997年版，第452-453页。

民教育辅之，更以美感教育完成其道德"①。与清末的教育宗旨相比，新宗旨注重人的发展和人才对国家强盛的重要作用。随着社会的发展，到1922年壬戌学制颁布时，教育指导思想比较注意适应社会进化之需要，发扬平民教育精神，谋个性之发展，注意国民经济力，注意生活教育，使教育易于普及，多留伸缩余地。②壬戌学制的教育宗旨更注重人的个性养成和培养社会需要的人才。

1912年10月教育部颁布的《大学令》、1913年1月颁布的《大学规程》，对大学宗旨、办学条件、管理体制、系科设置、入学资格等都有详细规定。壬子癸丑学制将高等教育分为大学和专门学校两类，分大学预科、大学、大学院三层级。总体借鉴德国模式，选科制则效仿美国学制。同时出于与大学相衔接、集中教育资源的考虑，停办各省高等学堂，并入大学预科。允许私人办大学，并颁布《私立大学规程》，管理上参照《大学令》。

《大学令》规定，大学以"教授高深学术，养成硕学宏材，应国家需要"为宗旨。取消了经科，规定大学分文、理、法、商、医、农、工七科，设立时需以文、理二科为主，可文、理二科并设，或文科兼法、商二科，或理科兼医、农、工三科中的一到三科，方可称为大学。

壬子癸丑学制施行后，大学发展缓慢，专门学堂虽发展较快，但关系国计民生的农业、工业、医学、商业、造船业等领域的专门学校却非常少。学科的失衡不适应快速发展的民族资本主义对实业人才的紧迫需求，大学发展的缓慢也极不适应中学毕业生的升学需求。1917年9月，《修正大学令》公布，规定两科以上可称大学，单科可称某科大学，大学设两年制预科。1922年11月，壬戌学制公布，规定大学设数科或一科均可；单设一科者，称为某科大学校；大学用选科制；取消大学和专门学校的预科。1924年2月《国立大学校条例》公布，承继《大学令》中的办学宗旨、学科设置、修业年限、入学资格等规定，在国立大学校恢复设预科，接收旧制中学及初级中学校毕业生。《国立大学校条例》规定私立大学参照国立大学办理。

新法令放宽了大学设科门槛，促使国内出现私立大学的创办热潮。1917年私立复旦公学更名为复旦大学，1919年私立南开大学开办，1921年私立厦门大学成立，1923年私立大同大学创办，1924年私立青岛大学、私立大夏大学创办……私立大学的发展一时达到一个高潮，与公立大学形成平分秋色之势。

---

①《教育部公布教育宗旨令》，中国第二历史档案馆编：《中华民国史档案资料汇编》第三辑，凤凰出版社1991年版，第22页。
②《教育部公布学校系统改革案》，中国第二历史档案馆编：《中华民国史档案资料汇编》第三辑，凤凰出版社1991年版，第84页。

二、山东近代高等教育的发展

山东近代教育风气之开较京津沪等地为晚。但在清末新政时，山东巡抚袁世凯顺应社会变革，在官办高等教育上一时走在前面。

1901年9月清政府兴学诏书发布后，袁世凯立即组织起草《山东试办大学堂暂行章程折稿》，并上奏朝廷。折稿在回答"如何而人才始盛"时称，"以今日事变之殷，时艰之亟，将欲得人之佐治，必须兴学以培才"，故"先于省城改设大学堂，以为之倡"[1]。山东大学堂分为备斋、正斋、专斋，依次相当于高小、中学、专科或大学。折稿对学堂办法、条规、课程及经费筹措等诸多内容订有细则。

1901年10月，山东大学堂正式开学，这是山东省第一所官办大学堂。1904年冬，按照癸卯学制"大学堂只设京城，各省办大学堂一律更名为高等学堂"的规定，山东大学堂更名为山东高等学堂。

民国初期，教育部将全国分为几个学区，每个学区只有中心城市才允许设立带有预科的大学。当时山东所在学区的中心城市是北京，山东高等学堂遂于1913年6月撤销。从开办到停止的十余年间，山东大学堂没有完整的一届本科毕业生。在实业救国潮流中，1912—1920年，山东公立工业、法政、农业、商业、医学、矿业六个专门学校先后在济南开办，山东高等学堂相关师资和设备也充实到这些学校。它们是当时山东官办教育的最高学府，相当于一般大学的预科。

除六个专门学校外，山东的私立大学也有一定发展，其代表是1917年成立的齐鲁大学。齐鲁大学由多个教会学校合并而成，其中的登州文会馆是由1864年美国传教士在山东登州（今蓬莱）创办的蒙养学堂发展而来，于1877年添设高等学科，更名为登州文会馆。其毕业生是中国最早一批拥有西学技能的青年，除了进入当时一些新型的实业机构，有的还进入京师大学堂等高等教育机构担任教习，监督赫士后来被聘为山东大学堂总教习。民国初期，登州文会馆学生已"棋布星罗，几遍十六行省"[2]，为中国近代高等教育的起步与发展作出了贡献。

民国成立十多年，山东近代高等教育依旧落后，仅齐鲁大学"一时为山东境内唯一无二之大学"[3]。没有一所省办或国办大学，而山东全省学子十数万，中学十几所，中学以

① 陈学恂：《中国近代教育大事记》，上海教育出版社1981年版，第111页。
② 朱有瓛、高时良主编：《中国近代学制史料》第四辑，华东师范大学出版社1993年版，第465页。
③ 何思源：《鲁省大学教育》，载《申报》1930年4月24日。

上学子多往北京、广东求学，旅费用度甚巨，"以致中学生无力升学者众"[①]。高等教育机构的匮乏，严重制约着山东的发展。

壬戌学制颁布后，山东省内成立一所大学的动议再起。省长熊炳琦筹划将六专门学校合并，设立山东大学，但省教育厅不赞成。1923年他再动议设山东大学，实行分科教育，并拟定大纲七条，宗旨为"发展高尚之学术，培养一般青年学子"，规定"大学为独立自治之体裁，作为山东省最高教育机关；设董事会作为大学立法机关；大学所有职务，应开校务会议藉以解决；经费由山东省税项下完全担负；有授予学位权"[②]。在熊炳琦倡设山东大学之际，以山东教育和实业界实力派人物王朝俊为代表的"村治派"，则谋划在山东曲阜成立一所大学。[③]1924年夏，熊炳琦令教育厅在六专门学校基础上建立山东大学，并设立筹备处[④]，而"村治派"亦宣称曹州大学"正在猛烈进行中"[⑤]。同时，把持着山东专门教育权力的"东洋派"亦反对熊炳琦的计划，以致六专门学校迟迟未能合并为大学。[⑥]

山东作为文化发源之地、圣贤桑梓之邦，历代所言兴学者无不以齐鲁为典范。但此时的山东，政局混乱，教育界缺乏团结，教育事业不振。当时报章多有批评，山东籍有识人士也大声疾呼，应振兴山东的文化和教育。

无论是从中国高等教育，还是山东高等教育视角看，尽快建立一所大学是培养人才、服务国家和地方建设亟待解决的问题。

三、青岛城市发展之需

青岛作为清末开埠的滨海城市，因气候之优、地利之便先后被德国、日本侵占，在20多年中逐渐发展成为一座现代港口、工商业城市。大学的建立既是城市发展的需要，也是城市发展的必然逻辑，尤其是沿海开埠的区域中心城市，需要有一所大学来进行文化的引领和现代文明的开启。1922年中国政府收回青岛，在此设立大学不仅对青年学子求学深造有利，亦是收回青岛的一大纪念，更是新的文明在这片土地上的根植。

（一）港口城市已具规模

胶州湾条件优良，"湾阔而水深，方向位置举得其宜，外当黄海之门户，内通中原之

---

① 《鲁教厅接收六专后情形》，载《益世报》（天津）1926年7月6日。

② 《熊炳琦想办大学》，载《时事新报》1923年11月26日。

③ 《鲁党政与政局之变化》，载《申报》（上海）1923年11月26日。

④ 《鲁省筹建大学近讯》，载《民国日报》1924年6月26日。

⑤ 《各省教育界杂讯》，载《申报》（上海）1924年8月6日。

⑥ 《鲁省教育派别新变化》，载《大公报》（天津）1924年3月14日。

奥区，故天然之商业地也"[①]。唐代在北岸设板桥镇（今胶州市区），作为集结兵力的军用港口，后来逐渐发展为贸易通商、文化交流的重镇。北宋时在板桥镇设市舶司，青岛成为"海上丝绸之路"的重要端点，确立了作为北方对外贸易和交往的中心地位。[②]到清末，胶州湾商船往来繁忙，各种商行林立，商贸之风甚盛。1891年6月，直隶总督兼北洋通商事务大臣李鸿章视察胶州湾后，决定在胶澳驻防。1892年，登州总兵章高元率营移驻胶澳。

西方列强早已注意到青岛地理位置在经济和军事上的优势。在19世纪后期帝国主义列强瓜分中国的狂潮中，德国就欲在中国寻找一个做海军基地和储煤港的港口，作为其在中国与其他列强角逐的支撑点。德国海军认为占据了胶州湾，也就占据了中国之大陆。[③]1897年，德国以"巨野教案"为借口公然出兵青岛，1898年强迫清政府签订《中德胶澳租界条约》。在租借期里，不但青岛被侵占，山东的修路、开矿等权益也被攫取。

德国将青岛视为自己的"领地"，以先进的经营管理方式进行城市建设，并扩建大小两港，修建胶济铁路，将青岛及物产丰富的山东、河北、河南市场与国际市场相连接，使青岛"成为向贸易、航运、铁路开放的自由港"[④]。到1910年，青岛贸易总额在全国各通商口岸位列第六[⑤]，1913年时来往于青岛的德国船舶占青岛港进港船舶总数的50%[⑥]，青岛取代了开埠更早的烟台，成为山东新的经济中心城市。德国还在青岛建立蛋场、啤酒公司、自来水厂、电灯厂，以及纺织、制造、银行等企业，奠定了青岛港口商贸的城市基础，在攫取巨大商业利益的同时，客观上也带动了青岛工业的初兴。青岛从昔日一渔村变身为国际货物运输和中转枢纽，成为战略要衢，地缩南北，舟车发达，经济、军事地位愈来愈显著。

（二）工商经济基础良好

第一次世界大战时，日本对德国宣战，德国战败。1914年11月，日本取代德国掌控了青岛的一切权利。为从经济上控制青岛和山东，日本进行了较大规模的工业投资，使青岛逐步发展为一个以轻纺业为主的港口城市。

为鼓励本国资金来青岛投资工业，日本侵占者实行一系列优惠政策，吸引了大批日

[①]《食货》，载《胶澳志》卷5，民国十七年。
[②] 刘士林等著：《中国海上丝绸之路城市廊道叙事》，东方出版中心2017年版，第82页。
[③] 孙瑞芹编译：《德国外交文件有关中国交涉史料选译》第一卷，商务印书馆1960年版，第5—9页。
[④] 青岛市档案馆编：《胶澳租借地社会和经济发展1897—1914档案资料选编》，中国文史出版社2004年版，第297页。
[⑤] 李宏生、王林主编：《山东通史·近代卷》下册，人民出版社2009年版，第267页。
[⑥] 胡汶本、寿杨宾、秦治新、迟守卫编著：《帝国主义与青岛港》，山东人民出版社1983年版，第24页。

本人来办厂。日本投资以纺织业为主，从1916年开办第一家纱厂，短短几年就形成以六大纱厂为主的纺织工业体系。日本纱厂所拥有的工业资本，占青岛全市工业资本的90%；日本在华投资的火柴工业也集中于青岛，共有9家，垄断了市场；此外在制药、制皂、肥料、蛋粉、油品等领域，日资也占有重要地位。来青的日本人遍布在工业、商业、交通、金融、新闻、卫生、服务等行业。①

在德国侵占时期，自由港的政策客观上促进了青岛民族工商业的发展，加上当局鼓励中国人在市区购买地皮建造房屋，使青岛民族工商业队伍有所壮大。日本侵占青岛后，对中国人发展工业多有限制，不过在商业领域相对宽松，使华商实力得到一定发展，其中山东籍的商号增加尤多。②民族工商业在压迫中虽步履蹒跚，却显示出顽强的生命力。

（三）昌明民族文化之需

德国侵占初期只开办了较少的基础教育学校，但随着港口、铁路、军事要塞、核心城区和工厂等主要基础建设初具规模后，城市建设、经济、法律等行业人才缺乏的状况凸显出来。德国当局认为，需要培养通晓德文和掌握一定科学与技术知识的中国人才，同时希望把青岛作为其东方"文化传播中心"，建立德国的文化模式，向世界传播其影响③，于是提出开办大学计划。

1907年7月，德国驻华公使与山东省政府在建校、生源、经费等各方面达成共识。虽然德国希望办一所大学，但清政府规定除了京师大学堂外其他地方不可冠名"大学"，兼管学部的军机大臣张之洞将校名定为青岛特别高等专门学堂（又称德华大学）。④

青岛特别高等专门学堂于1909年成立，校址在原德军青岛黑澜军营中（今青岛市市南区朝城路2号）。德方指定的校长为德国海军署官员、地质学家凯贝尔，中方指定的总稽察为学部员外郎蒋楷，总稽察不归校长节制。学堂设置法政科、工艺科、农林科、医科。法政科学制3年，农林科3年，工艺科3年或4年，医科4年、实习1年。⑤1909年10月25日，学堂举行开学典礼。首届招收学生79人。⑥学生主要是山东学务衙门考选的高等小学堂毕业生，无须测验，直接进入预备科（相当于中学课程）学习，通过卒业考试进入高等

① 宋志勇：《1914—1922年日本在山东的军政殖民统治》，张海鹏主编：《抗日战争研究》1998年第1期，第139页。

② 参见王弟荣：《帝国主义统治下的青岛工商业》，《市北政协文史资料》第二辑，青岛出版社1993年版。

③ 参见〔美〕柯伟林：《蒋介石政府与纳粹德国》，陈谦林译，中国青年出版社1994年版，第168页。

④ 《青岛大学开办有期》，载《教育杂志》1909年第8期。

⑤ 《青岛特别高等专门学堂章程》，朱有瓛主编：《中国近代学制史料》第二辑（上册），华东师范大学出版社1987年版，第682页。

⑥ 山东省地方史志编纂委员会编纂：《山东省志》，山东人民出版社1996年版，第436页。

科。课程的设置由德方负责，与德国国内大学相似。中国只派一名学监管理中方课程。各班皆设中学功课，与西学功课相辅而行。这种中学西学结合的运行模式，既符合德国展示其文化形象的意图，又在一定程度上符合清政府"中学为体，西学为用"的教育思想。

青岛特别高等专门学堂因师资优秀，教学质量上乘，管理严格，开办不久就获得较好的社会声誉。到1913年时有学生370余人（其中预科生300余人、正科生70余人），山东籍的占到1/3，其他学生来自广东、江苏、安徽、浙江、福建、湖南、河北、四川等16个省份。

随着1914年德国在第一次世界大战中的失败，青岛特别高等专门学堂亦停办，未毕业的学生转入上海同济德文医工学堂。此时已有农林科、法政科两届毕业生，工艺科一届毕业生。

日本侵占青岛后，接收了德国所办的中国人学校，严格控制思想，进行奴化教育，又为迁入青岛的日侨开设了中小学校。在中国政府收回青岛前夕，为保持日本文化对青岛乃至山东的影响，日本驻青岛守备司令部开始筹划在青岛办大学，为减少阻力，选择日华实业协会为筹办主体。

日华实业协会早有在中国兴办文化事业的计划，1921年2月、4月就先后与日本守备司令部签订俾斯麦兵营（日侵时期称"万年兵营"）和其附近公地的租用协议，1922年拟定大学建设方案。日华实业协会鉴于开办商科大学所需费用较少，决定先办商科，设三年制本科、两年制预科，并设一所四年制附属中学，以后"再增加农科，逐渐引入理工、法、文，最终建成一所综合大学"[1]。

在解决中日问题的华盛顿会议举行之际，为了尽早在青岛抢占文化权，日华实业协会也在迅疾推进大学筹建，1922年3月初进行招生，6月初即有468人完成了注册手续。[2]不过，就在日本的大学加快筹备时，1922年2月4日，中日双方代表在华盛顿签订了《解决山东悬案条约》。条约规定该大学计划占用的兵营校址也纳入应交还中国的公产范围，日本如想使用，必须征得中方同意。

在"鲁案"善后谈判中，对日方擅自将兵营拨给日华实业协会使用一举，中方认为违背了华盛顿会议解决山东问题的基本精神，双方围绕兵营的使用"交锋颇为激烈"[3]。中

① 山本一生：《私立青岛大学的创办——以其与日华实业协会关于青岛商科大学筹办计划之间的关系为中心》，修斌主编：《海大日本研究》第二辑，中国海洋大学出版社2012年版，第155页。

② 山本一生：《私立青岛大学的创办——以其与日华实业协会关于青岛商科大学筹办计划之间的关系为中心》，修斌主编：《海大日本研究》第二辑，中国海洋大学出版社2012年版，第155页。

③ 山本一生：《私立青岛大学的创办——以其与日华实业协会关于青岛商科大学筹办计划之间的关系为中心》，修斌主编：《海大日本研究》第二辑，中国海洋大学出版社2012年版，第157页。

方对俾斯麦兵营势在必得，并计划在该处建立一所综合大学。作为妥协的一部分，中方建议日方可以德占时期建造的伊尔蒂斯兵营为校址。[①]

1923年，由于日本政府拒绝归还租期届满的旅顺、大连，大连掀起了声势浩大的抵制日货运动。国内反日情绪不断蔓延，上海等地民间也掀起抵制日货运动。日华实业协会内部对要不要在中国办文化设施一事出现了意见分歧，原计划参加筹办大学的日本邮船公司和横滨正金银行退出。[②]1923年9月，日本关东发生大地震。多重因素作用下，日本在青岛建大学一事搁置。

通过德国在青岛办大学的实践和日本在青岛办大学的计划，可以清晰地看到，他们的目的是保持其本国文化的影响力，巩固其侵占利益。青岛这座城市一开始就打着双重性烙印，虽然经济和工业在客观上得到了一定发展，民族文化和教育却有严重的先天不足。

文化是一个民族区别于其他民族的根脉和灵魂，在中国的土地上，经济较为发达的一座城市，文化却是异国的，这显然不是一个主权独立国家应有的局面。德、日两国发展教育的行为也提醒着国人，一个想要保持独立性、自主性的国家，教育权、文化权应该掌握在自己手中。在青岛创办大学，事关民族文化独立之要务。这不仅是纪念青岛的收回，更重要的是弘扬文化、昌明教育，是国家应负的责任。文化的青岛应与经济的青岛同步发展，"能否达此希望，厥唯于青岛能否设立大学"[③]。

第二节　私立青岛大学创建的条件

从青岛的城市区域特点来看，中国政府应在此发展教育，因"青岛将来必能成为东亚实业重要之中心，同时也可为东西学术沟通之要道，造成一经济与文化共同发展之大都市，是诚吾人之所希望也。然欲达此希望，非自办理教育入手不可"[④]。"无论外人在本国办大学或利或害，而专就青岛地理上之地位，就各种设施论之，有设置大学的理由。"[⑤]

① 《鲁案善后月报特刊》，沈云龙主编：《近代中国史料丛刊三编》第31辑，文海出版社1987年版，第509页。

② 山本一生：《私立青岛大学的创办——以其与日华实业协会关于青岛商科大学筹办计划之间的关系为中心》，修斌主编：《海大日本研究》第二辑，中国海洋大学出版社2012年版，第159页。

③ 督办鲁案善后事宜公署：《青岛教育计划拟稿》，载《新教育》1922年第4期。

④ 督办鲁案善后事宜公署：《青岛教育计划拟稿》，载《新教育》1922年第4期。

⑤ 《筹备中之青岛大学》，载《时报》1924年6月3日。

从山东的高等教育情况看，应当有一所大学为本省莘莘学子求学深造提供机会，青岛特别高等专门学堂对山东学子的吸引力即是明证。此时，山东省内尚无一所中国的大学，青岛借地利和工商业较发达的优势，必然也能吸引省内外学子报考，逐渐成为山东省的一个文化中心，有利于培养人才、兴办实业、沟通中西。

一、民间呼吁

青岛主权收回后，在中国的土地上，根植中国的文化，培养国家所需的济世之才，已是朝野共识。要在青岛办一所大学的建议，最早记载见于中华教育改进社1922年年会上的提案。

中华教育改进社于1921年12月成立，旨在"调查教育实况，研究教育学术，力谋教育改进"。成员中如蔡元培、范源濂、张伯苓、郭秉文、陶行知、黄炎培、梁启超、严修、李石曾等人，大多早期留学欧洲、美国和日本，是壬戌学制改革的积极倡导者、主导者，此时皆为声誉隆重的教育家。1922年2月，在选择第一届年会举办地点时，蔡元培提出，"五四运动是为山东问题而起。现在山东的问题虽然解决了一段，青岛还没有完全回归，胶济铁路的赎款还没有筹齐，五四运动实在还没有完成，我们在山东开会，一定有许多新受的刺激，可以传播到教育界去，加一番促进"[①]。改进社遂决定济南为第一届年会地点。

1922年7月3日至8日，会议如期召开。会议的主要目的是"引起全国人民注意教育事业，以为改造社会，革新政治之先导"[②]。7月5日，陶行知与王伯秋、陈容联名提出《提倡创办青岛大学案》，并获得通过，这是中华教育改进社高等教育组通过的六项提案之一。其主要内容为："山东为我国文化发源之地，在学术上占重要之位置，自'山东问题'发生后，青岛尤为全球视线所集。今值筹办'鲁案'善后之际，百端待理，需才孔亟。为发展我国固有文化计，为沟通东西文化计，尤不能不设立永久性高等学术机关，以谋改进，而扬国光。应请本会设法造成筹办青岛大学之舆论，俾得早日成立，以为培植高等人材之地。"[③]中华教育改进社将年会通过的提案一并交予北洋政府教育部。

在国内教育界人士关注青岛教育的同时，青岛地方绅商也在积极推动青岛的教育事业。在"鲁案"谈判时，他们就积极争取青岛各方面的权益，公推陈干参与"鲁案"细目的谈判。陈干是山东昌邑人，同盟会会员，中华民国陆军少将、胶澳督办公署高等顾问，

---

① 蔡元培：《中华教育改进社日刊发刊词》，载《新教育》1922年第3期。
② 《济南将开全国教育大会》，载《申报》1922年5月23日。
③ 陶行知：《创办青岛大学案》，《陶行知全集》第1卷，四川教育出版社1991年版，第477页。

1922年9月被北洋政府任命为"鲁案"中日联合委员会第一部委员。在谈判时，陈干对山东种种利益誓死力争，人们称其"青岛接收居功焉"[①]。青岛绅商积极推动自办教育，除个人出资、创办、参与设立中小学和职业学校外，还组织了教育公会，推孙广钦为会长。孙广钦曾留学日本东京高等师范学校，时任私立青岛中学校长。他对办大学一事非常热心，为此奔走周旋，不遗余力。

晚清维新变法领袖人物康有为，此时得到鲁大公司每年盈余百分之三经费的支持，欲在山东办曲阜大学，但"曲阜大学工程宏大，成须累年，故欲在青岛先开预科"[②]。1923年6月，康有为来到青岛，陈干建议他在青岛办大学。有意在青岛定居并已在俾斯麦兵营附近的福山路觅得居所的康有为，对这个建议很感兴趣。陈干又向山东省省长兼胶澳商埠督办熊炳琦建议在青岛设立一大学，以俾斯麦兵营为校址，常年经费可向鲁大公司争取一部分。熊炳琦也同意拨款十万元，但由于当时北洋政府的军费开支过大，胶澳商埠督办公署财务科不予拨发这份教育款项，所以陈干的计划不得不搁浅。[③]

康有为考察了俾斯麦兵营，非常中意将此地作为校园。在给友人的信中，他乐观地说："吾拟开一所大学于此，就近收得万年兵营为之，亦相距数百步耳，扶杖看云之暇，与天下英才讲学而教之，远胜沪上矣。"[④]但此时兵营被青岛驻军所占，康有为只能望而却步。

有史料显示，青岛富商刘子山也有办大学的意愿。胶澳商埠督办公署收回日本公学堂后，青岛有小学校30余所，中学只有私立礼贤、明德两所教会学校，没有中国官方所办中学。1923年，刘子山创办私立青岛中学，校址在其莱阳路自有楼房内。他出资10万元作为常年费，开办费1万元，每月经常费1500元。学校第一年招生40人，有教员6人。"刘子山计划再办高中、大学。"[⑤]从经济实力和社会身份来看，刘子山办大学的意愿有其合理性，但不知何种原因，并未成为现实。

二、政府计划

青岛应该有一所大学，是社会各界的共识和呼吁，也促使正在进行"鲁案"谈判的中国政府代表将此事提上日程。

在谈判进行时，山东安丘人、北京医学专门学校校长周颂声向中方负责人、督办善后

① 班鹏志：《接收青岛纪念写真》，商务印书馆1924年版，第50页。

② 《康有为致潘复》，张荣华编校：《康有为往来书信集》，中国人民大学出版社2012年版，第797页。

③ 《山东三大学最近筹备情形》，载《申报》1924年6月7日。

④ 李云光：《康有为家书考释》，香港汇文阁书店1979年版，第46页。

⑤ 李贻燕：《调查青岛教育报告书》，载《新教育》1923年第5期。

事宜公署督办王正廷建议，恢复德国人所设之青岛大学。[1]

或许是得到了北洋政府的指示，在1922年8月29日的谈判中，王正廷表明了中国政府要在青岛建大学的计划。他以非正式的方式向日方递交《关于青岛教育计划的意见书》。意见书包含六个项目，其中一项即"发起建立一所公立的青岛大学"[2]。

对于日方正在筹备的青岛商科大学，王正廷强调了中方态度：现在这所青岛大学必须由中国人自己建设，这一点毫无疑问，但囿于经费匮乏，希望日方提供赞助。如果能从日本退还中国庚子赔款中划拨一千万元作为青岛大学的基金，中国政府再筹两百万元作为开办经费，则大学的基础立矣。对于中方的建议，日方并未明确表态。[3]这所大学会是什么样？从青岛的历史、地理、政治、社会、经济、文化等方面综合看，设置文、理、法、医、农、林、工、商各科，都有良好的基础，"将来青岛大学对于以上各科都应渐次设立。此外如欲筹设美术、音乐等科，亦甚相宜"，这所大学将是"全国最为完善之大学校"[4]。

从壬戌学制单科可设大学的规定看，王正廷计划的这所"青岛大学"规模之大，确有希望在青岛迅速造成中国文化风气的意味。

中华教育改进社的提案和《关于青岛教育计划的意见书》的出现，显示出教育界与政府对在青岛办大学一事上已形成合力。1923年春，北洋政府教育部委派前北京女子高等师范学校教务长、教育部部员李贻燕调查青岛教育状况。经过调查，李贻燕撰写出一份详细的《调查青岛教育报告书》，其中，建议在青岛开办一所国立大学。报告称：

盖青岛气候温和，地处中国沿岸中心点，水陆交通，均极便利，北京、南京、汉口、上海各地新闻、邮件二十四小时内均可到达。而社会习惯与京津沪各地大不相同，比较的旧式腐败习惯尚未沾染，与政治接触亦比较的淡泊，而此地又乏青年堕落之机关。山明水秀，诚理想的文化都会之惟一候补地。地方教育经费预算之应增加，小学教育、社会教育、职业教育之宜改良增设，固不待言。即中央政府应予青岛设一国立大学，不特可为收回青岛之一大纪念，而齐鲁于中国历史上为圣人之邦，阐扬文化，昌明教育，亦国家应负之责任也。

---

[1]《周颂声向王正廷建议恢复德人所设之青岛大学》，载《新闻报》1922年6月15日。

[2] 山本一生：《私立青岛大学的创办——以其与日华实业协会关于青岛商科大学筹办计划之间的关系为中心》，修斌主编：《海大日本研究》第二辑，中国海洋大学出版社2012年版，第160页。

[3] 山本一生：《私立青岛大学的创办——以其与日华实业协会关于青岛商科大学筹办计划之间的关系为中心》，修斌主编：《海大日本研究》第二辑，中国海洋大学出版社2012年版，第160页。

[4] 督办鲁案善后事宜公署：《青岛教育计划拟稿》，载《新教育》1922年第4期，第161-162页。

……青岛为天然文化中心点，德国前者办理大学，其发达成绩即可预知。国家应于此地，设立国立大学一所，以便各省子弟入学。离政治中心较远，学者可得安心讲学，而学子亦可得安心求学。万年兵营若能拨充，甚为适宜，若从新建筑，则湛山临海一带山麓平地，亦甚宽旷。①

此报告是基于对青岛在德日侵占时期的教育发展情况和主权收回后的教育现状进行调查后所完成的。从实际情况来说，青岛中小学基础教育虽然较薄弱，但已有一定规模和发展；高等教育在德国侵占时期已有实践经验可供借鉴。收回后，城市人口将快速增加，社会对教育的需求也会提高。青岛不但要扎实发展基础教育，更应该尽快筹办大学，其主要内容可概括为以下几点。

其一，青岛地理位置绝佳，气候优越，地处胶济铁路东端，又有港口航运，水陆交通便利，与各地交流极为方便，辐射面也广，是都会城市之外理想的发展文化之地，德国在青岛办大学的实践便是明证。

其二，青岛城市经济较为发达，但因其没有原有的传统，反而少有坏风气的积淀，而且不是政治中心，各种人事、政治纷乱较少，是可以让教师静心讲学、研究，学生安心读书求知的净土，有利于作育人才。

其三，在青岛收回后，办大学教育可以尽快肃清德日奴化教育影响，光大民族文化，重振民族自豪感。这不仅是青岛的教育发展问题，更关乎民族利益、国家前途。

李贻燕的报告对青岛设立大学寄予热烈的期望。只是北洋政府的教育总长变动频繁，中华教育改进社于1922年夏开会讨论应在青岛设立大学提案时，教育总长尚是交通总长高恩洪兼任，会后已换为王宠惠，两年中走马灯般换了八位总长。这份设立国立大学于青岛的报告，也只能湮没在动荡的政局、纠葛的人事中。青岛建一所大学，尚需等待一个机会。

第三节　定位私立大学与高恩洪出任校长

一个历史事件的发生，或宽泛地说，历史的发展有其必然性，但不可否认，偶然因素有时会起到关键作用。一所大学的成立和发展与城市的政治、经济、社会等各方面情况紧密相关，其创设也需要多方合力方能实现。

---

① 李贻燕：《调查青岛教育报告书》，载《新教育》1923年第5期，第712、714页。

一、高恩洪出任胶澳商埠督办

1924年3月31日，高恩洪出任胶澳商埠督办公署督办。

高恩洪（1875—1943），字定菴，又作定庵，山东蓬莱人。从上海电气测量学堂毕业后留学英国伦敦大学，1900年任清政府驻英使馆翻译。回国后曾任东三省军政事宜督办、邮传部津浦铁路局办事员。中华民国成立后担任交通部秘书、川汉铁路局秘书，先后任汉口、川藏电报局局长，交通部驻沪电料转运处处长。1922年任北洋政府交通总长并一度兼任教育总长。

高恩洪和吴佩孚是同乡。1923年时，吴佩孚占据洛阳，控制着直隶、陕西、山东、河南、湖北等省地盘，是北方最大的实力派军阀。从清末到民国，在电信、交通领域任职多年的高恩洪，在第一次直奉之战中成为吴佩孚的亲信，之后进入北洋政府内阁。在交通总长任上，经历四任内阁迭变。1923年初离职回到烟台，经营烟潍公路公司。1924年3月出任胶澳商埠督办。

高恩洪作风果断、办事利落，又因为军阀筹款，毁誉参半。甫一上任交通总长，便做了两件事情，一是废止各铁路货捐，一是取消各报馆的津贴。因其时直系军阀与组建"好人政府"的"英美系"友好，高恩洪的举措还得到北京大学教授胡适的甚高评价："高氏是一个很肯做事的人，此次任劳任怨，大刀阔斧地干去，很有可佩服的地方。他这一次裁去北京报馆的津贴，每月十二万五千元——可以办两个北京大学了！——故各报攻击他甚力。今天阁议通过废除各铁路的货捐，也是一件很难得的快事。"[1]李大钊对高恩洪也有较高评价："高定庵（高恩洪）这个人是学科学的，还有书生本色，没有时下的政客气息。他痛恨交通系的贪赃枉法，想把交通部所属的各个部门严格地整顿一下。"[2]

由于派系斗争，高恩洪在任上也不免为派系角色所牵绊。在交通总长任上就肩负为直系军阀筹措军饷之责，出任胶澳商埠督办后，除了继续为吴佩孚筹款外，还需要为其拉拢的渤海舰队提供军费，同时还要负担俾斯麦兵营的驻军军费，皆是庞大数目。高恩洪任督办不久，报纸对其为筹军款而出售胶澳公产、抵押公产发行地方债、发行地方铜圆等搜刮财富的做法多有批评，但他依旧做事雷厉风行，在城市建设和发展上也有许多措施，如减免郊区农村全部地税、统一中外企业的纳税标准、迁移商埠内驻兵、成立清理官产处和禁烟局、筹办青岛地方银行、创办公立通俗图书馆、设立师范讲习所、建立济良所与救济院、修建横跨泰安路和云南路的铁路天桥，政绩可谓卓然。

---

① 胡适日记1922年6月22日，见曹伯言整理：《胡适日记全编》，安徽教育出版社2001年版，第705页。
② 包惠僧：《包惠僧回忆录》，人民出版社1983年版，第359页。

高恩洪主政青岛，对这座城市高等教育的发轫，实在是一个契机。已为成立大学一事奔波一年有余的孙广钦，在高到任不久，就联合多方人士向他提出办大学建议，并希望将俾斯麦兵营作为校址。高恩洪深感青岛"为东部要区，沿海重镇"，"于此设立大学，发展文化最为相宜"，"既可承继礼义之邦荣誉之历史，又可为国土重光之纪念"[1]，对这个建议极为赞赏，当即决定将兵营划归大学使用，并迅速召集青岛本地士绅商讨。

二、发起筹办大学

1924年5月22日，在驻青数国领事馆牵头出面组织的一场宴会上，高恩洪发表演说，宣布要创办一所大学的决定，计划以私立青岛中学校及职业学校为基础，创办一个设有商业、机械、林业、路矿、航政以及文化等科的大学。[2]

5月29日，高恩洪在督办行辕召开筹备大会。出席者有邵筠农、宋传典、傅炳昭、张德纯、刘子山、王子雍、宋雨亭、于耀西、孙炳炎、孙广钦等11人，其中宋传典和于耀西特地从济南赶来与会。所有参会者均为发起人，并为校董。大会公推邵筠农为临时董事长，孙广钦为筹备主任，邵筠农、孙炳炎为筹备副主任。另推举王西园、王芸卿等来自工商界、银行、胶济铁路、政府各机关的人士为董事，聘请国内政学两界名流梁启超、蔡元培、张伯苓、黄炎培、颜惠庆（颜骏人）、顾维钧、罗文干（罗隽人）等24人为名誉董事，还聘请美国、英国、日本驻青领事馆总领事为名誉校董。名誉校董和校董名单如下：

私立青岛大学名誉校董

白醒亚	李济臣	徐秋舫	美哲（英国驻青总领事）	欧敦司（美国驻青总领事）
梁启超	马云波	袁观澜	许订　堀内谦介（日本驻青总领事）	张方严　张伯苓
郭秉文	华盛顿	黄炎培	汤尔和　郑士琦　熊希龄　熊炳琦	邓芝园　蔡元培
颜骏人	罗隽人	顾维钧		

私立青岛大学校董

于耀西	王西园	王子雍	王殿臣	王芸卿	全希伯	邵筠农	宋传典　宋雨亭
李翼庭	周本月	胡海云	俞琴贻	高恩洪	高宗山	袁道冲	凌道扬　宫淑芳
陈隽丞	陈次冶	陈季詈	梁勉斋	姚颂忱	郭大中	张德纯	张紫垣　张英甫
马丽臣	孙炳炎	孙广钦	温子培	傅炳昭	邬志和	杨玉庭	杨祥亭　蒋丙然

---

① 《青岛大学开学督办训词》，青岛市档案馆编：《胶澳商埠档案史料选编（五）》，青岛出版社2018年版，第245页。

② 山本一生：《私立青岛大学的创办——以其与日华实业协会关于青岛商科大学筹办计划之间的关系为中心》，修斌主编：《海大日本研究》第二辑，中国海洋大学出版社2012年版，第160页。

刘子山　刘子儒　卢孔生　萧次攸[①]

　　在聘请校董和名誉校董做法上，私立青大与其他私立大学相似。从人员角色看，名誉校董主要承担与政府关系协调和财政支持以及在教育事务上给予帮助的义务，而董事会成员主要承担筹款责任。从名誉校董们的身份看，显示出曾经出任过内阁大员的高恩洪交游的层次之高。他们都是中国政学两界的实权和风云人物，聘作名誉校董，不仅可迅速为学校确立社会知名度，而且在未来的运行中，也被冀望能提供有力帮助。学校董事会成员或是山东籍在青工商界的实力派，或是与高恩洪私人关系相厚的胶澳各机关负责人。其中，邵筠农于1889年京师同文馆毕业

校长高恩洪

后，曾留学俄国圣彼得堡大学，出任过总理衙门主事、黑龙江铁路交涉总局主办及总办、京师译学馆监督，辛亥革命后任外交部参事、俄文专修馆馆长、驻海参崴总领事、胶济铁路局长。蒋丙然为比利时双卜罗大学农业气象学博士，是中国最早的农科留学生之一，时任青岛市观象台台长。傅炳昭从清政府在青驻防时期开始经商，后为德国洋行采购棉纱土产，推销五金洋货，与人合资成立山左银行、利丰银号，是青岛本地绅商巨富。张德纯从事海上运输业，后开办烟台政记轮船公司，在国内沿海商埠有多个分公司，在青岛开设多家银行。宋雨亭初在土产杂货铺做事，后做洋行买办，担任青岛工商会董事。刘子山是青岛首富，做建筑用料起家，有多家实业公司，创办有东莱洋行、东莱银行。东莱银行是青岛第一家中国人独资的银行，分行遍及天津、上海、济南。于耀西先任东莱银行济南分行经理，后出任济南裕兴颜料厂股份有限公司董事长兼总经理、济南商埠商会会长、山东省商会联合会会长。宋传典曾做过教会学校英文教师，后经营花边生意，并逐渐扩大经营范围，成为山东省内实力丰厚的轻工业巨富，时为山东省议会议长，创办有东武汽车运输公司，经营贯穿山东的公路运输业务。他们的经营领域涉及金融、商业、铁路、电气以及与青岛工业化密切相关的行业，熟悉青岛、山东甚至国际市场，这也是学校初创及发展中重视工商的一个重要背景。

　　除讨论校长人选之外，筹备大会在选定校址、系科设置、经费筹措、生源和办学宗旨上基本达成一致：校址定于俾斯麦兵营；系科设置分为文、农、工、商四科；文科系参考书由康有为先生捐献，农科试验地以青岛李村农事试验场及附属森林充之，四方胶济铁路

---

①《私立青岛大学概况》（1924年），山东省档案馆藏，档号：J110-01-0211-001。

工厂作为工科试验地，商科则以青岛各商场、海关银行和贸易机构作为实习地；办学经费通过募捐解决，除向中国校董劝捐外，还邀请各国驻青领事募集。筹备会上预计可筹资金20万元，每月经常费1.5万元。①校董会成立后，就立即进行筹备工作。

学校筹备大会情形

三、定名"私立青岛大学"

在1924年5月29日的筹备大会演讲中，高恩洪将这所即将成立的大学定为"私立"，意在能超脱政治之外，保持相对独立性。高恩洪说：

> 凡一学校之成立，必有其特别的传统精神，然后前呼后应，一脉相承。教者、学者皆知目标所在，万矢一的，奋勉图功，对于校内乃有成绩可言，对于社会乃有信仰可立。欲专收此效果，非学校超立于政治之外不可。若归官立，则易一长官，即易一校长，而一般之教职员亦随同进退。无论问学者存五日京兆之念，不肯踏实去办，即使认真经营，精神手续自有许多不相衔接之处，节节断绠，曷能汲深？！故本校宜定为私立。上述之弊端可得避免，而精神贯彻，更不难成绩斐然。②

1924年7月，中华教育改进社第三届年会在南京召开，私立青岛大学和私立青岛中学联名向大会赠送纪念册。这份纪念册里刊有高恩洪写的序，刊印时间为6月28日。这是私立青岛大学校名首次见诸文本并公布于世。

将这所大学定位为私立，有其现实意义。北洋时期的中国，政治格局混乱，军阀当道，对教育干预强力，作为追求知识和学术的大学，若能独立于政治之外，是最理想的状态。另外，私立大学审批程序简单，体制灵活，拥有充分的办学自主权，也是其中应有之义。高恩洪在晚清和民国政界官场多年，深谙中国社会的种种弊端。作为进过中国新式学堂、曾留学英国的官员，自然对中西教育的发展环境和方式作过一番比较。

教育为立国之根本，而经费为教育之命脉。想要保持大学的独立性，首先要经费独立。即使各地和中央的财政多依赖借款与增加税捐维持，各地军阀仍取公财谋私利，大肆挤压、挪用教育经费作军费。当时的大学中，清华学校有稳定的庚子赔款基金，燕京大

---

① 张静主编：《中国海洋大学大事纪》，中国海洋大学出版社2014年版，第1页。
② 周兆利：《从国立到私立——外交视角下的海大建校史》，载《中国海洋大学报》2019年11月12日。

学有教会经费支持，尚能平稳度日，但大多数大学经费短缺，欠薪是常态，以至于教师索薪风潮时有发生。1922年夏，兼任教育总长的高恩洪，就直面过北京国立八校请求拨付积欠经费的风潮。"今办教育，而不予以切实可靠之经费，则教育之根本自不能稳定；教育之根本不能稳定，则有害于国家之前途者何如，当然可知，是诚非谋国之道也。"①蔡元培领衔具名为国立八校讨要经费时向大总统呈文中的这段话，高恩洪依例应当知晓。

在1922年7月的中华教育改进社年会上，蔡元培曾提出"国立大学与省立大学分别设立议"提案，明确提出大学分为国立和省立。一省中已有国立大学者，省立大学可设于省城之外的城市。②这个提案顺利通过，其主要精神很快得到北洋政府教育部的落实。青岛如果设大学，也只能为省立，但青岛在行政上并不隶属山东，山东省也很难给予全额经费支持，办省立大学不现实，但参照国立大学规制办一所私立大学则完全可行。如果经费能独立，将意味着大学有保持"独立性"的可能。

大学独立于政治，经费独立于政府，是高恩洪对诞生在青岛的这所大学的初衷和期待。

1924年8月21日，董事会举行会议，公推高恩洪为校长，聘请孙广钦为校务主任、李贻燕为教务主任；接收私立青岛中学校为附属中学，报请省公署备案，私立青岛大学正式成立。此后，吴佩孚来校视察，以示支持。③

民国前期大学初兴，多为教育家或者教育领域专家、学者出任大学校长。像高恩洪这样，以行政长官身份兼大学校长者并不多见。但依当时青岛的实际情况，这个校长职务又非高恩洪莫属，只有他才能够整合多方资源，汇聚青岛各方力量，实现这一文化教育的创举。

第四节　私立青岛大学成立

一、选定俾斯麦兵营为校址

俾斯麦兵营位于青岛山南麓，周围是起伏的丘陵。原址是清军嵩武中营驻地，位于环山的坳台上，德国侵占青岛后，将之作为海军陆战第三营驻地。兵营占地300余亩，有

① 蔡元培：《北京国立八校校长京师学务局长为要求按月拨发教育经费呈大总统国务院文稿》（1922年7月29日），高平叔编：《蔡元培全集》第四卷，浙江古籍出版社1997年版，第690页。
② 蔡元培：《国立大学与省立大学分别设立议》，高平叔编：《蔡元培全集》第四卷，浙江古籍出版社1997年版，第682页。
③ 孙向群：《近代旅京山东人研究》，齐鲁书社2013年版，第252页。

营房四座，附属房屋七处，由总督府城建署负责建造，建筑风格整体为新哥特式。1901—1903年建筑Ⅰ、Ⅱ号营房（现鱼山校区海洋馆、地质馆），1904—1909年建造Ⅲ、Ⅳ号营房（现鱼山校区水产馆一号、二号楼），历经九年时间才全部完工，耗资约75万马克。除了四座大型营房外，还设有士兵活动中心（后为鱼山校区"大礼堂"，1983年拆除）、军官公寓（共两栋，一栋为鱼山校区"一多楼"，另一栋于1990年拆除）、士官公寓（现鱼山校区"铭史楼"）、枪炮修理厂、军需品储藏室、马厩（已在1999年拆除）等附属建筑。

俾斯麦兵营早期风貌（一）

俾斯麦兵营早期风貌（二）

兵营根据其环山、东北高西南低的地势特点，设计为坐向西南的布局。分前后两排，之间围成一个矩形操场，用于驻防在此的第三营日常作训。Ⅰ到Ⅳ号营房平面布局呈"工"字形，建筑采用砖混结构，基座和建筑四角均用青岛本地花岗岩嵌筑，材质构造上采用密排式钢梁，中间填充三合土。先建设的Ⅰ、Ⅱ号营房，山墙、墙基、外廊护栏均用青岛本地花岗岩。南立面采用新哥特式的装饰，优美的拱券，大块花岗石砌筑的墙壁，明亮、通畅的外廊饰以小型的罗马柱，"凸"字形的山墙中心为鹰徽浮雕。为防范疾病发生，采用新的卫生标准，除宿舍配有与厕所分开的盥洗间外，还有先进的抽水马桶。建筑内部宽阔的走廊墙壁上设有放置步枪的枪龛。奢华的装饰意味着高昂的建设成本，为节约费用，Ⅲ号营房外墙采用拱券窗套，除入口处附设立柱外，无实用价值的装饰被放弃，但保留了明廊。最后完工的Ⅳ号营房，建筑形体简化，装饰性元素也减少，呈现出向实用主义风格转化的趋势。操场北侧依次排开的三座建筑，也体现出逐步转化的过程。士兵活动中心与Ⅰ、Ⅱ号营房同期设计建造，山墙上"品"字形排列的圆窗和漂亮的花岗岩拱券，与兵营主楼风格一致。士官公寓与Ⅲ号营房同期建造，体现出某种折中、过渡的风格。军官公寓建造最晚，风格亦简约、实用。俾斯麦兵营建造时，也正是欧洲建筑风格从重装饰的古典主义向实用主义过渡的时期。四座营房呈现三种风格，大体相似，细部立面却明显不同。①

这处宏伟的德国建筑群，因其与生俱来的历史印记，在进入校园读书的年轻学子心里，涌动着复杂的审美情感。"林木葱郁，环境幽静，楼房建筑雄伟坚固，朴而不华，表现了日耳曼民族的崇实精神，也暴露出帝国主义长久占领的野心。……日本帝国主义不费吹灰之力便占领了青岛……亦图久占。……然曾日月之几何，德、日侵略之魔王俱化为粪土矣。以后青岛物归原主，侵略者之兵营，成为我国教育之高等学府，可嘉亦可庆矣！"②建筑和民族历史记忆一起构成这座校园文化的一部分，使青年学生在这里不仅学习知识，也涵养深厚的家国情怀。

在兵营的使用上，陈干、康有为都想将其作为大学校址，但即使是直系曹锟的亲信山东省省长兼胶澳商埠督办熊炳琦也无法周旋到这个绝佳的地方。

历史将这个为大学定址的任务"交给"了高恩洪。他任督办后，因青岛财政不足，又要承担庞大军费，就以"青岛风平浪静，不宜驻兵，以节靡费"为由，请撤胶防驻军。山东督理郑士琦下令取消驻军。1924年5月下旬，北洋五师十旅旅长王翰章带领驻军迁往潍坊。③驻军迁走后，青岛各机关都看好这处房舍。其中，刚归顺直系军阀吴佩孚的渤海舰队司令温树德最为觊觎，欲将其作为舰队驻地。对此，高恩洪也觉得颇难应付，但他对用兵营办大学志在必得，便请吴佩孚出面协调。吴佩孚是秀才出身，尊崇孔孟，素以儒将自居，懂得教育是立国之本的道理，遂决定该兵营不再驻军，专做办大学之用。④

5月29日筹委会甫一成立，高恩洪就命人在兵营门口挂上私立青岛大学的牌子，从动议到挂牌只用了几天时间。高恩洪还立刻派人赶修校舍，添置器材。筹备进展速度之快，以致济南一些人士听到消息后，也建议在济南尽早成立一所大学。⑤

1924年9月，学校奉督办公署第3239号指令准予备案。15日，奉第870号公函，准将青岛兵营拨给学校永作校址。⑥

学校的正门在大学路上（现鱼山校区文苑楼、海洋药物楼之间位置），正对大门的是办公楼，命名为"一百号楼"（史称"一号楼"，现为鱼山校区海洋馆），办公楼南侧为"三百号楼"（史称"三号楼"，现鱼山校区地质馆）。办公楼北侧的辅助楼依次为教室

---

① 王栋：《俾斯麦兵营》，载《青岛画报》2019年第5期。
② 刘维汉：《私立青岛大学回忆片断》，山东大学校史编写组编：《山东大学校史资料》1982年第2期，第48—49页。
③ 《高恩洪亲添设青岛镇守使》，载《大公报》（天津）1924年5月25日。
④ 《山东大学百年史》编委会编：《山东大学百年史》，山东大学出版社2001年版，第37页。
⑤ 《济南大学之旧事重提——一因受青岛大学之影响　一因六专门有合并之必要》，载《大公报》1923年6月4日。
⑥ 《私立青岛大学概况》（1924），山东省档案馆藏，档号：J110-01-0211-001。

（也称为"理化楼"，1925年后又为图书馆、"铭史楼"，现鱼山校区水产学院办公楼）、教工宿舍（又称"五百号楼"，后拆除，现鱼山校区图书馆位置）、大礼堂及食堂（已拆除，现鱼山校区图书馆、计算机楼位置）。学生宿舍和自习室在"二百号楼"（史称"二号楼"，现鱼山校区水产馆一号楼），"四百号楼"（史称"四号楼"，现鱼山校区水产馆二号楼）为私立青岛中学校使用。现"一多楼"曾短暂作为私立青岛大学初建时的图书室，后又为教师宿舍（又称"六百号楼"，后为第八校舍），还有实验室、职员宿舍（均已拆除，位置均在现鱼山校区学术交流中心处）等。

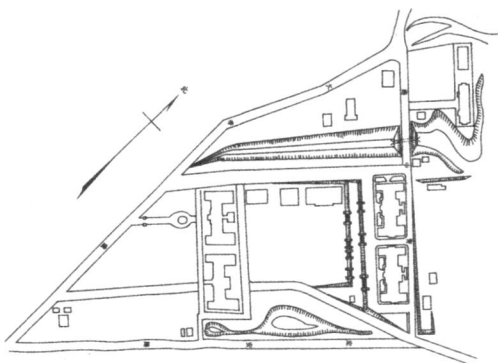

私立青岛大学平面图

私立青岛大学大学路校门

　　在军阀当道的北洋时期，能把一直驻有军队的俾斯麦兵营辟为大学校址，实属不易。高恩洪不惜得罪各方也要争得此良好办学之地，显示出他兴办教育、作育人才的决心和意志。尽管与吴佩孚有官私之谊，但高恩洪据理力争，功在首位。校址的确立意义重大，影响深远。这不仅为私立青岛大学的创立提供了最基本、最不可或缺的条件，而且在之后的一个世纪，它一直是中国海洋大学发展历程中永久性的校址。一代代海大人教于斯、学于斯，奉献于斯、成就于斯，使其成为青岛、山东乃至中国现代高等教育的重镇、海洋科教事业的兴盛之地。

　　1924年9月，私立青岛大学呈文胶澳商埠督办公署，请示将校园内南端齐河路改名为定安路（现二校门至五校门的道路），学校正门前的道路（德占时期为奥帕斯帕街，民众习惯称东关街）改名为大学路，东端庆平路命名为青中路（现红岛路）。①学校南面的无名山（现八关山）被命名为定安山，因高恩洪字"定厓"，用其谐音"定安"。

　　在《拟改路名留资纪念事》的请示中，学校从校园文化建设的角度陈述了理由。"窃

---

①《胶澳商埠督办公署指令：第三二五一号（中华民国十三年九月十五日）：令私立青岛大学：呈一件呈拟将齐河路等改换路名以资纪念由》，载《胶澳公报》1924年第164期，第15页。

学校设立，无不注意于环境之改造，不惟内部组织，宜对学生潜移默化，即学校附近一草一木亦留心设法灌输学生以浓厚感情深刻印象，对于本校校舍内外无不逐日经营，擘画促其改进。""于是则学生对于学校随处可生纪念，纪念愈深则感情愈厚，于校风良有裨益。所有拟改路名各缘由理合具呈，并附略图一纸。恳请鉴核批准施行……并附学校附近马路图一纸到署。"胶澳商埠公署批复：据此指令准如所拟办理，并饬工程事务所改换路牌。[①]

从请示内容可以感受到，有识之士对在青岛这块土地上开办的大学所具有的纪念国土重光意义有着清晰认识，他们对这所大学将承担弘扬文化重任有着深深的期待。从更改路名这一点，也可以看出督办高恩洪对这所大学的倾力支持。大学路因私立青岛大学而得名，私立青大之后学校各历史时期也因大学路而增益。大学路与它相伴的大学相得益彰，成为百年来青岛这座城市最富有内涵的人文和自然地理景观。

二、多方筹措经费

对于开办费，在筹备会上，高恩洪带头捐款1万元，刘子山捐款2万元，其他董事均有捐款，使得秋季开学事宜能顺利推进。日常经费则经吴佩孚、高恩洪出面协商，由胶澳商埠公署每月支款1万元、胶济铁路局每月拨款6000元、青岛士绅每月出资4000元[②]，官私合作共同创办并维持学校日常运营。

因私立青大为新开办学校，为吸引学生报名，收费甚少。在6月24日与青岛中学女校一起发布的招生公告中可见，中学尚年收费120元，私立青大年收费仅150元，大学一年的收费仅比中学高出30元。学费低廉，意味着庞大的经费必然要从其他渠道筹措。

为争取到更多经费，校董们也多方努力。中国作为第一次世界大战战胜国，曾向国际联盟提出各国退还庚子赔款，以用于中国的留学教育，培养建设国家所需的人才。1924年5月美国通过了剩余退款案，接着英、法、日、俄等国也宣布退回庚款余额，拟用以发展中国的科教和文化事业。得此消息，青岛总商会于6月19日召开常务董事会议，决定致函驻青岛美国公使施尔曼和北京政府外交总长顾维钧，请求拨美国退款于私立青大。两函申述理由如下：

为庚子赔款业经贵国宣布退回，规定用途亦希敝国施之教育，高谊盛情，至为感荷。

①《胶澳商埠督办公署训令：第二○三二号（中华民国十三年九月十五日）：令警察厅：为令知事据私立青岛大学呈称为拟改路名留资纪念事》，载《胶澳公报》1924年第164期，第9页。

②张静主编：《中国海洋大学大事纪》，中国海洋大学出版社2014年版，第1页。

1. 青岛在国际上有重大之价值。

2. 青岛为最新商埠，交通便利，大学设于此地，亦有发展之机。

3. 青岛有种种专门设备，如码头工程、铁路工厂、农林试验场、轮船等，均可予学生以练习之机会。

4. 青岛当局现正计划创办大学，已勘定万年兵营之房（可容学生二千余人，建筑费约百万元）作为校舍，若以赔款办大学于此，自可得有利之协助。

5. 收回青岛为华会结果，如在青岛设大学，无异在此建一华府会议之纪念品，而永久表彰贵国在国际上之荣誉。

在函件上签名的有会长隋石卿，常务董事吕月塘、宋雨亭、朱子兴、张俊卿、王芑卿、侯建堂。①

施尔曼公使和洛克菲勒财团人员曾到俾斯麦兵营校址考察，但争取此项经费终无果。

除希望申请美国退赔庚款外，高恩洪、孙广钦一开始也希望日本国能提供资金帮助。孙广钦还于8月初前往日本东京，到外务省去游说，提出应避免美方出资而成为美式大学，希望日方投入资金。但外务省表示日方退款资金的用途已确定，不能再从中支出。②

康有为也向高恩洪允诺可帮忙筹措经费，并建议办一个古董展览会，发售入场券，由康有为出售从各地搜集的古董字画，将售款捐给私立青岛大学。高恩洪为此专门成立一个私立青大基金书画展览会筹备处，也将自己收藏的书画出售。7月21日，展览会开幕，展品大多是海内外孤品，价格高昂，购买者寥寥。展览所得不过三四百，除去开销，所剩无几。③因筹措经费困难，吴佩孚曾在给高恩洪的信函里建议：青岛财政拮据，经费为艰，当无余力创办大学。况青岛久沦异域，教育未有普及，接收伊始应亟须普及中小学教育。④

到1924年9月开学时，高恩洪共捐1.7万元，刘子山捐2万元，董事会在胶澳商埠公署和胶济铁路各处筹集，凑齐开办费5万元。经费除开办支销外，足敷年余之用。⑤不过，更多经费仍然需要继续筹集。

① 王宜昌：《青岛总商会曾争取庚子赔款兴办青岛大学》，载中国民主建国会青岛市委员会、青岛市工商业联合会、工商史料工作委员会编：《青岛工商史料》（内部发行）第4辑，1989年，第178页。
② 山本一生：《私立青岛大学的创办——以其与日华实业协会关于青岛商科大学筹办计划之间的关系为中心》，修斌编：《海大日本研究》第二辑，中国海洋大学出版社2012年版，162页。
③ 《青岛古董展览会与大学经费》，载《益世报》（天津）1924年7月27日。
④ 《洛吴反对青岛设立大学》，载《益世报》（天津）1924年8月18日。
⑤ 《青岛大学开学式》，载《申报》1924年11月3日；《最近青岛大学之一斑》，载《京报》1924年12月25日。

三、设定学科与延聘师资

校址选定、经费落实后，设置系科、议定机构、延聘师资等事项或接踵或交叉，紧张铺展开来。

关于办学宗旨，在筹备会上，校董们认同高恩洪的提议，即借用《大学令》规定的大学宗旨，将“教授高深学术，培养硕学宏材，应国家需要”作为本校宗旨。[①]在涉及学校核心理念上，采用“拿来主义”的态度，并非轻率，而是有其客观原因。一则筹建大学时间紧迫，诸事繁杂，大事待决，精力顾及不暇，抑或早就心中盘算认定也未可知；二则高恩洪对这个办学宗旨高度认同，这可在他所作《私立青岛大学概况·弁言》中得以印证：

吾鲁，古称礼仪之邦。上起周秦，下迨两汉，哲人辈出，学风广被。降及清季，犹有堂邑武训，以乞丐兴学，炳耀史乘，其所由来者渐矣。洪前绾教部，殊少贡献，下野后息影芝罘，伏处潜修，不复问世。猥承当道征辟，乡邦敦促，愧未获辞，来督胶澳。窃以世界竞争，端赖学术。妄不自揣，联合同志倡办私立青岛大学，建最高学府于东海之滨，冀为国家养成干济长材。愿我邦人君子，共相赞翊。敢云兴学，不过缅怀前人高风亮节已耳。是为序。[②]

虽求学在专门学堂，多年置身无线电、电报、交通行业，在官场浮沉多年，作为山东籍高官名流，面对家乡教育不振、文化衰落的局面，高恩洪的桑梓之情不免被激发。行乞30多年办学的山东堂邑（今冠县）人武训，其坚韧不拔的兴学精神，成为中国文化绵延不绝的一个象征，是炳耀史册的鲁人典范。高恩洪兼任过教育总长，但囿于时局难有作为，以致回忆起来不免遗憾，而担任家乡一方要员后，能够亲手创设一所大学，也算得偿所愿。这所大学要担负弘扬学术、发扬文化的重任，为国家培养能干事、有大用的人才，并以此与列强竞争，一一均可期待。这是青岛教育的重要时刻，也是山东教育开始繁兴的起点，但办学经费是高恩洪甚为忧虑之处，他希望山东各界人士能多支援，共同把家乡这所高等学府办好，像兴学先贤武训那样，寒暑不濡其志，荣辱不撄其心，致力于发扬齐鲁文化。这是一个政府官员的格局体现，也是山东人血脉里的历史和文化责任感使然。

致力学术、培养人才、服务国家，校长高恩洪在《弁言》中阐明的办学理念，与他确立的办学宗旨一脉相承，直到今天，乃至后世，也不失先进性。

关于学科设置，在1924年5月22日的宴会讲话中，高恩洪就提出这是一所包含商业、机械、林业、路矿、航政以及文化等科的大学。因受经费所限，5月29日筹委会商定，设置

---

①《私立青岛大学概况》（1924），山东省档案馆藏，档号：J110-01-0211-001。

②《私立青岛大学概况》（1924），山东省档案馆藏，档号：J110-01-0211-001。

文、农、工、商四科。资料显示，在10月开学时，学校还列有一个明晰的学科逐步完善时间表：

1926年秋开始，学校机构逐步完善。

1926年　文学院　经济学院　工程学院　理学院

1927年　农学院

1928年　药学院

1929年　法学院[①]

因未见其他文献佐证，不妨认为此计划是自学校筹备到开学这段时间，管理层不断思考和听取建议的结果。未来是一所包含文、经、工、理、农、药、法的七科大学，显示了私立青大一众创办人要办一所足以彰显青岛文化中心地位之大学的雄心壮志。

对于私立青大计划所设学科及其原因，宋传典在出任校长后有过详细阐述：

所设学科，务期有以造真材供世用。寰瀛交通，商战日烈，经济灭国，怵目寒心，国际贸易，需材孔急。青岛为吾国北部第一良港，中外商人，麕集蚁附，足资观摩也，故设商科。物质文明，孟晋不已，伟大工程，方兴未艾，道路之修治，桥梁之架设，河流之浚疏，舍宇之营造，规画方案，实施工作，须具有匠心，养成专家，自属要务。青岛市场，为德人开辟，因阻面势，钩心斗角，宏伟精丽，有东方柏林之称，足资楷式也，故设土木工程科。……再进一步，当更为农科之筹设，若夫探讨玄理保障人权之文科法科等，姑从阙如。[②]

由此可见，每一门学科计划，都是立足青岛城市的工商业实际情况并放眼未来建设，这在近代高等教育发展中是一个非常值得重视的对学科设置的思考。校董们皆是在青岛工商界经营多年的富商，即使对学术、教育的事情不甚熟悉，但基于经验，青岛、山东需要怎样的人才，他们应是熟稔。从事工商业十多年的宋传典，又身居山东省议长一职，在山东、青岛纷繁复杂的经济和政治局面中辗转腾挪，其所见所识自不狭隘。在学科设置之初，就考虑到学生实习场所，注意理论与实践结合，校董们的经验和见识，体现在教学内容上，有方向有途径，可谓作风务实。而培养符合社会经济发展要求的实用型人才，正契合当时国内教育界所倾向的美国大学实用主义理念，也与身处青岛特殊环境下要树立民族自强信念有关。

民国初期，教育部对大学教师的类别作了规定，但未对聘任条件、任职资格和薪金等作具体要求。壬戌学制对聘任条件和任职资格有规定，但大学的自由裁量权依旧较大，

①《私立青岛大学概况》（1924），山东省档案馆藏，档号：J110-01-0211-001。
②宋传典：《私立青岛大学一览·弁言》（1925年），山东大学校史办公室藏。

这在客观上促进了大学的较快发展。因私立青岛大学的学科设置与青岛地方社会、经济相关，高恩洪在筹备大会上讲及师资从胶澳商埠各局和胶济铁路职员中聘请，但这并不意味着就放低了聘请条件。学校的职员多是国内外高等学堂、大学毕业，教师则是美国大学和国内北京大学、燕京大学、北洋大学等毕业的学士、硕士。近代高等教育初兴，国内培养的工商等科毕业生较少，而原本为数不多的留学生回国任教也有别的城市和学校可选择，如北京、上海、南京等文化中心城市就设立有工科性大学和专门学校。对青岛刚成立的这所大学来说，聘请到优秀师资并非易事，利用胶澳商埠局各机关的人才资源，聘请他们来校兼课，是一个现实的选择。

私立青大从筹备到开学用时三四个月，教职员有21人，其中教师13人，见表1-1。

表 1-1　私立青岛大学教职员情况（1924 年）

姓名	籍贯/国籍	职务	履历
高恩洪	山东蓬莱	校长	交通总长、教育总长、胶澳商埠督办公署督办
孙广钦	山东益都	校务主任	东京高等师范学校毕业，山东省立第八中学校长、私立青岛中学校长
李贻燕	福建闽侯	教务主任	东京高等师范学校毕业，北京女子高等师范学校教务长、督办公署学务股长
姜泽民	湖北汉口	事务主任兼体育指导主任	私立青岛中学教员，中华留日基督教青年会干事、济南基督教青年会体育干事
陈厥宝	福建海澄	教务员	爪哇泗水中华学校及国立暨南学校英语教员
闵星荧	江西九江	法通经济教员	日本帝国大学经济学士，大学院研究一年，胶济铁路会计处检查课课长
宋　铭	山东益都	事务员	名古屋高等工业学校毕业，公立山东工业专门学校教员
赵森如	山东益都	会计员	山东高等学校毕业，山东全省路政局科员
梁国栋	山东潍县	舍务员	北京大学毕业
严宏桂	安徽含山	工科教员	北京大学毕业，美国康奈尔大学工科硕士
温万庆	广东台山	商科教员	美国耶鲁大学经济科学士，胶济铁路英文秘书
隋星源	山东广饶	国文教员	北京大学毕业，公立山东法政专门学校教员
程　璟	江西南昌	英文教员	国立北京师范大学教授，国立北京女子师范大学教授

续表

姓名	籍贯/国籍	职务	履历
滕美丽	美国	英语会话教员	美国阿海阿奥奈大学学士,爱欧瓦潘恩大学学士
胡陈丽娟	浙江杭县	音乐教员	上海中西女塾毕业,中西女塾教员
高崇德	山东栖霞	地质矿物教员	美国哈佛大学学士,交通大学教授
李荟棠	山东蓬莱	化学教员	北京大学毕业,交通大学教授
陈焕祺	广东新会	银行货币教员	美国西北大学商学士、文硕士
刘乃宇	福建闽清	商通商地教员	美国伊利诺伊大学商科学士,私立厦门大学教授
潘大逵	重庆开县	历史教员兼体育指导员	清华学校毕业
黄文骏	广东蕉岭	体育教员	美国高地陆军大学学士、高地陆军大学教员及军官
孙振奎	山东郓城	武术教员	第五师技术队毕业,曾充运轮队队长

资料来源:根据《私立青岛大学概况》(1924)及其他文献整理。

　　这些教师投身于社会各项事业的建设,是当时青年中的佼佼者。工科教师严宏桂,1917年从北京大学毕业后公费赴美国留学,在康奈尔大学攻读土木工程,获硕士学位。在留学时,就游历过华盛顿、芝加哥、纽约、费城、旧金山等城市,获得对大都市建设的直接感受。归国途中,又对英、法、德、比等国的城市规划与建设作过深入考察。[①]回国后任职青岛工程事务所,从事城市公共建设。工科教师高崇德是第二批庚款留美生,在哈佛大学学习物理,获得理科博士学位。商科教师刘乃宇于1914年从清华学校毕业,考取庚款留美,到伊利诺伊大学攻读商科,1920年任教私立南开大学,1924年为私立厦门大学商科教授。 商科教师闵星荧为胶济铁路职工,毕业于日本帝国大学经济科,"鲁案"善后谈判时曾担任翻译。商科教师温万庆,1915年从清华学校毕业后留学美国,耶鲁大学经济学学士,回国后任职胶济铁路。

　　学校初创,仅招收工、商两科预科学生,师资实力则不俗,充分显示出董事会办理大学的开阔视野。

---

① 严谦德:《先父严宏桂事略》,政协含山县委员会编:《含山文史资料》第一辑,1988年刊印。

四、设置机构与颁行大纲

大学的组织大纲是根据国家的相关法律法规，按照一定程序，对大学运行的重大事项、大学成员的行为准则作出基本规定的规范性文件，是大学得以成立的法律依据，也是其治理基础。

1924年10月，《私立青岛大学暂行大纲》颁布。《大纲》分9章15条，对办学宗旨、学科设置、入学资格、学位授予、常设机构、校董会及训育、图书等专门委员会的组成及职责，均给予明确规定。所设各科学制均为四年，修业期满试验及格者授予某科学士学位。组织方面，规定校长一人总辖全校校务，设校务主任一人，商承校长管理校务。设教务处主任一人、事务处主任一人，教员若干人。设训育、体育、编辑、图书、仪器等委员会及各种临时委员会，各会委员长均由校长聘任。

学校董事会成员由倡办人及校长聘请，负责筹划经费、保管基金、审查预算及决算等事项。学校议事机构有董事会议和行政会议，董事会由校长召集，分临时和定期会议两种；行政会议有校务会议、教务会议、事务会议和各委员会会议。

私立青岛大学暂行大纲

第一章　宗旨

第一条　本大学以教授高深学术，养成硕学宏材，应国家需要为宗旨。

第二章　分科

第二条　本大学分为文科、理科、法科、商科、工科、医科、农林科七科。

第三章　入学资格

第三条　本大学本科学生入学资格须在高级中学校毕业或经试验有同等学力者。

第四章　修业年限

第四条　本大学本科之修业年限定为四年。

第五章　学位

第五条　本大学本科学生修业期满试验及格授以某科学士学位。

第六条　中外硕学宏儒及有专门著作者经本大学教务会议提出审查合格得校长认可由本大学给予相当名誉学位。

第六章　组织

第七条　本大学设校长一人总辖全校校务。

第八条　本大学设校务主任一人商承校长管理全校校务。

第九条　本大学设教务处主任一人、事务处主任一人，教员若干人。教务员、事务员、会计员、图书员、舍务员、校医、书记等若干人分掌各部事务。

第十条　本大学设训育委员会、体育委员会、编辑委员会、图书委员会、仪器委员会及各种临时委员会，各委员长均由校长聘任之。

第七章　校董

第十一条　本大学校董暂由倡办人及校长聘请之筹划本大学经费、保管基金、审查预算及决算。

第十二条　对本大学有殊勋者得由本大学聘请为名誉校董。

第八章　会议

第十三条　本大学校董会分为定期和临时二种。定期会议于每年二月及七月举行，临时会议由校长临时召集。

第十四条　本大学行政会议分为校务会议、教务会议、事务会议及各委员会会议。

第九章　附则

第十五条　本大学之详章细则则另定之。

《大纲》遵循1924年北洋政府教育部颁布的《国立大学校条例》和其他规定，但也有部分条款有所不同。在组织上条例规定设校长、教务长，但私立青大"设校务主任一人商承校长管理全校校务"。究其原因，应是校长高恩洪本职身份为胶澳商埠督办，商埠事务忙碌，无暇专心校务，故特设校务主任襄助处理；或许还有北洋时期政府官员变动频繁因素的考量，校长一旦缺位，就可能对学校日常运行造成消极后果，有校务主任襄助处理，会降低由此造成的不利影响。

私立青岛大学未设评议会、教授会，而设校务会、教务会、事务会，但大纲未具体规定各会议成员的产生办法，使实际治校权集中于校长一人，又因校长常缺席，校务主任自然承担起主要治校责任。这在当时私立大学中不算例外，一定程度上保证了校长缺席情况下学校行政工作的正常运行，但客观上影响到教授治校权利的实现。再加上私立青大的教师多为兼职，很难充分参与治校，甚至不参与治校，教师在学校的主体地位事实上不能确立。

在分科上，与《国立大学校条例》规定的农科稍有不同，学校所设为农林科。这与青岛开埠后较为重视城市建设，除了发展农业外，也着力发展林业有关。德国当局除了在城市建造公园、设置林荫道外，还在城市周围系统造林，这在当时国内的城市中极为少见。时"青岛之森林，迥非他处所可及，而关系于地方非浅鲜也。……农事……试验场设备之完善亦不数数，睹而其中畜产研究之精良，尤为国内觉悟而仅有者，其于农民裨益亦大矣"①。收回青岛后，胶澳商埠督办公署依旧设农林事务所。设林科，也可看出学校极为注重青岛地方之需。

私立青岛大学设立董事会，符合条例中"大学设董事会，审议学校进行计划及预算、决算暨其它重要事项"的规定。董事会是大学内部的最高权力机构。民国政府建立后，私立大学的校董会制度逐渐完善，每个大学的董事会规模、具体职能不完全相同，但在筹集资金、安全庇护、沟通社会、校政决策等职能上是相似的。学校董事会的存在不仅能缓解大学与政府之间的矛盾，保证大学的相对独立性，也能促进大学与社会之间的联系，集中资源办好大学。私立青岛大学经费来源于社会筹集，董事会的设立除了依规，也是实际情况使然。需要指出的是，私立青大两任校长皆为兼职，且常不在校，学校的日常管理实际上形成董事会与校务主任共同治理的机制。在之后几年的发展中，董事会发挥了坚强的领导作用。

五、招生与开学典礼

囿于经费，私立青岛大学先设工、商两科，招预科两班学生。为保证当年实现招生，学校刚开始筹备之际，筹备主任孙广钦就于6月下旬刊出招生公告。内容如下：

本大学系绅商协力创办，基础稳固。就青岛兵营（前比士麦兵营）为校舍，宽敞宏壮。足容学生二千余人。周围空地数百亩，山环水抱，森林葱郁。刻已筹备就绪，先招预科二级，分商工二科，且旧制中学毕业者皆得与试。

报名日期：阳历八月一日至八月十日。

报名及试验地点：青岛本校、济南教育厅、北京中华教育改进社、南京教育厅。

试期：八月十一、十二、十三三日。

费用：每年共约百五十元。②

入学考试科目为国文、英文、中外地理、中外历史、算学、代数、几何，对考生还要进行体格检查。规定每年学费为24元、住宿费12元、膳食费40元、运动费6元，均分两期缴纳，制服、书籍、医药等费用需要自理。出于筹集经费的考虑，私立青岛大学注重招收华侨子弟，并制定了免试办法。③

8月中旬，学校在青岛、济南、北京、南京四地招生，共招80人，工、商两科预科班各

---

① 胶澳商埠农林事务所：《农林特刊·序》，1925年刊印。
②《青岛大学及青岛中学校纪念册》1924年6月，山东大学校史办公室藏。
③《青岛大学招生章程》，载《青岛大学及青岛中学校纪念册》1924年6月，山东大学校史办公室藏。

40人。学生来自山东、江苏、湖南、广东、台湾等15个省市。[①]另外还有南洋华侨子弟,高丽、暹罗等国学生十多名。[②]报考学生多是富裕家庭子弟,生活阔绰,"有一位叫帕尔克的,是朝鲜贵族子弟"[③];也有家境普通,即使借贷也要努力求学的。[④]

私立青岛大学招生公告发布后,正在北京湖南籍学生补习学校就读的罗荣桓、张沈川看到,就一起报了名。发榜后,罗荣桓被录入工科,张沈川被录入商科。"青岛为避暑胜地,风景魅力,气候宜人,吸引了全国优秀青年来此深造,以备将来对祖国作出贡献。莘莘学子,五湖四海,风雨一堂,修业进德。"[⑤]"学校周围绿树成荫,清新幽静,春季桃李盛开,樱花吐艳,确是读书学习的胜地。那时青岛市区人口不多,清洁卫生水平高,设施合理驰名世界。傍山临海,风景优美,来此地就读的学生,都有一种自豪感!"[⑥]从校友的回忆中可以看出,青岛的地理条件、城市建设和学校环境对学生有较大吸引力。

1924年9月15日,私立青岛大学第一届学生入学具体情况见表1-2。

表1-2　私立青岛大学学生情况（1924年）[⑦]

工科预科		商科预科	
姓名	籍贯/国籍	姓名	籍贯/国籍
张　亮	湖南长沙	陈宗坤	山东博山
李茂显	山东荣成	方维诚	浙江
郑绍棠	广东新会	江铂昭	山东威海
张谕之	山东潍县	谭风麓	广东
范　钧	山西忻县	赵元霖	山东寿光
李荣植	吉林延吉	张佐基	江苏
李秀桐	湖南醴陵	张沈川	湖南
罗荣桓	湖南衡山	彭明晶	四川安岳

① 《青岛大学将无形消灭》,载《申报》1924年8月18日。

② 《青岛大学开学式》,载《大公报》(天津)1924年11月3日。

③ 刘维汉:《私立青岛大学回忆片断》,山东大学校史编写组编:《山东大学校史资料》第二期1982年,第49页。根据资料推断刘维汉是1925年转入工科预科。另:"帕尔克"是"朴"的朝鲜语发音,这里应为"姓朴的同学"。

④ 刘维汉:《私立青岛大学回忆片断》,山东大学校史编写组编:《山东大学校史资料》第二期1982年,第49页。

⑤ 刘维汉:《私立青岛大学回忆片断》,山东大学校史编写组编:《山东大学校史资料》第二期1982年,第49页。

⑥ 陈是斋:《私立青岛大学见闻录》,中国人民政治协商会议青岛市市北区委员会文史资料研究委员会编:《市北文史资料》第二辑,青岛出版社1993年版。

⑦ 注:1924年新生名单现缺失,这份名单是1925年春的统计。按照开学招生80人,名单应有遗漏。因学校办学期间受社会、时局动荡之影响,学生有流散和转入的情况。

续表

工科预科		商科预科	
姓名	籍贯/国籍	姓名	籍贯/国籍
王师亮	江西安福	梁美振	福建
陈家泽	广东琼山	陆 焯	福建
王晋祥	江苏盐城	洪锡恩	高丽
王咏祥	江苏盐城	郑友铉	高丽
王志超	山东高密	朴元圭	高丽
冯文俊	陕西米脂	金箕五	高丽
高振西	河南汜水	蒋毓南	江苏丹阳
乔中和	山东济阳	潘必达	山东胶县
唐家夽	广东香山	肖 沏	湖南
谭炳训	山东历城	肖 符	湖南
向丕荣	湖北恩施	谢梦诗	湖南
李宝民	山东胶县	何绍英	福建
杨业晟	四川江津	吴隆兴	福建
徐 政	江苏无锡	莫锡伦	山东莒县
孙秉寅	江苏盐城	陈 晔	山东临朐
彭宗干	山东潍县	郭恩纪	山东高密
郎会桐	山东	汪宜春	江苏灌云
徐 端	河南息县	窦宝琨	山东临朐
胡殿楹	山东潍县	孙桂亭	山东清平
梁建常	山东潍县	郭学范	江西吉水
吴兰桥	山东博平	黄荫祥	吉林舒兰
董宜之	吉林长春	黄本智	安徽定远
陈 举	河北天津	马毓山	山东高密
郭儒梁	广东琼东	郭明堂	河南
李琼焕	高丽	赵方清	山东长山

续表

工科预科		商科预科	
姓名	籍贯/国籍	姓名	籍贯/国籍
王遇良	河北滦县	邢天铎	山东莱阳
孙惟厚	山东博山	俞念远	浙江金华
丁兆绩	山东黄县	何继太	山东青州
		郭象赓	山东高密
		王步春	江苏常州

资料来源：共青团青岛市委青运史办公室编：《青岛青运史资料》（内部发行）专辑之一，1986年5月，第87页。

9月20日，学校正式开学。上午八时，全体学生齐集大礼堂，校长高恩洪同全体职教员入内，按序就座。高恩洪致训词：

本埠地绾南北，舟车四达，山水幽雅，气候中和，于此设立大学发展文化，最为相宜。即以全国大学区而论，北方之京津，东北之沈阳，西北之西安，西部之成都，中部之武汉，东南之沪宁，南部之厦门、广州，官立、私立，均有大学之设。本埠为东部要区，沿海重镇，自然亦可成立一大学区域。既可承继礼仪之邦荣誉之历史，又可为国土重光之纪念。本校长到此以来，即以设立大学为当务之急，但当时苦无相当地点。幸而陆军撤防，腾出此广大之校舍，若弃而不用，未免可惜，是以联合同志积极进行。筹办以来，煞费苦心，而今日幸告成立，本校长欣慰之心莫可言喻。但是目下尚在草创时代，经营缔造尚须有相当之时日。校内一切校务固由本校长及教职员负责。而诸生多半来自远方，自有远道而来之目的。既入本校，则与本校校运之荣枯、校誉之隆替有密切之关系及重大之责任，此点诸生应当注意及之。此外尚有一事不得不为诸生告诫者。近年以来，内地各省学风之坏、学生人格之堕落，无庸讳言。加以新文化之运动、新学说之繁兴，少年识力未定，往往抉择未精，弃其精华，取其糟粕，而根本精神之诚朴、自治、自尊、博爱、互助、重秩序、守信义、耐劳苦、尊师长诸要义几乎弃箧净尽。此外，荒废学业，逾越范围者，不可胜述。本校为新创之学校，诸生为新来之学生，一切当以身体力行、日新又新为前提，一洗各地不良之陋习，蔚成本校特有良好之校风，为全国青年之模范，为将来国家有用之长才。是则本校长愿与教职员同人及来学诸生共相勉励者也。[1]

------

[1]《青岛大学开学记》，载《新闻报》1924年9月26日。

　　高恩洪从地理特点出发肯定了青岛办大学的优势，又从全国大学区角度分析青岛设立大学的可能性与必要性。他说，青岛设立大学既是国土重光的纪念，又是承担弘扬齐鲁优秀文化的责任。作为校长，高恩洪对"五四"以来大学风气的普遍浮躁、学生频繁参与社会政治活动而影响到正常教学秩序的现象有所批评，对"五四"以来丰富的文化和思想学说的传播，可能使青年人"取之不精"反而丢失原本美好的一些品质有所提醒。他希望私立青大的学生能够秉持那些美德和规范，身体力行、日新又新，形成良好学风，成为青年表率。此番训词表露出他作为师长的一番良苦用心。

　　10月25日，私立青大举行开学典礼，并确定本日为成立纪念日。中国海洋大学的校庆纪念日即源于此。

　　开学典礼当天，大学路大门扎有松柏牌楼，满缀万国色旗，门外挂彩灯。上午九时许，各校董以及各界主要人物均已莅止，而中外男女来宾，亦陆续到来，络绎于道，到会参与者六七百人。来宾到校外时，即会收到由学生分送的开会秩序单、纪念照片及纪念册各一份，并由招待员引导至大操场休息游览。上午十时摇铃开会，校长高恩洪同校董及职教员依次就座。首先，全体唱国歌，向国旗校旗行礼。礼毕，校长致开会辞。高恩洪简单讲述学校开设之必要和未来的希望。校务主任孙广钦报告学校筹备情形、成立后现状。报告毕，全体起立唱校歌。

　　来宾也作典礼发言。日本驻青总领事堀内谦介说，私立青岛大学地址最佳，诸君之精神又善，深望诸君将来为东方文化之指导者，东方文化有不可灭视之真精神，将来西洋人之来习东方文化者，当以青岛大学为最足令人注意，贵国当此兵乱不宁之际，尚竭力注意教育若此，良足钦佩。英美领事、俄国代表、德国牧师都发表了演说，均盛赞办事人之热心及毅力，并颂青岛大学为世界良善之大学。演说完毕后，学生起立欢呼"青岛大学万岁"三声。旋即闭会。

私立青岛大学开学典礼全校师生、来宾合影

十二时，来宾、师生在校内自由摄影，学校招待茶点、引导参观。下午两点后，进校参观人数一千余人。下午五点，全体职教员和学生举行提灯会。每人手拿一面小旗、一个灯笼，按照预定路线沿途唱歌，秩序井然，一直到晚上九点结束。

10月26日上午九时，开始招待来校参观的宾客，因正好是星期日，参观者众多。晚上七时，安排有学生晚餐会，之后有雅乐、西乐、幻术、独唱中剧，并放映电影。[①]

私立青岛大学在各界的欢庆声中拉开它书写青岛高等教育史的帷幕。

私立青大的诞生，是青岛、山东乃至中国近现代高等教育史上具有标志性意义的一个事件。它是中国近现代高等教育发展和青岛独特的地理、政治、社会、经济等因素影响下的一个必然，是正逢一个强势地方当政者的偶然。它的创立可谓有"三利"。

一曰得时势。1922年中国政府收回青岛后，国人自主管理青岛教育事业成为可能；北洋政府将青岛辟为商埠，直属中央管辖，深谙教育要义的高恩洪出任督办；壬戌学制颁行，允办私立大学，可谓时势俱在。

二曰地理优势。青岛为北方著名港口城市，乃海上军事重镇，又是胶济铁路端点，生源腹地较广，还有俾斯麦兵营作为适宜校址，办学基础条件优越，可谓地利厚实。

三曰众人相助。青岛"诚天然文化中心点"已是学界政界共识；筹办时，上有掌权者支持，商埠督办居中操持，下有阔绰士绅、教育人士出资出力，可谓人和充盈。

这"三利"是历史的合力，推动私立青大适时登上历史舞台并影响其发展。私立青大有着中国近现代大学普遍的特征，也有显著的自身特点，不仅对地方高等教育产生了深刻影响，在中国近现代高等教育发展史上也占有一席之地。

六、课程设置

私立青大在课程设置上，国文、英文是预科和本科阶段各科学生的必修科目。此外，根据学科和师资特点，工科学生需再修德文，商科学生则再修日文。商预科课程为西洋通史、商业数学、社会学大意、经济学大意、伦理学、生理学及卫生、商业地理、物理、化学、心理学；工预科课程为数学、物理、化学、图画、生理及卫生、地质、矿物学。所用教材大都为教师自编。

在教学管理上实行学分制。学分制源于德国柏林大学，是以选课制为基础，基于"教的自由"和"学的自由"理念，遵循个性、尊重兴趣的一种教学管理制度。课程体系按照通才教育模式设计，文理兼修，学生可以自主选择专业、课程、修课方式、时间

① 私立青岛大学开学典礼情况引自《青岛大学开学式》，载《申报》1924年11月3日。

以及修业年限。蔡元培改革北京大学时就借鉴学分制，意在打破文理界限，培养通识人才，取得了良好效果。1922年壬戌学制规定大学实行选课制和学分制，大多数国立大学和私立大学均遵照施行。私立青大开办初期，限于师资不足，无法开出选修课程，在之后几年中，也曾列出过选修课目计划，但基本上依旧按照学年制管理，这不得不说是一种遗憾。

因私立青岛大学于1929年6月并入国立青岛大学，是时，第一届本科生刚结束第三年学业。根据相关文献整理出工科（土木工程）、商科本科学生三年实际开出的课程，见表1-3。

表 1-3　私立青岛大学工、商本科课程

工科本科课程					商科本科课程				
年级	第一学期		第二学期		年级	第一学期		第二学期	
	课程	学分	课程	学分		课程	学分	课程	学分
一	国文	2	国文	2	一	国文	3	国文	3
	英文	3	英文	3		英文	3	英文	3
	德文	3	德文	3		日文	2	日文	2
	解析几何	4	微积分	5		经济	3	经济	3
	物理	4	物理	4		商经济	3	商经济	3
	定性分析	2	定性分析	2		历史	2	历史	2
	测量	5	测量	5		商史	2	商史	2
	图画	1.5	图画	1.5		簿记	2	簿记	2
	体育	0.5	体育	0.5		心理学	1	心理学	1
						体育	0.5	体育	0.5
二	国文	2	国文	2	二	国文	2	国文	2
	英文	2	英文	2		商业英文及尺牍	5	商业英文及尺牍	5
	德文	1.5	德文	1.5		银行货币	2	银行货币	2
	微积分	4	材料学	4.5		商业大纲	2	商业大纲	2
	力学	6	力学	4		银行簿记	2	银行簿记	2
	水力学	3	水力学	2.5		经济学史	2	经济学史	2
	测量	4	建筑	2		铁路运输	2	铁路运输	2
	体育	0.5	测量	4		会计学	3	会计学	3
			体育	0.5		体育	0.5	体育	0.5

续表

工科本科课程				商科本科课程			
年级	第一学期		第二学期		年级	第一学期		第二学期	
	课程	学分	课程	学分		课程	学分	课程	学分
三	桥梁原理	5	桥梁设计	5	三	英作文	1	党义	2
	微分方程式	2	工程材料	2		国际商业政策	3	英作文	1
	铁路工程	4	铁路护养	3		统计学	4	商业管理	4
	材料力学	3	材料力学	3		国际汇兑	4	外国贸易	3
	经济	2	道路建筑	3		法学通法	3	商业心理	3
	汽车运输	4	铁路测量	2.5		国际法	3	公司财政	2
	静力图解	2	汽机学	3		公司财政	3	商法	2
	体育	0.5	电机学	3		簿记	2	民法	2
	铁路测量	3.5	党义	2		商业大全	2	保险学	3
			体育	0.5		体育	0.5	国际汇兑	4
								体育	0.5

资料来源：本表根据山东省档案馆藏私立青岛大学工科、商科学生成绩表整理，档号：J110-01-0214-001、J110-01-0214-002。学生考试科目为学校实际开出的课程，故本表与1925年、1928年《私立青岛大学一览》中所列课程不同。

按照民国初期《大学规程》中对大学所设学科和科目的规定，工科分为土木工学、机械工学、船用机关学、造船学、造兵学、电气工学、建筑学、应用化学、火药学、采矿学、冶金学等门，各门有相应的课程。在私立青大的工科本科课程中，土木、铁路、机械、运输、电机、材料、水力等课程皆有。按照商科分为银行学、保险学、外贸学、领事学、税关仓库学、交通学等门，私立青大的商科所开课程也多涉各门内容。1924年《国立大学校条例》颁布后，北洋政府教育部对大学课程不再统一要求，各大学有设立课程的自主权。但据私立青大所开课程不难推测，当时国内并无足够的各科目教师，许多大学也存在计划课程难以开出的现象，而私立青大又受制于经费不足，只能根据所聘请教师的学科背景或行业背景来开课。这也体现出学校面对经费和师资双重困境时，在处理方式上的灵活性。

第二章
私立青岛大学的发展

在办学过程中，私立青大面临着校舍、经费、时局多变的种种困境。但校董会和管理层齐心戮力，秉持教育救国的热忱，在动荡的时代风云中，于艰难中维持，于困境中坚守，以坚韧的办学意志谱写了一曲不辍弦歌。

学校应地方之需，在工、商两科外，计划增设铁路管理、探矿工程、机械学、电机学等科，但因种种困难，实际只增加铁路管理一科。因管理层用心维护，在管理上日趋完善，学生努力求学，积极完善自我，良好校风渐成。

待到高等教育被新政权统一规划、发展，私立青大五年之弦歌遂汇入中国高等教育在政府强力主导下的发展洪流中。

第一节 宋传典出任校长

一、校董勉力

根基尚未立稳的私立青大，振兴齐鲁文化的宏图伟业刚刚启幕，即遭遇时局突变。1924年9月第二次直奉战争爆发，11月初直系吴佩孚败北。高恩洪受到通缉，于11月5日避入美国驻青岛领事馆；11月7日早晨，受戒严司令部便衣武力相逼，当晚被带上临时列车送往济南①,就此结束了他主政青岛的使命,也结束了他作为私立青岛大学第一任校长的使命。被释放后,高恩洪出任吴佩孚组建的十四省联军司令部交通处长。直奉战争后他退出政界,在烟台经营烟潍路汽车公司,1926年迁居上海继续经营长途汽车公司,1943年病逝于北京。

军阀混战,各地主政官常因各方势力较量的结果而易人。吴佩孚得势时,青岛一切要职自然是其亲信担任,而一旦失势,职权易手,一时城市政局、商业、经济、社会生活陷入慌乱。原本依靠高恩洪强力整合各处资源而成立的私立青大,也难免陷于危局。在危困之际,校董会毅然主持大局,尽力维护这所齐鲁大地上立之不易的高等学府。在高恩洪离校后,校务主任孙广钦暂时主持校务。1924年11月21日,校董宋传典被公推为校长,即日到校视事。②

宋传典(1875—1930),本名华忠(又称化忠),字徽五,山东益都(今青州)人。早年受设于益都的英国基督教浸礼会资助,就读于青州广德书院。毕业后在广德书院担任英文教习、广文学堂担任博物教员。曾任益都官立高等小学校长,青州县立中学堂教习及县教育会会长。辛亥革命后弃教从商,创办青州德昌洋行经营进出口贸易,成为青州首富和山东富贾之一。1922年跻身政界,当选山东省议会议员,1923年当选省议会议长。同时涉足教育界,先后担任青州守善中学董事长、齐鲁大学董事,私立青岛大学筹办时任董事,是发起人之一。

校长宋传典

出任校长后,宋传典的注意力仍集中在其所担任的省议会议长职务和所办实业上,多数时间不在校。他聘请毕业于美国里海大学的矿科硕士、时为胶澳商埠督办公署电报局无线电科科长的林济青到校担任校务主任。

在校长常不在校视事情况下,校董会担负起主要的治校职能。1925年7月,奉系将领、山东省省长张宗昌将胶澳商埠督办公署改为胶澳商埠局,设总办统辖行政,任命其亲信赵琪出任总办、毕庶澄担任渤海舰队司令,青岛军政大权统归山东省。根据政局变化和学校实际情况,校董会对管理层作出调整。7月5日,校董会在天津路东华旅社召开会议,出席者22人,学校文书委员长高宗山主持。会议公推学校顾问刘芝叟(刘大同,同盟

---

① 《高恩洪捕送济南》,载《申报》1924年11月9日。

② 《私立青岛大学公函》,青岛市档案馆藏,档号:B0038-001-00368-0054。

会会员）、胶澳商埠局总办赵琪、胶济铁路局局长赵子玉（赵蓝田）、秘书长秦莱峰等为名誉委员，推举高宗山为教务长，孙广钦为特别委员、事务长兼私立青岛女子中学校长，推举校董、胶澳商埠局卫生管理局局长、普济医院院长全希伯（全绍清）担任副校长，特别委员李琴轩担任临时副校长兼预科校长。[①]会后，校董会致函青岛总商会，同时通报了对校长宋传典"久假不归"，但又在外以私立青岛大学校长名义行事的处理意见：

民国十三年冬，本大学校董会董事长兼校长高恩洪因故离青，校董委员等数人公议，由校董宋传典临时负责维持校内现状，该校董竟久假不归，半年未曾到校，除由本大学校董会文书委员长高宗山函促该校董即日销假到校外，若再有人逾越范围不经本大学校董会正式依法公举而滥充校长者，大学校董委员等决议正当之法律手续限制之。[②]

7月31日，校董会遵照大纲第13条召开会议，与会董事19名，选举于耀西、赵琪为正、副董事长。教务长高宗山因伪造校董会印文在外招摇违法，被校董会检举并当即公决除名。8月2日，校董会致函青岛总商会汇报会议情况。高宗山被开除后，教务长一职由林济青兼任。以上两宗，显示了校董会作为学校最高权力机关的权威性。

校董会对校长宋传典"警告"后，资料显示，在当年7月学校争取经费遇到困难时，宋传典向胶澳商埠局发函，申请经费、补助费的划拨以及请军队归还所占校舍，开始履行起校长职责。

1925年，毕庶澄驻守青岛后，因官舍房产不够使用，意欲在校内驻军，催促师生迁出，导致学校停课多日。经过校长多次交涉，得以在原学生自习室开课。1925年秋新生入学后，学生人数增加，校务主任、教务长林济青竭力筹划，暂腾出宿舍十数间作教室，于11月19日才得以上课。[③]但军队仍占用了数座房舍，学校仅使用一小部分。[④]

私立青大多次呈文胶澳商埠局，希协调归还学校被占房舍。1925年12月初，宋传典写信请将青岛中学所借两楼及附属小房一律拨还，因驻军催迫迁出，中学已暂时停办，但呈文并未述及军队，只称请中学之前所借应归还。函称：

考欧美各国所有大学类皆伟楼杰阁，建筑宏伟，原值科学昌明之世，不能不有专科教室之设，校舍既能宏畅，设备即易措施，事实相因而然，非故好为装潢也。本校成立，甫经匝岁，规模虽不敢遽与欧美各大学比拟，然以国际观瞻所系，筹施稍涉陋隘，即行遗笑邻邦用是，敬谨将事续求进步，外观内容勿期完整，俾顾名思义不愧大学，如得办至名实相

① 青岛大学校董会公函乙字第十号，青岛市档案馆藏，档号：B0038-001-00368-0015。
② 青岛大学校董会公函乙字第十号，青岛市档案馆藏，档号：B0038-001-00368-0015。
③ 《教育专电·青岛》，载《申报》1925年11月19日。
④ 《胶澳公报》1926年第296期，第11页；《军事旁午中之青岛教育》，载《申报》1925年12月2日。

副,斯可增光国际信誉。此后各种设备尤需房屋宽阔。[①]

胶澳商埠局将学校的函件上呈张宗昌,请其定夺。此呈文显示,胶澳商埠局总办赵琪对宋传典所请持支持态度,但面对省长亲信的跋扈又表示了谨慎:如备做将来扩充使用,以发展学务造就人才起见,该校舍应拨给大学。但因该校址原本是驻兵之所,若都拨给大学,将来驻军又没有合适的地方。军事学务都是重要之事,该如何办理请批示。[②]张宗昌接到呈文后,令胶澳商埠局查实校园内是否有驻军,校舍是否够用。胶澳商埠局对于学校发展教育持理解态度,这在再次给张宗昌的呈文中可看出:该大学若不扩充,目下校舍已嫌狭窄,倘为发达教育起见,再行扩充,当然不敷分配。[③]只是毕庶澄坚决不撤军,他在向张宗昌的答复中宣称:现在合以军用之相当之兵营,而让与学校做将来教育扩充之房舍,权衡轻重缓急关系实难允与迁让。[④]

斯文之地有了驻军,再难安宁。校内驻军“毁坏仪器,损失之巨,以数万计”[⑤]。官兵们随意侵犯学生利益,胡作非为,致使不少学生离校,严重影响了学校日常秩序和发展,“甫经萌芽之青大,遭此厄运,大有不可终日之势”[⑥]。直到1927年4月毕庶澄被张宗昌下令枪决后,校园才恢复安定。

1928年4月中旬,国民革命军进至山东。4月19日,日本为阻止北伐统一大业,以保护侨民为名,派遣军队在青岛登陆,占领了青岛和胶济铁路沿线要地。私立青岛大学一半校舍又被日军侵占,学校再度陷入危困。

二、经费之争

第二次直奉战争后,青岛工商业更加衰败,财政各项极为支绌,薪饷积欠严重。虽戒严司令部强力维持,使政局一时不至混乱,但各重要机关官员,因均为高恩洪亲信,高恩洪被捕后,各路人马均怀疑惧,不安于位,几均被撤换。[⑦]经费依靠胶澳商埠局、胶济铁路管理局拨款和青岛绅商捐资的私立青岛大学,日常维持陷于困境,学校管理层竭力争取到青岛市、山东省的微薄补贴,在艰难中谋取生存。

1924年11月15日,渤海舰队司令温树德出任胶澳商埠督办。从11月开始,学校经费由公

---

①《胶澳公报》1925年第290期,第8—9页。

②胶澳商埠局指令第一六七三号,载《胶澳公报》1925年第290期,第8—9页。

③胶澳商埠局呈文第七号,载《胶澳公报》1926年第296期,第11页。

④胶澳商埠局训令:第二八〇号,载《胶澳公报》1926年第321期,第4页。

⑤《本校学生上青岛市政府请愿书》,载《青大旬刊》1929年5月2日。本书所引《青大旬刊》皆为青岛市收藏家黄海先生所藏。

⑥《本校学生上青岛市政府请愿书》,载《青大旬刊》1929年5月2日。

⑦《山东中立后青岛变局》,载《申报》1924年11月12日。

署拨发的每月1万元被降至1000元，校务顿时陷入窘迫，而更为艰难的是，减少后的补助也很难按时划拨。12月26日，学校只能领到11月份拨款1000元，而12月份的经费，在寒假结束开学后才勉强发下，并且再次减半。学校不得不致函温树德，言辞近于卑微：

> 敝校经费竭蹶早已洞鉴，此期开学多日，一切支出俱仰借贷，债台垒垒，会计仰屋罗掘俱穷，应付乏术，仰承贵署每月资助千元……否则水穷山尽，势陷停顿。我公仗义，于前自当鼎力提携。十三年度十二月份下期补助费五百元、十四年度一月份补助费一千元望速并行拨发，以资维持而利进行，无任感盼之至。[①]

这次去函得到批示，"查核拨发"。

微薄拨款需要每月去函催拨，尽管如此，依旧不能及时到位，经费拮据已致应付无力，教员的薪俸也开始积欠。

因校长宋传典常离青驻济，校董会为解决经费之困，急欲聘请到副校长以便进行筹款工作。1925年5月初召开委员会，将胶澳商埠公共卫生管理局局长、普济医院院长全绍清作为人选。校董会希望校长、副校长除都必须具有筹款能力外，还能每月到校几日促进校务。[②]

1925年7月，温树德离职，与宋传典同为张宗昌系的赵琪出任总办后，也未改善学校经费短缺局面，依旧减拨、延缓，学校不得不靠借贷维持。

林济青被委任教务长时，面临新学期开学，学校债台高筑，教职员薪俸积欠数月。他就请青岛盐务稽核支所所长李植藩出面，通过胶澳商埠局审计股负责人周森通融总办赵琪，尽快将温树德任内的欠款补发。李植藩的私人信件与学校的公函一起送达胶澳商埠局。但新学期开学时，仍然未予拨发。学校恳请赵琪在学校"经费竭蹶、无为难炊之际即谅苦衷"，称赞他"提携教育素具热忱"，希能继续鼎力支持学校。[③]

公函送达半个多月后，仍不见经费到账，校长宋传典只得亲自致函赵琪：

> 顷闻青岛各教育机关经费均已领出，惟青岛大学每月由贵局补助之一千元，自五月份起尚未发给，本校经费窘迫，待哺孔殷，因特函恳请迅饬该管科查核照发，以资校务，而利进行，至所感盼。[④]

收到宋传典的信函后，赵琪翌日即回复只能将5月份经费先行筹发。赵琪虽被校董会

---

① 胶澳商埠督办公署1136号函，青岛市档案馆藏，档号：B0029-001-02090-0001。

② 《青岛大学校董会委员会之议案》，载《申报》1925年5月11日。

③ 《关于请领一九二五年五、六、七、八月份补助费的公函》，青岛市档案馆藏，档号：B0029-001-02090-0031。

④ 《关于请领一九二五年五、六、七、八月份补助费的公函》，青岛市档案馆藏，档号：B0029-001-02090-0031。

选举为董事长,但受制于财政之匮乏,对拨款也无能为力。11月27日,听说青岛有部分机关领到了款项,宋传典无法坐困,再次致函赵琪:"青岛大学经费支绌,贵署之补贴费已拖至六月之多,刻因市面金融紧迫,外债追讨临门,难以应付。闻他校之津贴均已发至7月份,青岛大学刻仅领至5月份,同是教育机关,独使该校向隅,未免有失公允,为此特恳俯念困难情形,将该款即拨下是所切盼。"语气颇有质疑指责之意。赵琪收悉当日即在信函上批示"筹发一千元",并专程复函宋传典就此作解释:"本埠财政竭蹶,收支不敷,近月以来感受军事影响益形,罗掘俱穷,所有本埠教育经费同一积压,对于贵校绝无有所歧视。兹承台属,准予日内筹发1000元,藉应急需。"①

1925年,学校有学生90余名,常年经费预算为5.5万余元,实际得到1.2万元②,尚有4.3万元差额需要自行解决,"拆东墙补西墙",依靠借贷补窟窿。青岛市财政此时受军事影响,尤为匮乏,各项经费均难按时发放,对学校的拨款,也只能竭力筹措,陆续支拨。

除了向胶澳商埠局申拨经费外,学校也通过其他途径筹款。1924年冬,向山东省提出经费补助申请,山东省公署同意从11月起每月划拨1000元。③

校长宋传典还致函山东省保安司令部,希望能从胶济铁路货车加收附捐来补助学校经费,但这项附捐原本进展多有阻滞,不久也就取消。1926年,宋传典再致函山东省公署,省公署同意从教育预备项下每月拨款2000元补助私立青岛大学。宋传典信函如下:

缘校址于青岛,华洋人士萃聚于斯,不仅国内青年入校肄业,异邦学子亦多重洋而来。同仁等念校务良否,与国际观听关系綦重,用是就业将事,不敢掉以轻心。外观勿求整洁,内容必期美备,各科教授亦均遴聘中外著名人材分别担任,绝不肯因陋就简,致贻邻邦讪笑,妨害国家荣誉,一切消费当然较内地学校为多,日下虽路局稍有津贴,并经校董竭力劝募,而收支相抵不敷仍巨。倘若弦诵中辍,固大戾乎素心,若再勉强撑持,久矣罄夫棉力。④

1928年5月"济南惨案"发生后,山东教育事业受到严重影响,山东省的政局也发生了变化,原本从省教育费下给予的补助从此断绝。胶澳商埠局的微薄补助就变得更加可贵。

———————————

① 《关于申请速发五、六、七三个月补助费的公函》,青岛市档案馆藏,档号:B0029-001-02587-0001。
② 《胶澳商埠教育局1925—1926年教育发展纪要》(1927年),见青岛市档案馆、中国海洋大学中国社会史研究所编:《胶澳商埠档案史料选编》(五),青岛出版社2018年版,第270页。
③ 《鲁省署补助青岛大学经费》,载《新闻报》1924年12月27日。
④ 《鲁省署拨费补助青岛大学》,载《新闻报》1926年11月22日。

随着学生的增多，经费更加支绌。学校于1929年1月8日再次向胶澳当局申请，希望能从省税项下每月补助600元。在致函中，举千年来中华名士保护文脉的壮举和美德，对总办赵琪极尽溢美和相激之言，"前哲有明训：为善而不卒，贤者所不出。况我公热心教育，无所不至。业经将伯于前，岂肯袖手于后？……我公坐镇海疆，为东半壁领袖，乎九仞而废井一篑而亏山，岂大君子所肯出此。此鄙校全体师生仰望于我公者矣。"①从胶澳商埠局的信函中，能看出商埠局不希望学校停办，在拮据财政中尽量腾挪资金，从2月份起每月增加临时补助费600元，称"大学关系教育极重……虽为临时性质……然将来若无此项补助，该校恐难以维持"②。

1928年5月国民革命军进抵山东，省长张宗昌逃离济南，身为省议长的宋传典也逃往天津。国民革命军以"附逆"名义通缉宋传典，查封其在济南和青州的财产。

1929年1月26日，宋传典给赵琪写信，希望将在省税项下的每月600元临时补助变为经常费，另再增加1000元，每月按照1600元经常费拨发。赵琪回复中只允前已准的每月补助600元，未提及宋传典提出的增加部分。③1929年4月15日，国民政府接管青岛，成立接收专员公署，胶澳商埠局各项省税由胶东财政特派员公署接管，该税款项下拨付各款从5月份停止，私立青大由省税项下补助的600元亦停止。

在向山东省、青岛市、胶济铁路争取补助费的同时，学校也试图争取庚款补助。1926年5月，根据学校发展计划，教务长林济青作一详细预算，大致需92万元，向庚款管理委员会申请资助④，但终无结果。

在艰难办学中，学校经费得到了青岛市、山东省的支持，这也回应了第一任校长高恩洪在学校成立之初，希望山东诸贤能发扬武训精神，为齐鲁大地的文脉赓续尽努力的召唤。客观地说，青岛和山东省政府与私立青大一起，在风雨飘摇中守护了这所立之不易的大学。1926年，时有报纸报道青岛教育情况，"高恩洪走后，山东连年卷入战争漩涡，青方收入，多为当局移充军饷，市面亦日萧条，故教育大受影响。现在各公立学校，除青岛大学尚照常办理外，余如私立青岛中学、胶澳中学等多已停办，教育前途，顿现悲观"⑤。如若主政者不是以教育为重，以保存齐鲁文脉为念，将无以解释他们在财政的千

①《关于私立青岛大学学费请准在省税项下补助的公函》，青岛市档案馆藏，档号：B0029-001-03406-0001。

②《胶澳商埠1927—1928年教育发展纪要》（1929年），青岛市档案馆、中国海洋大学中国社会史研究所编：《胶澳商埠档案史料选编》（五），青岛出版社2018年版，第275页。

③《关于请求按月拨给补助费的呈》，青岛市档案馆藏，档号：B0029-001-03406-0020。

④《青岛大学请分庚款扩充校务》，载《申报》1926年5月7日。

⑤《青岛教育调查报告》，载《时事新报》（上海）1926年9月12日。

艰万难中维护私立青大的这份尽心竭力。无论自身教育背景如何、出身如何，他们深深懂得教育对于祖国的意义，中华民族文脉绵延不绝也正得益于这份尽心的维护。

第二节　发展学科与延聘师资

在校董会和校务主任林济青的主持下，校园秩序进入较正常轨道。1925年，学校工、商两科继续招生，新增的铁路管理科也实现招生。本科考试科目中，商科为国文、英文、中国历史、中国地理、政治、经济、世界历史、世界地理；工科为国文、英文、中国历史、中国地理、高等物理、高等化学、大代数、三角、解析几何。预科考试科目为国文、英文、历史、地理、代数、几何、物理、化学。[①]

铁路管理科的开设，是基于青岛城市的发展特点。1904年胶济铁路的开通促使新的工商业态兴起，改变了山东的经济地理格局，也改变了许多山东人的生活方式和社会身份，私立青岛大学大多数校董的生意也与这条铁路有关。

商战之事，首重路政，既利交通，亦系国命。虽然胶济铁路经"鲁案"善后谈判归属中国，但中国要付出巨额赎金。赎回所费需要胶济铁路发挥最佳的经济效力。"在日管时代，码头、矿山与铁路系属一家，彼此联络相得益彰，然其经营最盛之年收入不过八百万，除去开支六百万，不计红利差称盈余。接管以后，码头、矿山与铁路分离，营业无不受影响，而约计一年之中收入总数仍达八百六十万余。淄川炭矿所托本路运煤应收费七十万元因未商议妥洽尚不在内。……除去本路所担负赎路库券利息日金二百四十万，实在用款不过五百四十余万。收支相抵，差称盈余。"从胶济铁路局局长在胶济铁路接收一周年纪念会上的演词中可看出胶济铁路的盈利能力较强，虽然接收后还进行过多项维护，因意外有过几次停运，但仍有较好盈利，而"路务之亟需进行者，如加固改建桥梁、添置客货各车、编练护路警察等项在不容少缓"[②]。

根据胶济铁路的发展计划，改造既有设施，重建、扩建、加大运输量等，都需要大量铁路工程、桥梁工程、车务运输管理、机务机械工程等方面的人才。资料显示，胶济、京汉、沪宁、湘鄂、京绥、京奉、沪杭甬、津浦铁路，每年需要大量实习生和毕业生。胶济铁路事业的发展，使学校设置相关科目培养人才成为可能。

---

① 《私立青岛大学一览》（1925年），山东大学校史办公室藏。
② 《胶济铁路接收一周年纪念会演词》，载《交通公报》1924年第508期，第7—10页。

高恩洪、宋传典先后被委任为山东赎路督办。这两任山东籍校长，一位多年在政府无线电、交通部门任职，还曾经营过公路运输公司；一位是富商，也经营过汽车运输公司，在私立青大筹办之初就将路政科纳入计划，显然是基于对山东交通运输事业未来发展需要大量人才的考虑。

在1925年春制定的《私立青岛大学一览》中，确定了学科设置计划，其中除铁路管理科外，还有探矿工程学、机械学、电机学。这些学科的设立之缘由，校长宋传典在为一览所写的《弁言》中有详细阐述："……汽机发明，日臻佳妙，作业应用，其功倍蓰。吾国循用土法，相形见绌，二购用舶品，漏卮又钜，造就制机人材，更属刻不容缓，青岛为胶济路起点，轨车所需机件之制造厂萃于是，足资察验也，故设机械科。吾国矿产，蕴蓄饶富，投资既仰给外人，矿师复取材异地，主权丧失，利源旁溢，至堪痛心，鲁案三矿，规模宏大，足资考证也，故设矿科，纵使实地历练，所学不托空言。"

这个学科增设计划从青岛和山东的工商、交通、矿业发展的实际出发，体现了私立青岛大学初创者立足地方发展、服务国家之需的初衷和愿望。其中也隐含着校董们多年在德日侵占下经营商业和实业的强烈感受与深刻思考。在列强的欺压、掠夺下，任人宰割，弱国子民尊严扫地，他们比普通民众更盼望国家强大，也更懂得国强民富需要一步一步从具体领域做起，反映在大学教育内容上，他们更加务实。校务主任兼教务长林济青，硕士研究生就读于以铁路专业创校、工矿科闻名的美国私立里海大学，这些学科的开设和课程设置应也包含他的智慧。私立青岛大学1925年学科和课程计划见表1-4。

表1-4　私立青岛大学课程设置计划（1925年）

科别	课　程	备注
工科	国文、英文、第二外国文、物理、数学、化学分析及实验、应用学、测量及学习、计画及制图、水力学、水力工程、测地学、房屋构造学、机械制造学、图法力学、热机关学、合金学、建筑材料学、钢筋洋灰学、石工学、材料力量、电机工程学、桥梁学、铁道学、机械学、铁道测量学、天文学、卫生工程学、工业经济学、材料试验、土木工程律、自著论说	开办
商科	国文、商业英文、日文、中西打字、商业经济、货币及银行、国际贸易、国际汇兑、广告学、国际法、商业簿记、保险学、运输学、铁路运输、水道运输、商业组织、商业管理、财政学、政治学、商法、世界经济史、投资学、会计学、银行簿记、公司会计、统记学、商品学、商业政策、心理学、社会学、工厂组织及管理、劳工问题、法学通论、销售法、商业道德、公司财政学、交易所、铁路会计学、铁路财学、商港学、银行实习	开办

续表

科别	课　程	备注
铁路管理科	国文、英文、第二外国文、中西打字、中国财政史、中国外交史、中国铁路史、世界铁路史、数学、地文学、图画及蓝印、经济学、簿记学、亚洲土产考、商法、宪法、国际法、土木工程、财政学、铁路运输、测量及绘图、银行及圆法学、经济史、水道运输、公司财政学、会计学、审计学、统计学、工业管理、旅客运输及运价、货物运输及运价、理财学、外国汇兑、证券交易、机械工程、电机工程、铁路行车学、铁路警察、军事学、国际商业、投资学、广告学、铁路会计、铁路财政、心理学、社会学、劳工法问题、保险、铁路法规、铁路组织及管理、外国运输政策、电话电报、电力号旗、铁路统计、车站及路线终点管理、材料采买及管理、铁路练习、体育、自著论说	开办
探矿工程学	国文、工业英文、第二外国文、物理、数学（解析几何微积分）、定性分析、定量分析、应用力学、地质学、结晶学、铁工学、木工学、铇床学、矿物学、吹管分析、平面测量、矿山测量、探矿学、岩石学、矿床学、图画、分析化学实验、结晶实习、吹管实习、矿物实习、岩石实习、试金术、选矿学、图解力学、冶金学、试金实习、冶铁炼钢学、矿山机械学、房屋构造学、机械学、电机学、土木工学、水力学、热机关学、矿山法规、工业经济学、矿场计划、选矿实习、测量实习、冶金制器学、矿山管理、自著论说	未开办
机械学	国文、工业英文、第二外国文、物理、数学（解析几何微积分）、定性分析及实验、图画、翻砂学、铁工学、木工学、铇床学、图解几何、机械学、热机关学、应用力学、材料力学、原动力学、图解力学、机械力学、水力学、水力机械学、锅炉设计、机械设计、房屋构造学、土木工学、机械设计、冶金学、热动学、电气学、发电机及电动机、蒸汽托盘、内燃机关学、物力实验、压榨空气机学、原动力所设计、会计学、工厂管理、工业管理、工业律、工业经济、自著论说	未开办
电机学	国文、工业英文、第二外国文、物理、数学（解析几何微积分）、定性分析及实验、图画、翻砂学、铁工学、木工学、铇床学、图解几何、图解力学、应用力学、机械学、热机关学、材料力学、水力学、交流电原理、电气及磁气学、机械力学、物理实验、发电机及电动机、交流电机械、装线法、机械设计、冶金、电气化学、锅炉、房屋构造学、电气应用、电灯、电报及电话、电车、土木工学、无线电、电气材料、需气冶金、无线电照像、电力传送及分配、发电所设计、电站布置、会计学、工业经济、工厂管理、工业律、自著论说	未开办

　　计划开办的科目中仅铁路管理科实现了招生。根据学校处境，不难判断，经费短缺、校舍被占，使得计划难以完全实现。史料显示，1925年的课程计划，除了未开办的科目，既有工、商、铁路科学生的课程也未能如期开设，至1929年6月并入国立青岛大学时，工、商两科本科生仅完成三年学业，铁路管理科学生仅完成两年学业。计划溃败于现实，这

是私立青岛大学的遗憾，也是青岛及山东高等教育发展的遗憾。

1925年学校招收工、商、铁路管理三科预科学生。1926年招收工、商本科一年级学生，继续招收工、商、铁路管理预科二年级学生，并为附属中学招初中一年级新生，凡适当程度持有证书者都可报考。[①]当年计划招收学生40人。因校舍大部分被驻军占用，实际招收的人数很少。

1927年，学校继续设土木工程、铁路管理、商科四年制本科。因当时学制多有变化，各校无旧制毕业生，初中毕业学生无法和大学预科相衔接[②]，为与环境便利起见，将预科改为三年制。[③]关于本科考试科目，商科和铁路管理科为国文、英文、世界史、世界地理、经济大意、代数、三角；工科为国文、英文、物理、化学、大代数、三角、解析几何。预科考试科目为国文、英文、代数、平面几何。

政局动荡、校舍被军队占用的情况下，学生虽有离校、转学现象，同时也陆续有学生转入。1925年底时，原有学生减少近半，工科预科二年级学生仅18人，商科预科二年级学生19人[④]，当年招收的工科预科新生也仅剩下12人，商科6人，铁路科学生有19人。[⑤]私立青大在校学生最少时有80人，1926年有90余人，1927年秋增至122人，1928年时有学生155人。[⑥]

尽管困难重重，学校依旧争取有所发展。1927年，新购进测量仪器、化学物理实验器材，图书馆新添《四部备要》《二十四史》《九通全史》等古籍，以及各种高深科学参考书，虽不能应有尽有，但较往日已进步颇多。当时还有报纸给予积极评价：该校成立于今，仅及三载，而在此短期之历史中，其所经过之困难，而对于校务之进行，并未因之少停。非但不能足为发展之障碍，实有助于今日之成功。[⑦]

从1928年2月公布的《私立青岛大学一览》中的课程安排可见，此时，学校的各项事业仍在发展，虽然经费不足，但努力聘请青岛各机关人员来上课，学生仍可完成基本的课业学习。在国民革命军北伐节节胜利的形势下，尽管尚置身奉系管治下，学校还是根据南京国民政府对教育的管理和要求，在商科本科三年级课程中开设党义课。这一举措也体现出管理层期待私立青大能被纳入国民政府统一的教育管理中，或许还有某种对新政

---

① 《青岛大学招生》，载《申报》1926年9月17日。

② 根据北洋政府教育部的规定，报考资格要求为新制高中毕业或大学预科毕业，并取得毕业证书；本校预科学生肄业满期经过毕业考试及格者。见《私立青岛大学一览》（1925年），山东大学校史办公室藏。

③ 《青岛大学之今昔》，载《益世报》（天津）1927年11月13日。

④ 据私立青岛大学学生成绩表整理，山东省档案馆藏，档号：J110-01-0214-001。

⑤ 据私立青岛大学铁路管理科学生成绩表整理，山东省档案馆藏，档号：J110-01-0214-003。

⑥ 青岛市档案馆、中国海洋大学中国社会史研究所编：《胶澳商埠档案史料选编》（五），青岛出版社2018年版，第192页。

⑦ 《青岛大学之今昔》，载《益世报》（天津）1927年11月13日。

权的示好之意。

政局的不稳定，也使学校师资流动频繁，为续弦歌，学校竭力延聘教师。1924年底，教师仅剩下3位：商科教师刘乃宇、英文教师滕美丽、拳术教师孙振奎，课程也无法开出。在管理层努力下，1925年春教职员增至13人，其中教师8人（表1-5）。这些教师大多留学美国，讲课时用英文，教材也用英文版，有些直接从纽约买来。他们教学认真，考试严格，每月考试一至数次，不及格者要重新学。[①]

表1-5 私立青岛大学教职员情况（1925年）

姓名	籍贯/国籍	职务	履历
宋传典	山东益都	校长	齐鲁大学
林济青	山东莱阳	校务主任	北京汇文大学学士 美国里海大学矿科硕士
宋化孝	山东益都	会计主任	齐鲁大学
李逸生	河南	文牍兼国文教员	北京国立师范大学
王有成	山东益都	庶务主任	山东商业专门学校
蔡汝毅	山东益都	化学教员兼学监	美国哥伦比亚大学化制工程师
俞物恒	浙江新昌	算学、物理教员兼舍监	美国科罗拉多矿科大学硕士
温万庆	广东台山	商科教员	美国耶鲁大学经济科学士
刘乃宇	福建闽清	商科教员	美国伊利诺伊大学商科学士
滕美丽	美国	英文教员	美国欧海欧大学、 爱欧瓦潘恩大学学士
赵怀礼	山东益都	体育教员	齐鲁大学
孙振奎	山东郓城	拳术教员	第五师技术队
蔡希乐	山东历城	司事	单级师范学校

资料来源：根据《私立青岛大学一览》（1925）及其他文献整理。

1928年5月，日本侵略者制造了震惊中外的"济南惨案"，又侵占了青岛和胶济铁路。其时，山东省多地遭受旱灾、蝗灾、水灾，匪祸四起，民不聊生。全省财政竭蹶，许多学校难以维持。当时"一般青年旷学费业"，但因"青岛一隅，僻处海滨，士民安堵晏然无惊，

---

① 张沈川：《1924至1926年的私立青岛大学概况》，共青团青岛市委青运史办公室编：《青岛青运史专辑资料》之一，1986年刊印。

学校林立弦诵不辍，中外人士咸比以世外桃源"，不愿失学的学生投考、转学私立青岛大学，"而学生成绩亦比往岁为优"[①]。战乱灾荒的山东，却给了私立青大一个特别的发展机会。因学生人数增加，学校毅然增聘教师，并得到青岛市各机关相助。

根据相关文献可知，1925年初至1928年底，任课教师先后还有凌道扬、凌达扬、张含英、吕大乾等。

在私立青岛大学刚成立时，商科教师居多，且大都有留学日本背景，到1929年时，商科教师更多有留学美国背景。教师构成上，商科教师仅有两位，工科教师占了大多数，主要留学欧美和从国内大学的工科毕业。1929年的本、预科教师中，多数是兼职，主要来自青岛工程事务所、胶济铁路等机关。1929年2月学校教职员情况见表1-6。

表1-6　私立青岛大学教职员情况（1929年）

姓名	籍贯	职务	履历	薪资（元）	到校时间
林济青	山东莱阳	校务主任兼教务主任	北京汇文大学学士 美国里海大学矿科硕士	240	1924.11
杨津生	福建闽侯	商科主任兼教授	美国奥柏林大学经济科硕士	220	1927.9
郑季纕	福建闽侯	铁路管理科主任兼教授	美国意省省立大学研究院经济硕士	220	1929.2
王节尧	浙江鄞县	土木工科主任兼教授	唐山大学学士 美国康奈尔大学工科硕士	60	1928.9
谢琳	江苏苏州	英文主任兼教授	美国卫思立大学文学士	165	1928.9
闵星荧	江西九江	党义教师兼商科教授	日本帝国大学经济系毕业	80	1925.9
严宏桂	安徽含山	工科教授	美国康奈尔大学学士 土木工程科硕士	30	1929.2
宋砚荆	山东潍县	工科教授	美国普渡大学土木工科硕士	40	1929.2
葛哲僧	山东诸城	国文主任、教授兼文牍	法律学堂修业	100	1927.9
庆幼吾	安徽含山	工科教授	唐山交通大学毕业	90	1929.2

---

① 见私立青岛大学致胶澳商埠局函，青岛市档案馆藏，档号：B0029-001-03406-0001。

续表

姓名	籍贯	职务	履历	薪资（元）	到校时间
谢宅山	四川重庆	工科教授	美国伊利诺伊大学工学士 西屋电机工程师	80	1929.2
张番严	山东济阳	工科预科教授	日本早稻田大学毕业	90	1928.9
张汉士	山东临淄	工科教授	国立河海工科大学毕业	40	1928.9
陈恪士	河南信阳	商路科教授	交通部铁路管理学院毕业	40	1928.9
周长民	山东安丘	工科教授	北洋大学学士	40	1929.2
过复初	江苏无锡	工科教授	北洋大学土木科毕业	40	1929.2
杜荫南	山东即墨	德文教授	青岛海关大学法政科毕业	20	1927.10
赵复斋	山东益都	预科教授	齐鲁大学毕业	90	1925.2
陈耕春	福建闽侯	预科教员	燕京大学毕业	42	1928.9
李傑忱	山东潍县	初中教员	燕京大学经济学士	25	1928.9
崔石亭	山东广饶	初中教员	山东优级师范毕业	35	1927.9
周化光	山东益都	国术教员	武术教育讲习所高级深造科毕业	15	1929.3
宋百原	山东益都	会计	齐鲁大学毕业	80	1924.11
王志轩	山东益都	庶务	山东商业专门学校毕业	80	1925.1
蔡希乐	山东历城	司事	师范学校毕业	45	1925.2
蔡致远	山东益都	教授兼学监	美国哥伦比亚大学化制工程师	150	1925.2

资料来源：根据山东省档案馆藏的档案（档号：全宗10目录1卷号212）及其他文献整理。

伦理学课教师凌道扬，广东宝安人。1909年从上海圣约翰大学文学系毕业，赴美留学，1912年获麻省农业大学农学士学位，1914年获耶鲁大学林学硕士学位，是中国第一个林学硕士。曾协助孙中山先生完成《建国大纲》《三民主义》中农林部分章节的写作。较早提出造林可防止和减少水旱灾害的观点。1917年发起成立中华农学会和中华森林会，致力于中国森林学术和事业的发展，并参与北洋政府《森林法》的起草工作。1925年提出"植树节"建议。担任胶澳商埠林务局局长、农林事务所所长。1925年兼任私立青大伦理学课讲师。1928年后，任北平大学农学院教授、南京中央大学教授兼森林系主任，担任国民政府实业部技正、黄河水林委员会林垦设计委员会副主任等职。

英语教师凌达扬，广东宝安人。1915年圣约翰大学毕业后赴美留学，先后就读于耶鲁大学、哥伦比亚大学历史系，获历史硕士学位。回国后任教清华学校、北京师范大学。凌达扬担任《青岛时报》英文版总编辑，并兼任私立青大史地课、英文课教师。后任教于齐鲁大学、中山大学英语系。1940年任教于西南联合大学师范学院英语系、云南大学英语系，1949年后任教于复旦大学外语系、上海外国语学院。预科学生刘维汉因家庭贫困，曾在凌达扬的帮助下翻译托尔斯泰小说和搜集民间故事，为《青岛时报》供稿，以稿费收入维持学业。

张含英

工科教师张含英，字华甫，山东菏泽人。1918年考入北洋大学土木科学习水利，后转入北京大学物理学系。1921年赴美留学，1924年毕业于伊利诺伊大学土木工程系，1925年获康奈尔大学土木工程学硕士学位。1926年回国后担任私立青大工科教师。因家乡紧临黄河，河水泛滥给人民造成的苦难使张含英一直心怀治理黄河梦想。1928年到山东省建设厅工作并兼任山东运河工程局局长，开始了一生的治河事业。后又任北洋大学教务长，扬子江水利委员会代理委员长、顾问。1941年任黄河水利委员会委员长，1948年后担任北洋大学校长、南京中央大学教授。新中国成立后，历任黄河水利委员会顾问，水利部、水利电力部副部长、顾问，中国水利学会理事长等职，是第一、二、三届全国人民代表大会代表，第五、六届全国政协常委。在中国历史上第一次提出了中下游统筹规划、综合利用和综合治理的治黄指导思想，为治黄事业从传统转向现代指明了方向。

在私立青大的两年，张含英的教学也影响了学生。不少学生毕业后从事水利水力建设，成为该领域专家。1928年张含英离校他任后，学生也常拜访他，编辑的校刊也会寄到其任职地，收到信函的张含英也给学生回信。[①]1929年学校并入国立青大，在何去何从彷徨不定时，学生代表到济南谒见筹委会主任何思源，先拜访此时已在山东省建设厅任职的张含英，委托其引见。可见，即使离开学校，张含英依旧关心着私立青大的学生们。

工科教师俞物恒，字觉先，浙江新昌人。就读北京大学理科预科，自费留学美国学习

---

①《前工科教授张华甫先生来函》，载《青大旬刊》1929年5月21日。

矿务。回国后曾任山东省立矿业专门学校教师，1925年担任私立青大物理、数学教师。1928年山东省农矿厅成立后担任农矿厅技正，还兼任山东煤矿、金矿负责人一职。曾参与山东各地煤矿金矿的调查，写有详细调查报告，为山东矿业资源的勘探和开发作出了贡献。商务印书馆组织编撰的系列新学制教科书中，俞物恒编撰有高级中学教科书《地质学》。抗日战争时期曾负责国民党政府青海金矿办事处事务，主持隆昌石燕煤矿矿务。曾任国民党政府经济部鲁豫晋区济南办事处主任，1946年担任鲁大矿矿长。

闵星荧在1924年学校成立后就兼任商科教师，于是年底离开，1925年秋再次到校兼任商科教师。

王节尧是胶济铁路工程师，1915年卒业于唐山路矿学校，在津浦路实习。1918年考取清华留美专科生，入康奈尔大学攻读桥梁工程，在哥伦比亚大学研究房屋建筑，获土木工程硕士学位。1923年回国后任职于胶济铁路，担任桥梁工程师。1926年倡立中国工程师学会青岛分会，在国内最早采用弹性论设计钢筋混凝土最长拱桥，最早采用电焊方法焊接钢制屋架。1928年9月兼任学校土木工科主任、教授。

严宏桂在1924年时即到校兼任工科教师，于1925年离开，1929年再次到校兼课。在青岛"特别规定建筑地"进入开发期时，他主持了太平角、青岛八大关一带的规划和建设。国立山东大学时期两度担任工学院兼职教师。

毕业于唐山交通大学的庆幼吾，在私立青大短暂兼课后，于1929年夏赴美国康奈尔大学攻读土木工程硕士，毕业后在山东济南小清河工程局工作，后任教天津大学。抗战爆发后到湘潭湘黔铁路局工作。新中国成立后在铁道部主持铁路设计鉴定工作，主持了郑州黄河大桥和宝成铁路的修建，是第二、三、四、五、六届全国政协委员。

值得注意的是，到1928年9月，甚至1929年2月时仍然有不少青岛各工程部局的工程师到校兼课，如张汉士、陈恪士、庆幼吾、谢宅山、宋砚荆、周长民、过复初，他们都毕业于国内外大学的工科专业，有的获得硕士学位，并且在专业领域有一定实践经验。

这些兼职教师，本职工作薪俸优厚，来校教课只拿微薄的报酬，在学校处于困难之时，他们给予有力之助，一同维护弦歌不辍。他们大多曾留学国外，有着中外贫弱与发达程度的比较，又在青岛这个被列强侵占过20多年的城市工作，如果没有深怀教育救国的热忱，没有改变祖国积贫积弱现状的期望，应不会作这个选择。他们应当为后人铭记。

第三节　活泼向上的学风形成

学校虽然经费匮乏，但校董会和管理层竭力维持，在管理上不断规范，学生也十分珍惜来之不易的求学机会，逐渐形成一种活泼向上的学风。

一、管理渐趋规范[①]

1925年初，学校"擘画始行，拓辟臻棘，渐就轨道"。4月，公布《私立青岛大学一览》。其中"组织"一章共9条，较1924年《私立青岛大学暂行大纲》更为完善。一览对校务管理、学生入学转学、学生类别、费用、入学手续、修业要则、预科、课程等作了详细规定，共8章42条；还制定了各种细则共26章，包括学业成绩考查、操行成绩考查、奖励、惩戒、班长任务、学生通则、请假规则、职员会规则、教育会规则、教室规则、实验室规则、实习室规则、制图室规则、操场规则、试场规则、自习室规则、食堂规则、宿舍规则、接待室规则、图书室规则、浴室规则、饮茶室规则、消夏团规则、海水浴场规则、附则等。另外学校还成立有体育会、音乐会、教员会、职员会等组织，并定有章程。

其中"组织"一章第二条"本校设校务主任一人襄助校长办理一切校务及校长委托事件"，与1924年《私立青岛大学暂行大纲》"商承校长办理校务"规定相比，校务主任的权限有所扩大，这与校长宋传典经常不在校有关。

所设职员会、教员会是学校管理的日常组织。职员会由全体职员组成，由校务主任召集统理，每周开一次例会，有特别事件则临时由校务主任召集或职员两人以上提议校务主任召集。学校职员在本会均有提议可决可否之权。教员会由学校全体教员组成，由教务主任召集主持，校务主任监督，除特别事件外每月召集一次。教员会讨论关于教授法适宜与否、教科书采择事项、应用图书标本仪器药品添设事项、增减或废止学科事项、学生升学休学留级及毕业事项。教员在本会有提议可决否决权。教员会所讨论事件以出席人员半数赞成为通过，当可与否的意见各占一半时，以校务主任的意见为最后决定。从职员会、教员会的职责权限看，校务主任实际上代行了校长职权。事实上，学校的维持和发展，与校务主任林济青的尽心尽力有很大关系。

从1928年2月公布的新《私立青岛大学一览》看，各项规章制度比1925年趋于体系

---

① 本要点中有关制度内容均出自《私立青岛大学一览》（1925年、1928年），山东大学校史办公室藏。

化，其中对学生的学业管理较为完善。一些规定还使学校生源扩大，如补习生、旁听生、选科生制度。凡入学考试有两门以下不及格的考生，可经过允许后随班上课即为补习生，学年考试及格后，改为本科生，但补习期间需要另交补习费。各大学预科毕业生或新制高中毕业生没有参加入学考试但申请听课者，经过允许可以作为旁听生，但旁听生不参加学期课程考试，经过报考并参加学校考试及格后可转为本科生。旁听学费要加倍于本科生学费，其他各项收费与本科生相同。愿意在学校选修一种或数种科目者通过许可成为选科生，选科生每学期缴纳学费，不住校。这三项制度弥补了"一考定音"的不足，有利于更多有志求学的青年进入大学获取知识。

在教学管理上继续采用学分制，并且完善了学校刚成立时因师资不足没有实行的选课制。工科本科生满180学分为及格，商科、铁路管理科本科生满174学分为及格，预科第一部满137分、第二部满144学分为及格。选课不足10人的科目，或学校认为有窒碍者可以其他科目代替。工科学生可选课程有高深水力学、水象学、水电学、水建筑学、高深桥梁原理、地基学、拱桥建筑、房屋建筑问题、高深测量学、道路设计学、道路材料设验、卫生工程、铁路管理、铁路信号学、估价学、市政学等；非工科学生可选天文学、经济原理、逻辑、铁路发达史、科学方法等。从这些课程的开列不难看出，学校的师资力量及其水平较之前有了很大改善。

在学生的学业管理上，一直较为注重学生平时表现和学业成绩，制定了一系列制度。

私立青岛大学学生的学业成绩由平时成绩和考试成绩组成。考试成绩分A、B、C、D、E五等，平时成绩由教师根据学生勤奋与懒惰程度、课堂学习情况和平时考试分数判定，考试成绩又分月考和期考。1925年规定，90~100分为A，80~89分为B，60~79分为C，50~59分为D，50分以下为E。1928年的学业管理更加严格，并增加了休学条款：每学年第一学期考试成绩在该学期总学分50%以上的继续随级肄业，第二学期在80%以上的才可以依次升级，没有及格的各科要补习；学年第一学期考试成绩为总学分50%以上，第二学期为50%以上80%以下要留级；第一学期在50%以下即令休学，而且不能补考；第一学期在50%以上，第二学期在50%以下即令休学。因成绩不及格休学的学生不得复学，实际上就是退学，但又有柔性的补考制度，其中规定上学期该科得分在50分以下不得补考，补考后再不及格的则需要重修该科。之前学生因有重要原因缺席补考，可与教师商定在本学期内择期补考；考试成绩在60分以下或者因病缺考的学生均可补考，补考再次不及格的需要重修；考试成绩40分以下的需要重修。1928年规定，月考缺席，有重要原因和特别原因的需要经过学监许可才能补考，且补考还需要有家长证明书或者校医证明。

考核上更注重平时学习情况。1925年时规定，一个学期内每次月考的总分数平均分与期考分数相加折半后为该门科目的学期成绩，到1928年，平时成绩、月考成绩和期考成绩各占1/3，对学生更加注重综合素质的培养和评价。除此之外，在学业管理制度中，强调每科只有60分以上才算及格，学生如果平时成绩和月考成绩不足40分则不得参加该科学期考；而对于平时成绩和月考成绩平均分数在85分以上的学生，准许可以期考免试，该平均分即为该科成绩。

在退学管理上，未作修改，学生一学年所修24学分的课程及格才能继续学业，不及格则退学。

较为严格的管理客观上促使学生注重平时成绩和平时课业学习，有利于学生的高质量培养。在政治局面纷乱的当时，这显示出私立青岛大学管理层对教育教学质量的坚守，实属难能可贵。

在奖励规定上，采取多种办法。对平时没有告假、迟到、早退等情形的学生，酌量增加学期考试总平均分；学生对学业科目有所发明或著述有心得切于实用者，则给予相当奖品或褒状；学生自第一次学期试验起至毕业试验完毕后皆习满学科单位总数、总平均成绩列在90分以上，并且品行纯粹者，由教务长、学监及主任呈请校长于毕业时另给褒状。1928年时取消了1925年第三条奖励内容，改为：学生每学年两次期考后各学科成绩平均分在70分以上而总平均分在85以上者，按照各科成绩一、二、三名次第酌予现金奖励，并规定一学年内有记过处分者不得享受奖金。另增加一项奖励基本条件，即学生成绩优良、品行端正、体格健全，且以正式生为限。这体现出学校对学生德智体的全面重视。另增加一项奖励办法：若得奖学金学生家道丰厚，愿意将奖金让给寒素学生者，学校核实后另以褒状褒奖。另外学校成立奖励金委员会，制定《奖励金委员会简章》，委员会由校长、校务长、教务长、学监及各科主任组成，从1928年起奖励总基金暂定每年240元。

私立青大在经费极度困难的情况下，不仅未增加学生的学费，反而为体谅学生经济困难起见，所有本科、预科正式生暂免缴纳学费，不过旁听生、补习生、选科生需缴纳费用。减免每学期30多元的学费，对许多家境贫困的学生来说无疑是极大的帮助。学校还"减收杂费，以减轻学生负担，更属难能可贵"[1]。青岛城市的生活费不算高，学生膳食

---

[1] 徐汇潜：《故校五年史略》，载《青大友声》1930年第1期。

需要自组炊事部，每月膳食费7元左右交给学校会计处，一般学生每月10元即可维持生活。①此时正值张宗昌推行军用票盛行之时，山东经济凋敝，民生困苦，减免减收费用，保障了学生安心读书求学，显示出私立青大管理层办学的执着和对学子的体恤。

　　学校维持办学的尽心尽力，学生也深有所感。他们利用这难得的学习机会，努力发展自己，除认真学习课本知识外，还开展课外活动。"弥补书本教育之不足，促进学校教育完成之大道，与课业相辅共进，为求学上之不可或缺之条件，本着自动自治及互助的精神，组织团体，研究学术，联络同好，讨论问题，可以利导青年学生之弥满精力用之于正当有益之事业，不致蹈于放佚懒散之危险，应用所学与实际事业相接触，既能获熟练做事能力之效，又足以扩张经验，为日后置身社会实践事务之准备。""因今日学生非洋八股主义和文凭主义的牺牲者，乃矢志为将来社会中之中流砥柱民众领导之准备者也，完成其使命，舍此其何有。"②学生的这些记述，显示出他们的自立自律意识、学以致用的学习动机和矢志成为社会中流砥柱的使命自觉。由此可以看出，学校初创时期学生的整体素质之高，也表明师长对他们的教育引导之有效。

二、社团活动多样

　　私立青大成立之初，学生自治会即成立。1925年张宗昌督鲁后禁止学生集会结社，学生自治会不得已而停止活动。1928年10月，出于为谋己身及社会利益有组织团体的必要，经各年级级长发起，征得全体同学同意，10月3日在大礼堂举行全体学生大会，决议再次成立学生自治会。10月15日召开第二次全体学生大会，讨论通过暂行章程，并选出执行委员会七人执行日常事务。自治会分七部，各执委兼任，另有监委五人组织监察委员会。③自治会制定有《暂行章程》《执行委员会细则》《监察委员会细则》等制度。本着公开的原则，自治会还在二号楼门前设建议箱，请同学们发表意见或提议案。

　　1926年秋是私立青大有本科生的第一年，学生学习研究的兴趣逐渐浓厚。"各科同学既属专门，各于专修学科，逐渐发生兴趣，课本所授不能满足其求知热心，讨论研究，实地验习，觉为求学上莫大之要道。"④土木工程科学生于10月25日校庆日首倡并成立工程研究会，办公地点设在一号楼，并在毗邻处开设阅览室，陈列各种工程书籍、图样及标

---

① 刘维汉：《私立青岛大学回忆片断》，山东大学校史编写组编：《山东大学校史资料》第二期1982年，第49页。
② 《本校同学课外生活之回顾》，载《青大旬刊》1928年10月25日。
③ 《学生自治会业已成立》，载《青大旬刊》1928年10月25日。
④ 《本校同学课外生活之回顾》，载《青大旬刊》1928年10月25日。

本等。研究会采取委员会制度，设文牍三人，庶务会计各一人，请工科教师张含英、俞物恒为指导教师。研究会成立后，除了参观工厂，还多次请名人来校演讲，如1928年10月25日校庆日就邀请青岛工程事务所王守正工程师到校演讲。

其他科学生受到工程研究会成立的影响，也组织成立了学会。文学研究会分为中西两组，请国文课教师李逸生为中文组指导，英文教师凌达扬为西文组指导，各组成员分期练习读演，指导教师也到会进行点评。西文组学生开会需用英语发言，因很多同学无法做到，常缺席，成立不足半年不再活动。中文组在"济南惨案"发生后，活动也逐渐停止。

学生自发组织成立《青大旬刊》社，于1927年11月5日正式创刊。旬刊是学生练习文笔、交流思想、公开讨论的公共机关，编辑、营业、出版都由同学公选执行委员会分工进行。"旬刊有两个主要使命，一是联络同学的感情和交换学识，团结同学们的精神；二是可以改革自身，辅进学校，改良社会"[1]，它既刊登工、商、铁路科的问题讨论，也刊发文艺作品，更注重讨论青年生活问题和对于社会事务的关心。《青大旬刊》社在1928年11月成立一周年之际，邀请新文学作家王统照到校演讲《文学的构成与时代的表现》，这给专于实科的私立青大学生们带来了文学的气息。

学生还成立了雅乐团，因经费受限未聘指导教师。同学之间就相互切磋，相互促进。在学校举行的各种活动上，均有雅乐团的表演。乐团最初实行团长干事制，后来召开全体团员大会，改用委员制。学生自治会学艺部还成立音乐研究会，在二号楼设音乐室，室内布置有雅乐器械和风琴等乐器。

为满足大家的求知欲望，学生们还发起组织小书店，共筹集资金300元，分60股，并召开股东大会，讨论章程，命名书店为"青大书报介绍社"，选出董事7人，职员5人。书报社成立后，立即购进大批新文化书籍。[2]在一号楼还开设有杂志阅览室、游艺室，尽可能丰富同学们的课余生活。[3]

学生自治会还成立有国术团，分为金刚拳、五祖枪、太乙剑、春秋刀小组，每周二、四、六下午练习。每到练习时间，"体育场里，剑光刀影，杀气连天。打金刚拳，刺太乙剑，扎五祖枪，劈春秋刀。个个团员都像游龙走虎似的，努力练习，汗流浃背，不以为苦"[4]。

---

①《谈谈旬刊的使命》，载《青大旬刊》1928年12月5日。
②《书报介绍社已成立》，载《青大旬刊》1928年11月25日。
③《学艺部之新设施》，载《青大旬刊》1929年4月21日。
④《校闻：国术团队积极练习》，载《青大旬刊》1929年4月21日。

1929年5月12日，铁路管理科本科学生为课外研究实用交通学识起见，特倡议组织成立交通经济学会。成立大会当日，除了学生会员外，指导教师谭星文、教务长林济青、教师杨津生和郑季鬻也列席大会，并作了演讲。

三、体育运动之风渐兴

私立青大开学不到两月，第二次直奉战争爆发，直系失败，校长高恩洪去职。学校经费被新任督办大幅削减，且一再拖延拨付。校舍被驻军占去大部分，师生部分流散，校董会多方筹划，勉力维持。在如此情况下，体育活动难以有效开展。

在校方无力无暇组织时，学生自治会在1925年春成立了体育部，负责组织同学们的体育锻炼、参加赛事以及球场器械的管理。还特别成立了体育会，以练习各种运动强健身体、活泼精神为宗旨。1925年春，学校在汇泉跑马场举行了第一次运动会；1925年10月，在一周年校庆时，学生们在一百号楼（现鱼山校区海洋馆）前的空地自发举办了第二次运动会。这两次运动会参加者寥寥，且第二次运动会项目仅有径赛，举行时间不到两小时，观者也不多。在1926年举办的青岛国际运动会、第一次国际十英里长途竞走赛、第一次国际五英里长途跑、冬季国际篮球锦标赛上，都没有取得什么成绩。连续不佳的成绩，让年轻学子们心有不甘，他们开始倡导"打倒萎靡不振的坏态度！拥护注重实际的体育真精神！要实地练习起来"[1]。1926年下半年组织起了篮球队，也有一些同学练习网球。

1927年春季开学后，各项田径和球类运动开始活跃起来。每天下午下课之后、晚饭之前，网球场上常有人在练习单打和双打。篮球场也常有两队球员在来往驰骋左右奔腾。场地不足，体育会就规定足球和田径赛队每周两天由队长率队前往汇泉跑马场练习。1927年5月22日，学校在汇泉举行第三次春季运动会。这次参与人数要远超前两次，而且"震破了以往萎靡不振的精神，产出了耀武扬威的成绩"[2]。学生参加体育运动的风气逐渐兴起，校内篮球、网球锦标赛也开始经常举行。

1927年10月9日至13日在济南举行的山东各校联合运动会上，私立青大学生大展风采。学校派出12名学生参加篮球、足球、网球、田径等比赛。在30多人分4组进行的百米预赛中，4名学生取得三个第一、一个第二的好成绩；百米决赛包揽前三名。30多人参加的200米预赛中，学校4名选手分组取得三个第一、一个第二的好成绩；200米决赛共6名选手参

①《四年来之青大体育概观》，载《青大旬刊》1928年10月25日。
②《四年来之青大体育概观》（续），载《青大旬刊》1928年11月15日。

参加青岛国际田径运动会的三位私立青大学生

加，私立青大包揽前四名。在此次运动会上，除了铁饼、铁球为第三、第四外，其余各项的第一名均为私立青大学生获得。400米、800米、1500米、5000米、低栏六项等项目包揽前三名。获得高栏第一、二名，包揽标枪、跳高、撑竿跳、三级跳的第一名。这些项目皆取前四名，录取的第一名，私立青大占十五分之十三；录取的第二名，占十五分之八；第三名占十分之七，占所有录取名次的百分之五十。在800米、1600米的接力赛跑及足球比赛中，也大获全胜，但不记入总成绩。

私立青岛大学获得这次运动会的总分第一名，山东省省长张宗昌奖给学校一座大银鼎，山东省盐道使赠田径赛十项第一锦标一面，山东全省各校联合运动会赠团体总分第一锦标、足球锦标及银盾一面。[1]

　　这次运动会中还发生了一件趣事。运动会原是由省长张宗昌和省立山东大学校长王寿彭发起，举行当天，他们都到场演说并观看比赛。11日下午的百米预赛中，私立青大4名选手被分在4个组，他们都身着红背心，发令枪一响，跑在前面的都是红背心。在主席台上的张宗昌看到，便对身旁的校长宋传典说：怎么都是青岛大学第一？"宋校长听了，歪着嘴，捋着胡子微微地笑了。可是王寿彭在旁边听了心里有点不大舒服。"[2]

　　在1928年10月14日青岛汇泉跑马场举行的本埠华人运动大会上，参赛者有80余人，私立青大有11名学生参加。除了"三铁"之外，他们取得了三级跳、跳高、200米、400米、800米、1500米、高栏、低栏、标枪、跳远、撑竿跳等11项第一名，第二名也皆为私立青大学生，学校获得此次运动会总分第一。[3]在之后举行的国际运动会上，私立青大学生也获得不错的成绩，1500米的第一、第二名，200米、800米的第三名，高栏、跳远第二名，低栏、撑竿跳第三名，跳高第一名。在国际六英里长途赛上，取得第一和第四的成绩；国际十英里竞走赛上取得第二、第四的成绩。[4]1928年10月17日在李村举行的青岛国际竞走大赛上，学校有10多人参加，包揽前四，除第五名外，排名靠前的依旧是私立青大学生。

①《四年来之青大体育概观》（续），载《青大旬刊》1928年11月15日。

②《四年来之青大体育概观》（续），载《青大旬刊》1928年11月15日。

③《四年来青大体育概况》（续），载《青大旬刊》1928年11月25日。

④《四年来青大体育概况》（续），载《青大旬刊》1928年11月25日。

年龄35岁以上的参加者中,教师凌道扬为第一名。①私立青大自成立篮球队以后,在青岛连续几年的秋季国际篮球比赛中皆为第一;在1928年10月举行的国际赛中,私立青大A、B两队再一次大胜胶澳公立中学篮球队和赢祥泰木厂篮球队。②1928年11月11日,篮球成绩优秀的齐鲁大学篮球队来青岛,与私立青大篮球队在学校篮球场进行了一场友谊赛。两雄相遇,各个精神百倍,搏战两次,最后私立青大队以28:14战胜了齐鲁大学队。③11月28日,举行国际篮球锦标赛决赛,私立青岛大学队和青岛日本中学队进行比赛,最后私立青大队获胜。④多次比赛取得的好成绩,也使得学生中重视体育的氛围愈发浓厚起来。"同学近来组织篮球比赛队伍,以资锻炼身体,最著者有大头队、篓子队、千金队、军师队。刻下已分为数组,作一连续比赛。各队员解囊捐款,购备奖品。"⑤

　　1929年5月中旬,学校参加由青岛体育联合会在汇泉跑马场举办的春季联合运动大会,取得团体和个人总分第一。在100米、200米、400米、800米接力、1600米接力、三级跳远、跳远、高栏、低栏、跳高、撑竿跳、标枪项目上均取得第一名,有些项目是包揽前三、前二。学生得到的奖品也很丰富,校务长兼教务长林济青特设宴为运动员庆功,并鼓励个人成绩前三名同学报名参加华北运动会。⑥

　　私立青大蓬勃兴起的体育事业,不但"开本校体育之新纪元,也为青岛体育界扬眉吐气,为山东体育界放一异彩"⑦。

　　在国内很多学校因战乱和经费不支不得不停办的当时,还能在校园求学,不少私立青大的学生倍感珍惜:"回头再看河北各国立大学,现在还不能开学,山大也是遥遥无期,我们还能在此按部就班上课,不是万幸吗?"⑧

　　在学校成立四周年时,《青大旬刊》推出一组校庆纪念专题,请日语教师吕大乾、商科教师闵星荧、国文教师李傑忧写祝词。⑨

　　吕大乾写下:

　　日就月将　学有缉熙于光明

---

①《胜利全归我校之国际竞走大赛》,载《青大旬刊》1928年11月25日。

②《国际篮球比赛》,载《青大旬刊》1928年11月25日。

③《本校与齐大比赛篮球》,载《青大旬刊》1928年11月15日。

④《我校又获国际篮球锦标》,载《青大旬刊》1928年12月15日。

⑤《篮球比赛忙个不休》,载《青大旬刊》1928年12月5日。

⑥《本校参加青岛华人联合运动会之成绩》,载《青大旬刊》1929年5月21日。

⑦《四年来青大体育概况》(续),载《青大旬刊》1928年11月25日。

⑧两可:《在最近之将来,我所希望于青大》,载《青大旬刊》1928年10月25日。

⑨《青大四周年纪念祝词》,载《青大旬刊》1928年10月25日。

李傑忱写下：

伟哉青大	文化中心	肇基四载	月异日新	地灵作骨	人杰其神
郁郁王气	灯耀海滨	国士辈出	英俊超群	矢忠爱国	秉诚济民
值兹统一	万端待振	光大其道	扶植平民	黜虚崇实	真理是循
破除障碍	攻入艰辛	国基由固	民气赖伸	敬祝前途	亿万万春

闵星荧写下《青大四周年感言》：

……此为开校以来，最有庆祝价值与重大意义之纪念日也。向以军阀摧残教育，无所不用其极，弦歌之声，不绝如缕。及今思之，犹有余痛。今幸北伐完成，河山一统，训政业经开始，建设将渐实行，不平等条约，亟待取消，正吾侪振奋精神倍加努力之际会。则今日之纪念，非复曩昔循例举行者所得比拟明矣。

……溯自民十二以还，青岛主权收回，学校渐兴，迄今数载，规模粗具。然文化中心，最高学府，惟我青大是瞻。则我校所负责任，至重且巨，岂待繁言。是以吾人宜时存竞业惕励之心，砥砺品性，发扬学术，方不虚拥最高学府之名。他日人才辈出，服务国家，青岛文化中心亦从而巩固，而各校学生，将望风来归我校矣。

……今则军阀歼灭殆尽，庶政治日趋正轨，种种建设，在在需才，学问救国，责在吾辈。……吾侪宜抱定宗旨，潜修道德，尽心学问，以期有所树建，为国宣劳……

从这些祝词中，可以感受到在国家政权即将统一之际，作为教师，他们对国家从此归于建设一途充满期待，对年轻学生的未来充满厚望，对青岛这所弦歌不辍的大学将成为文化中心也充满信心。

第四节　并入国立青岛大学

一、政局更替图存未果

1929年4月，南京国民政府接管青岛，设立青岛特别市，归属南京行政院直辖。学校管理层在青岛接收专员陈中孚上任后，就立即洽商经费问题，陈中孚允为学校竭力筹划。关于校舍问题，"吴司令及厉委员慨允将日兵所占用一切校舍直接交还吾校"[①]。鉴于此，学校管理层于5月19日召开评议会，议决暑假后添设文理两科，招收工、商、路、

---

① 《青大的新生命》，载《青大旬刊》1929年5月21日。此处吴司令指青岛宪兵司令吴思豫，后任青岛市代理市长；厉委员指南京政府派至济南、青岛接收日本人代管兵工厂和兵营设备的厉尔康，后任青岛市公安局局长。

文、理本科一年级生各一班，预科五班，共招新生十班，男女兼收。图书馆和各种实验设备也在计划中。学生对学校的未来也充满了期待："将来定有一番新的气象和大的发展，东亚唯一的天然公园，不久也要成为文化荟萃之区矣，爱美求智的青年正可来同吾人享此读书的良好环境了。"①

在将定未定之际，全体学生上书陈中孚，力陈维持私立青岛大学的必要："青大成立，已及五载，各科学生达200人，而学生之成绩，亦复人所共许，苟不力以维持，不特莘莘学子因而失学，亦且大违国家育才之至意。"并建议：将青岛大学改为市立，以名实相符。青岛市每年进款200多万元，不过所费十一，即可让最高学府屹然立于庄严灿烂之青岛；改归市立后，应确定专款作为学校基金，以免挪用，以利进行；请将青岛兵营全部指定为青岛大学校址，以防任何团体之占用而阻教育之进行。②学生代表还三谒陈中孚，将学校过去的历史及青岛应设大学的必要、将来的期望，一一陈述。陈中孚允诺增加经费，改为市立。同时学校也在多方努力争取当局的支持。③

对私立青岛大学的发展计划，也有新闻报道：青岛大学将按照政府规定，添设文理两科，兼收男女学生，确定基金校舍，改为市立。④

只是历史已经不给私立青岛大学继续发展的机会了。国民政府原本计划在济南设立的国立大学，经过一年筹备依旧无法落地。1929年6月，教育部部长蒋梦麟向南京国民政府提议成立国立青岛大学，收用私立青岛大学、省立山东大学校舍校产。6月4日，国民政府行政院第26次会议讨论通过筹建国立青岛大学议案。⑤

6月23日下午三时，私立青岛大学全体师生在大礼堂召开离别大会，会后师生合影留念。

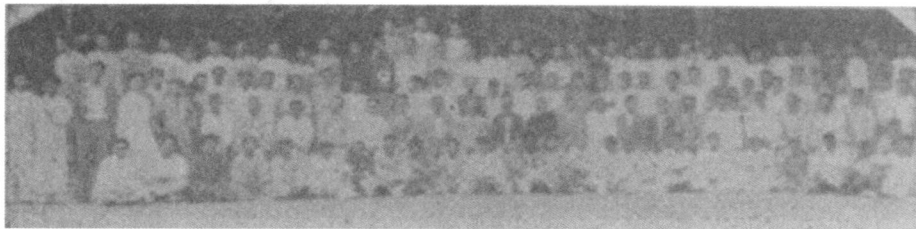

私立青岛大学师生合影

---

① 《青大的新生命》，载《青大旬刊》1929年5月21日。

② 《本校学生上市政府请愿书》，载《青大旬刊》1929年5月21日。

③ 郭恩纪：《私立青大结束的经过》，载《青大友声》1930年第1期。

④ 《青岛大学添招男女生》，载《申报》1929年5月23日。

⑤ 《行政院会议》，载《申报》1929年6月5日。

6月29日，私立青岛大学一切校产、校舍、账册、图表及学生成绩名册、器具、书籍、仪器等交于国立青岛大学筹委会，由筹备委员赵太侔点收。[①]

至此，缘于国家政局的变化，私立青岛大学之名被取消，之实则并入之后成立的国立青岛大学。

二、学生转学情况

私立青大并入国立青大时，尚有在校学生127人，其中本科生42人。具体如下：

土木本科二年级（6人）：林文荧　盖骏声　唐霭如　徐汇潜　白尚玉　崔致儒

土木本科三年级（5人）：马毓山　俞浩鸣　王志超　唐家衮　徐尧龙

商科本科二年级（9人）：纪润中　王炳芝　李书勋　曹翼孙　徐道汇　岳经邦
　　　　　　　　　　　　李恩岳　房师文　韩毓堃

商科本科三年级（5人）：江德昭　郭恩纪　李瑞云　赵元霖　綦仁文

铁路管理本科二年级（17人）：石祖培　张安义　孙惟厚　王宝正　王振岳　刘瑞生
　　　　　　　　　　　　　　王士骧　朱宝仁　于克敬　张　理　韩吉田　黄聿霖
　　　　　　　　　　　　　　田恒沣　魏毓良　王周泽　邵履均　林梓材

预科一年级（36人）：孙嘉漠　庞泽波　丁兆民　黄维仁　李安甫　张景贤
　　　　　　　　　　刘芳松　冯景绸　石祖唐　周人谨　魏景泰　梁昌华
　　　　　　　　　　吕学海　陈善纶　赵邦恩　厉宝璞　许基午　赵世伟
　　　　　　　　　　傅叙均　徐　慎　魏希岳　郑永康　王兆昌　李芳正
　　　　　　　　　　庞维让　庄鸿基　高鸿蓁　申永均　单清芳　崔　浚
　　　　　　　　　　杨秀莱　陈毓真　曹叶永　李鲁人　张克强　胡升泮

预科二年级（49人）：王锡年　张培林　朱　铭　王承祚　缪瀛洲　曹辅孙
　　　　　　　　　　戴家驹　成鸿先　郑福成　王志毅　林祥安　赵元祥
　　　　　　　　　　赵守琮　马瑞璞　周　震　徐守玮　杨修德　陈荣昌
　　　　　　　　　　郑福全　简炳汉　胡宝元　孙树棻　俞汉昌　李知三
　　　　　　　　　　赵成遵　丁振锤　姚传耕　陈鹤鸣　金滋葵　毕文滋
　　　　　　　　　　吕汉镕　李良弼　刘志康　于荫堂　谭贻训　陈知渔
　　　　　　　　　　郑章德　陈煦瑞　李振声　李有时　丛目方　曹际葵

---

① 《呈报接收私立青岛大学校产日期》，山东省档案馆藏，档号：J110-01-0287-001。

曹际尧　李治枢　刘承椿　王允沛　崔孟璞　尹德润

史康济[1]

私立青大在校学生由国立青大筹委会出具修业证书和转学公函，预科学生转入山东省内各高中，本科学生转入其他大学。本科学生具体转学情况如下：

转入唐山交通大学工科7名：马毓山　俞浩鸣　唐嘉衮　王志超　唐霭如

白尚玉　林文荧

转入北平铁道学院铁路管理科9名：魏毓良　张　理　黄聿霖　张安义　石祖培

孙惟厚　王宝正　韩吉田　田恒沣

转入复旦大学土木系2名：徐汇潘　盖骏声

转入复旦大学商科7名：郭恩纪　江德昭　李瑞云　赵元霖　纪润中　徐道汇

王炳芝[2]

私立青大的学生喜欢并热爱青岛这座城市，目睹了学校数年来勉力维持的种种艰难。特别是日军占领校园期间，他们与强敌为邻，内心充满悲愤，但"为个人前途计又不得不饮悲含恨，与帝国主义相抗。幸而师生一心一德，竭力维护母校，未便中途辍读夭折。铁蹄下讨生，受尽了困苦艰难"。国家一统，学生们满怀对新时代的憧憬，"望将来的当局者，能本总理提倡教育的苦心，去扶助并健全这个奋斗余生者——私立青大，使她发扬光大成为鲁省的最高学府，以培养高深学术人才，造福地方"。可是，他们等来的却是学校被归并的消息。在校学习生活了数年的学生，在学校命运和个人命运的急遽转换中，感受极为复杂。他们选出的代表于6月中旬到济南谒见国立青岛大学筹委会主任何思源，希望了解自己的学业将被如何安排。其时因筹委会尚未召开，何思源未给出明确答复。[3]

举行最后一次师生大会时，"全场空气肃然，主席报告开会意义，继则师生相继长篇演说，语言沉痛，悲伤的腔调触动室内幽恨的情绪，显露面上，流泪蹙额的，离别愁情的空气充满偌大的礼堂。"[4]6月24日至28日，学校举行期末试验。试验进行期间，学生代表又前去谒见来青视察学校情形的何思源。7月8日，在国立青大第二次筹委会召开期间，学生代表前去谒见来青参会的蔡元培。蔡元培请学生放心，但关于转学一事未达学

---

① 1929年在校本、预科学生共127人，附中学生31人。根据山东省档案馆所藏《私立青大附中、本科、预科学生一览表》（1929）整理，档号：J110-01-0215-003。

② 见山东省档案馆J110-01-282-001、J110-01-281-014。其余未详。预科学生转入各地高中。

③ 郭恩纪：《私立青大结束的经过》，载《青大友声》1930年第1期。

④ 郭恩纪：《私立青大结束的经过》，载《青大友声》1930年第1期。

生之前所求。在会议结束后，学生代表再次赴济南，向何思源表达意见，也未果。[①]

在私立青大学生的心中，学校实际上是被迫停办的。他们认为母校在军阀纷争、日本人欺压、政局动荡的困难境地中尚可生存，北伐革命胜利，"济南惨案"善后结束，在当时迎来政权统一、青岛挂上中央政府的旗帜后，母校却停办，他们想不通！"本想打倒军阀帝国主义之后，使总理的三民主义得以实现，各种建设事业，皆得次第举行，日日生活于疾痛呻吟之穷苦民众，皆得解放，尤其与吾侪青年有切身关系之教育问题，得国府之提倡维护，发皇光大，以培国本，而奠国基……"学校命运的转向，也是学生求学生涯的一次重要改变。他们"叹母校生不逢辰，被摧夭折，前人苦心经营之功，付诸东流，而吾辈活泼可爱之青年，分散各地。除少数以奋斗之胜利，转学平、沪、唐山、济南等处仍得继续求学外，其余则因母校之关门而失学，十年寒窗，功费一旦，前途暗淡，不堪设想"[②]。

出于对母校的留恋之情，学生们捐资七八十元，在校园南面定安山上的一块石壁上凿刻下"私立青大永久纪念"。"这八个大字不仅是凿刻在定安山的石头上，也要铭记在我们各个人的心坎上。"[③]为达到永久纪念的目的，星散各处的学生希望有组织上的团结，加强感情上的联合。之前离校在沪上学的学生较早成立了旅沪校友会，1929年后北平、济南、唐山等地学生也成立了校友会。1930年秋各地校友会又筹备成立青岛校友总会。总会第一次筹备会于1930年10月5日在青岛湖南路铁路小学举行，11月2日举行成立大会，在青校友29人参加。[④]校友会呼吁私立青大学生继续发扬革命精神，"将来力量自然伟大，各人都能以私立青大奋斗之精神贡献社会国家，则私立青大虽死而不死亦。""如果革命因我们的努力而成功，那母校的精神才真算有纪念的价值。"[⑤]校友会还得到了林济青、凌道扬、凌达扬、温万庆、杨津生、谭星文、闵星荧、王节尧、严宏桂等师长的支持和赞助。1930年校友会编辑出版《青大友声》，于7月出版了第一期，1931年10月出版第二期，刊载私立青大校友动态、校友文章以及校友的专业研究情况等。

三、私立青大优秀校友

私立青岛大学办学时间虽然短暂，但不乏优秀的校友，其中罗荣桓、张沈川、彭明晶、王志超、徐汇濬等都是典型代表。他们或在青岛接受工人运动的洗礼，开始走上革命

① 郭恩纪：《私立青大结束的经过》，载《青大友声》1930年第1期。
②《告校友书》，载《青大友声》1930年第1期。
③《告校友书》，载《青大友声》1930年第1期。
④ 丁兆绩：《会务报告》，载《青大友声》1931年第2期。
⑤《告校友书》，载《青大友声》1930年第1期。

道路；或继续坚持求学，成为领域和行业里优秀的人才，都为国家独立、民族解放，为地方和国家发展作出了自己的贡献，彪炳史册。

　　私立青大学生转学后，很珍惜得之不易的求学机会，在学习上勤奋努力，再加上学校较为严格的管理，他们打下了良好的学业基础，使得转学后"功课上堪与人抗衡"[①]。1929年冬，早先转学的把若愚、孙桂亭从复旦大学毕业。1930年夏，郭恩纪、张宝山、江德昭、张景文、李瑞云、赵元霖从复旦大学毕业。[②]

　　转学学生从转入学校毕业后，大多从事建筑、交通、商业等领域的相关职业，在国家建设进程中发挥了重要作用。铁路管理科的学生毕业后不少在胶济铁路沿线各站工作。商科学生在青岛各银行、各局工作。土木工程科学生毕业后，分布在全国各水利、水电、道路建设行业，有不少也回到青岛任职，参加了青岛城市的规划和建设。如唐霭如，转学到唐山交通大学，毕业后回到青岛担任建筑师，1931年与俄国、日本建筑师共同设计了湛山二路1号的欧式别墅——贺清别墅（现为地质之光展览馆）、武胜关路8号克立比克依别墅；张景文毕业后到青岛工务局担任建筑师，设计了"华北第一池"铭新池和青岛山海关路13号韩复榘别墅等建筑。私立青大的校友与教师严宏桂共同规划城市建设，他们的设计理念和作品给青岛这座城市增添了现代色彩，留下了宝贵的建筑文化遗产，至今仍是青岛城市风貌的标志之一。

　　1924级工科预科生王志超，1929年转学至唐山交通大学。1931年毕业后，主持山东省第一期水利培训班，1932年任教国立山东大学工学院，并担任学校教务长。1934年考取官费留学，到素以水利学科见长的美国爱荷华大学学习水利，后又到德国柏林工学院攻读水轮机械专业。1938年回国后到水利部担任工程师，抗日战争时期负责西康康定、四川雅安水电站的建设任务，这两个水电站有力地保障了大后方物资的生产运转。1949年8月再次回到青岛，任国立山东大学水利系主任，建立水力携沙实验室，传授美国、德国的现代治水理念。他参与重新修建青岛栈桥，中式楼阁的设计方案得到采纳；设计威海海军码头；1952年后，主持设计了佛子岭、官厅、龙羊峡水库。1953年起先后在青岛工学院、大连工学院任教。

　　1924级工科预科生谭炳训，1931年于北洋大学土木工程系毕业。先后担任青岛工务局技佐、局长，青岛自来水厂厂长。1933年后担任北平市工务局局长、北平故都文物整理委员会副处长、庐山管理局局长、江西公路处处长。抗战时期，担任交通部驿运总管理处

---

① 郭恩纪：《私立青大结束的经过》，载《青大友声》1930年第1期。

② 张以藩：《欢送校友毕业》，载《青大友声》1930年第1期。

处长。抗战胜利后再度担任北平市工务局局长、北平都市计划委员会副主任（主任何思源），主持北平城市规划与城市发展工作。1950年到山东大学工学院任教，1953年后任教青岛工学院、西安冶金学院。主持庐山管理局时，正值全面抗战爆发，他将主持建设的一座桥梁命名为"明耻桥"，后被列为"庐山抗战遗迹"。主持北平工务局工作时，将日本侵占时期西长安街西延线开辟的两个洞门命名为"建国门""复兴门"。谭炳训是一位杰出的都市规划专家。

1925级工科预科生徐汇澍，1931年从复旦大学土木工程系毕业后在胶济铁路、山东小清河工程局、黄河水利委员会工作；参加浙赣铁路、西祥铁路、中印公路、西南公路的建设，担任铁路、公路、水利工程的勘测、设计与施工任务。曾任交通部公路总局第一区公路工程管理局上海工程处处长，抗战时期，为大后方的交通运输保障作出重要贡献。新中国成立后先后在苏南行政区交通管理局、华东交通部公路局任职。1952年后在华东交通专科学校、苏南工业专科学校任职。1956年后到西安冶金建筑学院任教，参与创办了我国第一个总图运输专业，是国内总图运输界知名专家。

刘维汉早年参加讨袁军，自幼读私塾，打下一定国学基础。先后就读过教会学校和县立师范讲习所，担任过中学国文教师，后入齐鲁大学文预科、正科，修国文、历史。1925年入私立青大预科，1926年肄业。曾担任上海中华浸会书局《真光杂志》主编。1930年后任沪江大学、岭南大学、中山大学教职，讲授国文。1947年入南京国史馆协修。1949年后任教香港崇基大学。1956年响应周恩来总理"欢迎海外知识分子回国建设社会主义"的号召回国，先后任教于山东大学、郑州大学中文系。

1927级预科生丁观海，1929年转入上海光华大学物理学系预科。1930年考入国立交通大学（上海本部）土木工程系，1934年毕业后自费留学美国密歇根大学，攻读土木工程弹性力学硕士学位。1936年夏回到青岛，担任国立山东大学工学院教师。1938年学校停办后，先后在中央大学、重庆大学、复旦大学、上海交通大学任教。1946年国立山东大学复校后再次回到学校工学院任教。1947年至1948年任教复旦大学、河南大学水利系。1949年任教台南工学院（台湾成功大学），后任教台湾大学土木工程系、台北工业专科学校、"中央大学"等。丁观海是"国内土木工程系讲授弹性力学第一人"[①]。

1927级预科生丁履德，1928年转入南开大学预科。1930年考取国立交通大学（上海本部）机械工程系。1934年考取教育部留欧机械生，赴意大利都灵大学学习航空工程。

---

① 顾迈男：《丁肇中》，广东高等教育出版社2018年版，第165页。

回国后先后在西北工学院航空系、浙江大学机械系、西南联大航空系任教。1945年再度出国留学，赴美国耶鲁大学机械研究院学习，之后在美国纽沃克工学院任教。1947年回国后在厦门大学航空系、山东大学机械系任教，担任山东大学工学院院长。1953年担任山东工学院院长，是我国著名的内燃机专家。

1927年春，郭永怀入学私立青大附属中学——私立青岛中学。1929年9月考入私立南开大学预科，1931年考入物理学系本科，后转入北京大学物理学系。考取庚款留学，于1940年入加拿大多伦多大学应用数学系，翌年获得硕士学位后赴美国加州理工大学航空系，在冯·卡门教授指导下从事可压缩流体力学特别是跨声速流体力学研究，获得博士学位。在康奈尔大学航空研究院工作时，成为实际主持人之一。他与钱学森共同提出"上临界马赫数"概念，其研究解决了跨声速流动中的重大理论问题，发展了奇异摄动理论，是应用数学和空气动力学领域的世界著名学者。1956年回国后，组织和领导国内力学与国防科研工作，是我国力学科学研究事业的组织和开拓者之一，同时是我国核武器研制工作技术负责人之一。1999年9月，中共中央、国务院、中央军委隆重表彰23名"两弹一星"功勋科学家，郭永怀位列其中。

第五节　蕴育革命火种

青岛在德日侵占时期，港口、工业有一定发展，也蕴育了青岛的工人阶级。劳资矛盾、民族矛盾的交织推动着工人运动的发展，也直接影响着在此求学的年轻学子。在党的早期工人运动先驱的指引下，他们通过参与如火如荼的工人运动，开始思考祖国和民族的命运与前途，最终投身到革命救国的时代洪流中。私立青大学生罗荣桓、张沈川、彭明晶就是其中杰出的代表。

罗荣桓（1902—1963），湖南衡山人。在家乡读完新制小学后，1919年到长沙读中学，汲取到新思想、新知识。他参加了反对军阀张敬尧和抵制日货运动，还在家乡组织开展平民教育，办农民夜校，宣传民主与科学思想。1923年在长沙参加各界要求归还旅顺、大连，废除卖国条约"二十一条"的示威游行，被列入黑名单，不得不离开学校。当年到达北京，就读于湖南籍人士专门为湖南学子开办的补习学校，在读书期间，常常参加各种社会政治活动。1924年夏，考入私立青岛大学工科预科。

张沈川（1900—1991），湖南慈利人，苗族。1921年考入湖南省立法政专门学校，受到"五四"新思想的影响。1923年，在长沙参加反日爱国运动被列入黑名单，被迫离开学

罗荣桓　　　　　　　　　张沈川　　　　　　　　　彭明晶

校，到北京就读于湖南学子补习学校。1924年夏，考入私立青岛大学商科预科。

彭明晶（1899—1927），四川安岳人。在新学制小学读书，成绩优秀，课外广泛阅读报刊，思想活跃。1921年考入成都高等师范学校，深受"五四"新思想的影响，思想进步。1923年夏，参加反对省一中校长的罢课风潮，遭到当局搜捕，离开了学校。1924年夏，考入私立青岛大学商科预科。

在青岛读书期间，同学们凡到公园游玩时，满目皆是日本人。带着留声机、照相机和美酒佳肴的日本男子，梳着高髻、脚蹬木屐的日本女子，在中国国土上如主人般的自由自在，对中国人的傲慢与欺压，让他们常常感受到难堪、屈辱和愤怒。日本海军主力舰"比睿"号造访青岛，邀请学校师生登舰参观。制服整齐的学生们组成两支单人长队，由通日语的朝鲜同学领队兼任翻译，参观日本舰上的新式大炮和精良设备。与之前曾参观过的由英国旧商船改装而来的中国军舰"海圻"号相比，优劣明显，大家感觉到"军阀混战，国将不国，哪里还能抵御外侮！"[1]

触景生情，瞻念国家和民族前途，年轻学子们忧心忡忡，"亡国奴"的悲惨形象不时现于眼前。在青岛，他们认识到日本工业强于中国，要救国应从实业着手。罗荣桓与张沈川是好友，有着相近的思想，在了解到彭明晶接受过吴玉章、恽代英的影响而思想进步后，罗荣桓亦与之结为好友。[2]在实业救国思想影响下，他们三人发起组织了"三民实业社"，在同学中认股，共筹集到300多元，在学监、化学老师蔡致远的指导下，生产纱布、药

① 陈是斋：《私立青岛大学见闻》，青岛政协文史资料委员会编：《青岛文史撷英·文教卫体卷》，新华出版社2001年版，第153页。
② 彭自襄：《披荆斩棘闹革命　甘洒鲜血染长江——彭明晶传略》，中共内江市委党史工委办公室、中共内江市委组织部编：《内江英烈》第二辑，四川教育出版社1989年版，第3页。

棉、墨水、肥皂、蜡烛等日用品。罗荣桓还给家人寄去产品，在信中说："这是同学们自己做的，不要叫它们'洋碱'了，应该叫'肥皂'。"①但"三民实业社"维持了不到一年就关门了。在整个国家民族工业都遭受着洋货排挤的时代，他们的实业救国梦显然是无法实现的。在青岛这个华洋杂处、工商业发达的城市，他们也从这件事中受到深刻教训，如何摆脱帝国主义的政治侵略、经济压迫，如何建立一个独立自强的国家，成为他们思考救国之路最真切的出发点。而青岛工人运动的爆发，让他们对道路的选择变得明朗起来。

1925年4月中下旬，青岛的日本大康纱厂、隆兴纱厂、内外棉纱厂、钟渊纱厂、富士纱厂等厂的工人为了反抗日本资本家的压榨，陆续掀起罢工风潮。日本资本家对工人的要求非但不接受，反而对工潮进行严酷镇压。在日本政府要求武力解决的促使下，根据山东督军张宗昌的指令，5月28日深夜，胶澳商埠督办温树德对工人运动进行了残酷镇压，工人被打死8人，10多人受伤，70余名工运骨干被捕，酿成"五二九"惨案。惨案发生后，胶济铁路总工会声援工人罢工，号召全市反对帝国主义，反对封建军阀。

5月29日晚，刚刚做完化学实验的张沈川走出实验室旁门，碰到了前来学校寻找援助的总工会人员。在听了工人运动的情况介绍后，张沈川当即决定晚上召开学生会，次日召开学生联合会，研究讨论全市罢课，声援罢工工人。②与同学罗荣桓、彭明晶商量后，决定次日起罢课。同学们立刻响应起来，连夜拟就宣言和传单，天亮时，各油印五千份。

5月30日上午，私立青岛大学学生分赴全市各处，散发宣言和传单。与此同时，青岛学生联合会召开紧急会议，会议决定：全市各校（日本人办的学校除外）同时罢课；并印发宣言、传单，组织宣传队，向全体市民揭露日本纱厂惨案真相。当晚，胶济铁路总工会代表、四方机厂分会代表到学校和张沈川等人商议支援罢工工人事宜。胶济铁路总工会、青岛学联等单位发起、邀请本市各群众团体代表开会，议决成立"青岛惨案后援会"，扩大宣传和组织，以实际行动支援罢工工人，积极开展反日爱国运动。③

在张沈川、罗荣桓、彭明晶的组织下，私立青大学生冲破阻挠，在31日晚举行大会，揭露日本反动资本家的罪行，号召全校同学团结起来，拿出行动支援罢工工人。全体同学

---

① 李平：《中国人民解放军高级将领传·罗荣桓》第三卷，解放军出版社2007年版，第109页。

② 张沈川：《青岛惨案及各界后援会》，中共青岛市委党史资料征委会办公室、青岛市总工会工运史办公室编：《青岛党史资料》第二辑，山东省出版总社青岛分社1985年版，第380页。

③ 张沈川：《青岛惨案及各界后援会》，中共青岛市委党史资料征委会办公室、青岛市总工会工运史办公室编：《青岛党史资料》第二辑，山东省出版总社青岛分社1985年版，第381页。

决定罢课，并成立宣传、演戏、募捐等组织，立刻开展活动。①他们成立了话剧团，邀请北京师范大学学生十几人到青岛共同排演新剧《茶花女》，由1924级商科学生王步春作主演，并借青岛最大的戏院——青岛新舞台（永安大戏院）作为演出场地。为了募款，罗荣桓、彭明晶、杨业成和张沈川等同学向银行、商店、机关、学校等处劝销戏票。两场戏共收入一千二百银圆，全部支援给青、沪两地罢工工人。②

上海"五卅惨案"消息传到青岛后，更激起了工人、学生和市民对日本帝国主义的仇恨。6月9日"青岛惨案后援会"改为"青沪惨案后援会"，召开群众大会，游行示威，发表宣言，散发传单，揭露惨案真相，慰问死难者家属，募集救济金，支援青、沪两地罢工工人，抵制日货，敦请政府实行对日经济绝交。③6月16日，私立青岛大学的学生参加了青岛市各界后援联合会成立大会，会议宣布即日起对英国、日本实行经济断交。

按照青岛学联的安排，彭明晶与其他同志在胶济铁路线上的高密、潍县、青州、济南等地，揭露日本帝国主义和军阀张宗昌屠杀纱厂工人的血腥罪行，掀起广大人民群众反帝反封建的高潮。罗荣桓等去上海、南京，揭露青岛惨案真相，并与上海学联取得联系。为了防备军警检查，他们和张沈川等约定，以作家张恨水的小说《春明外史》作为通信联络密码本，信中只注明某页某行某些字，即可互通消息。④

"青沪惨案后援会"计划遭到反动军警的不断干扰和破坏。7月中旬，温树德命令武力解散"青沪惨案后援会"和纱厂工会，取掉工会牌子，强迫工人复工，并派武装警察搜捕进步人士，中共青岛负责人、四方支部书记李慰农和《青岛公民报》主笔胡信之遭到杀害，后援会和纱厂工会数百人被通缉。张沈川和罗荣桓在胶济铁路总工会工友们的掩护下化装乘火车逃到胶州、高密。⑤彭明晶与胶济铁路总工会代表伦克忠、四方机场分会代表韩文玉前往北京，与北京学联取得联系，在北京中山公园来今雨轩举行招待会，揭露青岛纱厂惨案真相。

① 彭自襄：《披荆斩棘闹革命　甘洒鲜血染长江——彭明晶传略》，中共内江市委党史工委办公室、中共内江市组织部编：《内江英烈》第二辑，四川教育出版社1989年版，第4页。

② 张沈川：《青岛惨案及各界后援会》，中共青岛市委党史资料征委会办公室、青岛市总工会工运史办公室编：《青岛党史资料》第二辑，山东省出版总社青岛分社1985年版，第381页。

③ 张沈川：《青岛惨案及各界后援会》，中共青岛市委党史资料征委会办公室、青岛市总工会工运史办公室编：《青岛党史资料》第二辑，山东省出版总社青岛分社1985年版，第382页。

④ 彭自襄：《披荆斩棘闹革命　甘洒鲜血染长江——彭明晶传略》，中共内江市委党史工委办公室、中共内江市组织部编：《内江英烈》第二辑，四川教育出版社1989年版，第4页。

⑤ 青岛市史志办公室编：《青岛市志·人物志》，五洲传播出版社2002年版，第128页。又有一说为罗荣桓与青岛学联主席一起逃到胶州、高密，参见张沈川：《青大学生支援青岛、上海工人罢工的斗争》，山东大学校史编写组编：《山东大学校史资料》1981年第1期，第29页。

8月初，青岛工人、学生和市民的反日爱国运动，在日本帝国主义和军阀张宗昌的残酷迫害下，基本上停止了活动。张宗昌命令校长宋传典把学生们都叫回学校，进步活动受到压制。

因在"青沪惨案后援会"运动中表现出的革命才干和斗争精神，张沈川、罗荣桓、彭明晶都成为反动军警注意的人物。从血的教训中，他们也深刻认识到革命单靠少数人在少数地方干事是不行的，要和民众联合起来，才有可能取得胜利。

1926年夏，私立青大第一届预科生肄业。此时中国共产党和中国国民党合作，在广东成立了国民政府，国民革命军出师北伐。罗荣桓和张沈川决定离开反动军阀统治严密的青岛，投考广东的中山大学（后改为国立中山大学）本科。他们一起乘船经上海、厦门到达广州。在广州，两人买到了宣传共产主义思想的书籍，学习到了新鲜的革命理论，但还是想继续完成大学学业。张沈川报考中山大学教育系，第二外语考日语，基于在私立青大修习过日语的基础，被顺利录取。罗荣桓报考中山大学工学院，因第二外语（德语）没有及格而未被录取。此时国民革命军北伐胜利的消息不断传来，工农革命运动蓬勃开展，他决定回到湖南投身伟大的革命运动。在家乡，罗荣桓参加了农民运动，成为农会领导人。张沈川在读书期间，阅读了毛泽东等人有关农民运动、土地问题的书籍，思想上受到很大启发。他和同学组织发起国立中山大学共青团外围组织"社会科学研究会"，得到鲁迅先生的支持，学习宣传马克思主义，探索中国革命道路。由于革命形势发展迅速和家庭经济原因，张沈川之后离开中大，参加了革命，在国民党中执委任职。1926年10月底，他在湖南秘密加入中国共产党。[①]

1926年夏，彭明晶了解到广东革命形势发展很快，黄埔军校和国立中山大学等新型学校吸引着成千上万的革命青年，决定奔赴广州，在那里受到了在黄埔军校讲政治课的恽代英的革命思想影响。1926年秋，在恽代英介绍下，彭明晶加入中国共产党，并经组织安排，一路北上，1927年2月到达武汉。彭明晶写信给罗荣桓说，革命大业呼唤人才，希望他到武汉来。收到来信后罗荣桓决定到武汉去，1927年4月，考入武昌中山大学理学院。当他到达武汉时，革命形势已经发生变化，武汉危机四伏，但他革命意志坚定。在彭明晶介绍下，罗荣桓加入中国共产主义青年团，担任武昌中山大学团支部的组织干事。不久，彭明晶又介绍罗荣桓加入中国共产党。他们成为生死与共的战友。[②]

① 张沈川：《我所知道的罗荣桓、彭明晶同志的情况》，中共青岛市委党史资料征委会办公室、青岛市总工会工运史办公室编：《青岛党史资料》第二辑，山东省出版总社青岛分社1985年版，第413—415页。

② 彭自襄：《披荆斩棘闹革命 甘洒鲜血染长江——彭明晶传略》，中共内江市委党史工委办公室、中共内江市组织部编：《内江英烈》第二辑，四川教育出版社1989年版，第4页。

　　1927年春，在武汉，张沈川、彭明晶、罗荣桓这三位昔日私立青大的同学、好友、战友多次见面。出于保密原因，张沈川和彭明晶都没有向彼此说出自己的秘密身份。罗荣桓与张沈川相互表明了自己的身份，不久罗荣桓接到组织安排的到湖北组织农民暴动的任务，他们就此分别。[①]

　　1927年7月，张沈川到上海找到党组织，担任法租界地方党支部书记。在周恩来的建议下，他到中央组织局特务科学习无线电技术，建立了中国共产党的第一架秘密电台，编撰了党的第一本密码。1936年张沈川在为党的无线电训练班讲课时被逮捕，直到1937年抗日战争全面爆发，国共建立统一战线后才被释放。出狱后，他继续从事党的工作。新中国成立后任最高人民检察院副厅长、厅长，湖南省政协常委、第五届全国政协委员。是电影《永不消逝的电波》主人公李侠的原型之一。

　　大革命失败后，担任湖北武昌一区区委书记的彭明晶将工作转向地下，在国民党反动统治严酷的武汉市区从事革命事业。1927年9月，在一个秘密据点部署工作时，彭明晶被反动派逮捕，武汉党组织多方营救无果。他在狱中进行了宁死不屈的斗争，面对死亡大义凛然。深秋，28岁的彭明晶血洒长江，为革命事业献出了年轻的生命。[②]

　　1927年9月，罗荣桓参加了毛泽东组织的秋收起义，担任工农革命军第一师第一团参谋。起义失败后，作为第一团特务连党代表跟随毛泽东上井冈山，途中积极进行建党工作，在士兵中培养了第一批党员。毛泽东亲自主持了该连新党员的入党仪式。[③]新中国成立后，罗荣桓任最高人民检察署检察长、政务院法律委员会委员，是中华人民共和国十大元帅之一。

　　三位年轻的学生，在私立青岛大学学习时期，一起思考如何选择救国之路。同样的热爱祖国和人民的情怀，让他们在这里有了共同的追求，结下了同窗情、战友情。在汹涌澎湃的革命时代，他们作出了相同的选择，加入中国共产党，走上革命道路。私立青岛大学是他们革命初心的起点，他们在这座校园播下的革命火种、注入的爱国主义精神不断被后来的青年学子赓续光大，这种红色基因成为中国海洋大学精神文化的核心与灵魂。

---

① 张沈川：《我所知道的罗荣桓、彭明晶同志的情况》，中共青岛市委党史资料征委会办公室、青岛市总工会工运史办公室编：《青岛党史资料》第二辑，山东省出版总社青岛分社1985年版，第413—415页。

② 彭自襄：《披荆斩棘闹革命　甘洒鲜血染长江——彭明晶传略》，中共内江市委党史工委办公室、中共内江市组织部编：《内江英烈》第二辑，四川教育出版社1989年版，第4页。

③ 中国中共党史人物研究会：《中共党史·人物传》第32卷，中国人民大学出版社2017年版，第7页。

第六节 私立青岛大学的历史意义

私立青大成立在时局动乱之际，在经费困厄中艰难图存。它的成立，在回归后的青岛宣示了中国高等教育的自主权，促进了山东高等教育事业的发展，也是在这片被德、日侵占多年的国土上植被新文化、新风尚。在五年办学中，它所秉持的先进办学理念，创设现代大学规制的实践经验，于困厄中求生图存的坚韧精神，给中国高等教育增添了一笔宝贵财富。

一、大学自主之路的探索

私立青大冠名"私立"，在教育独立的探索上迈出了有意义的一步。

壬子癸丑学制允许民间团体或私人法人举办大学，中国的私立大学获得初步发展；壬戌学制放宽大学设科门槛，促进了民间、私人办学热潮，南开大学、大夏大学等一批私立大学应运而生，一时成为气候。20世纪20年代，政府教育经费短缺或被挪用，致使不少国立学校罢教罢课风潮迭起，不要说自主办学，就连正常的教学秩序也无法维持。

当时私立、国立学校两方面的经验，让做过交通总长、教育总长的高恩洪在面对青岛这所大学的定位时，作出了"私立"选择。他在筹备大会上的讲话中说，一个学校要有前后呼应、一脉相承的传统，教师有清晰的教育目标，学生懂得为何而学，全校目标一致，团结勤奋，就能形成一定的社会影响。想要达到这样的目标，学校就要超然于政治之外。这番话旨在规避当时中国教育之弊。一所学校若基本的教学活动也常常中断，对社会有贡献则无从谈起。在校长高恩洪的期待里，学校要避免受政治势力左右，也要避免受政府经费的制约，应当有独立经费，从而自主地向目标发展。这是基于现实的选择，也是理想化的预设。他对如何办好这所大学的深邃思考和大胆探索，应当得到历史的肯定。在当时众多私立大学中，私立青岛大学是少有的从"大学独立性"角度去定位"私立"的，这自然与高恩洪的经历和见识有关。

私立，决定了开办费、经常费及发展所需均得自筹，需要相关机构、富贾士绅捐助，由于数额不足，高恩洪决定由督办公署出资一部分作补充。他也尝试多渠道为学校筹集经费，寄望乡贤继承武训精神襄助大学，却因各种因素未能遂愿。青岛的政治、经济环境较为复杂，政治风云变幻莫测，经济发展自然受到影响。校董们也在政治、经济的汹涌波涛中载浮载沉，难以尽心为教育筹款，这让高恩洪的继任者不得不依例从政府请款。无法经费独立，则无法自主办学，也为学校继续发展埋下了隐患。但高恩洪探索大学"独立"之路的努力和意义不应被忽视。可以说，正因为一代创校者作过这样的探索，才为青岛现代高等教育发展留下了史迹，也留下了镜鉴。

二、办学理念影响深远

应国家需要，教授专门的高深学问，培养学生成为硕学宏材，融治学、治事、治世为一体，以蔡元培为代表的民国初期一代学人，学习欧美大学，从国家层面规约大学教育而制定的大学宗旨，打破了千百年来中国传统教育以培养出仕"通才"为目标的束缚，将大学、人才与国家和民族紧密相连，把教育的追求提升到适应国家和社会的需要、引领国家和社会发展，使大学教育拥有了更广阔的价值目标追求，这是中国近代高等教育的一次思想变革。从1912年到1924年，几次学制修订，也没有改变这个宗旨，可见其得到广泛而深入的认同。私立青大创校者将"教授高深学术，养成硕学宏材，应国家需要"作为宗旨，从宏观角度确立了学校办学的基本指导思想、原则和目标，百年来海大人始终奉之为圭臬。

私立青大的校长不是教育家，校董中教育行家亦不多，但他们在给学校擘画发展路径和前途时，围绕办学宗旨，将服务地方发展、结合地方实际开设学科放在第一位。他们以自身的经验和见识，为学校划定了一条脚踏实地的发展之路。20世纪20年代的青岛，港口城市规模初具，工商基础良好，一俟收回，各项建设必然加快开展。校董们从城市已有条件和将来发展角度，从希望经济命脉牢牢掌握在国人手中出发，考虑学校的学科设置，这一点在第二任校长宋传典的详细阐述中清晰可见：青岛作为国际性贸易城市，需要商业人才；国家建设需要各类工程专家；青岛城市建设是现代建设的楷模，应培养土木工程人才；未来机械机器将广泛使用，应培养制造机械之人才；中国矿产丰富，但主权丧失，亟须培养自己的矿科人才……将学校的发展和社会、国家的发展紧紧贴合在一起，体现了一代私立青大人深厚的家国情怀。这种情怀，也使得学校作风相对务实。从开办之初就利用青岛的优势划定实习场地这一点，就可以看出其在人才培养上注重将理论与实践相结合，不培养"空头理论家"。私立青大的学生毕业后，大多在青岛和山东的铁路、交通、建筑、水利等领域就职，为地方发展作出了贡献。在一百多年中国近现代高等教育的历史中，作纵向与横向的比较，与山东、青岛经济发展紧密结合的人才培养理念和实践，是私立青大的极为珍贵之处。

结合地方特点，发展优势学科，适应社会和国家需要，这个办学理念，在之后的国立青大也得以接续，学校确立了以海兴校的发展思路，在近百年中不断被确认，形成今天的海洋特色。这个特色还形塑和丰盈了青岛作为海洋名城的品格，也为中国海洋事业的发展与进步作出了巨大贡献。

三、奠定中国海大发展之基石

一所大学的校园校舍，不仅是进行教育活动的物理空间和物质基础，还承载着丰富的校园文化，更是维系师生、校友的情感，传承校风学风的精神家园。现中国海洋大学鱼山校区——原私立青大校园，地理位置优越，校舍建筑一流，是学校各历史时期发展的最基础条件。主体建筑一直使用至今，尽管历经风雨仍然保存完好，是全国十大最美校园之一，也是一代代海大人的精神家园和情感殿堂。回望百年栉风沐雨之路，更感创校之始立基鱼山校园的深远意义。

民国初期，教育经费被挪用是常态，兴学之人想要建造一所完整的大学校舍，是极难实现的梦想。作为胶澳商埠督办的高恩洪，需要统筹兼顾各界各派利益，但他毅然将各方力量都觊觎的兵营划拨给大学使用，让这片打着屈辱印记的土地镌刻上中国文化的烙印，让年轻的学子在这里学习知识、研究学术，谱写中国走上富强文明之路的新历史。之后虽然有军队在校园驻扎，却始终未曾动摇一所中国大学矗立在这里的根基。

高恩洪是清末新式学堂学生，又留学英国。站在中西交汇之点，他对西方列强何以强，进而瓜分世界，中华民族何以弱，从而任人宰割，肯定有过深入思考，想必更明白教育对保种强国、振兴中华的意义。当时留学生皆以救国为急务，"学于海外，亲见外国之强中国之弱，华人居外国者之受人凌侮，爱国之心油然而生。学成而后，必能出其所学以救国救民……留学生之所学于外国者，政治、军事、农工商等学无不具备，他日回国，兴学校，倡爱国，以振起我国人，使之知敬国旗，尽义务，将复利权，强国家，皆由此始"[1]。"吾人今日当实地求学，登峰造极，极各尽所能，他日归国，首当发达祖国之教育，以培植人才于内地，使祖国之学问，可以与欧美抗衡。"[2]高恩洪回国后在通讯、交通等领域任职多年并入阁担任交通总长，还短暂兼任教育总长，目睹了中国教育事业发展的艰难。在一方大员任上，他辟兵营为大学，并作永久校址，是出于一个开眼看过世界的读书人的胆识，更是出于振兴教育、作育人才、兴盛祖国的信念。

在青岛这片曾被外强侵占的土地上，要确立中华民族的民族性，就要先确立文化的主体性，而确立文化的主体性，教育则是根本。高恩洪和其他发起人经历不同、身份不

---

[1] 留美学生编：《美洲留学报告》，上海开明书店1906年版，第12—13页。
[2] 刘树杞：《论中美两国之异同及中国留美学生之责任》，载《留美学生季报》1914年春，第100页。

同，但在面对家乡的教育事业、齐鲁文化的重振这件大事上，他们有着强烈的共鸣。辟兵营为大学的决定，首开国人在青岛举办高等教育的先河，也迅速确立了中国文化和教育在青岛的主体地位。

之后南京国民政府之所以将一所国立大学设在青岛，并非仅因为此地四季宜人，而是还有一所现成的校园校舍作为先决条件。正是基于此，不论是风云际会还是历史必然，已逾百年的山东大学和已近百年的中国海洋大学，在这里形成了长达30年的共同期。其间，两所兄弟大学共命运、同发展，经历了祖国高等教育由小而大、由衰而兴，见证并服务于祖国由弱到兴、由兴而强的伟大历史进程，都发展成为当今在国内外负有盛名的高等学府。

第二篇
文理并重的国立大学
（1929—1932）

1929年6月，国民政府基于私立青岛大学校舍校产等优渥条件，批准成立国立青岛大学。这标志着山东省高等教育的布局发生重大变化，实现由西向东的历史性转移，推动青岛成为事实上的一个全国文化中心城市迈出坚实步伐。

学校名为国立，实则主要依靠山东省财政支持。杨振声校长撙节行政费用，着力添置图书、设备，开工建造科学馆。"打地基，按础石""于风雨飘摇之中，定百年树人之计"，开创之功不可磨灭。

杨振声秉持教育救国、学术本位理念，系科设置既因地制宜又富有远见，倡设海边生物学、海洋学、气象学等，并视之为理学院树立之道。施行民主管理和"纪律化"相结合的治校模式，设立"权在校长之上"的校务会议作为学校的最高权力机构。延聘师资注重才学和名望，教员水平可与国内一流大学比肩。设立学术讲坛，名家纷至沓来，学校遂成学术高地，初步形成兴盛之势。坚持从严治校，为养成良好学风校风奠定基石。

1931年九一八事变后，学生组成请愿团赴南京请愿，要求蒋介石政府出兵抗日，正义之举堪当褒扬。返校后又掀起反对"学分淘汰制"风潮并攻讦师长，加之校方不善经权，处置失当，终致学校被"整理"。结果是学校易名，校长辞职，师资流失，近三分之一学生失去学籍，学校地下党支部成员散去，国立青岛大学遭受挫折。

第一章
国立青岛大学的建设

南京国民政府成立后，颁布了统一的教育宗旨和实施方针。实施方针中规定高等教育"必须注重实用科学，充实学科内容，养成专门知识技能，并切实陶融为国家社会服务之健全品格"[①]。在颁布的《大学组织法》《大学规程》《改进高等教育计划》等法令法规中，对大学管理制度、办学条件、学科设置、课程管理等作了详细的规定。

国立青大从筹备到成立后的诸多事项，皆循规制进行。但作为有留学欧美背景的一代大学人，在政府种种规定之下，尽可能坚持大学本位和探索自身发展的方式，在教育理念、管理制度、学科设置、课程安排等方面，走出了一条较为独特的大学发展之路。

第一节　国立青大的筹备与杨振声出任校长

一、从国立山东大学筹委会到国立青岛大学筹委会

1928年5月，随着国民革命军胜利的脚步进入山东，中华民国大学院的高等教育规划也及至山东：在省会济南设立一所国立大学。此时设在济南的省立山东大学因战火而停办，校舍、设备、学科等尚有基础，大学院令山东省教育厅在其基础上筹建国立山东大学。

---

① 宋恩荣、章咸主编：《中华民国教育法规选编（1912—1949）》，江苏教育出版社1990年版，第46页。

　　1926年初，山东省教育厅厅长王寿彭提议，合并设在济南的六所专门学校为一所大学，得到省长张宗昌批准。1926年5月，六所专门学校和省内济南、东昌、青州、曹州四所重点中学的高中部合并为山东大学校，史称省立山东大学，王寿彭兼任校长。校本部在趵突泉街工专原址，接收六校校产，经费由省划拨，设五科13系。本科四年，预科三年。王寿彭思想守旧，被讽为"目不识A，不学而贯中西"[①]之人，在学校宣传尊孔读经，定期举行祭孔大典，排斥新思想，抵制革命势力。省立山大虽是张宗昌批准而设，但经费也常常被拖欠，且滥支军用票，学校维持艰难。1927年夏，王寿彭辞职，张宗昌自兼校长。1928年5月，国民革命军抵达济南，张宗昌逃跑，加上日本制造"济南惨案"，侵占了济南，省立山大被迫停办。

　　1928年5月中旬，何思源被任命为山东省教育厅厅长。不久，他就组织制定出一份发展山东教育的施政纲领——《山东省政府教育厅教育行政纲要》，其中就大学部分提出组成山东大学筹备委员会，并就相关事项报告大学院：确定并扩充大学本部经费，力求各学院名实相符；严聘品端学邃之专门人才充当教授；严格考试学生；提高教授待遇；扩大各科实验室；设立规模宏大之图书馆，以作师生研究之用；添购仪器标本以求完备；奖励学术研究，使之成为全省文化中心；鼓励师生著作，改造青年思想；发展学生自动研究及创作能力，逐年扩充学院，力求内容充实。[②]何思源的报告很快得到批准。

　　大学院聘何思源等11人组成国立山东大学筹备委员会。8月7日，筹委会第一次会议在泰安红门宫召开，何思源为临时主席，何思源、赵太侔、王近信为常务委员。会上讨论通过筹委会组织条例，研究了学校的院系设置、扩建校舍、充实图书仪器设备、经费来源、旧校学生的转学与休学问题等事项。

　　由于济南和胶济铁路沿线均被日军侵占，筹备工作无法进行，直到1929年5月日军撤出，山东省府重回济南，筹备事宜才提上日程。与此同时，教育部却对山东这所国立大学的设立地点有了新的态度。

　　在1929年6月4日的国民政府行政院第26次会议上，教育部部长蒋梦麟提交了《改国立山东大学为国立青岛大学》案：

　　国立山东大学筹备经费因事实上困难，一切尚待规划。查该省青岛地方，有私立青岛大学一所，为张宗昌逆党前省议会议长宋传典所办。自胶济经中央接收，该校长早离校他往，现校中状况纷乱，自不待言。且该校向无确定基金，全赖鲁省款及青岛市款补

---

① 白鹿蕼水：《山东大学公署》1926年9月10日，载《语丝》（上海）1926年第98期。

② 栾开政主编：《山东省高等教育发展史》，山东教育出版社2003年版，第75页。

助，拟将该校取消，其校产归山东大学收用。国立山东大学名称，拟改为国立青岛大学。查青岛交通便利、环境优胜，设立大学自较济南为宜。^①

会议通过此案。教育部遂将国立山东大学筹备委员会改为国立青岛大学筹备委员会，除接收原省立山东大学外，还将私立青岛大学校产收用，以原私立青岛大学校址作为国立青岛大学校址。

有研究称，大学由济南改设青岛是蔡元培先生最早提议^②，但此说尚未见确凿证据，暂且存疑。不过，这个改设确是近代山东继经济中心东移之后的文化中心东移，为山东省的经济、文化双城格局奠定了基础。

6月13日，教育部函聘何思源（省教育厅厅长）、王近信（省教育厅秘书主任）、赵太侔（省立一中校长、省立实验剧院院长）、彭百川（省教育厅普通教育科科长、省高级中学校长）、杜光埙（国立中山大学政治学教授）、傅斯年（中央研究院史语所所长）、杨振声（国立清华大学文学院院长）、袁家普（省财政厅厅长）、蔡元培九人为国立青岛大学筹备委员会委员。

在将接收的原省立山东大学校产、校具、图书、仪器、文誊等件移交国立青岛大学筹备委员会后，6月20日，国立山东大学筹备委员会停止。^③同日，国立青岛大学筹备委员会在济南原省立山大本部大礼堂召开第一次会议，山东省内委员何思源、袁家普、赵太侔、王近信、彭百川五人参加（外省委员未到会），山东省政府委员全体、国民党山东省党务整理委员会代表、济南市党部代表四五十人出席会议。会上，筹备委员会委员宣誓就职，山东省政府主席陈调元监督。

第一次会议除宣布国立青岛大学筹备委员会正式成立外，主要讨论决定了办学经费来源、大学基金以及确定筹委会秘书人选等事项。何思源对学校成立过程作简要报告。

陈调元发表讲话说，山东文化"在曩昔程度最高，在全国中居指导之地位，数年以来，因受军事影响，及军阀蹂躏，以致宣告破产，言之痛心"。"今青岛大学筹备委员就职，中央及山东省政府对各委员希望甚大，望努力作去，使山东文化仍恢复领导地位。再则，科学为救国根本，以前德国之所以称雄全球，全因科学发达之故，但德国地域仅及四川一省，吾国科学若能昌明，则强国根本已具。大学为研究科学者，望各筹备委员将来努力发

①《行政院廿六次会议》，载《中央日报》1929年6月5日。

②山东大学校史办：《蔡元培先生和国立山东大学》，山东省政协文史资料委员会编：《悠悠岁月桃李情》，中国文史出版社1991年版，第79页。

③《国立山东大学筹备委员会关于教育部将国立山东大学改称国立青岛大学的公函》，青岛市档案馆藏，档号：B0032-002-00395-0109。

展青岛大学,使大学学生得高深之科学,藉以造就人才。"①

何思源在答词中强调,国立青岛大学所要承担的社会责任为培养专门人才和造就师资。因"山东现在最需要为普通教育,必须筹办高等教育,造就专门人才与高等师资,发扬吾国旧之文化,研究西洋最近之科学"。对国立大学改设青岛的缘由,何思源解释说,"不欲青岛之良好港湾,将来有商业化之危险,而使其科学化",并提出大学的科目设置要注重职业化,造就专门实用人才。因训政时期,建设需人,各省无不缺乏专门人才。②

山东省党务整理委员会代表张金鉴在演说中讲道,"人欲求知非学不可,大学之重要已不待烦言,且教育为救国根本,望筹备委员尽力去作。本来山东在文化史上占重要之一页,近年日就衰落,前途危险,相信各委员将来必能使青岛大学在近代文化史上开一新纪元"。省政府委员于恩波在发言中表示,"中央希望于青岛大学甚大,现在各筹备委员皆有高深学识,思想意见又一致而融洽,必能为青岛大学定正确方针,发扬进步"③。

国立青岛大学的定位与目标,也在这次会议达成共识:大学是造成最高学术的机构,最高学术是建设国家、改良社会的基础;大学要提倡学术研究;大学要培养研究高深学术之人才,促进国内研究事业,充实科学之内容,提高科学程度、标准,努力求中华民族在学术上之发展,造成文化中心。④

会后第二天,何思源、赵太侔、王近信即赴青岛查看私立青岛大学校址,视察内部组织情况,接收校产。

国立青岛大学的设立,是国民政府对全国高等教育进行规划的结果。在青岛这座几经政权变换的城市,大学教育第一次与国家的步调一致起来,至于能调试出何样的旋律,将由一代教育主导者和国立青大人的共同作为来决定。

二、确定国立青岛大学架构

1929年7月8日,国立青岛大学筹委会在青岛汇泉大饭店(今南海路23号)召开第二次会议。除原先八位委员外,监察院院长蔡元培、教育部部长蒋梦麟也专程来青参加会议。会上,何思源就接收原省立山东大学和私立青岛大学的经过等作了报告。会议讨论议定国立青岛大学的院系设置、院长初步人选、各院地址、扩充校舍、学校经费、原有两

---

①《国立青岛大学筹委就职》,载《中央日报》1929年6月23日。
②《国立青岛大学筹委就职》,载《中央日报》1929年6月23日。
③《青岛大学筹备委员会在济就职》,载《益世报》(天津)1929年6月23日。
④《国立青岛大学第一次委员会议记录》,山东省档案馆藏,档号:J110-01-0272-001。

校学生的处理、开学日期等问题。

对学科设置，筹委会提出三个原则：第一，文、理是必设学科；第二，根据所在区域之实际需要及将来发展之可能；第三，参酌原有设备之程度。[①]科目设置上，不讲求扩大虚名，又避免叠床架屋之弊，各院分设讲座，但不分系。根据实际需要，充分利用省立山大的农工等设备，其染织设备是长江以北各大学之冠，但国立青大的工科不能只学染织，所以在济南设工厂，研究染织。农科设备亦非常完备，特设农事试验场招收研究生，但是实践性质，等到条件成熟开办农学院，再正式招生。原有医科设备不完备，再添设备需要至少一百万元，故不设医科。因山东并非政治中心，不甚需要法政人才，故暂时不设法科。教育部已决定取消大学预科，故不设预科，暂在青岛附设高中，内设文、理两科。新制高中毕业生通过考试后升入大学。[②]

会议确定国立青大设文、理、工、农四院，在济南设化学、机械、染织工厂和农事试验场。计划设文学院，内有中国文学、中国语言、英文、法文、德文、历史、地理、经济各讲座；理学院内有生物、气象、地质、化学、物理、算学各讲座；工学院设土木工程系、化学工程系，附设工厂，置导师若干人，招收商中工业学生及艺徒；农学院暂先设试验场和导师、研究生，并招收学徒。[③]

蔡元培（左）与蒋梦麟在青岛参加国立青岛大学筹备委员会第二次会议留影

因办学规模扩大，对于校舍扩充问题，筹委会决定与青岛市政府接洽，收回汇泉跑马场全部（前胶澳商埠督办高恩洪廉租给外人，期限20年，主权回收，此不平等条约作废，可做大学操场）及柳树台之官产房舍拨归青大使用（可做气象台用），现有校舍附近的官地也划归学校。[④]

会议议定学校年度经常费为五十四万元，中央担负二十四万元，山东省政府协款十八万元，青岛特别市政府和胶济铁路各六万元。议定开办费十万元，由中央和省府各承担五万元。[⑤]

会议议定10月1日开学。推定何思源、傅斯年、杨振声、赵太侔、王近信为筹备委员会常委。

①《青大筹备委员会详情》，载《新闻报》1929年7月16日。
②《青岛大学之规模》，载《益世报》（天津）1929年7月17日。
③《青大筹备委员会议详情》，载《新闻报》1929年7月16日。
④《青大筹备委员会议详情》，载《新闻报》1929年7月16日。
⑤《青岛大学之规模》，载《益世报》（天津）1929年7月17日。

7月14日，即筹委会第二次会议结束后一周内，筹委会第三次会议在济南原省立山大校本部召开，何思源、赵太侔、王近信、彭百川、杨振声、袁家普六人参加，何思源主持会议。主要讨论决定学校行政组织、教务长、各院院长人选、已聘和拟聘教师、教职员薪金标准、经费预算、新生入学和旧生编级等问题。

关于大学行政组织，设校长一人，下设教务长，下辖注册部、图书馆、体育部、训育委员会主任，女生管理员；设总务长，下辖事务部主任，分设有校产部、舍务部、卫生部、会计主任、文书部；文学院院长、理学院院长、工学院院长、农学院院长；设校长秘书和各种委员会。

初步拟定教职员人选如下：教务长吴之椿；总务长王近信或赵太侔；工学院院长周钟岐；文学院院长杨振声或赵太侔；事务部主任林济青；教育教授沈履；英文教授陈通伯、梁实秋或叶公超，讲师袁振英、郭有守；经济教授周炳琳或周作仁；生物教授潘光旦、陈洋藻；伦理教授金岳霖；国文教授罗膺中、易家钺，讲师沈从文、黄淬伯、赵景深、赵邦彦、乌以锋；算学教授黄际遇，讲师俞物恒、魏璞完；物理教授丁绪宝、张绍宗；历史教授刘传贤；法文教授梁宗岱、郭有守；化学教授李长春，化学工程导师朱经古；林学导师廖训榘、王正；女生管理员顾谷若或陈永辉。理学院院长、农学院院长暂未拟定。

议决设年级。以开办一年级为主，斟酌特别情形设二、三年级，并议定旧生入学试验办法。

指定旧生转学的学校。限于国立大学和教育部1929年7月公布的已立案的私立大学，限考取衔接的年级和原习科系，以筹委会名义发给修业证书和转学介绍信，如转入国立青大，则需接受入学考试和编级考试。

筹委会第三次会议还列出学校一年所需经费及分配标准。议定开办费十万元。其支配方式为：修理费两万元，建宿舍费三万元，购仪器费两万元，购中国图书一万元，购外国图书两万元。[①]

七天之内举行两次筹委会，国民政府监察院院长、前大学院院长蔡元培，教育部部长蒋梦麟专程莅临，足见筹建工作之急迫和重要。事实上，这两次会议确定了国立青岛大学的组织架构，学院和系科设置，教务长、总务长和各院院长的初步人选，以及各科拟聘主要教授，还商定了在济南设科和教职员薪金标准等，形成了学校的主体框架，是筹备过程中的重要环节。之后筹委会多次召开会议，对筹备工作中的一些重大问题作了研究。

---

① 第三次筹委会内容见《国立青岛大学近讯》，载《中央日报》1929年7月19日；《国立青岛大学第三次委员会会议记录》，山东省档案馆藏，档号：J110-01-0272-001。

　　1929年10月，教育部增聘陈调元（省府主席）、于恩波（省党务指导委员）、陈名豫（省府委员兼工商厅厅长）为筹备委员，委员人数由9人增至12人。筹委会推举杜光埙为驻青筹备委员，负责整理修缮校舍、购置图书仪器设备及补习班等事项。

三、杨振声出任校长

　　关于国立青大的校长人选，第一、二次筹委会是否议定，未见史料确证。但筹委会对外"尚未十分确定"的说辞，引发报界颇多推测。一说，筹委会公推蔡元培为校长，但他坚辞不就；校长已内定杨振声。[①]一说，会在何思源、傅斯年两人中择一确定，但何思源称政务繁忙，很难兼任。[②]还有报道说吴稚晖、杜光埙等人也是有实力竞争的人选。[③]一时间，在青岛筹建的这所国立大学校长人选引起社会关注。

　　上述说法虽然未得官方确认，但也并非空穴来风。这几位校长人选，除吴稚晖为国民党元老外，其他人皆为蔡元培长校时的北京大学学生，都有留学欧美的经历，并且年富力强，都符合校长资格要求。依资历及师长之威望，蔡元培对校长人选的影响力不言而喻。梁实秋曾在回忆文章中说，"今甫是山东人，出身北大，又长于肆应，是理想的校长人选。筹备主任[④]是名重一时的蔡子民先生，声望所及，更应该是无往不利"[⑤]。此文可谓蔡元培先生支持杨振声出任校长的一个佐证。梁实秋又说："杨金甫是北大出身，当时在教育部里他的熟人不少，同时他是山东人，和教育厅里的人也有关系，所以他作校长是适当的，并且他的性情温和，冲默有量。"[⑥]此语又对杨振声作为校长的个人条件作了令人信服的解释。

　　1930年4月15日，杨振声以清华、青大两大学代表的身份参加在南京召开的第二届全国教育会议，昭示了国立青岛大学校长人选的揭晓。4月25日国民政府行政院召开第73次国务会议，审议并通过教育部部长蒋梦麟呈报的《请任杨振声为国立青岛大学校长提案》。4月28日，国民政府印发"府令"：任命杨振声为国立青岛大学校长，30日《行政院公报》刊印此令，发行全国。

　　杨振声（1890—1956），字今甫（又称金甫），山东蓬莱人。1915年考入北京大学

①《国立青岛大学近讯》，载《中央日报》（南京）1929年7月19。
②《筹备中之国立青岛大学》，载《橄榄报》1929年7月15日；《益世报》（天津）1929年7月14日。
③《青岛杂讯·吴稚晖将任青大校长》，载《申报》（上海）1929年8月19日。
④ 注：此说有误。蔡元培是国立青岛大学筹备委员。
⑤ 梁实秋：《忆杨今甫》，《梁实秋散文》第三集，中国广播电视出版社1989年版，第334页。
⑥ 梁实秋：《谈闻一多》，《梁实秋散文》第三集，中国广播电视出版社1989年版，第416页。

文科国文门。1918年11月与同学傅斯年、罗家伦筹办新潮社，1919年1月创办新文化运动中重要的新文学阵地《新潮》杂志，创作并陆续发表系列描写人间疾苦的白话文小说，成为重要的新文学作家。1919年秋赴美留学，进入哥伦比亚大学攻读心理学，后到哈佛大学研习教育心理学。1924年底回国后，创作长篇小说《玉君》，出版后被现代评论派杂志《闲话》列为"中国最有价值11种小说"之一的长篇小说代表。从1925年开始，先后在国立武昌大学中文系、燕京大学中文系、国立中山大学英文系讲授现代中国文学、当代

校长杨振声

戏剧、英国文学史大纲、近代英国小说、莎士比亚剧、名著选读、修辞学与作文、近代文学之比较研究等文学课程。1928年夏，受国立清华大学校长罗家伦之邀担任清华教务长，半年后即辞去此职，任中文系主任，清华大学设立文学院后被教授会推选为文学院院长。

1930年6月23日，杨振声乘"长平丸"轮抵达青岛，正式就任国立青岛大学校长。于个人而言，他开始了躬行现代大学建设的实践探索，成为彼时知识精英施展教育救国抱负的代表性人物之一；于山东高等教育，则实现了由西而东的历史性转移；对青岛而言，则成为奠定城市历史文化底色的一个里程碑。

四、经费之困与校舍之争

国立青大在筹备中遇到的最大问题是经费不足。筹委会"最终拟定预算为64万元，临时费4万元，开办费在外，核算后报教育部，筹备期间由省府协助12万元，青岛市政府协助3万元，胶济铁路协助3万元"①。但事实上拨付情况并不乐观，特别是中央经费迟迟不到位，给学校正常办理带来很大困难。幸运的是，山东省政府给予学校慷慨支持。

筹委会第一次会议后，何思源在谈到经费问题时说，全国教育经费尚难独立，山东教育经费亦是不易。山东财政万分告匮，力有未逮。现在成立大学，原定60万元经费，以漕米为指定款项，而漕米的收入也不敢确定，只希望将来能够办到，使教育能有发展。②山东省在财政支绌、需要减轻民众税负的情况下，对国立青大的补助费允与中央各担一半，显示出省政府对这所国立大学的强有力支持。作为一代主政山东政局和教育大业的官

① 何思源：《鲁省大学教育》，载《申报》1930年4月24日。
② 《山东教育最新情形》，载《益世报》（天津）1929年7月1日。

员，他们深知在山东办大学，最受益的是山东省和山东学子，因"山东本埠无适宜大学，省内各校学生皆到外埠上大学，每年对在外省读书的鲁籍学生补贴数额不菲，1929、1930年各5万元，考虑到此种办法，仍所补无几，山东省决定在1930年的教育经费内支出36万元补助国立青岛大学，免山东省青年学子相率失学"[①]。

议定经费来源后，筹委会立即致函青岛市政府：由胶澳商埠局每月拨发给私立青岛大学的1600元，因国立青岛大学接收私立青岛大学，所有一切旧欠仍由旧负责人清理，本年7月份的补贴请照旧拨付。青岛市政府复函称"勉力筹给"[②]。对胶济铁路承担部分，何思源则于8月亲到青岛，与路过青岛暂作停留的铁道部部长孙科会商。[③]

对于中央承担的经费，8月3日，蔡元培致函国民党元老、中央监察委员吴稚晖，托请转商财政部部长宋子文，批拨国立青岛大学经费，并希望吴稚晖能请蒋介石嘱咐宋子文办此事。信函由因催拨中央经费赴京的何思源面呈。信中说：

山东旧有山东大学，又有私立青岛大学，现教育部取消此两大学，而设一青岛大学，似乎又多设一大学，而实则并两为一也。

青岛之地势及气候，将来必为文化中心点，此大学之关系甚大。其经费预算，年六十万元，拟请中央政府及省政府各出二十四万，而市政府与胶济铁路各出六万。省政府因旧出各专门学校费本有二十八万，后即移作山东大学经费，减去四万，本无问题。惟中央应出之费，闻业与财政部宋部长商及，尚无确切答复。

弟因研究院关系，未便再向要求。欲请先生向子文切实言。如能请蒋主席对宋谆属，则尤善。

除由何仙槎兄面详一切外，专此奉托。[④]

吴稚晖是否转请不得而知，但何思源于7月底赴京之后，8月中旬与袁家普再赴京接洽，未得到明确答复。9月2日，教育部指令山东省政府拨给开办费5万元及1929年度的经常费18万元。山东省因财政较困难，9月底举行的第27次省政府常会决定将原定的开办费和1929年经常费分别减至2万、10万元，不过当即拨给开办费1万元。[⑤]筹委会委员杜光埙凭据这1万元于10月开始着手修缮校舍、购置设备、开办补习班。11月，筹委会聘宋春舫

① 何思源：《鲁省大学教育》，载《申报》1930年4月24日。

② 《请照旧案拨发前私立青大七月份补助费公函》，山东省档案馆藏，档号：J110-01-0286-010。

③ 《国立青岛大学筹备开学》，载《大公报》（天津）1929年8月20日。

④ 中国蔡元培研究会编：《蔡元培全集》第12卷，浙江教育出版社1998年版，第53页。

⑤ 省政府常会第27次会议上的决定，见山东省政府训令第4586号，《山东财政公报》1929年第5期。

为图书馆主任，开始整理、购买图书。[①]因各项经费迟拨、减拨，以致筹备工作进展缓慢，原定的10月1日开学不得不延期。

1930年4月，教育部确定学校经费为48万元左右，由山东省政府协助36万元（内含开办费8万元），青岛市政府每年协款3.6万元，胶济铁路协款1.2万元，其余八九万元由中央拨给。[②]在筹备的一年中，国立青大通过各种途径筹集到42万余元，其中山东省拨款27.5万元，青岛市协款3.6万元，胶济铁路协款1.2万元，筹委会移交经费8000余元，学杂费1.3万余元[③]，勉强能实现当年开学的目标。而位于济南的农事试验场，因得到的经费非常少，很难开展有成效的工作。[④]

中央经费迟迟不到位，使学校与山东省之间的矛盾越来越大，严重影响到学校的正常运行和发展，如梁实秋所言：学校是国立的，但经费是山东省政府拨付的，所以一开始学校的基础就不大稳固。[⑤]1931年时，教育部核定经费为50.6万元，除地方协款和学校收入外，教育部应拨给学校7.2万元，但因中央压缩教育经费，教育部停止拨款，一度造成当年秋季开学后教职员薪俸不能按时支付的情况，引起教师罢教一月之久。杨振声不得不奔走呼号，以求解决。随着学校的发展，开支越来越大，经费需要逐年增加，但学校又无固定资金，筹划经费成为校长必须解决的最大难题。[⑥]

学校附近高地多未开发，筹委会在接收之始，就委托尚在校内的原私立青大工科学生实地测量，并制平面详图，备文送至市政府，商榷备案。1929年12月底，校园扩大计划得到青岛市政府同意。校园的范围"东至京山路西首，连万年山（今青岛山）前小路一带，西至大学路西首，南至定安山（今八关山）山头，北至大学路东首，综合面积有七百余亩"[⑦]。

校舍被占用、借用在私立青大时就是经常情形，国立青大筹备进行时，青岛市公安局保安队仍然借用着校舍。1929年10月7日，青岛特别市政府曾令公安局饬保安队迁移出校园。[⑧]14日何思源从济南来青，与市政府会商学校事项，提出请协调保安队迁出一事，市政府应允等大学动工修理校舍之时即迁往他处，不妨碍修理校舍为要。[⑨]在学校开始

①《山东国立青岛大学新闻一览》，山东省档案馆藏，档号：J110-01-0286-032。
②《青岛大学即成立 经费年四十八万》，载《大公报》（天津）1932年5月2日。
③《山大六年来财政状况》，载《山大年刊》，1936年刊印。
④ 任德宽：《请青大筹委会拨款筹备农学院》（1929年12月），山东省档案馆藏，档号：J110-01-0286-034。
⑤ 梁实秋：《谈闻一多》，《梁实秋散文》第一集，中国广播电视出版社1989年版，第416页。
⑥《山东大学百年史》编委会编：《山东大学百年史》，山东大学出版社2001年版，第96页。
⑦《国立青岛大学校址划定》，载《新闻报》1929年12月31日。
⑧ 青岛特别市政府训令第一一〇九号，载《青岛特别市政府市政公报》1929年第4期，第13页。
⑨《青岛大学筹备续讯》，载《大公报》（天津）1929年10月17日。

原私立青大工科学生在定安山测量国立青大校址

修理校舍时，保安队依旧未迁出。主持校舍修葺工作的杜光埙只得去信蔡元培先生，函告青岛保安队借用部分房舍影响学校整体布局。图书馆主任宋春舫也写信给蔡元培谈到有军队觊觎校舍一事。当时接防青岛的吴思豫军队离青，蔡元培深恐其他接防军队见青大校舍宽大，继续"发生借驻情事"，于11月30日致函刚刚上任的青岛特别市市长马福祥，请其协调驻军占用校舍事宜。信函内容如下：

　　青岛大学，筹备伊始，由杜君光埙主其事。日内修葺校舍，汲汲进行，以期早日授课。惟校舍原为德、日兵营，外间不无觊觎。现有一部分房屋，为公安局保安队所借用，尚未迁让；近闻吴立凡司令军队，业已离青，深恐他项接防军队，见青大校舍宽广，发生借驻情事，影响校务，至为重大。欣值台端履新，百端具举，关于教育，尤乐提倡。用敢备陈一切，甚望鼎力维护，曲为防范；倘有军队借驻校舍，务请格外关垂，设法消阻。将来青大发达，皆出执事匡扶之德，教育前途，实利赖之。[①]

　　直到1930年9月开学后，俾斯麦兵营主体四座大楼，学校仅收回两座。一座用作学生宿舍，一座为教室、实验室及办公楼。[②]另两座分别于1931年春、1932年春收回。

　　1930年10月，国立青岛大学完成济南、青岛两地的大部房舍和所有校具、图书、仪器、卷宗、簿册等接收工作，将省立山东大学、私立青岛大学校产统一。一校两地办学局面得以确立。

第二节　招收学生与开学典礼

一、旧校学生转学之处理

　　国立青大第二次筹委会对原有私立青大学生、省立山大学生就学一事作出规定，即预科学生转入山东各高中插班。本科生按照原学科系经入学试验及专科分级试验后可转入国立青大。国立青大未设之学科，旧本科生如愿意转入国立青大指定的其他学校，经

①《致马云亭函》，中国蔡元培研究会编：《蔡元培全集》第12卷，浙江教育出版社1997年版，第103页。
②杨振声在总理纪念周上的校长报告，载《国立青岛大学周刊》1931年5月4日。

试验及格入校的学生,国立青大给予每人每年80元津贴,一直到毕业,但学生所考入学校的年级要与原来衔接,并仍旧学习原有科系,降级及中途休学或转学,即停止津贴。愿意转入其他学校的学生,筹委会发给修业证书和转学介绍公函,可报考其他国立和已备案私立大学。[①]因国立青大筹委会成立时,其他各校均已有招生计划,又正值暑期,处理旧生转学一事,并非一帆风顺。

因国立青大未设商科,经学校、省教育厅、教育部几番协调后,原有商科学生转入中央大学、复旦大学和大同大学肄业。[②]筹委会第三次会议议定,文、农、工三科学生可编入国立青大肄业,但当年10月1日学校难以实现开学,筹委会便出具转学证明。其时不少学校不收高年级转学生,特别是四年级,私立青大工科四年级本科生就面临转学极为艰难的境况。为帮助学生转学,山东省教育厅向教育部多次致电请转饬北平、中央、北洋各大学,希接收前省立山大医、商、工、矿科学生,私立青大土木工程学生。[③]国立青大因不设铁路管理科,全国设立此科的大学也不多,学校多方接洽,但各校都因各种困难表示难以接收,到8月初私立青大铁路管理科学生去向依旧未定。焦急中,学生将处境与困难情况上呈铁路部,时正在青岛的铁道部部长孙科致电北平交通大学,令其接收学生。北平交大复电同意接收二年级学生,并令启程赴北平参加转学考试。[④]

在多方协调后,私立青岛大学工、商、路三科本科学生最终转学到唐山交通大学、北平交通大学、复旦大学、同济大学、中央大学及中国大学等学校。[⑤]

二、当年招生情况

关于系科设置,第二次筹委会议定学校设文、理、农、工四院。文学院设文学科,下设各讲座;理学院设各科讲座。但1929年7月国民政府教育部颁布的《大学组织法》规定,大学各学院或独立学院各科,得分若干学系,附设专修科。文、理两院设讲座不设系的计划未得到国民政府教育部的批准[⑥],筹委会经过讨论,决定改讲座为系。1930年6月形成的《国立青岛大学组织规程》中显示,文学院设中国文学系、外国文学系、教育学

①《国立青岛大学筹委会公函第十三号》,山东省档案馆藏,档号:J110-01-0279-006。

②《国立青大筹委会呈教育部函》,山东省档案馆藏,档号:J110-01-0279-007。

③ 根据国立青大筹委会呈请教育部请令中央、复旦各学院准私立青大商科三年级修业完毕各生转入四年级肄业的函、山东省教育厅给国立青大筹委会的函整理。函藏山东省档案馆,档号:J110-01-0279-007、J110-01-0279-013。

④ 郭恩纪:《私立青大结束的经过》,载《青大友声》1930年第1期。

⑤ 根据国立青大筹委会呈请教育部请令中央、复旦各学院准私立青大商科三年级修业完毕各生转入四年级肄业的函、山东省教育厅给国立青大筹委会的函整理。函藏山东省档案馆,档号:J110-01-0279-007、J110-01-0279-013。

⑥《国立青大拟设各讲座一律改系似涉过繁呈请核示》,山东省档案馆藏,档号:J110-01-0307-002。

系；理学院设数学系、物理学系、化学系、生物学系。其中教育学系设在济南，以便造就乡村师范师资。①

杨振声到校后即着手招生、聘请教师等事宜。学校于7月20日至29日接受考试报名，8月初在青岛、济南、北平三处考试，投考学生人数为360人②，1930年秋季开学时，国立青岛大学共录取新生176人，因逾期未到校取消学籍者22名，实际到校154人。③具体情况见表2-1④。

表 2-1　1930 年文、理两院新生名录

院别	系别	姓名	性别	籍贯	姓名	性别	籍贯
文学院	中国文学系	傅继英	男	江苏睢宁	彭丽天	男	广东兴宁
		徐兰田	男	山东泗水	田玉美	男	山东寿光
		许星园	男	山东蒲台	丁观海	男	山东日照
		薛传泗	男	山东东阿	臧克家	男	山东诸城
		冉昭德	男	山东曹县	崔连才	男	山东泰安
		李繁阇	男	江苏萧县	魏景泰	男	山东高密
		李符中	男	山东诸城	吴继舜	男	山东惠民
		李桂生	男	山东莱芜	吴　珂	男	山东沾化
		罗秀荷	女	广东中山	王宝善	男	山东淄川
		刘位钧	男	山东滕县	帅鸿勋	男	江西临川
		刘裕坤	男	山东昌乐	曾发钿	男	江西赣县
		马维新	男	山东历城	李长翼	男	湖南岳阳
		翟鹤田	男	河北永清	乔志恂	男	山东泗水
		吴乐梅	男	山东泰安	高哲生	男	山东沂水

①《国立青岛大学组织规程》，山东省档案馆藏，档号：J110-01-0293-001。

②《山东大学百年史》编委会编：《山东大学百年史》，山东大学出版社2001年版，第86页。因人数不足，学校又进行了第二次招考，应不在这个统计中。

③《向教育部提交教员学生履历表》（1930年12月），山东省档案馆藏，档号：J110-01-0310-002。

④此为1930年12月因假文凭风潮开除及退学共43名学生后的名单。

院别	系别	姓名	性别	籍贯	姓名	性别	籍贯
文学院	外国文学系	邹积德	女	山东蓬莱	李实谔	男	山东清平
		冯冷光	男	吉林滨江	刘饬浦	男	山东平度
		韩国栋	男	江西临川	丁金相	女	山东日照
		薛德昌	男	山东聊城	蔡同举	男	吉林长春
		黄庭谷	男	四川永川	蔡文显	男	江西金溪
		任实盦	男	浙江吴兴	戚荣晋	男	湖北沔阳
		李香亭	男	山东高唐	王 林	男	河北衡水
		白赞元	男	陕西榆林	柏秉贞	男	山东临清
		任于锡	男	山东历城	魏少钊	男	四川乐山
		刘 穗	女	山东诸城	高鸿寯	男	山东诸城
		张春林	男	广东开平	王显成	男	浙江宁波
		马仲博	男	山东泰安	王 孝	男	河北滦县
	教育系	艾悦沺	男	山东济阳	张淑齐	女	广东东莞
		周 陵	男	山东聊城	郑永清	男	山东东阿
		冯玉金	男	安徽宿县	周秉坦	男	山东历城
		冉繁琨	男	山东历城	黄树栋	男	山东滕县
		耿锡典	男	山东潍县	马曰珠	男	山东陵县
		李致祥	男	山东桓台	李殿蒉	男	河北行唐
		李云东	男	吉林榆树	刘汝藩	男	山东沂水
		吕汉镕	男	山东莒县	庞泽波	男	广东南海
		蔡枫亭	男	山东高密	王懋善	男	山东淄川
		王先进	男	山东菏泽			
理学院	数学系	张福华	男	云南昆明	谈锡珊	男	湖南长沙
		江 焕	男	江西金溪	曹信忱	男	山东高密
		周秉昶	男	山东历城	王聿相	男	山东费县
		韩宝珍	男	河北静海	岳长奎	男	山东平原
		任国栋	男	山东临沂	刘纪瑞	男	山东武城

续表

院别	系别	姓名	性别	籍贯	姓名	性别	籍贯
理学院	物理学系	张恒升	男	山东潍县	路丕泉	男	山东泰安
		贾玉珍	男	山西赵城	戴家驹	男	河北北平
		简炳汉	男	广东中山	曹金铭	男	山东巨野
		陈和均	男	山东鱼台	王锡年	男	山东惠民
		许振儒	男	河南洛阳	王寿蘅	男	山东潍县
		华芳	男	吉林永吉	李茂齐	男	山东定陶
		陈富春	男	江西赣县			
	化学系	赵幼祥	男	福建闽侯	耿守麟	男	山东历城
		徐植琬	女	江苏嘉定	李文海	男	江苏灌云
		孙殿珊	男	山东邹平	罗瑞麟	男	广东惠阳
		蒙永宁	男	广西邕宁	曾在因	男	山东莱阳
		王葆华	男	山东禹城	王佩节	男	广东花县
	生物学系	张奎斗	男	山东桓台	任树棣	男	河北武清
		谢汝立	男	广西邕宁	赵元祥	男	山东禹城
		何均	男	河南新安	王廷光	男	河南巩县
		萧庆恒	男	云南昆明			
总计		111人					

资料来源：《国立青大一年级新生履历清册》（1930年），山东省档案馆藏，档号：J110-01-0310-002。

　　国立青大招考是严格的，录取也有一定的标准。1930年新生入学考试共考六门，理学院录取标准为：第一，总平均分在三十一分以上，国文、英文平均在三十一分以上，而算学、国文在二十分以上者；第二，总平均分在二十五分以上，英文、算学平均在三十五分以上，而国文在二十分以上者。文学院、教育学院[①]的录取标准为：第一，总平均分在三十一分以上，国文、英文平均在三十五分以上，算学在五分以上者；第二，总平均分在二十五分以上，国文、英文平均在四十分以上，而算学在五分以上者。[②]

---

① 档案中如此，或教育系之误，或临时计划开办教育学院，故有三院招生分数标准的说法。

② 《理学院文学院教育学院录取新生标准》，山东省档案馆藏，档号：J110-01-0293-010。

对比办学时间长、社会声誉高的一些大学，国立青大的录取标准不算高。但若考虑到作为新设立大学第一年招生、生源多为山东籍学子，以及山东省现代学制发展较弱等因素，这也是一个合乎实情的标准。

通过给出的录取标准可见，国立青大对英文成绩比较重视，理学院对算学的要求相对较高，但各院都对均分较低但有两门优势科目的学生给出了一定录取标准的倾斜，体现了大学在选拔人才标准上具有一定灵活性。

不妨再以学校1932年8月的考试成绩和录取标准作对照。1932年入学考试科目为：党义、国文、英文、中外历史地理、代数几何平面三角、代数解析几何、物理学、化学、生物学。党义不计入总成绩，考生的分数计算办法为：每科加权分乘以所考各科实际成绩得到加权总分数后除以100，得到平均分，以平均分高低录取。以当年数理系一考生入学成绩为例（表2-2）。

表 2-2　1932 年招生入学试验成绩

考生姓名	课程	党义	国文	英文	中外历史地理	代数几何平面三角	代数解析几何	物理学	化学	生物学	各科总分	平均分	录取标准	录取记号
朱延霭	加权系数		15	20	10	25	20	20	10	10				
	加权分		900	320	280	875		960		390	3725	37.3		√
	实际成绩	29	60	16	28	35		48		39				

资料来源：国立山东大学招生入学试验成绩，山东省档案馆藏，档号：J110-010-0399-001。

通过上表可以发现，数理系代数几何平面三角的加权系数最高，英文、物理学、代数解析几何次之，国文又次之，中外历史地理、生物学、化学最低。通过加权系数可见，数理系偏重招考数学、物理、英文学习能力好的学生，相应亦可知文学院注重国文和英文成绩。

严格，从1930级化学系学生徐植婉的回忆中也可得到印证，"学校对于所招收的学生，坚持要达到一定的录取分数，以保证生源质量，而不是事先规定将录取多少名，从上到下录取，故初进校学生人数不多，我们化学系仅20名学生"[1]。

---

[1] 徐植婉：《一段70年前的记忆——回忆杨振声校长》，李宗刚、谢慧聪选编：《杨振声研究资料选编》，山东人民出版社2016年版，第256—259页。

招生严格，也体现在对补习班学生的要求上。在筹备期间开设的文理两科补习班，招收符合大学一年级新生资格的学生，补习国文、外文、数理等科目，考试合格后准入大学一年级。1929年10月补习班开课，12月补招一次，学生共60名。在平时的课业管理上，对成绩低劣者先给予警告，若下次月考有两门不及格同时各科平均分不及格即予开除，或下次月考有三科不及格即予开除。[①]有不少学生因平时试验不及格而退学。

补习班入学考试与全国招考科目不同。像文科班1930年入学考试只考国文和数学两门。国文考卷有两个题目：一是"为什么选择这里？"，二是"杂感"。1929年以第一名成绩考进国立青岛大学文科补习班的臧克家[②]，在大学入学考试中，国文得98分，又是第一名，但数学是零分。国文阅卷人是中文系主任闻一多教授，他极严格，考生得5分、10分的不少，60分就是高分。臧克家认为是自己在"杂感"中写的"人生永远追逐着幻光，但谁把幻光看做幻光，谁便沉入了无底的苦海"得到了青睐。[③]按照参考平均分高低的规则，臧克家的录取，应该就是平均分排名依旧名列前茅的结果，属于正常录取。

三、开学典礼

1930年9月20日，国立青岛大学举行开学典礼。国民党中央委员蔡元培，山东省代表何思源，青岛市代表方治、胡家凤，胶济铁路管理局代表周钟岐及各机关各团体代表40余人出席。杨振声校长宣誓就职，蔡元培授印并致训词，何思源、方治、胡家凤、周钟岐分别演说，杨振声致答词。[④]

蔡元培在训词中再一次提及"青岛为文化中心"之说。他讲道，"国民政府之所以设大学于青岛，实因青岛有文化中心的资格"。蔡元培说，我国土广民众，发展文化不能太集中。现在长江下游有首都的中央大学，长江中部有武汉大学，北方各省有北京大学及北平大学，西南诸省有广州中山大学，东北诸省有东北大学，其他于一省之内设以集中点的有浙江大学、河南大学等。他说，"山东为古代文化最发达之所，在昔伯禽治鲁、太公治齐，演成不同风气。战国时稷下为学者荟萃之地"，所以教育部设立一国立大学于山东境内之青岛，实为齐鲁之唯一最高学府也。

---

① 第二次校务会议记录，山东省档案馆藏，档号：J110-01-030-003。
② 王先进：《古稀之年忆母校》，樊丽明、刘培平主编：《我心目中的山东大学》，山东大学出版社2005年版，第21页。
③ 臧克家：《我的先生闻一多》，湖北省政协文史资料委员会：《湖北文史资料》第4辑，1999年刊印，第139页。
④ 蔡元培训词与杨振声答词均引自《青岛大学开学典礼》，载《新闻报》1930年9月23日。

民国初年主政教育部时，蔡元培曾提出全国设四大学区，学区中心城市设国立大学。经过20多年的高等教育实践，南京国民政府在国立大学的设立上已考虑到地区、地域的平衡问题，文化底蕴深厚、地域辽阔的山东，当设一国立大学。对这所大学为什么设在青岛，蔡元培以欧美大学为例说，法国巴黎大学、德国柏林大学、英国伦敦大学等大多设在都市，可使师生不脱离社会生活，不过最有实力的大学如牛津、剑桥和美国各大学大都设于山水清幽但交通便利之处，这样既接近自然又接近社会，两者均宜。蔡元培说，青岛水陆交通、山海林泉，处处接近自然，且工商发达，物产丰富，又非他处可比。

美丽的自然环境、便利的交通条件，加上齐鲁文化的底蕴，大学设立在此自然是理想的选择。由此还可见蔡元培对国立青大的未来期待是如牛津、剑桥和美国的实力大学那样。蔡元培说，这样的大学由新文学作品已为国人所传颂，又有在武汉、北平各大学办过事，经验宏富的杨振

国立青岛大学校门，校名由蔡元培题写

声担任校长，"必能造成一完美之大学，以为将来各地方新立大学之模范"。蔡元培接受杨振声之邀，欣然为学校题写校名。

杨振声在答词中谈了大学的责任和国立青岛大学未来的发展计划。他说，人类第一的需要是智识，大学的最高责任就是增加人类社会的智识重量；第二是生产；第三是培养有智识、有生产能力的学生。

曾留学美国的杨振声，对大学的功能认识显然受到美国大学理念的影响。相比于强调学术与科研的德国大学，美国大学同时强调服务社会的功能。对于自己执掌的这所大学之责任，杨振声结合地方特点从大学的三个功能加以阐述。他说，青大要增加人类社会的智识重量，应当利用山东和青岛的优势。山东历史发达多古物，青大可设考古学系，与中国研究院合作，将来对于世界考古学及中国历史学必有意外之重要贡献；青岛近临东海，海边生物种类丰富，于此设立海边生物学最相宜，其他如气象学、天文学、海洋学，在其他大学尚未设立，青大可借观象台之海洋科设立；青岛已成为中国重要的避暑地，可利用暑期开演讲班，将学校定为三学期制，于暑期集中全国著名学者，一方面可使学生接近全国的学者，一方面大家互相讨论，交换智识。对国立青大如何增加社会生产力，杨振

声指出，农学院与工学院要把智识应用于实际生产方面，将来成立必从实事求是下手，调查地方实际生产品类与应当改进之处，设立研究室，研究改良方法，教人们去实用。杨振声在成立大会上讲及怎样培养有智识、有生产能力的学生，未见文献全面显示，但从他之后提倡并实施的文理兼通、以学术增进人类幸福以及严格的学业管理等理念，可大致窥探到这方面演讲词的主要内容。

杨振声还强调大学要对中国的文化有贡献。"大学的责任，应当顾及中国本身的历史和文化，留其长删其短，又需吸收外国的文化，舍其短而取其长。撷取中外精华，造成一种文化，在中国看来，是新的不是旧的，在外国看来，是中国的不是外国的，我们大学应当担起这个责任来。"在五四新文化运动中以创作白话文学登上历史舞台的杨振声，有着坚定的文学救国、文化救国信念，对自己执掌的这所大学，他发出强烈的召唤之声：大学作为国家最高文化机关，要担负兴盛民族文化的责任，并指出创造新文化的路径是以开放包容的方式，广泛吸收中外文化的精华，造成新的中国文化。

开学仪式上的演讲词，可视为校长杨振声的就职演说。他站在历史和文化的维度，对国立青岛大学的职能、责任给出定位，并提出具体的实现路径和方法，展现出经过五四运动洗礼的一代知识分子强烈的教育救国情怀。这个演讲词的主旨和指向，至今仍有借鉴意义。

第三节　延揽优秀师资

国立青岛大学筹委会第三次会议计划聘请的教师，因学校未能于当年10月开学而与他们失之交臂。除了在筹备期已到校的数学教授黄际遇，两位留校担任教授的筹备委员杜光埙、赵太侔，将担任工学院院长的胶济铁路管理局代局长周钟岐、担任中文系讲师的中央研究院史语所的黄淬伯外，其他教师尚未聘就。校长杨振声不得不在暑期内只争旦夕，为延揽人才而奔波。

一、秉持宁缺毋滥的理念

杨振声深知理想的教师难得。他说，"在今日大学多而人才少之中国，每系能请到一两位好教授，便是千难万难。如我们原有历史系之计划，而欲对中国史请一好教授，物色几近一年，犹不能得。差池者，我们不肯请，较好者他校不放松，是以难也。……人材问题,亦几与经济同样困难"①。虽然如此,但对教师的聘任,在遵守国民政府教育部颁发的《大学教师资格条例》基础上,他还抱持宁缺毋滥的严格与谨慎,对一些学科,则持"能聘到好教授就办,聘不到好教授就不办"的坚决态度。②

教师难聘,一则因学校经费不足,有限的经费必须用于聘请最好、最适合的教师;二也因为杨振声的教育理念。他认为文理两院是其他学院的根基,只有这两个学院的基础打牢,其他学院才有发展的支撑,同时自身也会有所树立。而学校也要追求能有所树立于学术界,如何树立?就是要有自己的特点。杨振声提出国立青大要想在众多国立大学中站稳脚跟,应利用青岛地理之便,发展海洋学科。为开办海边生物学,他特请一在法国研究海边生物学者,"而北平研究院又与之争。……费了几月,交涉始渐有头绪"③。

可见,杨振声对所聘教师的要求,不仅是横向比较上的优秀,还要有纵向发展的潜力,即教师的学科背景、个人发展方向要和学校未来有所树立的学科相联系。这无疑提高了选聘师资的难度,从另一角度看,这也说明聘请到校的师资质量较高。

二、文理群贤毕至

杨振声视文理为其他学科的基础,自然两院院长、教授人选就显得十分重要。

1930年夏,初步安顿好学校事务后,杨振声立刻到上海寻聘教师。他邀请此时辞去国立武汉大学文学院院长职而闲居在上海的新诗诗人闻一多,和因与鲁迅先生就"文学有无阶级性"展开论争正处在思想苦闷中的文艺评论新锐梁实秋来校任职。杨振声对他们说,"上海不是适宜居住的地方,讲风景环境,青岛是全国第一,二位不妨前去游览一次,如果中意就留在那里执教,如不满意,决不勉强"。两人接受了杨振声"先尝后买"式的真诚邀请,就离沪赴青,"半日游览一席饮宴之后",他们接受了国立青大的聘书。④

闻一多(1899—1946),湖北浠水人。1912年入清华学校就读,1920年发表第一首新诗《西岸》,陆续创作的新诗编成诗集《真我集》。1922年赴美国留学,入芝加哥美术学院学习绘画;1923年转入科罗拉多大学学习油画,次年转学至纽约艺术学院。1922年与梁实秋一起出版了新诗评论集《冬夜草儿评论》,提出"艺术应讲究唯美"的主张。1923年出版诗集《红烛》。1925年回国,担任国立北京艺术专门学校油画系教授,兼任

---

① 杨振声在总理纪念周上的校长报告,载《国立青岛大学周刊》1931年5月4日。
② 王先进:《古稀之年忆母校》,樊丽明、刘培平主编:《我心目中的山东大学》,山东大学出版社2005年版,第22页。
③ 杨振声在总理纪念周上的校长报告,载《国立青岛大学周刊》1931年5月4日。
④ 梁实秋:《忆杨今甫》,《梁实秋散文》第三集,中国广播电视出版社1989年版,第333页。

闻一多

系主任和教务长。1926年4月发表《死水》一诗，5月发表《诗的格律》一文，提出诗歌应具有音乐美、绘画美、建筑美的"三美"主张。之后发表一系列理论文章，形成新格律诗理论。1926年担任吴淞国立政治大学教授兼训导长。1927年参加北伐战争，担任武汉国民革命军政治部艺术股长，同年秋，任国立第四中山大学教授、外文系主任。1928年任国立武汉大学教授兼文学院院长及中文系主任。闻一多的诗歌，艺术上感情炽热深沉，想象丰富，结构严谨，音韵和谐，内容上充满浓烈真挚的爱国思想，在新诗理论和实践上自成一家风格。

　　梁实秋（1903—1987），祖籍浙江杭县，生于北京。1915年考入清华学校。1920年发表第一篇翻译小说《药商的妻》，1921年发表第一篇散文诗《荷水池畔》。1923年赴美国留学，就读科罗拉多大学，后入哈佛大学、哥伦比亚大学，修英语、英美文学，获文学硕士学位。与留美学生共同发起大江社，编辑《大江会刊》。1926年回国，任国立东南大学教授。与胡适、徐志摩一起创办新月书店，并创办、编辑《新月》月刊，出版评论集《浪漫的与古典的》《文学的纪律》、杂文集《骂人的艺术》。

梁实秋

　　闻一多与梁实秋同在清华学校担任《清华周刊》编委，开始新文学写作，留学时又一起参与将中国戏剧故事改编搬上现代舞台的活动，共同发起成立中国戏剧改进社。1930年夏，闻一多是国内新诗领域的重要作家，梁实秋是文艺评论界俊彦，且两人都开始想要做点研究。国立青岛大学，一所新的大学；青岛，一座安静的城市。没有传统的羁绊，没有涉及政治立场的论争，大学与城市皆合两人意兴。他们到校后，闻一多出任文学院院长兼中文系主任，梁实秋任外文系主任。

　　黄际遇（1885—1945），广东澄海人。少从家学，国学根基深厚。1903年官费留学日本，1906年入东京高等师范学校专攻数学，师从日本数学家林鹤一，是我国最早以学习数学为主科的留学生之一。留学期间加入同盟会，又跟随旅日国学家章太炎学习，兼治文字音韵之学。先后任教于天津高等工业学校、武昌高师。1920年受教育部委派到美国考察教育，同时到芝加哥大学进修，获数学硕士学位。回国后任教于武昌师范大学数

黄际遇

学系、中州大学数理系，1926年底任教国立中山大学理学院兼数学天文系主任，1928年任教河南中山大学数学系，1929年任校长并兼任河南省教育厅厅长。在日本留学时，黄际遇就翻译了当时世界上权威版本的《几何学》《续初等代数学教科书》《续初等代数学问题解义》等书籍；编辑出版了《天文学讲义》《微积分学》《近世代数》《高等微积分》《群底下之微分方程式》等书籍和讲义，发表《定积分-定理及一种不定积分之研究》《Gudermann函数之研究》《错数》《流体中物体之运动》等多篇数学、物理论文，又有《群论》《数论》《论一》等著述行世。黄际遇既有深厚数理学识，又有现代教育理念，学贯中西，是文理兼备的通才型教授，国内不多的数学教育家。1929年来校，1930年出任理学院院长兼数学系主任。

汤腾汉（1900—1988），出生于印度尼西亚爪哇省。就读于南京工业专科学堂机械系、北洋大学冶金预科。1922年赴德国留学，在柏林大学化学系学习，后转学药学，以优异成绩通过德国国家考试取得药师资格。1929年获得化学博士学位，后回到印度尼西亚，担任爪哇化学所所长，月薪1000多元。杨振声通过教育部大学教育科科长谢淑英介绍，聘请汤腾汉来校任教。汤腾汉毅然答应，携眷来青，就任理学院化学系主任。[1]对这位年轻有为的化学博士，杨振声非常尊重，其各项建议，如购置各种仪器设备、购买各类参考书，都能听取。[2]

汤腾汉

谭书麟（1903—1993），山东潍坊人，出生于青岛。1922年于北京师范高等学校毕业后赴美国留学，主攻心理学，获得美国斯坦福大学教育硕士、哲学博士学位。1928年回国后任省立安徽大学教育系教授，预科学长。后担任青岛文德女中校长、齐鲁大学教务长、之江大学教授。1930年夏，被聘为国立青岛大学教育系教授兼系主任。

[1] 谢淑英：《八十七春秋忆往事》，北京政协文史资料委员会编：《文史资料选编》第36辑，北京出版社1988年版。
[2] 徐植婉：《一段70年前的记忆——回忆杨振声校长》，李宗刚、谢慧聪选编：《杨振声研究资料选编》，山东人民出版社2016年版，第256—259页。

赵太侔

赵太侔（1889—1968），山东益都（今青州）人。少时先后就读于青州府公立中学堂、烟台实益学馆、山东陆军小学堂。1907年参加同盟会，辛亥革命爆发后，参加山东独立运动。1914考入北京大学，1917年毕业。1919年赴美国，入哥伦比亚大学攻读西洋文学，后专攻西洋戏剧。此间与留美的闻一多、梁实秋交往甚密，一起改编中国戏剧在美公演。1925年回国，担任国立北京艺术专门学校教授，兼任戏剧系主任。1927年任武汉国民政府外交部秘书，1929年担任山东省立一中校长、山东省立实验剧院院长。1928年被聘为国立山东大学筹委会委员，1929年被聘为国立青岛大学筹委会委员，国立青岛大学成立后，被聘为文学院教授，开设文学选读等课程。

杜光埙（1901—1975），山东聊城人。国立北京大学预科卒业后入法科。1921年赴美留学，初就读于芝加哥大学，后转入哥伦比亚大学，获法学硕士学位。在博士科试及格尚未撰写完博士论文时，为国立中山大学函促，于1928年回国，当年6月，被聘为国立山东大学筹备委员会委员。1929年6月被聘为国立青岛大学筹备委员会委员，在青岛负责筹备工作。1930年国立青岛大学成立后，被聘为社会科学教授。

杜光埙

王普

王普（1901—1969），山东临沂人。1928年毕业于北京大学物理学系，担任中央研究院（上海）助理研究员，在物理研究所、地质研究所从事研究工作。1930年被国立青大聘为物理学系讲师，成为物理学系主要创办人。

从所聘教师的特点不难看出，杨振声选择教师的倾向是具有创造性新思维、新方法、新思想的人，并极为重视学术能力。

1930年开学时，学校有专任教师15人、兼任教师5人，详见表2-3。

表2-3 国立青岛大学教师情况（1930年）

姓名	职务	履历	到校时间
闻一多	教授兼文学院院长	国立中央大学外国语文系主任,国立武汉大学文学院院长	1930.8
黄际遇	教授兼理学院院长	日本东京高师毕业,美国芝加哥大学硕士。历任天津高等工业学校、武昌师范大学教务长,国立中山大学教授,河南中山大学校长,河南省教育厅厅长	1929.12
梁实秋	教授兼外国语文系主任	国立东南大学教授,暨南大学外国语文系主任	1930.7
谭书麟	教授兼教育系主任	美国斯坦福大学教育硕士、哲学博士,省立安徽大学教育系教授、预科学长	1930.9
杜光埙	社会科学教授	国立北京大学法科,哥伦比亚大学硕士	1930.9
汤腾汉	教授兼化学系主任	柏林大学博士,德国国试政府特许优等药化学师	1930.6
赵太侔	英文教授	北京大学毕业,美国哥伦比亚大学留学,国立北京艺术专门学校教授	1930.8
谭葆慎	英文教授	美国加州大学政治学学士,国立武汉大学教授	1930.9
周钟岐	专任教授	南开大学商科讲师,胶济铁路副局长,北京大学讲师,岭南大学教授	1930.7
黄淬伯	专任讲师	清华研究院毕业,国立中央研究院历史语言所研究中国音韵学	1929.10
王士瑨	专任讲师	山东省立第六中学、山东省第一女子师范、省立第八中学、省立第三师范国文教员	1930.10
方令孺	专任讲师	美国威斯康辛大学毕业	1930.4
李方琼	专任讲师	美国黑次大学理科学士、化学科硕士	1930.9
王 普	专任讲师	北京大学毕业,中央研究院物理助教	1930.9
秦素美	专任讲师	国立中央大学理学士,国立清华大学生物学系助教	1930.8
东 玥	兼任讲师	留德哲学博士,青岛德侨学校校长	1930.10
张淑媛	兼任讲师	巴黎爱德格阿继勒女学毕业	1930.9
安德鲁	兼任讲师	教员,油画师	
秦亦文	兼任党义教师	国立北京师范大学毕业,青岛市党务委员	1930.10
邓 初	校医兼日文讲师	日本千叶医科大学毕业	1930.8

资料来源:根据《教职员履历清册》（山东省档案馆馆藏,档号:J110-01-0310-001）以及《国立青岛大学二十年度一览》整理。

第四节　撙节开支　改善条件

国民政府教育部在1930年的改进高等教育计划中，要求国立大学的建设应首重营建，"最重要的是图书馆、实验室、礼堂等。特别营建中最重要的是工学院的工厂……农学院的农场、林场、苗圃、家畜的病院……教育学院的实验学校……文学院的历史博物馆、人类模型室、民族生活陈列室；理学院的科学馆、观象台、动物园、植物园等"[1]。

国立青岛大学接收的私立青岛大学和省立山东大学校产中，前者设备极少，后者设备不适用，又没有额外的设备费。为保证教学和研究，学校就每年从经常费里极力节省，用于图书、仪器的购买，实验室和其他建筑的建设。杨振声坚持"行政上多花一文是虚耗，基础上多花一文是建设"[2]。他说，"一个大学的设备是如何的重要，设备不完善而要研究高深学问，虽不至于'缘木求鱼'，亦是'工欲善其事'不'先利其器'了"，"决计于五年内能够有五十万，谨慎的放在设备方面，如此则大学的基础便可一日稳固似一日了"[3]。

杨振声认为基础建设是打根基，"地基打得好，础石放得牢，将来这广厦百间，高楼千栋，才盖得起，负得住。我们的经费多花在这些上面一文，这一文便有它百年的价值、文化的贡献"，"本此宗旨，把第一年的经费极力撙节，必求以一半以上花在建设上。这个钱是为百年的文化造基础，如此我们对得起地方人民的膏脂，山东父老的期望"[4]。

视经费"为地方人民之膏脂"，极力撙节行政费用，用于打牢办学基础，杨振声校长情怀之深厚、眼光之高远，令人敬仰。

一、图书馆建设与设备添置

（一）图书馆建设

国立青大图书馆位于行政楼（"一号楼"）北侧（现"铭史楼"），是一栋三层小楼，带有阁楼。馆内各室冬暖夏凉，光线充足。除有书库、阅览室、杂志室外，还建有善本室，可同时容纳160余人。

国立青大筹备委员会聘任宋春舫为图书馆主任。宋春舫（1892—1938），浙江吴兴

---

① 《改进高等教育计划》，载《教育部公报》1930年第2卷第12期。
② 杨振声在总理纪念周上的校长报告，载《国立青岛大学周刊》1931年5月4日。
③ 杨振声在学校一周年纪念仪式上的校长讲话，载《国立青岛大学周刊》1931年9月28日。
④ 杨振声在总理纪念周上的校长报告，载《国立青岛大学周刊》1931年5月4日。

人。1910年入上海圣约翰大学，1912年留学法国索邦大学，之后到瑞士日内瓦大学攻读政治学，获得文学硕士学位。在留学时痴迷西洋戏剧。1916年回国后受聘于圣约翰大学、清华学校讲授法语，后任北京大学法语系教授，讲授欧美戏剧史及戏剧理论，是在中国大学讲坛讲授西方戏剧的第一人，也是五四新文化运动时期提倡戏剧改良第一人。曾担任中法大学文学院院长、东吴大学法国文学教授。宋春舫还是呼吁中国成立海洋研究所第一人，在1927年写下《海洋学与未来中国之海洋研究所》一文。1928年秋，被青岛市观象台聘为海洋科科长，主持海洋观测研究工作。

宋春舫

宋春舫到任后，立即组织对原有图书进行整理。对于图书建设，他曾写信给蔡元培先生请教最先购置何种书籍。蔡元培接到信后，就请文书处主任许寿裳代拟一部分国学和教育学一类的书籍目录。[①]宋春舫又去信提出拟先备置三种图书：①普通参考书，如字典、年鉴、百科全书等；②各科学生参考时所不可少之书；③各种杂志期刊，请蔡先生开列书名。蔡元培便函知中央研究院各所负责人，请大家拟书单。函中称："该大学设立图书馆，正在筹备期间，我辈自宜有相当之匡助。兹拟书籍，请先生费神分别开列，除以国文著译者外，其英、法、德、日及其他外国语原文书著，均可列入。"[②]蔡先生对国立青大关注之重、期望之深，由此可见一斑。

除了购置、编目图书，宋春舫还很注重图书馆内部建设。他拟定步骤，务使各项完备适用，以对山东学术界有所贡献。馆舍修葺完毕后，就派馆员到杭州、上海考察各大图书馆情况，以备借鉴。[③]为使图书得到科学的利用，还制定了一系列管理制度。1930年2月草订国立青岛大学图书馆组织条例，3月中下旬公布暂行图书借阅规则、阅报室规则。在学校正式开学前，图书馆的建设已有一定规模和制度。

校长杨振声在国立中山大学任教时曾兼任过图书馆主任，对图书建设尤为重视。他说，"一个大学要办得好，就在教员和图书两个问题。教员要引起学生读书的兴趣，图书馆要能供给学生读书的需要"。他认为学生学得好，基础在图书的阅读。"学校既是研究

---

① 1930年1月11日蔡元培复许寿裳函，中国蔡元培研究会编：《蔡元培全集》第12卷，浙江教育出版社1998年版，第122页。
② 1930年1月17日蔡元培致李四光等函，中国蔡元培研究会编：《蔡元培全集》第12卷，浙江教育出版社1998年版，第128–129页。
③《筹备中之国立青岛大学图书馆》，载《新闻报》1930年1月9日。

国立青岛大学图书馆内部面貌

学问的地方，既要有好的教员能引起学生的研究之兴趣与其工作上之指导，又要有好的图书馆与实验室供给研究材料与方便，一个学校尤其是一个大学，许多研究的题目，非参考书与实验室不为功，基础的基础在图书。"1930年学校图书经费约五万元，占学校全年经费十分之一强。在经费不足的情况下能如此而为，足见对图书馆的看重。

对于图书购置，杨振声要求既要保证数量又要讲求质量，他认为藏书几十万册而没有基本书籍，不过是虚耗。[①]

如何让每本书供给几百人，一人又能利用好几万卷？杨振声认为管理不善则损失必多，利用不佳则书多废置。他提倡对图书的管理与利用应精益求精，"一书能有一书之用，一人能尽万卷之益"[②]。1930年10月，图书馆制定了校外人员借阅规则，公布借阅指定参考书规则，11月，又发布未经编目图书的借阅办法。

1931年初，图书馆有馆员12人。[③]1月，宋春舫辞去主任职务，学校又聘他为外文系兼职教师。图书馆具体馆务由副主任皮高品负责。皮高品1925年毕业于武汉文华大学文科，兼修图书科。先后在天津南开中学任图书馆主任兼英文教师、齐鲁大学图书馆主任、燕京大学图书馆编目主任，1930年11月到校工作。在南开中学时，皮高品已经注意到当时国内普遍采用的编目方法《杜威十进分类法》在中文图书分类时不适用，决心要编一本适合中国图书馆的分类法，在分类学上颇有研究。

1931年1月，学校组建图书委员会，审议各系图书购买申请，由梁实秋任主席，闻一多、黄际遇、汤腾汉、皮高品为委员。委员会的职能是拟定各院及图书馆图书经费之分配，添置普通图书之审查，拟定本校图书馆发展之计划。各系提出购买申请，经系主任签字，由委员会审查通过，再根据各系图书预算订购。委员会的成立，提高了决策的科学性和图书购置的效率。

为保证图书作为"基础之基础"，学校在组织架构上也凸显了图书馆的重要地位。

① 杨振声在总理纪念周上的校长报告，载《国立青岛大学周刊》1931年5月4日。
② 杨振声在总理纪念周上的校长报告，载《国立青岛大学周刊》1931年5月4日。
③《青岛大学图书馆概况》，载《中华图书馆协会会报》1931年第4期（1931年2月出版）。

1931年3月，国立青大增设图书馆馆长一职，由外文系主任梁实秋兼任，皮高品为图书馆主任。1931年7月发布的《国立青岛大学组织规程》规定，图书馆馆长是校务会议的当然成员，这在制度上确保了图书馆在学校发展中的重要地位。

在对图书馆作用的认识上，馆长梁实秋与校长杨振声有着高度的一致。他为图书馆确立了"促进社会文化，辅佐学术发展"的办馆宗旨。他认为"图书馆应该是一个学校的中心，学生要求真正的学问，靠教员指导的地方少，靠图书启迪的地方多"。对图书要充分利用才能启迪智慧，强调"书籍是否选择的精当，布置是否便利，学生是否已经充分的享用"才是最重要的问题，所以"图书馆的任务不仅仅是采藏书籍和负责学生的借阅，图书馆应该解决读什么样的书和书怎样读的问题。为了解决这个问题，图书管理员应该为学生讲解图书馆的用法及普通目录学"①。

1931年5月4日，在梁实秋主持下，《国立青岛大学周刊·图书馆增刊》随正式创刊的《国立青岛大学周刊》出版，四开八版，校刊与增刊各占半。自第八期开始，《周刊》改为四开四版，两者仍各占半。《图书馆增刊》刊登馆藏目录和书报介绍、借书制度、图书馆学与目录学文章、书评和其他文章，对教师和学生了解书讯和阅读有较好指导作用。

学校拨给图书馆的经费比较充足，梁实秋则鼓励各系合理购书。他观察到除了中文系外其他各系申请购书并不踊跃，就利用机会在英国文学图书方面广事购储，使标准版本的重要典籍以及参考用书大致齐全。《图书馆增刊》每一期都有图书馆新书介绍，有大量各类中文图书，不过西文图书名单常占一个整版，包括数学、物理、化学、心理、地理、教育、哲学、生物、翻译学、文学批评、文学传记、历史、人类学等各类书籍。在文学书籍中，"关于莎士比亚书籍收藏完整"，"西洋刊物英国的 *Contemprary Review*、*Fortnighty*、*Nineteeth Century*，美国的 *Current History*、*Foreign Affairs* 等整套杂志，在其他大学也是不多得的"②。

梁实秋在外文系开设欧洲文学批评、莎士比亚、英国文学史等课程，1931年接受中华文化教育基金会编译委员会主任胡适的建议，开始参与翻译莎士比亚全集。作为外文系主任，参与图书馆书籍申购时，自然会倾向购买相关图书，使得国立青大图书馆所藏莎士比亚相关书籍在国内图书馆中最为丰富。1932年3月14日《图书馆增刊》特辟半版介绍馆藏莎士比亚相关作品，称"本馆现藏此项图书，虽甚简陋，但以供明年外国文学系所开莎士比亚以课程之参考则颇可应付，且圜顾国内各大学图书馆所藏此项书籍，其卷数与

①《图书馆增刊》发刊词，载《国立青岛大学周刊·图书馆增刊》1931年5月4日。
② 杜光埙：《回忆山东大学》，载《山东文献》1981年第2期。

选择似尚未有优于本馆者"，"'剑桥本'全集共9册；Tudor本全集共40册；牛津大学Aldis Wright编17册；及其他数种。最著名之'新集注本'即Furness new Voriorum本馆亦已订购，尚未到馆。此本现已出版20册，在美国费城出版"。参考书择要录35种全英文书籍书名。[1]

图书馆还注重对古籍珍本和山东本省硕学鸿儒著作手抄本的搜集。学校教师在游崂山时发现古刹中藏有《道藏》《释藏》和不少善本古籍，十分珍贵，就建议学校收购。太清宫所庋藏十橱《道藏》，为明万历三十五年（1607）敕令颁赐本，是最全本，且绫装锦函尚属完整。华严寺所藏《释藏》，是清乾隆八年（1743）呈领藏经馆本，且首尾完俱亦无损失。二书卷帙浩繁，实为国内少见巨典。因担心像之前掖县一寺庙焚烧经典事件再次发生，学校就呈请教育部协调行政院、青岛市把这些珍本全数运归到校，安藏图书馆中，免于散失，且可供海内外学者研究。[2]此事终因牵涉庙产没有成功，但也足见国立青大对中国文化的承继之重视。乾嘉年间山东栖霞县学者牟庭穷毕生精力写成《诗切》，自成一家。学校得知之后，立刻借来手抄本，雇人抄录存馆。即墨县黄宗昌著有《崂山志》已刊行，其家中尚有《崂山丛谈》《崂山艺文志》原稿未刊，学校也借来抄录存馆。[3]国立青大图书馆为保存地方文化所进行的搜集工作极富远见，令人敬佩。

经过两年的建设，到1931年秋，图书馆藏中文书三万册、日文书三百册、西文书八千册，每年购书经费平均两万元，行政经费一万一千二百元。[4]校长杨振声在新学年第一次总理纪念周大会上骄傲地称："我们可以无愧的说，国内没有几个大学能像我们这样的购买图书仪器。我们的图书不算很少，本预备四年内可用。谁想经过一年，开辟一个书库，现在又大有书满之患，这是个很好的现象。如此继续下去，明年我们又有在图书馆傍近添筑书库之必要了。"[5]

（二）添置仪器设备

对仪器设备，杨振声认为近代科学不由实验入手，犹之农夫不操耒耜而云能耕，木匠不亲绳墨而云能量，同是一样的荒唐。故实验室之在大学，与图书馆同其重要。[6]在1930年开学前夕，学校除新购西文书籍，价值四万余元；中文书籍一万余元；中外杂志报章，

①《书报介绍》，载《国立青岛大学周刊·图书馆增刊》1932年3月14日。
②《为呈请收回崂山寺庙全部道藏及释藏两书归本校图书馆保存以免放失而资流览》，山东省档案馆藏，档号：J110-01-0351-018。
③曲继皋：《抗战前后的国立山东大学图书馆》，载《山东大学校史资料》1981年第1期，第43~44页。
④《青岛大学图书馆概况》，载《中华图书馆协会会报》1931年第4期，第18~19页。
⑤《本学年第一次纪念周及始业式校长演词》，载《国立青岛大学周刊》1931年9月21日。
⑥杨振声在总理纪念周上的校长报告，载《国立青岛大学周刊》1931年5月4日。

多至百余种外，同时到校的还有从上海购置的理化仪器，价值一万元。[①]

学校成立时仅有一万元开办费。杨振声说："以如此数目之开办费，而欲求设备一个大学……惟有节省经常费来补充设备费。我们经常费能多省一文，即设备上能增加一点，也便是学校的基础上多放一块基石；经常费节省一点，即使感觉不便也是一时的；而设备上能增一本书，一件仪器，都是永久的，都是百年树人的基础。譬如一座房子，有钱能够一时盖起更好，没有钱今天节省下来，多买一方砖安上，明天节省下来，多买片瓦放上，假使他不至中途遇到意外，那房子造成的希望，便一天接近似一天了。"[②]

在实验仪器上，杨振声持"无论如何困难，也必须做得到"[③]的态度，且尽可能购置高质量仪器设备。学校刚开学时就现有条件先保证一年级大学物理、大学化学、大学生物学的"应有尽有"。仅1931年1月，就向美国订购仪器药品多种，价值五千余元。[④]因考虑到二年级专门的题目渐多，就作了二万元的仪器设备订购计划。物理学系原有实验仪器设备不敷使用，教师王普就按照高级物理实验的需要拟定各项仪器，学校庶务科则分函本埠及津沪各洋行估价，最后由礼和洋行承办，所需八千三百余元[⑤]；化学系购置价值一万余元的大批仪器；生物学系向德国订购蔡司显微镜八架，约值两千八百元，双筒解剖显微镜两架，值一千余元，双筒研究显微镜一架，值八百余元。[⑥]通过当时校刊上刊出的这些购置仪器设备信息，也可了解到国立青大对教学与研究所需是倾力支持。

经过一年的建设，1931年9月，学校在图书、仪器方面对一、二年级的参考与实验已绰绰有余。但校长杨振声依旧在作更多计划，"对于未来新设科目，每年也要预备八万至十万添设图书仪器"，"图书设备是我们的基础工作，所以无论如何也要节省下钱来做这最基本的工作"。他希望国立青岛大学的学生"不在图书馆，就在科学馆，不在科学馆，就在体育场。经过四年，大家是学问好体育好的青年"[⑦]。

学校在全年经费42万余元的情况下，在购置仪器上，1930年支出11942元，1931年为33755元，1932年达49636元[⑧]，逐年在增加。

---

① 《国立青岛大学九月二十日行开学典礼》，载《山东教育行政周报》1930年第99期，第39页。
② 杨振声在总理纪念周上的校长报告，载《国立青岛大学周刊》1931年5月4日。
③ 杨振声在总理纪念周上的校长报告，载《国立青岛大学周刊》1931年5月4日。
④ 《化学系大批仪器药品到校》，载《国立青岛大学周刊》1931年6月22日。
⑤ 《物理学系添置仪器》，载《国立青岛大学周刊》1931年8月10日。
⑥ 《化学生物两系定购大批仪器》，载《国立青岛大学周刊》1932年2月15日。
⑦ 《本学年第一次纪念周及始业式校长演词》，载《国立青岛大学周刊》1931年9月21日。
⑧ 《山大六年来财政之概况》，载《山大年刊》，1936年刊印，第7—8页。

二、建设体育场与重视体育

杨振声很重视体育及体育运动，认为"中国今日之弱，体育太坏是一个重要原因"。要培养学生的体育精神，首先得有锻炼的条件，"没有体育场，则体育决不会练习得好""体育场亦为第一年中根本之图"[①]。

私立青岛大学时期，校园里已经有一定的体育基础设施，东西相对的四栋楼中间即为学生运动场，学生在各级各项运动会和比赛中曾取得优异成绩。国立青大刚成立时体育运动也是"进展甚长"，但除现有操场和各个球场外，仍需要有一个体育场，以备田径赛、球类等练习使用。

校园虽面积较大，但多系山地与沟谷，填谷不易，凿山尤难。1931年4月，学校专门邀请上海市首席建筑师董大酉来设计校舍及其他配置，决定将大学路校门前左方一部分浅沟填平，作为体育场。[②]体育场长140米、宽105.5米，又平垫一段长50米、宽40米的地基。[③]当年夏，操场修建完毕，用费6000元。这是青岛市区面积最大、设计最标准的运动场，还修建了两处篮球场和一处排球场。原来俾斯麦兵营区的训练场不再作操场，而改建为"优美而不俗气的花园"[④]。1932年3月16日，体育场跑道及四周动工修筑。工程由大中华建筑公司承包，费用3550元。[⑤]

完善体育设施的同时，学校鼓励学生开展各项运动。1931年，国立青大第一次参加青岛市春季运动会就获得好成绩。田径赛代表队派出3人，夺得跳高、跳远两个第一，标枪、铁饼两个第二。男子球队在参赛的七支队伍中获得第二。男子网球队第一次参加比赛，两个单打项目均获得优秀成绩。[⑥]1931年9月、10月校内举行篮球、足球比赛，并颁发团体锦标赛个人奖，校长杨振声除给获胜者颁奖外，还特制了25个奖牌，发给篮球、足球锦标队队员，以示激励。[⑦]

与鼓励运动相偕的是学校对体育课程的重视。体育是所有学生的必修课，每周有两小时课程，每学期一学分，修满四学年八学分，体育成绩不在原定毕业学分之内计算，但体育学分没有修满则不能毕业。为鼓励学生多参加体育锻炼，学校还修缮了私立青大时期在第一海水浴场所建的更衣室，增加为上、下两层，并聘请章文聪为助教，指导游泳

① 杨振声在总理纪念周上的校长报告，载《国立青岛大学周刊》1931年5月4日。

② 杨振声在总理纪念周上的校长报告，载《国立青岛大学周刊》1931年5月4日。

③ 《本校开辟运动场及平垫地》，载《国立青岛大学周刊》1931年8月3日。

④ 《本学年第一次纪念周及始业式校长演词》，载《国立青岛大学周刊》1931年9月21日。

⑤ 《修筑体育场跑道及四周已兴工》，载《国立青岛大学周刊》1932年3月28日。

⑥ 《青岛市春季运动会　本校代表队成绩》，载《国立青岛大学周刊》1931年5月4日。

⑦ 《体育部消息》，载《国立青岛大学周刊》1932年2月29日。

课。教职员喜欢游泳的，也可自由参加。[①]1931年9月学校开出的体育课程有：技巧运动，包括垫上运动、助跃台、跳箱、短马木、双杠、单杠、吊环、木马；竞技运动，包括游泳、田径、篮球、足球、队球（排球）及其他各种游戏。女生体育课程有普通体操、各种技巧运动、竞赛运动，包括游泳、田径、篮球、队球（排球）、网球和其他各种游戏。体育训练考查的标准包括知识、技能、态度、进步、努力几个方面。[②]

从课程这个角度也可以看出学校对学生身体健康的重视。

1932年5月，体育场修缮完成，7日，学校举行了春季运动会。[③]这是国立青大成立后的第一次运动会，虽细雨纷纷，但师生的运动热情丝毫未减。青岛市市长沈鸿烈作为嘉宾出席了大会。上午八点举行开幕式。大会主席、体育部主任黄金鳌就体育与救国的关系发表充满激情的讲话。他说，为什么运动会不产生在别的时间，而产生在1932年这个国难时间，他所遭遇怎样严厉的时势，实在是一个大教训。要想恢复民族平等，抵抗列强的侵略，第一个重要的条件就是先把国民的体格锻炼起来，而后本国的文化、实业、科学才能发达，国际地位才能平等，运动会就是为此而开的，具有很大的意义，盼望诸君能共同担负起来这个使命。运动会会长、教务长赵太侔发表讲话说，以前没有运动场，同学们缺少锻炼的机会，现在有了运动场，以后大家就不再英雄无用武之地了。希望大家每天早上或午后课余时间都到运动场来锻炼一次，只要坚持，总有一天会达到远东地区的优秀。运动会副会长、文理学院院长黄际遇，语词简洁地说，现在不是说的时候，是实行的时候，不论做什么都要有精神，既然报名参赛就要争取做第一。运动会副会长、教育学院院长黄敬思讲话说，现在下雨，淋淋雨，正好检验平时练习的功夫如何。他鼓励大家勇敢去争第一，又说胜不骄败不耻，正是比赛的意义所在。

这次运动会男子项目上，徐运彭包揽了100米、100米高栏、400米中栏的第一名，高鸿鼇包揽800米、1500米、10000米三个第一，王锡年获得跳高、跳远、三级跳远三个第一，黄庭谷获得铅球、铁饼两个第一，200米、400米的第一名由谈锡珊、张鸿仪获得，方文炳获得撑竿跳高第一，牛星垣获得标枪第一，400米接力、1600米接力第一名分别由数学系、物理学系获得。徐运彭获得个人综合成绩第一名。在女子项目上，刘静芳包揽50米、100米、200米、800米低栏全部女子径赛项目四个第一，徐植婉获得铅球、三级跳远两个第一，张淑齐获得铁饼、垒球掷远的第一名，刘芳获得标枪第一名，罗秀荷获得跳远第

①《海滨游泳将开始练习》，载《国立青岛大学周刊》1931年5月11日。
②《体育部暂定之体育课程》，载《国立青岛大学周刊》1931年9月28日。
③关于运动会内容皆引自《本校运动会志盛》，载《国立青岛大学周刊》1932年5月9日。

一。刘芳获得个人总分第一。物理系获得团体第一名。个人第一名的奖品有自来水笔、怀表、银杯、球拍、《辞源》、风景画、花瓶、座钟等，团体奖品为银杯、银鼎、银盾、锦标旗。沈鸿烈与校长杨振声及赵太侔、曾省、谭葆慎、闻一多、梁实秋、黄际遇、汤腾汉等教师一起给获奖者颁奖。

这次运动会还打破青岛市最高纪录八项，分别是女子100米、200米、低栏、标枪，男子高栏、标枪、800米、跳高。

三、筹建科学馆

国立青大成立后，将第一校舍作为实验室，先保证一年级物理、化学及生物三系学生的使用。鉴于二年级以后实验多，性质亦繁，物理、化学皆有另辟实验室的必要。俾斯麦兵营虽然坚固宏壮，但有些不适合科学实验室之用。[1]1931年春，校务会议通过建设一座科学馆的决议，优先保证化学实验室，预算需四五万元。学校经费中没有建筑专门款，就预储款项，向教育部呈请科学馆建设由1930、1931两年度经常费内撙节支付，不另请款。得到批准。[2]

为建设一个较为完备的科学馆，1931年夏，学校管理层连日开会讨论此事，最后确定以第四校舍南面为址，与北面的大礼堂相对。8月初，建筑委员会成立，教务长赵太侔担任主席，理学院院长黄际遇、化学系主任汤腾汉、物理学系教师王普、生物学系教师秦素美为委员，董大酉工程师专程从上海来青岛列席会议。[3]9月，学校将建筑科学馆计划呈教育部备案，费用估计约12万元。[4]当年秋季开标结果最低需要13万元，再加上其他设备约5万元，共计约18万元。[5]

1931年12月上旬，由董大酉设计的图样最后审定。1932年1月9日，科学馆开标，教育部代表王继仲，校长杨振声和校务委员会各成员、建筑委员会各委员，董大酉到场，七家建筑公司参与竞标。科学馆的建造工作最后由建筑过天津扶轮中学、南开大学图书馆及科学馆、清华大学科学馆的上海申泰号承包，于1932年3月6日开工。

科学馆为三层钢骨水泥建筑，面积约一百四十方（即3800平方米），外墙完全用青岛崂山花岗岩（"石头楼"由此而得名）。屋内一切新式设备如热水煤气、冷热水管、海

---

① 《建筑科学馆》，载《国立青岛大学周刊》1931年5月4日。
② 《教育部指令第四二四三号》，载《国立青岛大学周刊》1931年11月30日。
③ 《本校建筑委员会业已成立》，载《国立青岛大学周刊》1931年8月3日。
④ 《本学年第一次纪念周及始业式校长演词》，载《国立青岛大学周刊》1931年9月21日。
⑤ 《廿年度概况》，山东省档案馆藏，档号：J110-01-0353-015。

水管等俱全。①

　　馆体采用"工"字形布局和平面屋顶，以北侧朝向庭院的立面为主立面，在背后设置一层的半圆形报告厅。一层设一方形小门厅，穿过门厅为哥特式风格装饰的中厅，兼作演讲厅的前厅，将一层的走廊一分为二。该层为物理学系，各实验室采用水泥地面。二层为生物学系，利用大报告厅上方阳台设置温室，作为培养动植物之处所。化学系居于最高层，易于散发气味。大楼终端房间为教室和办公室，实验室设于四角，以便获取充足的光线。

　　科学馆的设计充分尊重原有校舍空间格局，采用与德式兵营建筑相似的平面结构，并排于花园南侧，与四栋兵营主建筑相垂直，将原本开放的南侧封闭，形成围合院落。设计风格也尊重原有校舍风貌，采用了新哥特式风格，以花岗岩作为外立面，一层窗台下部位加厚成为基座，并以哥特式线脚收尾，两翼正中为三联宽窗，转角处留出宽大的实墙面，并设哥特式扶壁，塑造坚实之感。入口两侧各设四列宽窗，一、二层窗间设扶壁。上下窗扇以线脚框为整体，窗台下方墙面设一堆哥特式尖拱作为装饰。建筑檐口采用垛口样式，分段以入口上方最窄，两翼次之，入口部位与两翼之间最宽，形成韵律变化，大楼入口大门和上方平缓的尖拱大窗，与剑桥国王学院礼拜堂相类。②

　　"科学馆"三字由蔡元培先生题写，刻于白色大理石上，镶嵌于正门上方，至今仍保存完好。

第五节　校务会议为主的治校体制

　　1929年7月国民政府教育部公布的《大学组织法》规定，大学设立校务会议、院务会议、教务会议。校务会议由全体教授、副教授选出代表和校长、各学院院长、各学系主任组成。校务会议是审议学校重要章制、预算、学院与学系的设立与废止、课程、学则、学生试验、学生训育及校长交议事项，必要时校长依照《大学组织法》邀请专家列席。

　　在具体运行中，各校缘于自身的传统和实际情况在管理制度和方法上多有不同。民国初期颁布的《大学令》规定大学设立评议会，大学各科设教授会，赋予教师群体参与校务管理的权利，不过未得到充分施行。1917年蔡元培改革北京大学，用章程形式规定学校的权力机构为评议会，各科所设教授会在学系一级拥有治校权，形成"校长长校"

---

① 《国立青岛大学新建之科学馆》，载《时事新报》（上海）1932年12月14日。
② 金山：《青岛近代城市建筑1922—1937》，同济大学出版社2016年版，第108—109页。

下的"教授治校"制度。清华学校设立大学部后，于1926年制定了《国立清华学校组织大纲》，设立教授会、评议会，评议会为最高权力机关，但须受教授会牵制，确立了教授治校理念的地位。南京国民政府成立后，对大学实行"统制政策"，清华学校于1928年改为国立大学，国民政府大学院与外交部协商制定《国立清华大学条例》，规定设校务会议、评议会、教授会，虽然保留了教授会和评议会，但删减了不少重要事项上的权力，意在加强校长与董事会权力，削弱教授治校的参与度。清华教授全力争取治校权，在1929年4月发展为"专辖废董"的冲突。其时，杨振声作为两位清华教授代表之一南下向国民政府提请教授会诉求。这场冲突以国民政府的妥协和退让结束。清华大学重新制定了《国立清华大学组织规程》，设立教授会、评议会、校务会议，增强教授会的权力，削弱校长权力，形成一个三级会议治校体系，"评议会是教授会的常务委员会，校务会是评议会的常务委员会"①。作为清华大学教授争取治校权、制定新组织规程的参与者和推动者，杨振声对这个制度的创立起了很大作用。②

《大学组织法》规定大学设立校务会议，意在加强校长的管理权。按照规定，国立青大设立了校务会议、院务会议，教务会议。与《组织法》规定的校务会议组成有所不同，国立青大的校务会议由全体教授、副教授选出代表若干，与校长、教务长、总务长、秘书、图书馆馆长、各学院院长、各学系主任组成，校长为主席，秘书为记录，③它是学校最高权力机关，既有行政权又有立法权。毕业于北大、任职过清华的杨振声，在国立青大既未设评议会，也未设教授会。他深刻体会过西方现代大学精神和制度对中国大学的深刻影响，亲历了大学教授意志与政府控制的对抗、教授治校权力如何由被压缩到伸张的过程，对自己执掌的这所国立大学施行什么样的管理制度，既可以实现管理效率的提高，又能发挥教师的主动性和才智，显然是经过慎重思考之后作出的选择。

国立青大的校务会糅合了评议会、教授会的职能。以之为最高议事机构，机关简化，议事高效，这固然与学校初设，教师人数较少有关，但更是杨振声"一切机关必须纪律化，一切规程使其简而易守，然后大家循序而善行之。则学校事务，化复杂为简单，治纷乱以条理"④的理念使然，还与杨振声接受了现代思想理念对权力保持警惕有关。他认为，一所大学的决策"专靠校长一人或数人是危险的，纵使他经验多些，见解透些，那

①《清华大学》，《冯友兰文集》第一卷，长春出版社2017年版，第213页。
②陈岱孙未刊手稿，见季培刚编：《杨振声年谱》，学苑出版社2005年版，第195页。
③《国立青岛大学组织规程》，载《国立青岛大学周刊》1931年7月27日。
④杨振声在总理纪念周上的校长报告，载《国立青岛大学周刊》1931年5月4日。

经验也有时而穷，见解也有时而偏。何况当校长的往往又是经验不必多，见解也不透彻的。这必然要有个集思广益的组织，权在校长之上，然后种种规程才能完善，纵使校长是一个没有教育经验的人，也不至于危害学校的根本"[1]。这种思想下，他极为重视教师参与治校的权利。相比其他大学，国立青大的校务会议成员还有图书馆馆长、校长聘任之秘书、副教授，覆盖面较广。

国立青大初建，教授人数少，基本上都有参加校务会议的经历。如1931年7月2日第23次校务会议，出席者有外文系教授赵太侔、化学系主任汤腾汉、外文系教授谭葆慎、文学院院长闻一多、理学院院长黄际遇、总务长刘本钊、校长杨振声、秘书陈命凡、教育系主任谭书麟、外文系主任兼图书馆馆长梁实秋。主席杨振声。[2]1931年7月30日第26次校务会议，校长杨振声缺席，主席由外文系教授赵太侔担任，出席者有化学系主任汤腾汉、外文系主任兼图书馆馆长梁实秋、总务长刘本钊、秘书陈命凡、外文系教授谭葆慎、理学院院长黄际遇。[3]

国立青大的校务会议，既减少了行政机关叠屋架床的烦琐，又赋予教师群体参与治校的最大权限，既符合杨振声设想的"纪律化"，又符合教师群体是现代大学的办学主体思想。而校务会议所议之事多且细，从教学事务到行政事务，从规程学程起草、设立、修订，增设院系，到讨论学年成绩如何计算、某位学生申请助学金等，都是要议决的事项。看似琐碎，但决而立行，效率较高。

国立青岛大学成立后校务会议共举行53次，切实履行了作为学校最高权力和行政机关的职责。在学校经历危机、校长缺席时，依旧保持行政管理的有效运转、学校秩序的正常运行。

除校务、院务、教务会议外，学校还设立一些常设委员会，如聘任、建筑、出版、招生、图书、古物征集等各种专门委员会，其成员均由校长从教师中聘任。这些委员会各自分担校长一部分行政事务，并对校长负责，均是教授治校的具体体现。

---

[1] 杨振声在总理纪念周上的校长报告，载《国立青岛大学周刊》1931年11月9日。

[2]《第二十三次校务会议记录》，载《国立青岛大学周刊》1931年7月6日。

[3]《第二十六次校务会议记录》，载《国立青岛大学周刊》1931年8月3日。

第二章
国立青岛大学的发展

　　杨振声校长在国立青岛大学主持组织架构、治理体系及其他基础设施建设的同时，还依循现代大学的发展理念，坚持大学的学术本位。在文理两院的师资和学科建设上，显示出自身的特色，逐渐造成一定的社会影响。

　　这一时期，谋求发展与经费拮据的矛盾、地方政府要求与教育滞后的矛盾以及大学稳定和学生诉求的矛盾，成为国立青大面临的重大问题。学校解决这些问题的路径、方式和结果，为探究中国现代大学发展提供了一个典型案例。

第一节　海洋学科创办与学科调整

　　一个时期内或在某个关键节点上，学校是否走在正确的方向和道路上，发展或疾或徐，影响因素固然多种，但不可否认，其中具有决定作用的，是长校者、决策层有正确的理念与指导方针，而这种正确理念的形成不会一蹴而就，需要经过一定的实践累积和对所获感性认识的凝练始得。

　　在1930年9月开学时，杨振声关于国立青大的办学方针、发展方向，没有实质性对外宣示，主要因其之前尚在国立清华大学任职，国立青大筹备事务烦冗，周折颇多，对如何办好大学、怎样"能领导两三个学生走上学问的正路"等重大问题，未及深入思考从而形成定见。但在任校长职数月的实践中，他秉持"愚公移山"信条，在招学生、聘教师、定章制、购图书、置设备、建设实验室和体育场等诸多方面"打地基、按础石"，倾尽心力，办学经验增多，办学思路亦逐渐清晰并趋于成熟。尤其在学科设置及发展上，他既参考青岛地理之现实、山东历史文化之优势，看到这所新大学的先天不足，又洞察到学校自求树立之道的关键所在，可谓既脚踏实地，又富有远见，展现出一位大学校长优良的综合素养，以及一位教育家"于风雨飘摇之中，定百年树人之计"的远见卓识，深深地影响了学校的发展、学科的发展。

一、杨振声的"文理为根本"理念

杨振声极为重视文理两科。他认为"文理两学院为其他学院之根本，必学理先有根基，而后始能谈及应用（工、农、教育，皆注意应用方面），故先办文理学院，迨两学院稍有根基而后乃及其他，诚为不得不然之顺序"[1]。

学校设立文理两院还对改善之前省内只重视师范、专校和大学，中学教育欠发达，所招学生难免程度不够这一情况较有助益，因文理两院课程有助于其稳固基础。[2]文理两院在课程设置上掌握的原则为"第一，欲巩固各学系根本知识之基础；第二，欲顾及时代环境，最低限度能与各姊妹大学并辔齐驱；就教、学两方面才能，各有充分发展之可能"[3]。从中可见学校在注意弥补基础教育薄弱的同时，又注重跟上高等教育的步伐，这种兼顾普及和提高的做法，显示出学校对文理学科的基础性作用认识之到位。

对于文与理之间的关系，杨振声持通识教育理念。他认为文理两院没有绝对的界限，把文学院与理学院看作截然不同的，把科学放在理学院、把非科学放在文学院，是错误的观点和做法。"譬如哲学的根基在科学，古代科学又从哲学发生出来……不能说哲学设在文学院，就与理学院划疆而守了。""心理学过去依附哲学设在文学院，但它是与理学院的生理学生物学相依为命的。伦理学与其说是文学、哲学的朋友，不如说它是算学的姐妹。历史学在古代是文学，但现在却是科学。以前美学是哲学的一部分，但现在也是科学了。科学与非科学不是文学院与理学院的分界，不能因为分了院而视它们为不同的学问"，"文学与理学，只是一宅两院罢了"[4]。

---

① 杨振声在总理纪念周上的校长报告，载《国立青岛大学周刊》1931年5月11日。

② 《本校举行一周年纪念仪式》，载《国立青岛大学周刊》1931年9月28日。

③ 杨振声在总理纪念周上的校长报告，载《国立青岛大学周刊》1931年5月11日。

④ 杨振声在总理纪念周上的校长报告，载《国立青岛大学周刊》1931年5月11日。

杨振声认为分院只是为了管理上方便，文理两院相辅相成、相得益彰。文学院中的学问，方法上得力于自然科学；理学院的学问，表现上也得力于文学与美术。文学院中的人思想上越接近科学越好，理学院中的人做人上越接近文学越好。杨振声认为近代文学早已经走出象牙之塔，来到了十字街头，要去观察人生行为、情感、思想与生活，伟大的文学家都对科学有相当贡献。莎士比亚的戏剧，德国人当作心理学研究；托尔斯泰的《战争与和平》记载俄法之战，可见文学里也有科学。而科学家不只研究自然现象，也要关心人生的问题，希腊物理学家阿基米德在洗澡时发现了水的比重原理，约翰·密尔、赫胥黎、达尔文的论文中也有文学。他希望文理两院的学生，都能做到文学中有科学，科学中有文学。[①]

基于通识教育的理念，国立青大实行选课制和学分制。规定文科学生必修理科的某些课程，理科学生也必修文科的一些课程。全校各学系学生共同必修国文（4学分）、英文（12学分）、第二外国语（16学分）、自然科学（6学分）、社会科学（6学分）及党义、体育、军事训练课程。[②]各院各系又必须跨学科选择必修课（如化学系、物理学系必修高等混合数学，物理学系必修高等微积分、微分方程式，化学系必修应用数学），各系还有学科内选修课。这种规定兼顾必修和自由选修，既可保证学生思维和思想的"通"，又顾及为社会作具体服务的"专"。全校、各院共同必修课情况见表2-4。

表2-4　全校、各院共同必修课情况 [③]

全校共同必修课	国文、英文、第二外国语、自然科学、社会科学、党义、体育、军事训练
文学院共同必修课	中国文学史，高等混合数学、普通物理、普通化学、普通生物学选一门必修，欧洲通史、经济学、社会学、政治学选一门必修
理学院共同必修课	欧洲通史、经济学、社会科学、政治学选一门必修，化学系必修经济学

二、创办海洋学科

在学科之间的关系上，杨振声认为文理是基础；在学科与学校的关系上，他认为发展独特的优势学科才能让一所大学有所树立。杨振声说，国立青大要想在一众大学中立足，应结合青岛地方特点发展优势学科，只有如此，才能发挥大学的独特价值，由此他提

---

① 杨振声在总理纪念周上的校长报告，载《国立青岛大学周刊》1931年5月11日。
② 《国立青岛大学学则》，载《国立青岛大学周刊》1932年4月4日。
③ 据国立青大各学院学则，见《国立青岛大学二十年度一览》。

出学校应当发展海洋学科。

文理两学院一方面为其他学院造根基，另一方面亦必求能有所树立于学术界，而后其本身始具有独立之价值，始足以自圆其生存。

所谓树立之道安在？国内各大学，其文理科卓著成绩者很多，青大欲后来居上，势有难能。不能则在国内大学中，仅能增加其数量，不能增加其分量，亦何贵乎多此一举？故除文理科普通各系为各大学所同设者，必求其充实精警外，更应注意于其他大学所未设立之学系，而青大因环境上之方便，对于此种学系特具有发展之希望与能力，则树立之道即须于此求之。

理学院中如海边生物学，中国大学中有研究此学之方便者，惟厦门大学与青岛大学。厦门海边生物种类虽繁盛，然因天气过热，去厦门研究者多苦之，又易发生疟疾。青岛附近海边生物之种类，繁盛不亚于厦门，而天气凉热适中，研究上独较厦门为便。若能利用此便，创设海边生物学，不但中国研究海边生物者，皆须于此求之，即外国学者，欲知中国海边生物学之情形，亦须于青大求之。如此则青大将为海边生物学研究之中心矣。

……

再者，理学院中如海洋学、气象学，亦皆为其他大学所未办，我们因地理上或参考上便利，皆可渐次创立，此理学院自求树立之道也。[①]

中华民族的先民早已与海洋接触，古代学者对潮汐也有过零星研究，但在千年的历史进程中，我国海洋科学的发展几乎陷于停滞，到明清时期中国的海洋意识相比世界发达国家较为落后。[②]20世纪初，留学欧美接受了现代科学知识系统训练的中国青年群体，协力成立科学团体、开设科学研究机构、创办科学杂志、翻译西方著作、发表论文以及在国内各大学开设自然科学课程，努力促进中国现代科学的发展。19世纪后期，现代意义的海洋学作为一门学科在西方兴起，到20世纪20年代初，一些中国学者也开始涉足海洋学的考察和研究，中国出现了海洋学科的萌芽。[③]1928年，青岛市观象台成立海洋科，台长蒋丙然聘请宋春舫担任主任，开展天文、气象、磁力、地震、海洋学等多个领域的研究，编纂青岛港潮汐表，发布沿海天气、风暴警报，为地方和航海服务，并出版第一份海洋科技期刊《海洋半年刊》，这些工作是中国海洋观测的发端。

杨振声所学是文学和教育学，自身又是一位新文学作家，他对于学校发展海洋学科的

---

① 杨振声在总理纪念周上的校长报告，载《国立青岛大学周刊》1931年5月4日。
② 中国海洋学会编著：《中国海洋学学科史》，中国科学技术出版社2015年版，第31页。
③ 中国海洋学会编著：《中国海洋学学科史·前言》，中国科学技术出版社2015年版。

思考，显然受到1930年举行的中国科学社第十五次年会的影响。这次会议于8月12日至16日在国立青岛大学召开，杨振声作为承办方负责人与会。会上，宋春舫和蒋丙然提出筹建水族馆及中国海洋科学研究所计划，得到与会代表一致支持。在蔡元培先生组织下，不仅立即成立了中国海洋研究所筹备委员会，还于中国科学社年会结束后，旋即在青岛召开了第一次筹备会议。蔡元培等15人为发起人，胡若愚（时任青岛市市长）、蒋丙然、宋春舫为筹备常委，海洋研究所所址初定为观象台，以水族馆建设入手进行筹备。会议还确定了海洋研究所未来开展的工作：进行海洋气象学、海洋理化学、海质学及海洋构造学研究；所需要的设备有汽船，所要建设的有海洋理化研究室、海洋生物研究室、水族馆、海洋博物院及图书馆。[①]蔡元培回到中央研究院后再次组织召开筹备会，并邀请农、矿、海军、工、商各机关部门的负责人参加讨论，会议将海洋所开展工作和所需要的设备、经费作了规划和预算。[②]

应该说，这次中国科学社年会上中国科学群体发展中国海洋科学事业的计划，以及青岛市观象台将开展的海洋研究工作，使杨振声对海洋科学有了一定了解，而中国海洋科学研究所的筹备，也使国立青大发展海洋学科有了可借助的外部条件。中国科学社年会和中国海洋研究所筹备会结束后不久，在9月20日开学典礼上，杨振声就提出了国立青大发展海洋学科的思路：青岛濒临东海，海边生物种类丰富，设立海边生物学最相宜，气象学、天文学、海洋学借助青岛观象台逐渐设立。[③]翌年5月初，他再次强调，一所大学要有自己的独特优势才能在各大学中有一席之地，理科发展海边生物学、海洋学、气象学，文科设立考古学是学校的优势。

杨振声发展海洋学科的设想和计划是系统的，但囿于经费和人力条件，只能从所费相对较少的海边生物学着手，其他如海洋学、气象学、海洋化学、海洋地质学等需要更多调查手段和仪器设备的海洋学科分支，对刚成立的国立青大来说不具有开设可行性。

1931年5月初，学校确定以海边生物为研究中心，与正在筹办的青岛市水族馆切实合作，正式"涉海"。

因设备方面需款不菲，仅采集生物的汽船及附属用具就需要10余万元。[④]学校就创设海边生物学的计划向中国文化基金委员会申请开办费15万元，学校自任3万元，请基金会

---

①《蔡元培等发起在青成立海洋研究所》，载《大公报》（天津）1930年9月10日。

②《蔡元培李石曾发起设立海洋研究所》，载《益世报》（天津）1930年10月24日。

③《青岛大学开学典礼》，载《新闻报》1930年9月23日。

④《生物学系新计划》，载《国立青岛大学周刊》1931年5月4日。

担任12万元，常年经费约3万元，并请基金会设海边生物学讲座一人，研究专家一人。不过因学校刚走上正轨，第一年无适当教授，仅请到一专任讲师。对于合适教师的聘请，杨振声无日不在物色中。他曾欲聘请一位在法国研究海边生物的学者，却被北平研究院先行聘定；于是就另请一位在瑞士研究生物的学者，费了几月工夫交涉才达成一定意向。[①]这位达成意向的教师是毕业于法国里昂大学的生物学博士曾省，5月初他回复学校接受聘书。9月曾省到校后，开始将海边生物学计划付诸实践。学校给予生物学系两万元的教学和科研经费支持。[②]

曾省（1899—1968），浙江瑞安人。毕业于南京高等师范农业专科，在东南大学生物学系担任助教时又继续学习，获得学士学位，是中国生物学创始人秉志的弟子。后留学法国里昂大学，攻读昆虫学和寄生虫学，1930年7月获博士学位，之后到瑞士暖狭登大学寄生物研究院担任研究员。1931年9月，到国立青岛大学担任生物学系教授。

曾省

在曾省的带领下，生物学系师生开始进行海边生物的采集和研究。1931年9月，师生七人第一次出外采集，就收获到笠贝、海藻、石鳖、蟹、海盘车海胆，两三种海水扁虫、三种海葵以及三种海星，收获颇丰。[③]在调查、采集活动开展不久，曾省就为师生作了一次《青岛之渔业》报告，引起大家对青岛海洋渔业发展的关注。1932年2月，曾省和讲师沙凤护带领两学生到沙子口采集，得到许多如海蚕、海蚂蝗、小虾小鱼等不多见的海底生物标本。[④]4月，师生利用春假时间前往崂山采集，驻青岛海军司令部派出"永祥"号军舰作交通工具。除采集到崂山特有的陆生动植物外，还采集到海洋生物如蟹、星鱼、海胆、扁虫、介壳，其中的一种后鳃类动物标本，不仅外观美丽，且在青岛附近第一次发现。植物方面，采集到一种红藻类植物，如矽藻、丝藻。在沙子口采集到许多蓝绿藻类植物，其中有一种是以前未见过的。他们还获得许多介壳类标本，以及章鱼、乌贼、枪鱼、耳鱼、虾蛄、拳蟹、蛑蝤，又采得一种形状颇异的红虾和由波浪挟来的腕足类动物外壳。[⑤]师生们将采集到的一种青岛本地蟹和鱼分别命名为"杨振声氏蟹""曾省氏鱼"，并将研究报

①杨振声在总理纪念周上的校长报告，载《国立青岛大学周刊》1931年5月4日。

②《青岛大学增设农科》，载《益世报》（天津）1932年3月27日。

③何均：《湛山采集记》，载《国立青岛大学周刊》1931年9月28日。

④任树棨：《沙子口采集报告》，载《国立青岛大学周刊》1932年3月14日。

⑤萧庆恒：《崂山采集记》，载《国立青岛大学周刊》1932年4月11日。

告发表在北平静生生物调查所沈嘉瑞所著的《中国蟹志》和中国科学社生物研究所刊物上。[①]

生物学系规定每两周采集一次，除了利用平时假日去海滨采集，春假、暑假、寒假也被充分利用。青岛附近海岸，山东、浙江、福建沿海，都留下了师生们采集的足迹。

采集活动促进了学术研究的进步。师生们除了经常在系里成立的生物学会上作采集报告外，还将研究成果发表。在生物学会学术讨论会上，曾省曾作《海洋原生动物》报告，详细说明其生存地，"以明采集之方法，并用幻灯射各种海洋原生动物之图于壁上。而详言其构造"[②]。讲师秦素美在1931—1932年，检验由大明湖及小清河采得的乌鳢鱼，得到一种航尾吸虫 Azygia hwangtsiyui Tsin，于1933年定为新种；在另一报告中，又记录了一种航尾吸虫 Azygia acuminata Goldberger，标本来自青岛鳗鱼。这是我国境内航尾属吸虫最早的记录[③]，也是较早的海水鱼类寄生虫研究。除了在生物学会上作有关吸虫的报告外，秦素美还将论文《寄生黑鱼胃内之新吸虫》《寄生鱼体内之吸虫》发表在学校所办的科学丛刊上。学生们在教师的指导下，也经常在生物学会上报告采集发现，如张奎斗作《青岛之鲨鱼》报告。有的学生还和老师一起完成研究报告，如任树棣与老师秦素美写作《中国之吸虫类青岛水栖昆虫之调查》，肖庆恒与老师沙凤护写作《水生植物之形态青岛之软体动物》，任树棣与老师曾省写作《海洋原生动物青岛之蛙类》，不少文章具有相当水平。[④]海边生物的采集与研究，给学生打下深厚的学科素养，有的从此起步成为领域内专家，如高哲生后来成为海洋无脊椎动物研究专家。曾省教授在采集之外，还对胶州湾进行深入调查，发表了《胶州湾之海产生物》调查报告。报告从海洋生物与人类的关系、海洋环境对生物的影响、胶州湾的海洋环境及生物分布特点等几个方面作了详细分析，指出进行海洋生物研究对于发展中国水产事业的意义。这是较早的关于胶州湾海洋生物调查的报告。

发展海边生物学，虽然教师难聘，学校还是尽可能利用各种机会予以推进。1932年春，北平研究院动物研究所研究员张玺来青岛联系胶州湾海产动物调查一事，杨振声即聘请他到校讲授海洋学课，这是学校第一次开设海洋学课程。之后，张玺一直被学校聘为兼职教师。

张玺（1897—1967），河北平乡人。1921年毕业于直隶公立农业专门学校附设农艺

① 《生物系消息》，载《国立青岛大学周刊》1932年2月8日。

② 《生物学会消息》，载《国立青岛大学周刊》1932年2月29日。

③ 唐崇惕、唐崇愓主编：《唐仲璋教授选集　纪念唐仲璋教授九十周年诞辰》，厦门大学出版社1999年版，第368—383页。

④ 根据《国立青岛大学周刊》多次刊登的生物学系新闻整理。

留法班，1922年赴法国留学。在里昂大学理学院学习农业，1927年获得硕士学位后，又继续在里昂大学动物研究室从事软体动物后鳃类研究。1931年完成《普鲁旺斯的后鳃类动物研究》论文，获得法国国家理学博士学位。留法期间发表多篇海水动物研究论文。1932年回国后到北平研究院工作，从事海洋动物研究。杨振声校长多次提及想要聘请的一位海边生物学教师，即为张玺。

海边生物学的创设，是杨振声根据学校所处地利，顺应现代科学发展趋势，探索自己执掌的这所大学既能立足于国内一流大学之林，又能办出"其他大学之未办"特点的一个创举。其意义不仅在于学科设置上的独辟蹊径，更主要的是发展海洋学科的思想，被后来一代代长校者一以贯之于办学实践，使得海洋学科不断拓展、壮大，学校逐渐发展成为祖国海洋科教事业的学术重镇、高级海洋科技人才的摇篮。

三、增设教育学院

（一）开设教育学院的背景及招生

鉴于山东全省学龄儿童入学率较低，1928年5月何思源担任山东省教育厅厅长后，立刻着手改变山东教育的落后面貌。他通过整顿和增加教育经费，调整学校布局、增加学校数量，通过培训和考核以提高教师素质、普及社会教育等措施发展教育。对于即将开办的国立青岛大学，他迫切希望能承担起为山东培养师资和行业人才的任务。在国立青大筹委会成立时，何思源就强调"该校对职业教育，应加以提倡"[1]，"山东现在最需要为普通教育，所以百忙之中又筹备青岛大学者，系因山东全省学童约二百万有奇，需用教师十一万六千余人，苦于无处物色，必须筹办高等教育，造就专门人才与高等师资"[2]。1930年4月，全国第二次教育会议通过《改进全国教育方案》，规定利用暑期时间开办学校，训练小学教员，将此列为教员进修最重要的业务，并通令、督导各省、市逐年切实办理。

1930年夏，国立青大在未开学之前先开办暑期讲演班。杨振声未到校前，在北京就将暑期讲演班教职员聘定。[3]暑期班召集全省107县一部分教育局长、县督学、县小学教职员和青岛市全体小学教职员到校接受训练。在筹备时期，学校未计划设教育系，但正式成立时，在文学院设立了教育系。

发展全省教育，急需中小学、乡村师范师资，但限于经费，无法专门成立一所师范大

---

① 《国立青大筹委会就职》，载《中央日报》（南京）1929年6月23日。

② 《青岛大学筹备委员会在济就职》，载《益世报》（天津）1929年6月23日。

③ 《青岛大学校长经费已定》，载《申报》1930年4月29日。

学，山东省要求国立青大在济南开办教育学院。1931年1月，学校在济南先办乡村师范专修班，开国文、博物、史地各一班，校址用趵突泉东工学院地址。费用由1931年经费支出，下一年度正式设立教育学院时，再另筹经费。教育学院院长暂定由教务长赵太侔担任。[①]两地办学，给学校也造成一定困难，校长杨振声深感难于应对。

2月初山东省第二次教育行政会议召开，主题是听取1930年度全省各学校的情况，确定1931年全省教育行政方针。教育厅厅长及职员，全省中小学、师范各校校长40余人出席。杨振声参加会议并发言，他讲到中小学与大学的关系密切，并叙及山东目前学校增加，师资颇感缺乏，国立青大将把教育系扩充为教育学院，但对教育学院设在青岛还是济南尚须斟酌。从理论上讲，济南有现成的房子，又是省会所在，山东省拿许多钱办大学，学校不能不设一部分在济南，并且济南中小学多，学生实践也便利。但从学生培养角度，教育学院与文学院不能分离，学教育学必须兼修其他课程，如设于济南，则学生势必不能兼习文理两科课程。而且从经济方面讲，两地办学用费多，一地则用费少。[②]

这次为期五天的会议，中小学、师范学校的问题分几个议题讨论，显然给了国立青大较大压力。2月24日，学校校务会议决定，将教育系扩充为教育学院，在济南开设，"以造就中等学校与乡村师范师资"[③]。虽然已议决，但学校从学生培养和经费的角度考虑，进展并不快，以至于当时报纸有国立青大改名国立山大的报道：

……何思源批于二十年度在平原增设五乡师，惠民设六乡师，并增设十三中学，现有中学师范，增招新生三十班，青岛大学改名山东大学。[④]

教厅长何思源告记者，青岛大学改名山东大学，本年度增设五乡师于平原、六乡师于惠民、七乡师地点未定，各中学师范招新生三十班。[⑤]

从新闻报道中可知，国立青大在济南开办教育学院的行动迟缓无法令省方满意，以致承担了学校大部分经费的山东省有改立"国立山东大学"之议。

为山东省培养师资是学校应当承担的责任，但两地办学又存在各方面切实的困难，以致杨振声在纪念周大会上就这件事向师生作了详细解释，大致内容与在全省教育行政会上所说相似。"大学在青岛，而省教育重心在济南，虽中间交通尚便，而声息不免隔阂，减少彼此间切磋之益"，"青大对于在济南分设教育学院之要求，认为确有万不得已之苦

---

① 《青大添设教育学院　今年暑后可开学》，载《益世报》（天津）1931年1月30日。
② 《第二次山东教育行政会议全省各学校校长均到济参加》，载《大公报》（天津）1931年2月5日。
③ 《山东教育大扩充》，载《益世报》（天津）1931年3月8日。
④ 《青岛大学改为山东大学》，载《申报》1931年3月7日。
⑤ 《青大改名山东大学》，载《新闻报》1931年3月8日。

衷。苟经费、人材、设备上能办得到,则当集全力以成其意"①。

两地办学,杨振声最忧虑的是影响学生的学业和未来发展:如果学生在文理学院某一系学习,可有一专长,能够胜任中小学教学;如果专门学习教育科目,毕业后只能作教育行政工作而不能教书,是对学生的不负责。而教育学院单设,也必将如师范大学那样,设数理、英文、国文等系。学校本部既有这些专业,又在济南的教育学院叠床架屋重设一份,将是教育资源的浪费。反过来青岛的文、理学院学生,毕业后也可以做教师,可兼学点教育功课以为辅助。

分设两地,也会使学校资源分散,"设备费不足,发展困难。比之外国大学,将永远望尘莫及!"所有经费"皆将花在教员及行政上面,犹且不足。设备毫无,成何大学!不但教育学院办不好,即文理学院,亦将受影响而中止其发展。更在一年以后,增加经费,各无把握,则两方面皆将倒闭。我们负责者明明知道如此,而又不惜以学校冒险,至事不可收拾,然后一去不顾,又岂足以谢其罪乎?""何以对得住这民膏民脂?"

从这些讲话中,不难看出校长杨振声面对两难时内心的焦灼与无奈。

在这次报告会后,5月7日学校召开第16次校务会议,校长、教务长、总务长、各学院院长、系主任、全体教授参加。杨振声临时动议下年度增设学院,以符合《大学组织法》规定,决议在青岛增加教育学院,先办教育行政和乡村教育两系。②学校的坚持最终得到了"山东省方的谅解"③。

1931年夏,济南各小学教员30余人,联名呈教育厅,称国立青大将开设教育学院,希望能开设补习班,以资深造。教育厅鉴于本省教员多系旧制师范毕业,因学制关系苦无升学机会,有碍于教育的进步,对联名教师颇为嘉赏,接到申请后立刻转函给国立青岛大学。在经教育部批准后,学校计划在1931、1932年度每年添设旧制师范生补习班一班,额定40人,并函请省教育厅代为招生。教育厅接函后立刻组织考试委员会筹办。④

学校1930级教育系学生共19人,其中山东籍学生14人。⑤1931年教育学院招收学生32人,其中山东籍学生25人,占比近3/4。⑥其余少数外省籍学生,有的家庭居住地也在山东省。从生源地域分布看,国立青大最大程度地承担了为山东省培养师资的责任。

---

① 谈教育学院的引文均来自杨振声在总理纪念周上的校长报告,载《国立青岛大学周刊》1931年5月4日。

② 《校务会议第十六次会议》,载《国立青岛大学周刊》1931年5月11日。

③ 杨振声在总理纪念周上的校长报告,载《国立青岛大学周刊》1931年5月11日。

④ 《青岛大学设师范补习班》,载《新闻报》1931年8月6日。

⑤ 根据《国立青大一年级新生履历清册》(山东省档案馆藏,档号:J110-01-0310-002)整理,这是1930年12月因风潮而开除不少学生后的人数,原招生人数应当多于此数。

⑥ 根据《国立青岛大学二十年度一览》等相关文献整理统计。

（二）坚持学术理念，兼容职业教育

教育学院成立后，学校聘请黄敬思担任院长兼教育行政系主任，谭书麟任乡村教育系主任。

黄敬思（1897—1982），安徽芜湖人。就读于北京高等师范学校英语部，1918年毕业后在中学教英文，后留学美国，在斯坦福大学、哥伦比亚大学师范学院学习教育史、教育行政、乡村教育、学校调查、师范教育、教学辅导、课程编制等课程，在斯坦福大学获得学士学位，在哥伦比亚大学获得哲学硕士和博士学位。[①]回国后先后在暨南大学、大夏大学、光华大学担任教授。对于黄敬思的到校，校刊称"学识湛深，经验宏富，是教育界有数人物。本校聘教育学院得黄先生主持一切，前途发展，可操左券矣"[②]。

9月，又聘程乃颐、马师儒为教育学院教授，刘天予为讲师。

程乃颐（1900—1970），江西南城人。1924年毕业于国立北平高等师范大学教育研究科，赴美留学，获得哥伦比亚大学、芝加哥大学教育学博士学位，曾在北平大学担任教授、北京大学担任讲师。程乃颐博学多识，精通英、法、俄三国语言，出版有《倒摄抑制与相似程度的关系》《教育心理学的领域》《皮亚杰的儿童心理方法介绍》等著作。

马师儒（1888—1963），陕西米脂人。1919年毕业于北京高等师范学校教育科，留学德国柏林大学专习教育和心理学，1924年获得教育学博士学位，1927年获得瑞士苏黎世大学哲学博士。曾在复旦大学、北京大学、北平大学担任教职。

刘天予毕业于大夏大学教育系，有着较为丰富的教育管理和教学经历，曾为安徽省视学，担任省立第一师范及第二中学校长，在大夏大学、暨南大学、复旦大学担任过教授。

学院教师都有在多个大学执教的经历。从他们的履历看，即使教育学院成立是出于为地方培养师资的目的，杨振声依旧坚持学术追求，高标准聘请师资，确定了学院"研究教育学术，造就教育行政人员及学校师资"[③]的宗旨。联系他曾在哈佛大学修习教育学的经历及其通识教育理念，可以理解他对教育学科并非完全职业化、技能化之认识。

教育学院学生除了共同必修学校课程外，一年级学生还需必修本院课程生物学、教育原理、心理学概论、伦理学、哲学概论等，各年级学生均需在其他系选修课程。

---

① 黄敬思：《我的八十五年》，载《山东大学校史资料》1982年第4期，第64页。
② 《本校聘定黄敬思为教育学院院长》，载《国立青岛大学周刊》1931年8月31日。
③ 《教育学院学则》，载《国立青岛大学二十年度一览》。

教育行政系二年级课程有教育史、教育行政、英文教育名著、社会教育、教育社会学或乡村教育选修其一、小学教育或教学辅导选修其一；三年级有社会科学、教育统计及测验、学校行政、地方教育行政、师范教育或中等教育或社会心理学选修其一、比较教育或职业教育或教学法选修其一；四年级有教育哲学或教育法规及公文或专题研究选修其一、教育思潮或教育调查或课程论选修其一、教育参观实习、论文写作。

乡村教育系二年级课程有乡村教育、社会教育、乡村学校行政、农业概论、小学教育或乡村经济学选修其一；三年级课程开设教育统计及测验、乡村社会学、乡村师范教育、乡村学校教学法或乡村教学辅导或乡村自治选修其一，地方教育行政、职业教育；四年级有教育哲学或合作事业原理及实施或专题研究中选其一，土地问题或课程论中选修其一、教育参观实习、论文写作。

从两系课程安排上看，是通识和职业性并重，如乡村教育系学生需修习乡村经济和社会相关课程，选修乡村自治课程。根据未来职业特点，学院注重引导学生实践，参观学校和实习是必修课程。院长黄敬思讲授教育调查课程，十分重视对欧美教育思潮和课程体系的借鉴。他留学时师从美国学校调查运动代表人物薛尔思教授，回国后就使用薛氏《学校调查》教材，不过他很快发现外国教材并不完全适合我国，受实证思想影响，他在课程上多采取"讲述－实验－讨论"的方式。[1]1932年3月，教育行政系学生在黄敬思带领下赴即墨县，参观教育局、民众教育馆、中小学十余所。学生除注意教育情形外，对于即墨社会状况，亦有详细之调查。为实地调查以资研究起见，他们还制定有多种调查表。[2]

在重视联系实际的同时，教育学院也注重学生学术能力的培养，如乡村教育课程的目标：注重乡村教育各种理论需要和各国乡村教育概况，以及乡村学校、组织、行政、课程、教材、方法及学校事业的推广，特别注重乡村小学教育，通过课程使学生在获得一个系统的乡村教育概念后，引发其继续研究乡村教育各方面的兴趣。这样的课程设计，使学生毕业后从事教育工作，也会是带着问题意识去看待事物，并具有一定研究、分析、解决问题的能力。反映在四年级需要完成的毕业论文上，则要求学生应用方法和工具来讨论学理，以"对教育事业能有所创新、改进"[3]。

杨振声对教育学院学生提出两个希望：一是要先研究人生。学习教育的人要了解人生，否则不知道把人教到什么地方去，真就是害人了。所以学教育要先研究，小之人生的

---

① 黄敬思：《教育调查·序》，上海中华书局1937年版。
②《教育学会行政组赴即墨县参观教育》，载《国立青岛大学周刊》1932年3月28日。
③《教育学院学则》，载《国立青岛大学二十年度一览》。

价值在哪里，大之全人类的意义在哪里，最低限度也要知道社会的需要在哪里，这样才能制定出教育的目标，有了目标，还要了解人的性能，要知道用什么方法能把人教到那样的目标，把社会造成那样的社会，这些问题，需要有文理多学科来帮助解决。二是从事教育工作，要有专门的学问，有专长，在社会上总能得到适当的机会，不会被社会淘汰。所以在学校里，学生要立下做人做事的根基。[1]从这两个希望看，杨振声力主将教育学院与其他学院设在一起，聘请优秀的教育专家来任教的做法，包含着他对中国教育事业的深刻认知和较高期待。

1932年7月，学校遵照教育部令，停办教育学院，所招一年级新生并入其他院系，59名二、三年级学生转入中央大学教育学院肄业。[2]因学潮被开除的部分教育学院学生也转入大夏大学、江苏省教育学院就读。[3]转学学生毕业后，大多回到原籍所在省，就职于各级教育机构。非教育学院的学生毕业后，也有从事基础教育工作的。1934年第一届53名本科毕业生，有38人留在山东省内工作，其中担任中学教员者24人。[4]这也可验证杨振声当时所言之确。

四、农科与史学设置计划[5]

济南农专旧址房基道路及试验场，共计地400余亩，造林场5000余亩，全院房舍600余间，各部仪器标本农具等亦颇完备，汽力练丝厂尤有特色，规模颇为可观。国立青大筹委会决议将之改设为农事试验场，设保管处，将来拟设农学院，由任德宽担任保管处主任。任德宽曾任山东棉业试验场及棉业讲习所主任，绥远农业专门学校校长，山东农矿厅合作所指导员、养成所副所长。

所谓保管，只不过不开课，实验工作与学术研究照常进行。国立青大农事试验场分农艺、森林、蚕丝三部。农艺部主要发展作物一门，对各种作物的栽培与育种全力以赴，尤其注重对棉麦的研究。森林部主要进行造林培育苗木、推广各种行道树、标本树育苗。[6]从山东实际出发，农事试验场在改良品种、选种、育苗、栽培等方面进行了一系列工作。

1929年秋，试验场征集大小麦十余种，对11种麦种培育观察，并作详细实验报告。对

---

[1] 杨振声在总理纪念周上的校长报告，载《国立青岛大学周刊》1931年5月11日。

[2] 《青大学生转入中大》，载《新闻报》1932年8月9日。

[3] 杨希文：《永志师恩》，樊丽明、刘培平主编：《我心目中的山东大学》，山东大学出版社2005年版，第291页。

[4] 《本校第一届毕业生职业调查》，载《国立山东大学周刊》1934年10月1日。

[5] 本要点内容无标出处者，均根据相关文献整理。

[6] 任德宽：《本场努力的目标》，载《一年来的青大农事试验场》1930年。

于蚕事，通过观察15种蚕种，总结出寿张种的缫丝率最高，留作改良山东土种。1931年12月，技术人员到邹平山东乡村建设研究院演讲蚕种改良方法，用研究的新蚕种、新蚕具实地教学，帮助乡村研究院建立蚕桑表证所数处。[①]为改良棉种，技术人员陆续作棉作株距与整枝试验、正定大棉单本选种、脱字美棉单本选种试验，还观察赵州大青棉等，寻找质量兼备棉种作推广。1930年作山东全省棉产调查，1931年8月参加了全国棉业第一次估计，与山东省立第一、第二棉业试验场一起负责山东棉业估计。因造林场相对宽阔，就征求各种森林种籽，培育苗木，推广植树造林，同时输入各种行道树进行推广，还进行了高粱、玉蜀黍、豆类等品种的观察和选种。为了促进农村经济，技术人员还对菏泽牡丹进行调查，对其分布及产量、品种、栽培技术、病虫害、用途、运输销售详细分析总结，针对牡丹极强的观赏性、花瓣的食用性和根极佳的药用性，提出应改良、培育其中的"高贵品种"，改善提升运销合作，广设销售处，增加利润。[②]

为加强技术和知识的交流，农事试验场还专门出版有丛刊，刊登试验场计划、管理、建设、推广计划和改良品种、选种、育苗方面的论文，以及对山东农作物的调查报告。

农事试验场是农学院的既有基础，也是开路先锋，其目标是"促进农学院的健全，促使其意志表现于民间"，但学校因经费紧张，试验场发展较为缓慢。

国家对各项建设人才需求急迫，对大学培养人才的要求也在提高。1931年，国民政府教育部部长朱家骅对大学专门人才培养速度较慢提出批评，建议各大学要厘定一个适当的、整个的精密计划，以培养建设国家的人才。[③]对于农业大省山东，行政院饬令添办农业专科学校。[④]1931年初，教育厅厅长何思源就国内农科大学成绩不佳现状，提出国立青大农学院于暑假后筹办。[⑤]

1932年1月，学校请求山东省政府从1932年起在每年协款36万元基础上再增加6万元，省府会议很快通过，交1932年度地方预算审查委员会一并审查。3月初，杨振声专程到济南与省教育厅接洽，并接受记者采访，他谈了农学院的人才培养方式和目标。其中提到，鉴于山东以农业为重，麦棉作物都需要改良，牲畜如耕牛等亦出产大宗，为山东地

① 《山东乡村建设研究院设施概况》，载《山东民众教育月刊》1932年第6期。
② 根据《国立青岛大学农事试验场1930年研究及调查报告》整理，张研、孙燕京主编：《民国史料丛刊·文教·高等教育》，大象出版社2009年版，第1—131页。
③ 朱家骅：《中国大学教育的现状及应行注意各点》（1931），王韦均、孙斌：《中央研究院近代史研究所史料丛刊（3）朱家骅先生言论集》，台北："中央研究院"近代史研究所出版社1977年版，第125—131页。
④ 《青岛大学亟谋扩充》，载《益世报》（天津）1932年2月2日。
⑤ 《青大添设教育学院》，载《益世报》（天津）1931年1月30日。

方需要，学校就原有农业专校旧址设立农学院，分农种、牲畜两学系。①

对于农学人才的培养，杨振声认为要理论和实践结合，学校学习和田间地头实践相结合，学生毕业后要真正从事改进农业，才是对社会的贡献。"鉴于历来各地农校的失败，如学校不与农人接近，农校学生不肯到农田中服务等弊病，要加以改良。学校农学院成立后，将择全省若干处设立试验场，聘请专家研究该地之土壤及适宜生长何种农作物，改良方法从何着手。并招收附近各县学生实地学习，毕业后返县，做到农田去的实地工作，指导农民改良，渐渐引起农校的信仰，与学校合作，彼此研究实习，以期改良，但能使农民每亩能增收小麦两斗，地方就获利良多，此诚救治中国穷困之唯一途径。"②

中央应拨经费连续两年未到位，这次开设农学院每年需要7.2万元，除向山东省申请增加每年6万元外，尚有1.2万元没着落，学校先拟从各院系节余里补助。4月下旬，杨振声再去南京，请中央每月拨2万元，在济南先设农学院，次设工学院。③

中央经费迟迟不到位，增设学院难以按计划进行，以致杨振声"以去就争"④，离青赴平，教育部极力慰留。山东省省长韩复榘也电请中央从速解决国立青大国款经费问题，何思源亲赴南京向教育部力争。⑤在多方敦劝下，考虑到暑假将近，旧生考试，新生招考，事务甚多，杨振声从平返青。开设农学院一事因经费问题暂时搁浅。⑥

对于历史系，因没有合适的教师，也因需要大量购买古籍而经费不足，筹备时虽有计划但未开办。1930年11月，中央研究院史语所与山东省政府成立古迹研究会，正式发掘城子崖史前文化遗址。成立大会就在国立青大济南办事处工学院大礼堂召开，杨振声与会。他希望借这次考古发掘机会开设考古学系，便与山东古迹研究会签订合作办法，将济南办事处房屋一部分借与研究会作临时会址。办法规定，为辅助国立青岛大学将来考古学系之发展，及养成学生将来继续研究会工作之能力起见，山东古迹研究会要承担这些责任：指导青大学生之参加发掘及研究工作；将发掘情形及研究结果每年在青大以讲演式报告之，最少一次；为学生研究上之方便，青大得借一部分古物在青岛校舍中陈列，所借何物，必须经研究委员会许可。⑦

①《青岛大学增设农科》，载《益世报》（天津）1932年3月27日。

②《青岛大学增设农科　杨振声校长谈扩充计划》，载《益世报》（天津）1932年3月27日。

③《杨振声谈鲁省教育》，载《申报》1932年4月23日。

④《杨振声为农学院请费》，载《申报》1932年5月5日。

⑤《青大校长杨振声辞职后》，载《大公报》1932年5月17日。

⑥《青大校长杨振声返青岛》，载《益世报》（天津）1932年6月7日。

⑦《国立中央研究院、山东省政府合租山东古迹研究会与国立青岛大学合作办法》，李勇慧：《一代传人王献唐》，山东教育出版社2012年版，第325、326页。

对于这个合作，杨振声抱持乐观态度。在1931年5月4日总理纪念周上作报告时，他说："文学院中如考古学，山东古物丰富，在中国古史上占极重要之位置。青大一方面对于地方文献、历史材料，应负搜集与整理之责，一方面对于中外学术界，应负供献此项文献与史料之责也。……山东在历史上，对于哲学、文学地位皆甚重要。……青大忝为地方最高学府，其责任也自然重大……不但负恢复之责任，且当光明而扩大之。"[1]但杨振声又深感合适的历史教师难觅。他期待的是具有现代史学理念、研究方法的教师，认为现在（中国）的历史教员往往只是研究一些零碎问题或几部书的注解，能把历史上一个段落弄清楚的很少，能把中国历史整个贯穿起来，找出其演进线索，即典章制度的沿革、社会经济的变迁、风俗习惯的形成、政治思想的背影等，能条分缕析互相贯通，而且对这个民族在一个特殊物质与外界环境下，怎样表现出这个民族的生存竞争能力，以及其在生存竞争上作出了什么样的文化的贡献，使我们能知道过去的得失和将来的目标，这样的历史教员极少。所以学校只能宁缺毋滥，不能敷衍开办培养无用人才。[2]1931年5月时，只聘定一位教师。

中文、外文、历史三系若能齐备，是理想的文科布局。但直到国立青大结束，历史系也未能开设，这多少有些遗憾。

第二节　继续增聘师资

从筹备国立青大时计划聘请的教师名单，到开学时到校的教师，可以看出杨振声对教师真才实学以及新研究思想、方法、方向的看重。在两年多时间中，学校师资力量不断加强。1930年时专兼职教师共20人；1931—1932学年新聘教师35人，专兼职教师达49人。各院系皆有新增教师，且大都是青年才俊，有较强学术能力。在提倡学术、鼓励研究的氛围下，学校的教学和研究生机勃勃。

梁启勋（1876—1965），字仲策，广东新会人，梁启超胞弟。早年就学于万木草堂，参与维新运动，协助梁启超编印《时务报》。1903年由康有为资助，留学美国，入哥伦比亚大学学习经济学。回国后任《庸言》《大中华》杂志主编、撰述，翻译过外国历史著作，写过有关于小说的理论著作，是一位社会文化学者。1932年2月来校担任中文系讲

---

[1] 杨振声在总理纪念周上的校长报告，载《国立青岛大学周刊》1931年5月4日。
[2] 杨振声在总理纪念周上的校长报告，载《国立青岛大学周刊》1931年5月25日。

师，讲授古典诗词和音韵学等课程。在国立青大，梁启勋开始著写《中国韵文之变化》，并完成《词学》一书，于1932年出版。

游国恩（1899—1978），字泽丞，江西临川人。1926年毕业于北京大学中文系，曾任教于江西省立第一女子中学、江西省立第一中学，1929年任国立武汉大学讲师，讲授中国文学史等课程。在北大读书期间完成《楚辞概论》，"以前人未有的历史眼光把《楚辞》当作一个有机体，不但研究其本身，还研究其来龙去脉""是有《楚辞》以来一部空前的著作"[1]，"楚辞研究史上传统观点和现代方法之间分水岭式的著作"[2]。1931年秋，闻一多聘请游国恩到校，讲授中国文学史、楚辞、中国文艺故事等课程。在国立青大，游国恩与闻一多在第八校舍（今"一多楼"）比邻而居，常相往返，早晚谈论《楚辞》《诗经》。[3]

游国恩

杨筠如（1903—1946），湖南常德人。在东南大学国文系读书时，确立经学、诸子哲学治学方向。1926年清华国学研究院首届毕业生，以优良成绩名列榜首，并且是著作得到导师王国维作序的唯一一名学生。曾任教厦门大学史学系、广州中山大学语言历史研究所考古学会、暨南大学历史系。来国立青大之前，已在上古史、汉魏制度、诸子思想等领域有专深研究，并有多部著作和论文发表。

沈从文（1902—1988），湖南凤凰人。少时读新式小学，因憧憬军旅生活，15岁投身行伍，在军队时受到五四新文化运动余波的影响，离开军队到北京求学，并开始文学创作。其作品受到徐志摩、杨振声的赏识，多部作品发表在现代评论派所办报纸和杂志上。1929年得到徐志摩推荐，任上海吴淞中国公学文学系讲师，教授写作课。1930年任国立武汉大学中文系助教，讲授新文学和写作课，1931年到国立青大中文系担任讲师，讲授小说史和高级作文课。

沈从文

① 陆侃如：《楚辞概论·序》，北京大学印刷课1926年。

② 沈玉成、高路明：《楚辞研究的集大成者游国恩》，王瑶主编：《中国文学研究现代化进程》，北京大学出版社1996年版，第426页。

③ 孔党博、袁睿正主编：《闻一多全集12　书信·日记·附录》，湖北人民出版社1993年版，第490页。

赵少侯（1899—1978），北京人。少时就读北京高等法文学堂，毕业后考入北京大学法文系。读书时广泛阅读法文原著并翻译作品，对法国文学、历史、地理及俚俗民风无不了如指掌，得到法文系教授宋春舫的赏识。大学毕业后曾在墨西哥和法国驻华使馆担任翻译，创办法文专修学校，先后在北京大学、上海中国公学担任讲师、教授，是法国文学翻译领域的青年俊彦。1931年到国立青大外文系担任讲师，讲授法文。

郭斌龢（1900—1987），江苏江阴人。香港大学文学学士，曾任东北大学英文系讲师。后通过清华留美专科考试，赴美留学，在哈佛大学专攻希腊拉丁文学兼英国文学，并有英文著述见于各大杂志。回国后任东北大学英文系主任，国立北平大学、国立北平师范大学教授。1932年2月担任国立青大外文系教授。校刊称郭斌龢为"全国研究古典文学之唯一学者，学问渊博，思想稳健"[1]。

费鉴照毕业于国立中央大学，是闻一多的学生。后留学英国利物浦大学，回国后任教于武汉大学外文系。他跟随闻一多学习作诗，也写新诗评论，评论过不少英美诗人，"作品几乎没有一篇不请闻一多指教过"[2]。1931年担任国立青大讲师，讲授外文系英国文学史课。

文学院教师"古今中外"的研究方向相对齐备，而且他们个个擅长写作，对文学院的课程设置和培养目标的实现有着重要意义。

理学院新聘请的教师，皆为国内外大学毕业的年轻才俊，其中不乏已在领域崭露头角的青年学者。

傅鹰（1902—1979），北京人。1919年燕京大学化学系毕业后赴美留学，获得美国密歇根大学理学学士、理学博士学位。在密歇根大学担任无机化学助教、物理化学助教、胶体化学研究员，受麻黄碱发现人陈克恢教授的影响开始进行麻黄素研究。1929年回国后担任东北大学化学系教授、北平协和医学校生理化学系助教。1931年9月来校任教，担任化学系教授。

蒋德寿（1900—1964），江苏扬州人。1918年毕业于南通纺织专门学校，1920年自费赴英留学，在曼彻斯特大学学习机械科，获一等荣誉理学士学位。1924年回国后任南通学院、东北大学物理学系教授。1931年9月来校，担任物理学系教授兼系主任。

郭贻诚（1906—1994），北京人。毕业于北京大学物理学系，在中法大学物理学系任教，1931年受在国立青大物理学系担任讲师的同学王普邀请到校任教，担任物理学系

①《本校聘郭斌龢先生为外国文学系教授》，载《国立青岛大学周刊》1931年12月21日。
②闻黎明：《民盟历史人物·闻一多》，群言出版社2012年版。

讲师。

其他年轻的理学院教师如河南大学数学副教授宋智斋、金陵大学农学士沙凤护、上海大同大学理学士李颖川、金陵大学工业化学系理学士王钊，皆为国内大学毕业的年轻才俊。他们到校后，使理学院得以开出较为系统的课程。

其他还有音乐讲师宋以莲，北平万国美术院钢琴科学生，师从芝加哥大学音乐教授惠芬夫人、巴黎国立音乐学院瑞拉教授；体育部教员兼主任黄金鏊，北平师范大学体育系毕业，曾在多所大学担任体育指导，参加过华北、全国、"远东"等各级运动会，获得优良成绩；军事教官戴自修，东陆大学预科、中央军校军官研究班毕业，广东革命军第一军十四师少校参谋、特务营营长，新编第十师少校、机关枪连连长。国术教师高云峰，曾为山东武术学校讲习所所长、山东商业专门学校武术教员、全国武术大赛评委；体育助教章文骢，中央大学教育学院体育科毕业。九一八事变后，全国各级学校国防教育普遍展开，国立青大也增聘了两位军事教官：关匡汉，贵州陆军讲武学校及中央军官学校毕业，国民革命军第十师二十九旅五十八团机关枪连连长；刘君毅，中央军校军官研究班毕业，陆军团附副官及科员。

学校还聘请了几位兼职教师。胶济铁路四方机厂工程师孙承谟，毕业于清华学校，美国俄亥俄大学化学硕士，讲授理学院化学课程；德国汉堡大学哲学博士、青岛礼贤书院校长苏保志（德籍），柏林大学毕业的罗宝善（德籍），德国耶拿大学理科博士孙方锡，德国哈勒大学理科博士张金梁，日本东京高工机械科卒业、实业部登记工业技师、青岛市度量衡检定所所长刘崇玑，日本早稻田大学商科大学部毕业的丛汝珠，担任文学院外语课程教师。曾在燕京大学、国立清华大学担任过讲师的观象台研究员刘朝阳在理学院担任兼职教师。学校还聘请到庞声钟为经济学兼任讲师，庞声钟于复旦大学毕业后1921年赴美国留学，获得俄亥俄州大学经济学学士学位、哥伦比亚大学经济学硕士学位，在法国巴黎大学法学博士院学习时，因母亲去世而中断学业回国，当时报纸评价他"不但学识优长，且具有办事能力"[1]。

优秀教师的加盟，使得1931年开出的课程大幅增加，比1930年度增加44门，补习班课程也增了7门。[2]数十名年轻才俊的加入，和年轻的学生一起，为刚成立的国立青岛大学注入了勃勃生机，也为学校后来的快速发展奠定了基础。

---

①《留学生庞声钟君回国》，载《申报》1926年8月13日。

②《1930年、1931年度学校课程和教师数目比较》，载《国立青岛大学周刊》1932年2月8日。

第三节　实施"新文学"教育

　　国立青大文学院陆续聘请的教师多为与杨振声、闻一多、梁实秋有交谊的新文学作家，或为外国文学研究者，或即使研究方向是国学，也是有着新思想和新方法的学者，如梁启勋、游国恩。在中文系开设现代小说和分级写作训练课，这在当时国内大学中是较少见的做法。校长杨振声对创造新文学的倡导，使国立青大汇聚了一批新文学作家和具有新文学理念的教师。他们在课堂上教学，指导、训练学生写作，自己在业余时间也进行翻译、评论和创作。这种教学和写作的活动，在国立青大蕴育出一个新文学场域。

一、杨振声的"新文学"理念

　　杨振声受五四新文化运动的影响开始新文学创作，十多年的创作经验和讲授文学课程的实践，使他对创造新文学、培养新文学人才逐渐有了较为系统的认识。他将文学的重要性上升到"代表国家、民族的情感、思想、生活内容"的高度，认为文学家能改造一国的灵魂，一个民族的上进和衰落，文学家有很大的责任。[1]对于中文系的人才培养目标，他认为是要"养成学生以近代外国研究学问的方法来治国学的能力，加以注重外国文学，俾能独立创造中国未来的文学"[2]。

　　杨振声担任清华大学中文系主任时，为"创造新文学"，曾从教师聘任到课程设置，作过大刀阔斧的革新。出任国立青大校长，仍继续进行新文学教育的实践，这一点从他聘请中外文系主任一事上即可见一斑。在传统的国学派眼中，他们都属于新文学人物。通过文学院所聘请的其他教师学术和研究背景：或中西兼通，或国学根底深厚，或新文学创作有成绩，也不难看出杨振声培养"创造新文学"人才的意图。实际上，杨振声在国立武昌大学讲现代中国文学，在燕京大学讲现代文学，就曾将学生往创作的方向引导，已逐渐形成了新文学教育的理念。在清华时理念已较为成熟，成为他改革中文系的思想基础。在实践上，他除讲授当代比较小说课，还与人合开高级作文和词写作课，将理念和实践相互印证。

　　对于什么是新文学，杨振声并未给出确切的答案。但对于什么不是新文学，他有清晰的认识。杨振声认为，现在不少大学的中文系，有的注重于考订古籍、分别真赝、校核年月、搜求目录，有的注重文字训诂、方言诠释、阴韵转变、文法结构，有的核博年谱传

---

[1] 杨振声：《新文学的将来》，载《益世报》（天津）1929年4月11日。
[2] 《清华中国文学会有史之第一页》，载《国立清华大学校刊》1928年12月17日。

状、轫演文章体裁、分划派别门户、流衍文章风气……这些只是"校雠目录之学""语言文字之学""文学史"，都不是文学，它们只是研究文学的方法，不是研究文学的宗旨。研究文学的宗旨应当是"创造新文学"。①

如何创造新文学？杨振声认为要中西融合，"只能多供他些新营养、新材料、新刺激，让他与外国的文学自由接触，自由渗合，自由吸收。他取精用宏，自然会发扬光彩。""中外文学打成一片，让他们起点化和作用，好产生出新花样来。""最后来到新文学的试验期，是往创造路上走。"②这样创造出来的就是中国的新文学。

对于如何培养有新文学创造力的学生，杨振声倡导的具体途径为：研究中国旧文学，参考外国新文学，借鉴外国文学艺术，课程上注重研究中国各体的文学，也要开展外国文学的各体研究，对不同年级的学习科目还要有具体设计。

中国现代白话文学的出现不过十数年，国内大学的中文系基本没有专门将之设为课程讲授，也没有以建设新文学为目标而开设课程，杨振声是当时第一个提倡并将新文学建设作为中文系主要目标的人。因在清华时间短暂，新文学教育的开展效果尚未显现，而没有"传统"羁绊的国立青大，正给了杨振声一个将理念付诸实践的绝佳机会。

二、"新文学"导向的课程设置

国民政府教育部颁布的教育宗旨和《大学规程》，对大学课程设置提出了统一要求，规定大学课程应分为几个部分，即校共同必修科目、院共同必修科目、主系必修科目、辅系必修科目、自由选修科目。要求大学各科除党义、国文、体育、军事训练及第一、第二外国语为共同必修科目外，还应为未分系的一年级学生设置基本科目，即各学院一年级学生共同必修科目。

根据规程要求，国立青大文学院设各系共同必修的课程为国文、英文、第二外国语、自然科学、社会科学，其中第二外国语要连修两年，成绩及格才能拿到学分。修习这些基本科目，为学生奠定从事高深学术研究之基础，也使之获得社会生活的综合、全盘的知识，渗透着强化基础、文理兼备的教育理念。又开设了选修课程，为想要有专长发展的学生提供选择自由。文学院各系共同的必修课安排如下：一年级必修中国通史、英国史，再从高等混合数学、普通物理、普通化学、普通生物学等自然科学课程中任选一门必修；一、二年级从欧洲通史、经济学、社会学、政治学等社会科学课程中任选一门必修。三、四年

---

① 《清华中国文学会有史之第一页》，载《国立清华大学校刊》1928年12月17日。
② 《清华中国文学会有史之第一页》，载《国立清华大学校刊》1928年12月17日。

级从中国文化史、中国哲学史、中国美术史、哲学概论、西洋哲学史、文艺复兴史等人文课程中任选一门作为选修。共同必修课、选修课的修习时间皆为一年，每门皆6个学分。[①]

除了校、院共同科目外，文学院中文系、外文系的课程（表2-5、表2-6）也有各自的内容，不过在创造中国新文学的思想导向下，两系课程有一个共同的特点——重视写作训练。

杨振声认为，没有无历史的文学也没有无个性的文学，中国有自己的文学历史和传统，我们要继承自己的家产，但不能泥古而要博古。因为一国文学发展到相当程度，在一种表现方式上使尽力气，发展就有所停顿，这时就需要给它一种新力量，使它跳出旧圈，走出新的方向。今日讲文学，绝对不是墨守成规地学一国的文学就够了，须学第二国的文学才能对于第一国的文学有比较清楚的了解。创造，就需要取多用宏，综合众长以成己之长。中外文学必须有相当的沟通，中国文学才有希望，必须中国文学与外国文学"结婚"才能产生出新文学。[②]在一次总理纪念周演讲中，杨振声比较详尽地从思想和方法上阐释了他的"创造新文学"观。

为创造新文学，在国立青大筹备时，杨振声曾计划不设文学院而只开设一个文学系，分中国文学组、英国文学组、法国文学组、德国文学组、俄日文学组等。学中国文学组必须兼学一个外国文学组以为辅课，学一个外国文学组必须兼学中国文学组为辅课。[③]这个计划没有得到教育部同意，但通过中西结合、古今融通生长出一个新文学来的思想和途径，还是反映在了国立青大中文系的课程安排上。

在课程上，中国文学各类文体与作品都有安排。如中文系一年级的名著选读课，为中国文学史之预修学程，依时代顺序，选取历代文学名著"详细讲授之，务使学者对于我国文学之本身得一较透彻、较完整之概念，庶将来习文学史时，不致蹈扣盘扪烛之病"。三年级的近代散文课和经史子集研究课均强调"以文学为立场"。近代散文课其范围"起自唐宋，迄于清季"，凡这一时期"各体各派之散文，其作风之特征及演变之痕迹，并加讨究"，比较言之，各代散文"尤侧重于清代桐城派之古文运动及其反响"。选修经史子集研究课的要求是研究经、史、子、集一种或数种，开列的经部专书是《尚书》《左传》《礼记》，史部专书是《战国策》《史记》《汉书》《水经注》，子部专书是《庄子》《荀子》《韩非子》《淮南子》。

① 根据《文学院学程一览表》整理，载《国立青岛大学二十年度一览》。
② 杨振声在纪念周上的校长报告，载《国立青岛大学周刊》1931年5月25日。
③ 杨振声在纪念周上的校长报告，载《国立青岛大学周刊》1931年5月4日。

课程要求上，写作实践特点鲜明。中文系开设的国文课是全校一年级学生的必修课，其中文学院学生修国文A，理学院修国文B，教育学院修国文C，课程要求均为"每月作文二次"。中文系还在二、三、四年级开设一学年的高级作文选修课，有诗、戏剧、小说、散文四组，分别由教员数人担任指导，学生需要在此学程中择习一组或二组，每两周上课一小时。由于是各体文艺之习作课，也对理学院和教育学院各系二、三、四年级学生开放，但"须得本学程各该组担任教员之允许，方得之"。高级作文课为各体文艺之习作，由教员数人分别担任指导，每组每两星期上课一小时。中文、外文系学生必修国文课程，每月作文两次。

杨振声特别强调学文学必须加强练习，并亲自执教高级作文课程中的小说作法课。中文系在教学上，教师讲文章，就要学生摹写文章；教诗词，就让学生练习作诗、填词。这样，不仅使学生学到了知识，而且培养了写作能力。[1]

表2-5　中国文学系开设课程

课程	应修年级	每周时数	教学年限	学分	说明
国文A	一	2	一年	4	文学院必修，每两周一次习作
名著选读	一	3	一年	6	本系必修
文字学	一	3	一年	6	本系必修
中国文学史	二	3	一年	6	本系及外国文学系必修
唐诗	二	2	一年	4	本系必修
音韵学	二	3	一年	6	本系必修
中国小说史	三	2	一年	4	本系必修
近代散文	三	3	一年	6	本系必修
词学概论	三	3	一年	6	本系必修
目录学	三	2	一年	4	本系必修
中国文学批评史	四	3	一年	6	本系必修
戏曲概论	四	3	一年	6	本系必修
骈体文	四	2	一年	4	本系必修

[1] 王先进：《杨振声和国立青岛大学》，山东省政协文史资料委员会编：《悠悠岁月桃李情——山东大学九十周年》，中国文史出版社1991年版，第21页。

续表

课程	应修年级	每周时数	教学年限	学分	说明
毕业论文指导	四		一年	2	本系必修
中国学术史概要	二、三	2	一年	4	选修
毛诗学	二、三	2	一年	4	选修
楚辞学	二、三	2	一年	4	选修
文选学	二、三	3	一年	6	选修
乐府诗研究	二、三	2	一年	4	选修
高级作文（诗）	二、三、四		一年	1	选修，每两周一次
高级作文（小说）	二、三、四		一年	1	选修，每两周一次
高级作文（戏剧）	二、三、四		一年	1	选修，每两周一次
高级作文（散文）	二、三、四		一年	1	选修，每两周一次
音韵学史	三	3	一年	6	选修
经部专书研究	三、四	2	一年	4	选修
史部专书研究	三、四	2	一年	4	选修
子部专书研究	三、四	2	一年	4	选修
中国古代神话	三、四	2	一年	4	选修
古文字学	四	3	一年	6	选修
宋诗	四	3	一年	6	选修
诗家专集	四	3	一年	6	选修
词家专集	三、四	3	一年	6	选修

资料来源：《文学院学程一览表》，载《国立青岛大学二十年度一览》。

　　对外文系学生的写作能力培养计划并不逊于中文系。一、二年级均设有一学年4学分的英文写作课。为增进学生"对于英国文学之了解，并养成其欣赏文艺之兴趣"，一年级必修课小说入门课，规定要讲解两部英国经典小说作品，分别是英国著名女作家乔治·艾略特的《织工马南》、19世纪英国批判现实主义作家查尔斯·狄更斯的《大卫·科波菲尔》。与中文系高级作文课四组相对应，外文系二年级有必修课英诗入门、戏剧入门，四年级有必修课维多利亚时期散文／诗。四年级还有一门稍具弹性的专家研究课，要求学生商承教员后选定一名英国文学家，就其"全集作精细之研究"，研究情况"须每周向教员报告一次"，于期终"缮呈教员审核之"，若一学期未能完成"得续加一学期"。学生毕业也要求"提出论文一篇"，但允许"翻译英国文学书籍一种以代之"。这些课程的设置和新方法，都有利于学生养成较好的文学鉴赏能力和一定的写作能力。

表 2-6　外国文学系课程安排

学程	每周时数 讲授/习作/讨论	教学时限	学分	规定	应修年级
一年级英文A	6	一年	12	本系必修	一
一年级英文B	5/1	一年	12	中文系必修	一
一年级英文C	3	一年	6	理学院必修	一
一年级英文D	5/1	一年	12	教育学院必修	一
一年级法文A	4	一年	8	第二外国语各系任意选择一种，但外国文学系不得选择日文	一
一年级法文B	4	一年	8		一
一年级德文A	4	一年	8		一
一年级德文B	4	一年	8		一
一年级日文	4	一年	8		一
一年级英文作文	1/1	一年	4	本系必修	一
小说入门	3	一年	6	本系必修	
二年级英文A	3	一年	6	本系必修	二
二年级英文B	3	一年	6	中文系必修	二
二年级法文	4	一年	8	继续一年级第二外国语必修	二
二年级德文	4	一年	8		二
二年级日文	4	一年	8		二
二年级英文作文	1/1	一年	4	本系必修	二
英诗入门	2	一年	4	本系必修	二
戏剧入门	3	一年	6	本系必修	二
英国文学史	3	一年	6	本系必修	三

资料来源：《文学院学程一览表》，载《国立青岛大学二十年度一览》。

重视语体文能力，将之与文言文能力并重，在国立青大的招生考试这一环节就已体现。如1931年入学考试国文科目题目[①]：

神仙传曰中山卫叔卿常乘云车驾白鹿见汉武帝帝将臣之叔卿不言而去武帝悔求得其子度世令追其父度世登华山见父与数人博于石上敕度世令还山层云秀故能怀灵抱异耳山上有二泉东西分流至若山雨滂湃洪津泛洒挂溜腾虚直泄山下（水经注）

第一题：加新式标点符号

第二题：将前题改成语体文

第三题：作文：理想的大学环境（文言或语体任意）

二年级转学理学院、教育学院国文卷题目：

一、改成语体文

造物能翕物能张物时当元亨则种粒可舒为寻丈时当利贞则葳蕤可收于弹丸夫松柏之子大不蹄于茸菽而函参天拂云之气性鹰鸢之卵小仅如弹丸而具摩宵凌风之羽翮虽有圣智孰能晰其所以然乎（叔苴子）

二、作文（文言语体均可）

写给欧美各国大学生的一封公开信

二年级转学中文系、外文系国文题目：

一、左方一诗试改成语体散文

纤者尻益高蟾蜍钝爬沙篙师跌膊熊又若曝肚蛙一上复一上舟如缘边虾游游竟尺寸终见舌胜牙哀哉水不平民劳致堪嗟万一缆中断倒冲宁救邪念昔榜铜水滩更多于麻裸挽冰雪底髀骭红瘢瘢锥刀利能几不给半筋奢努力濆阳船腰环犹可夸（郑珍　观上滩者）

二、作文（文言语体任意）

忏悔

从这些国文考试题目中对语体文的要求，可以很明显地看出，曾任清华大学文学院院长兼中文系主任的杨振声来到国立青大后，将新文学教育的理念贯彻得比较深入。

三、"新文学"教师对学生的影响

在国立青大重视新文学创造的环境中，具有新文学创作实践经验的教师对学生的写作有着深刻影响。

[①]《国内各大学二十年度入学试题调查（续）　三、国立青岛大学》，载《学生杂志》1931年第12期，第119—131页。

文学院的教师多为中外古今文学兼通者。闻一多担任中文系的中国文学史、唐诗、文学名著选读课，给外文系上英诗入门课，既讲中国古典诗歌又讲英国诗歌，给学生勾勒出一种中西结合的诗歌知识体系。为给学生示范如何写作散文，闻一多专门写了《青岛》一文。文章充满诗意灵性，如同一幅精美的画卷，这是他一生中仅有的一篇抒情写景散文。他还在大礼堂给学生朗诵他的新诗，从《死水》中选了六七首，其中《罪过》《天安门》最受欢迎。"他那不十分纯熟的国语用沉着的低音诵读"，节制、流畅、自然，新格律诗的美受到学生的欢迎，也使"平素不能欣赏白话诗的朋友，那天听了他的朗诵也一致表示极感兴味"[1]。闻一多还很注意发掘新诗年轻作者，在中文系里他最欣赏臧克家。[2]

梁实秋讲授英国文学史、文艺批评课程，他知识渊博，语言精确形象，"如果记录下来，就是一篇组织紧密、内容充实的论文，课后重温它，确又够学生思索两三个小时的"[3]。

外文系的一些教师在外国文学研究和翻译领域已有不小建树。如赵少侯翻译有法国作家莫里哀的《伪君子》、莫泊桑的《羊脂球》等作品。他中文、法文造诣皆高，译文酣畅淋漓、平淡深远，既忠于原著又有中文的艺术特点，懂法文者如读原著，不懂法文者似学中文范文。[4]赵少侯"既是老师又是文学上的朋友"[5]，讲课比较受学生欢迎，曾为学生作法国作家都德作品《最后一课》的讲座，他翻译的此文后来被选入中学课本。费鉴照在教学之余，进行英诗翻译，著有《浪漫运动》一书，闻一多曾给他的评论集《现代英国诗人》一书作序。费鉴照在同时期研究英国诗人济慈的群体中成绩最为突出。

在国立青大，毕业于国立北平师范大学英语系、在教务处任事务员的吴伯箫，结识了杨振声、闻一多、梁实秋这些新文学人物，与一见如故的臧克家也结下了友谊。他"梦想以写作为业，挤进他们的行列"，"坐办公室的空隙里跟着他们写点短文。缔有半年时间，曾有三五熟人定期聚会，各带小说、诗或散文，大家传着品评议论，彼此推敲。这就自然形成了鞭策与鼓舞，各自拼命下功夫，互争下一次聚会时的一点进步"[6]。他写下了《海》《海上鸥》《阴岛的渔盐》等散文，从国立青大出发，吴伯箫成为一代散文大家。

---

① 梁实秋：《谈闻一多》，《梁实秋散文》第一集，中国广播电视出版社1989年版，第422页。

② 梁实秋：《谈闻一多》，《梁实秋散文》第一集，中国广播电视出版社1989年版，第424页。

③ 王昭建：《追思梁实秋和洪深先生》，山东省政协文史资料委员会编：《悠悠岁月桃李情——山东大学九十周年》，中国文史出版社1991年版，第103页。

④《赵少侯》，关纪新编：《满族现代文学家艺术家传略》，辽宁人民出版社1987年版，第99页。

⑤ 臧克家：《我的祝辞——庆祝母校建校五十五周年》，《臧克家全集》第五卷，时代文艺出版社2002年版，第430页。

⑥ 吴伯箫：《无花果——我的散文》，载《文学评论》1981年第5期。

臧克家受闻一多诗歌理论和风格的影响，开始探索格律诗创作。他说，"我是在认识了闻先生后才读他的诗的，一读就入了迷。他的《死水》我几乎全能背诵，我用它折服了自己，也用它折服了许多顽固的心。""我常常捧着自己值得一看的诗去向闻一多先生求教。……他告诉我这篇诗的好处。哪个想象很聪明，哪个字下得太嫩等。他会在好的句子上划个双圈。""在和闻先生交谈时，有时他的助手陈梦家也在座。""我永远也忘不了梦家对我的帮助，和他谈诗的结果，我更知道了怎样去展开想象的翅膀。我和他对人生的看法虽相反，但他耀眼的才华，美丽的诗句，也着实打动了我的心。""闻先生对我写诗用劲鼓励。把我写的《难民》等拿到《新月》月刊上发表，可以说是我的诗作在有名的文学刊物上发表的开始。"[①]九一八事变后，臧克家写下《忧患》一诗，诗作哲理性强，又兼有闻一多提倡的建筑美、音乐美和讲究的格律。他之后发表的《罪恶的黑手》，除了思想和哲理性进一步升华外，音乐美、建筑美和旋律美更加讲究，达到内容和形式的和谐统一，是五四以来新诗创作中的上乘之作。在闻一多的指导下，臧克家逐渐形成自己的诗歌风格，开始受到文学界的关注，成为现代文学史上重要的作家。

沈从文讲课没有程式，没有讲义，即兴漫谈多。他"上课，声语低，说得快，似略有怯意"[②]。住在八关山麓，随时可见到大海，写作的速度也快。他从不给学生出命题作文，而是自由写作。他的长处不在讲，而在改，对自己的文章一改再改，对学生的习作更是百改不厌，写的批语常常比作文还长。[③]对不错的学生作品，沈从文也会推荐发表。不过不是所有学生都能领会到不善言辞的老师之苦心，一年下来，来听课的学生由25位剩至5位，其中两位是旁听生，一位是外语系1930级的王弢（又名王林），一位是中文系旁听生李云鹤。听课一个多月，王弢就尝试着用沈从文讲的方法写了一篇短篇小说《岁暮》。这篇表现农村劳动妇女不幸命运的小说，充满了北方底层妇女的悲哀。选材与创作方式正是沈从文在教学中提倡的"用各种官能向自然捕捉各种声音、颜色和气味，向社会中注意各种人事"的写作理论，作品中透露出的健康意识、淳朴风格和严肃态度，也是沈从文所倡导的美学思想的展现。经沈从文介绍，《岁暮》发表在《现代》月刊。

实际上，"创造新文学"的导向，重在多重因素融合后的结果。臧克家、王弢得益于老师的直接指导，1931级外文系学生郭良才则是经常从图书馆借阅大量中西小说，从而

① 臧克家：《祖国万岁母校千岁》，载《光明日报》2001年9月28日。
② 臧克家：《悲愤满怀苦吟诗》，载《新文学史料》1980年第3期。
③ 汪曾祺：《沈从文在西南联大》，《星斗其文，赤子其人：回忆沈从文先生》，河南文艺出版社2020年版，第49页。

接受了进步思想，成长为一名进步作家。[1]这也是杨振声追求中西融合，引导着往创作路上走的一个教育良果。

第四节　理学院厚筑学术之基

有留日、留美经历的理学院院长黄际遇，有留欧经历的化学系主任汤腾汉、物理学系主任蒋德寿、生物学系主任曾省，他们的教育救国、科学救国思想与情感相通。理学院各系教师虽不多，开展起教学和研究工作来却十分扎实，把"理科为基础"的意义不断发掘并赋予丰富的内涵。

黄际遇是中国数理学科教育的先行者，他对自然科学在人类社会和国家发展进程中的作用有着深刻认识，有成熟的教育教学思想，特别是对数理学科的重要作用有透彻的认识。"国家所需要，教育实占重要部分，而数理学科在教育上之重要，明者自知。"数理学生应当"为数理拓前途，为国家固基础"[2]。他希望学生能在规定时间内获得充实正确的学识，养成读书的能力，具备研究的资格。教师所采用的教科书或讲义，也必须能使学生具有整顿思考力与创造真理之精神，不能仅以记诵知识要点为目标。他主张教师不能只是诵读课本讲义之章句，或仅仅略为扩张，到考试时缩小课程范围，多出记忆性的题目，而是上课前要充分预备，细思教之为何、教之如何、何为教之，即目的、方法、理由三事，讲解时要提要钩玄，引人入胜，以论理为方法，以真理为归宿，虽不能尽用启发式而时时不忘以启发为发明之意。这些要求"无非欲使学生之知识确实，养成其研究及创造之精神而已。"[3]

从黄际遇个人丰富开阔的学养看，作为理学院院长，必然对教师有较高要求，特别是要聘到能够真正启发、培养学生创新精神的老师，这殊为不易。因要求高，也使得第一年数学系教师只有黄际遇一人，物理学系仅有年轻讲师王普，化学系只有系主任汤腾汉，生物学系仅有年轻讲师秦素美一人。虽然教师人数少，但他们在课程设置、教学安排、学生课外学术训练上的要求并没有降低。

对于理学院课程设置，黄际遇认为要本着巩固各学系根本知识之基础，顾及时代环

---

① 参见郭根：《1931年青岛大学日记》，桂国强、蔡晓滨主编：《良友》12辑，文汇出版社2012年版。

② 黄际遇1919年5月25日在国立武昌高等师范学校数理学会欢送第二届毕业同学会上的演讲，载《国立武昌高等师范学校周报》1919年第14期。

③ 见1920年春黄际遇任职国立武昌高等师范学校所写《武昌高等师范学校数理部进行实况及成绩说明书》，武汉大学校友会编：《武大校友通讯》，2012刊刊印，第55页。

境，最低限度能与各姊妹大学并辔齐驱，教与学两方面人的才能各有充分发展可能。必修课程逐年或隔年开班，选修课酌情开班。第一、二学年必修课占大部分，第三、四学年选修课占大部分。学校规定文学院和教育学院学生要必修自然科学课程，根据实际情况，理学院开列出普通高等数学、普通物理、普通化学、普通生物学课，使得学生在一年之内获得各科要领及改观，"这是暂时离开学术立场，纯然为教育设施上的一种贡献"[①]。强调打基础、重学术的教育理念，为国立青岛大学理科人才的培养奠定了深厚基础。

理学院设有数学、物理、化学、生物四系。学院共同必修课程是国文、英文、第二外语、社会科学，英文需连修两学年，第二外国语需修三学年。

数学系学生需要完成本系的必修课17门，必修物理学系的普通物理、高等力学课2门，并在28门选修课中选修。1930年刚成立时，因师资不足，黄际遇一人就承担了微积分、代数解析、立体解析几何、数学演习4门课程。1931年后，两位年轻讲师宋智斋、李先正到校，课程开设也越来越完善。

黄际遇非常重视打牢基础，数学系每个年级的课程设置皆是为下一步学习更精深的课程作准备。一年级的数学演习课，就是为巩固数学基础，驯熟计算技能及富于应用已有之能力起见特设，取材于初等数学及本年级所习各科，广设演题，而且特别注意讨论，以养成学生细密的推理能力。二年级的演习及初等论文选读课，继续演习较难及推理较细密问题，取材于二年级各课程，又采择适当初等数学论文，指导攻读批评。三年级的高等数学演习及论文选读课，四年级的高等数学演习及论文指导课，层层递进，使学生在毕业时能够完成数学论文的写作，具有研究能力。一年级学习微积分，是为进攻高等微积分及函数论的基础，设代数解析课是为学习三、四年级近世代数准备。二年级的高等微积分是学习过初等微积分后进攻高等数学的津梁（表2-7）。[②]从数学系课程纲要中的说明，可充分看出课程设置的科学性、逻辑性。

表2-7　数学系开设课程

课程	应修年级	每周时数	教学年限	学分	说明
数学演习	一	2	一年	4	本系必修
微积分	一	3	一年	6	数学、物理、化学系必修

① 黄际遇在总理纪念周上的报告《数学教育之估价测定法》，载《国立青岛大学周刊》1931年6月1日。
②《理学院各系课程纲要》，载《国立青岛大学二十年度一览》。

续表

课程	应修年级	每周时数	教学年限	学分	说明
代数解析	一	2	一年	4	本系必修
立体解析几何	一	3	半年	3	本系必修
高等混合数学	一	3	一年	6	化学系必修，其他系选修
演习及初等论文选读	二	2	一年	4	本系必修
高等微积分	二	3	一年	6	数学、物理学系必修
近世代数学	二	2	一年	4	本系必修
微分方程式	二	2	一年	4	数学、物理学系必修
应用数学	二	1	一年	2	化学系必修
高等数学演习及论文选读	三	2	一年	4	本系必修
复数变数函数论	三、四	3	一年	6	数学、物理学系必修
近世代数学	三、四	2	一年	4	本系必修
群底下之微分方程式	三、四	2	一年	4	本系必修
高等数学演习及论文指导	四	2	一年	4	本系必修
实变数函数论	四	3	半年	3	本系必修
代数的数论	四	3	半年	3	本系必修
偏微分方程式论	四	3	半年	3	本系必修
变分学	四	3	半年	3	本系必修
三角学及复数学	一	3	半年	3	选修
弧三角	一、二	3	半年	3	选修
初等几何学通论	一、二	3	半年	3	选修
近世几何学	一、二	3	半年	3	选修
测量	一、二	3	半年	3	选修
几何作图论	一、二	3	半年	3	选修
高等解析几何	二、三	3	半年	3	选修
定积分之理论	二、三	3	半年	3	选修
连分数之理论	二、三	3	半年	3	选修
方程式之理论	二	3	半年	3	选修
行列式与矩阵	二、三	3	半年	3	选修

课程	应修年级	每周时数	教学年限	学分	说明
高等近世几何	二、三	3	半年	3	选修
数论	二、三	3	半年	3	选修
统计学及最小二乘法	二、三	3	半年	3	选修
天体力学	三	3	半年	3	选修
椭圆积分	三	3	半年	3	选修
代数不变式	三、四	3	半年	3	选修
双曲线函数与 Gudermann函数	三、四	3	半年	3	选修
微分几何学	三、四	3	一年	3	选修
四元论	三、四	3	半年	3	选修
Galois方程式论	三、四	3	半年	3	选修
向量解析	三、四	3	半年	3	选修
非欧几里得几何学	三、四	3	半年	3	选修
椭圆函数	三、四	3	半年	3	选修
一般解析	三、四	3	一年	6	选修
积分方程式	三、四	3	半年	3	选修
线性代数	三、四	3	半年	3	选修

资料来源:《理学院学程一览》,载《国立青岛大学二十年度一览》。

化学系1931年后增加了傅鹰教授、黎书常讲师。系主任汤腾汉重视科学研究,要求教师在教学之余每年完成一两个科研项目,以提高学术水平和教学质量。他重视学生的理论基础学习,亲自讲授一、二年级重要课程,并别开生面地开设无机化学和有机化学的讨论课,以培养学生思考问题、分析问题的能力,还特别注重理论联系实际能力的培养。化学系有必修课10门,另需必修数学系高等混合数学、应用数学课2门,还开设选修课15门。一年级的普通化学是基础,讲授化学上之重要原则及各种化合物之性质用途,实验重要金属及酸类之反应与分析法。二年级的有机化学课讨论有机化学之系统构造式综合法及各种有机化合物之来源制法特性用途等。汤腾汉很注重化学与生产的结合,三、四年级课程实践性较强,尤其是开设的选修课,充分考虑了社会需要和学生的择业方向。课程见表2-8。

表 2-8　化学系开设课程

课程	应修年级	每周时数	实验	讨论	教学年限	学分	说明
普通化学	一	3			一年	9	生物、物理学系必修，其他选修
化学实验	一		12		一年	9	本系必修
定性分析化学	一	1			一年	2	本系必修
无机化学	一	3			一年	6	本系必修
有机化学	二	3			一年	6	化学、生物学系必修
化学实验	二		12		一年	6	本系必修
定量分析化学	二	1	4		一年	2	本系必修
理论化学	三	3			一年	9	化学、物理学系必修
化学实验	三		12		一年	9	化学系必修
化学讨论	三、四			2	两年	8	本系必修
实验室研究及论文指导	四				一年	16	本系必修
毒物化学	三、四	2	8		半年	4	选修
食物化学	三、四	2	8		半年	4	选修
农业化学	三、四	2	8		一年	9	选修
法庭化学	三、四	2	8		一年	9	选修
药化学	三、四	2	8		一年	9	选修
商品检验化学	三、四	2	8		一年	9	选修
显微化学	三、四	2	8		半年	4	选修
无机物制法	三、四	2			半年	2	选修
高级无机化学	三、四	2			半年	2	选修
热力学	三、四	3			半年	3	选修
化学史	三、四	2			半年	2	选修
生理化学	四	2	8		半年	4	选修
胶质化学	四	2	8		半年	4	选修
电化学	四	2	8		半年	4	选修

资料来源：《理学院学程一览》，载《国立青岛大学二十年度一览》。

化学系对学生学业管理极为严格。傅鹰教授常谓"不严不足以示爱",他主讲一年级无机化学、分析化学和三年级物理化学,"教学深入浅出,初学之易懂易会,复学之回味无穷。规定交作业超过时限即不收,令学生不敢稍有懈怠,皆刻苦攻读,一应考试,凡傅教授所授课程,同学比比良好优秀"①。"他的课比清华张子高先生所教的普通化学高明得多。那时有高年级学长指教私下需加读美国大二化学教本才能在傅先生班上取得高分。"②

化学系重视培养学生动手能力,鼓励多做实验,实验课的学分也比较高。一年级的化学实验课程为定性分析实验,除试验各种混合物以资练习外,特别注重各种原料工业品及矿物等分析。二年级的化学实验为定量分析实验,除实习容量重量电力等分析之各种方法外,尤注重各种原料工业品及矿物等分析。三年级的化学实验课程为有机化学实验,涉及有机化合物的制造、综合法、有机燃烧定量、有机定性等。三、四年级有化学讨论课,四年级有实验室研究及论文指导。最初化学系的设备较为简便,只能勉强做定性分析,系主任汤腾汉提请增加仪器设备和实验分析所用药品试剂,得到学校的支持,且逐年增加国外进口的最新设备和化学纯试剂,给师生的学习研究以相对优越的保障。到1933年科学馆建成后,化学系有普通化学、定性分析、定量分析、有机化学分析、物理化学分析、药物化学等七个实验室,以及图书室、阅览室。"汤先生不时到一年级定性分析实验室视察,回答实验上较难的问题。"③

化学系重视培养学生的研究能力。四年级学生要依据个人兴趣做实验室研究工作,由教师指导,结果作为毕业论文付印公布,否则不能毕业。化学应用性强,汤腾汉就到各地联系实习场所。学生大三学期结束必须到工厂实习,通过实地调查选定毕业论文方向,并结合兴趣爱好,使得毕业后能具有相应专长。他要求实习报告不得敷衍了事,须给予改良意见及步骤,作为毕业论文提交,每年都会有因论文不及格而推迟毕业的学生。三年级学生必作课外较简易的实验室研究工作,由教师指导;二年级成绩优良的学生,做初步的课外研究,结果亦发表本系实验室报告。实验室工作时间是8至18点(除星期日和法定节假日外),学生往往在规定时间外仍继续在实验室工作,教师除指导学生外,也经常在实验室做研究。在汤腾汉倡议下,实验室的实验报告,每年都汇集成册出版,每册10篇左右论文,引起学术界的注意。

---

① 赵元祥:《忆傅鹰教授》,山东政协文史资料委员会编:《山东文史集萃》(修订本)下,中国文史出版社1998年版,第233—234页。
② 何炳棣:《难忘的山大一年》,山东大学青岛校友会编:《山东大学(青岛)人物志》,海洋出版社1991年版,第204页。
③ 何炳棣:《难忘的山大一年》,山东大学青岛校友会编:《山东大学(青岛)人物志》,海洋出版社1991年版,第204页。

在鼓励研究的氛围下，化学系学生学业表现极为优秀。汤腾汉指导的学生郭质良、谢汝立，从山东各地收集20多种酒曲样品，经过分析比较，找到一种高效酵母并将其应用于酒精生产，其效力相当于当时德国著名的菌种；学生徐植婉的《益母草的化学研究》、赵幼祥的《威灵仙的化学研究》、曾在因的《川贝母的化学研究》、赵元祥的《酸枣仁的化学研究》、罗瑞麟的《斑蝥虫的化学研究》等论文均发表在化学或药学杂志。傅鹰指导学生勾福长作《活性炭的吸附作用》论文，发表后即应用于工业，此项成果填补了我国原料上的空白。"先生崇尚埋头苦干，每逢课余，诸同学主动进入实验室做课题实验，先生亦常亲临指导。实验室即为科学攻关之阵地，亦成师生交融之场所，其学术氛围之浓烈，情感交流之融洽，常令众人废寝忘食，乐而忘返。"[1]化学系这种学习和研究氛围给1933年考入的学生何炳棣（一年后转学清华）留下深刻印象："化学系可能是当时全校最坚强的一系。""记得最后几周学习如何化验矿石，从磨粉、溶解以至如何分析无法溶解的渣子，工序和难度都超过清华大一的定性分析。"[2]重视实验和研究，并注重应用，使化学系学生得到了很好的学术训练和应用能力的培养。

1930年物理学系初创时，仅有王普一位讲师和一位实验技师。1931年物理学系主任蒋德寿、讲师郭贻诚到校后，教师和助教共有6人，设备虽简陋，但课程开得较全。

物理学系的设置目的，一为培养理工基础，二为探讨近代物理学之新发展，三为适应环境之需要，在可能范围内，选授数种应用物理课程。物理学系学生要修11门物理学系必修课，4门数学系必修课（微积分、高等微积分、微分方程式、复数变数函数），2门化学系必修课（普通化学、理论化学），12门选修课，由4位教师讲授全部物理课程和实验课。除教学外，教师绝大部分时间还需要建设系里的实验室和充实图书。

物理学系重视打基础，一年级普通物理为基础课程，为理工各系的基本知识。讲授物理各部之重要现象及定律，阐明物理基本观念及原理，实验则注重普通仪器之用法及精密度之考虑。成绩不满70分不得升二年级。淘汰率高，学生学习相当刻苦，质量较好。[3]课程见表2-9。

① 赵元祥：《忆傅鹰教授》，山东政协文史资料委员会编：《山东文史集萃》（修订本）下，中国文史出版社1998年版，第231—232页。
② 何炳棣：《难忘的山大一年》，山东大学青岛校友会编：《山东大学（青岛）人物志》，海洋出版社1991年版，第204页。
③ 郭贻诚：《忆抗战前后的山大物理系》，山东省政协文史资料委员会编：《悠悠岁月桃李情——山东大学九十周年》，中国文史出版社1991年版。

表 2-9　物理学系开设课程

课程	应修年级	每周时数	实验	讨论	教学年限	学分	说明
普通物理	一	4	4		一年	10	物理、数学系必修
力学	二	2		1	一年	4	本系必修
物性学	二	3	3		半年	3	本系必修
热学	二	3	3		半年	3	本系必修
电磁学	二	3	4		一年	6	本系必修
高等力学	三	3		1	一年	6	物理、数学系必修
热力学	三	3		1	半年	3	本系必修、化学系选修
光学	三	3	4	1	一年	8	本系必修
量子论	四	4			半年	4	本系必修
新量子论	四	4			半年	4	本系必修
高等物理实验	四	1	6		一年	6	本系必修
流体力学	三、四	4		1	半年	4	选修
弹体力学	三、四	4		1	半年	4	选修
理论声学	三、四	4		1	半年	4	选修
分子运动论	三、四	4	1		半年	4	选修
应用电学	三、四	3	4		一年	8	选修
电振动及电波	三、四	3	4		一年	8	选修
传热论	三、四	4		1	半年	4	选修
物理学史	三、四	4			半年	4	选修
X光线	四	4			半年	4	选修
理论电学	四	4		1	半年	4	选修
质射论	四	4			半年	4	选修
相对论	四	4		1	半年	4	选修

资料来源：《理学院学程一览》，载《国立青岛大学二十年度一览》。

生物学系成立时只有讲师秦素美一位教师，1931年秋曾省教授、沙凤护讲师到校后，开出的课程丰富了起来。学生除了要学习校、院共同课和本系必修及选修课外，还须到处采集生物标本，熟悉自然环境下的植物状态。生物学系还对高年级开出了海洋类选修课，三年级须选修藻类学，主要是海水和淡水藻类植物形态、生活史及分类，对青岛附近各地藻类采集、保存及研究较为注重；四年级须选修海洋学课，学习海洋成分、分布及海洋之物理与化学性质，特别注意海洋与动植物之关系。课程见表2-10。

表2-10 生物学系开设课程

课程	应修年级	每周时数	实验	讨论	教学年限	学分	说明
普通生物学	一	2	3		一年	6	生物学系必修，其他系选修
无脊椎动物学	二	2	3		一年	6	本系必修
脊椎动物比较解剖学	二		9		一年	6	本系必修
植物形态学	二	2	3		一年	6	本系必修
遗传学	三	2	3		半年	3	本系必修
脊椎动物分类学	三	1	6		一年	6	本系必修
组织学	三	2	3		一年	6	本系必修
昆虫学	三	2	3		半年	3	本系必修
植物分类学	三	1	6		全年	6	本系必修
生理学	四	2	3		半年	3	本系必修
卫生学	四	2			半年	2	本系必修
胚胎学	四	2	3		半年	3	本系必修
植物生理学	四	2	3		半年	3	本系必修
动物学研究 植物学研究	四				半年	6~10	选修其一
普通植物学	二	2	3		全年	6	选修
细胞学	三	2	3		半年	3	选修
经济植物学	三	2	6		半年	4	选修
藻类学	三	1	6		半年	3	选修
动植物技术学	三	1	3		全年	4	选修
植物生态学	四	2	3		半年	3	选修
进化论	四	2		1	半年	2	选修
海洋学	四	2			半年	2	选修
生物学史	四	1			半年	4	选修

资料来源：《理学院学程一览》，载《国立青岛大学二十年度一览》。

生物学系与理学院其他系一样，重视培养学生学术研究的兴趣和能力。学生从二年级起，就在教授指导下从事研究。重视海边生物的调查、采集和研究从1931年秋季学期开始已是生物学系的一个重要特点。师生通过采集，激发出研究的兴趣，取得了许多成果。①

生物学系注重海洋生物采集的理念与做法，在国立山大时期依旧得到坚持。几年下来，学校所积累的生物种类丰富、数量充足，为全国大学之所未有，不但本校师生使用，还为国内其他大学、青岛观象台、青岛水族馆等提供标本。

第五节　崇尚学术的校风初成

民国初期教育部把"研究高深学术"置于大学办学宗旨之中，经过近20年的实践，以学术为己任已成为中国的大学区别于其他社会机构的重要标志。作为国立大学，以学术研究推动民族振兴，是一种必然和自觉的选择。国立青大筹委会在第一次会议时，就确立"以学术研究为主体"的目标。②

一、校长倡导

杨振声对学术极其重视。1930年夏，学校尚未正式开学，在为山东培养中小学师资开办的暑期班中，就加入了"学术"因素。招生简章中开宗明义地讲学校为推进学术起见，"于暑假中与学者以集中讨论之机会，与学生以接近多数学者之便利，故成立此国立青岛大学暑期讲演班"，"聘请各研究所、各大学及各学术机关之专门学者为讲师，并聘请中小学教育专家若干人，组织一有系统之教育课程，专供中小学教职员暑期补习之需"③。

国立青大甫一成立就承办中国科学社第十五次年会。中国科学社全国注册会员中有55人参加会议，宣读论文24篇，涉及生物、医学、历史、文化、教育、物理、社会学等领域。蔡元培在大会致辞中强调，中国科学社的工作方法为发行科学刊物、养成科学人才、建设科学图书馆、出版论文专刊，强调要为中国培育科学人才。④会员代表竺可桢作《希

---

① 有关生物学系师生采集活动、研究成果的内容在"创设海洋学科"部分已有详细叙述，此处不再赘述。
② 《国立青岛大学委员会第一次会议记录》，山东省档案馆藏，档号：J110-01-0272-001。
③ 《国立青岛大学暑期讲演班简章》，载《国立浙江大学校刊》1930年第17期，第4—5页。
④ 《中国科学社第十五次年会开会词》，高平叔编：《蔡元培论科学技术》，河北科学技术出版社1985年版，第138—139页。

望科学也能说中国话》的致辞，提出中国要在科学上有所建树，必须从研究着手，光靠翻译、灌输科学知识是远远不够的。[①]蔡元培作《实验的美学》、秉志作《人类天演问题》的公开演讲。[②]中华农学会受山东省政府之邀，8月下旬借学校大礼堂举行十三届年会，农林学界著名学者汪希、许旋、牟钧德、凌道扬、曾济宽等到会并发表演讲。

因学术会允许学生自由参加，不少学生得以第一次接触学术，年轻的心里留下了科学、学术等严肃而充满希望的印象。1930级教育系学生王先进回忆，"蔡元培先生一进会场，所有人员倏声站立起来，悄无声息，我也站起来，只见蔡先生穿着一件米色杭纺大褂，徐徐走上讲台，用一口绍兴话讲美学，声音不大，举行缓慢，约讲了两个小时，全场人员寂静无声，可见蔡元培先生的威望何其大也。……下午演讲，一位先生穿白麻大褂，身材瘦削，满脸胡子，一口普通话，讲'我的恋爱观'，讲话时英语汉语蜂拥而至，这人是杨杏佛。还有秉志，开封人，讲生物学；竺可桢讲'太阳黑子与中国历史上的治乱'，他讲话快，如机关枪一样也是英汉皆迸出"[③]。

为在学校深植学术的种子，凡路过青岛的学者，杨振声都邀请到校作讲座。1931年1月从上海到北平的中华教育文化基金董事会编译委员会主任胡适路过青岛，就受邀在学校大礼堂作《文化史上的山东》演讲。这次演讲"就地取材，实在是高明之至，对于齐鲁文化的变迁，儒道思想的递嬗，讲得头头是道，亹亹不倦，听众无不欢喜"[④]。"他凭平时的素养，旁征博引，由'齐一变至于鲁，鲁一变至于道'，讲到山东一般的对于学术思想文学的种种贡献，好像是中国文化起源与发扬仅在于是，听者绝大部分是山东人，直听得醍醐灌顶，乐不可支，掌声不绝，真好像要把屋顶震塌下来。"[⑤]

听胡适演讲的王先进回忆，"他连孔孟一点边都不沾，一讲两个多小时。我听后思想变化很大。以前我是受古书约束的，听了胡先生演讲后转变为以己为主，组织研学"[⑥]。王先进于1932年转学至北京大学历史系，后来成为中国古代史、孔子思想研究专家。

1932年5月29日，章太炎受青岛市政府之邀来青岛，理学院院长黄际遇就邀请他来校作演讲。"大礼堂内即刻学生、老师济济一堂。在青大学子和老师们的殷切期望中，章太炎先生作了'行己有耻，博学于文'为主题的演讲。"[⑦]因九一八事件发生后不久，章太

① 竺可桢：《希望科学也能说中国话》，《竺可桢全集》第2卷，上海科技教育出版社2004年版，第55页。
② 《本社第十五次年会》，载《科学》1930年第12期，第2056—2058页。
③ 王先进：《古稀之年忆母校》，樊丽明、刘培平主编：《我心目中的山东大学》，山东大学出版社2005年版，第23页。
④ 梁实秋：《胡适先生二三事》，《梁实秋散文》第三集，中国广播电视出版社1989年版，第320—321页。
⑤ 梁实秋：《从听梁启超演讲到名人演讲》，载《传记文学》1998年第6期。
⑥ 王先进：《古稀之年忆母校》，樊丽明、刘培平主编：《我心目中的山东大学》，山东大学出版社2005年版，第23页。
⑦ 章太炎：《在青大演讲"行己有耻，博学于文"》（1932年5月29日），《章太炎全集》14卷，上海人民出版社2022年版，第452页。

炎抨击了国民党当局的不抵抗，他认为"救世之道，首须尚全节"，在演讲中讲到，"人能知耻，方能立国，遇难而不思抵抗，即为无耻，因知耻近乎勇，既不知耻，即无勇可言"。他激励青年学生增进人格修养，增强爱国之心。章太炎先生的演讲论述有理有节，逻辑严谨，借古喻今，慷慨激昂，受到了师生的热烈欢迎。[①]

除了邀请名家到校演讲，在校内，对教师重视创新与发明，对学生注重教学、社团活动中的学术导向，甚至在学校成立之初，杨振声就将总理纪念周大会变成学术演讲会，除校长外，汤腾汉、黄敬思、黄际遇等各院系负责人和老师经常作演讲，学校的学习和研究氛围逐渐得到培育、蕴藉。如1931年5月25日总理纪念周大会，黄际遇作《数学教育之估价测定法》的报告，1931年11月底黄敬思作《人格与教育》的讲演，1932年2月28日汤腾汉作《毒气及其防御法》讲演。这些做法在以后学校的各个历史时期都得以保留并发扬，孕育了学校崇尚学术的优良传统，这是中国海洋大学最宝贵的精神财富之一。

二、学术之风渐兴

在学校鼓励学术的氛围下，学生也纷纷成立各种研究性社团，交流学习和研究体会，并编辑出版刊物，得到校长和老师们的支持。

在院长黄际遇的倡导下，理学院数理学会于1931年春成立，黄际遇担任会长。学会以"增进数理智识、养成研究精神"为宗旨，注重实际研究方法，如自由研究、指定研究、问题研究。注意举行普通演讲和特约演讲，前者由本会会员轮流担任之，每两周举行一次，后者邀请名人及教职员演讲。会员除了数理两系在校同学，还有两系教职员。学会还出版有杂志，由教师担任指导，制定研究题目、审定研究内容、审阅杂志稿件。[②]黄际遇经常参加学会活动并作演讲，他在学会第四次讲演会上，作《由心理测验决定数学教育之价值》报告；在学会举行的法国数学家伽罗瓦（Galois）逝世百年纪念会上，报告纪念的意义，讲述葛氏一生之事迹及在数学上的发明，极为详尽。讲师宋智斋也在伽罗瓦纪念会上讲解方程式与群之关系及有限群之四种基本性质，"简明易解，使听者咸能领会"。[③]

杨振声极为重视学会活动。在数理学会成立第二年召开增补新会员大会时，除院长黄际遇、物理学系主任蒋德寿、化学教授傅鹰、数学系讲师宋智斋、物理学系讲师郭贻诚

---

① 章太炎：《在青大演讲"行己有耻，博学于文"》（1932年5月29日），《章太炎全集》14卷，上海人民出版社2022年版，第452页。

②《数理学会征求新会员》，载《国立青岛大学周刊》1931年10月19日。

③《数理学会消息》，载《国立青岛大学周刊》1932年6月6日。

均到会外，校长也亲自到会祝贺。[①]生物学系生物学会成立时，"到会者除该系全体同学外，还有杨校长，赵教务长，理学院黄院长，该系教授曾省先生，讲师秦素美先生、沙凤护先生及数理学会代表陈和均君"，杨校长和黄院长、曾教授致训词。[②]

生物学会成立后经常举行学术讲演，有的演讲结合采集到的海洋生物展开。在第三次学术讨论会上，"首由秦素美先生演讲中国吸血虫类Trematodes的研究，次由学生任树棣君报告青岛水栖昆虫之调查，用显微镜、摄影器及幻灯将各种微小之虫放大，照于墙上，以助讲解。听者极感兴趣"[③]。在第四次讨论会上，学生张奎斗演讲青岛的鲨鱼，约有20余种，因他"对于鱼类已有长时间之研究，近更得中央研究院自然历史博物馆鱼类专家方质之、王以康二先生之指导，进步更殊。演讲材料新颖，娓娓可听"[④]。在第七次学术讨论会上，教师秦素美讲四种血吸虫（寄生于鸡肠、蛙直肠、鳗鱼肠、海豚鱼肠），学生高哲生作《青岛棘皮动物》报告。生物学会仅在1931—1932年度就举办过学术演讲会10次。

化学系将理论与实践结合，除了平时注重学术研究，在系主任汤腾汉倡议下，还成立从事实际活动的化学社，以"扶助中国实验之发展而求学校与社会发生切实之关系为目的"为宗旨，服务于中国实业发展，强调"死于实验室与死于战场有同等光荣及价值"[⑤]。开展的活动主要有组织计分化验所、参观团、普通化学常识丛书出版组。他们为社会提供化验服务，并收取一定费用。化验范围包括工农业产品矿物之分析及鉴定，各种药品及毒物之化验，试验各种制造品的改良办法，试验各种原料及各种废物利用方法，以及其他化学检验。[⑥]

教育系成立有教育研究会，比较注重参观和调查，亦重视邀请专家来作演讲，如通过邀请青岛市教育局长徐崇钦到会演讲"现在青岛教育情况"，学生们进一步了解了青岛教育实际状况，"以证所学，裨益匪浅"[⑦]。教育学院成立后，即为学生的课外研究特设教育研究室，陈列各种日报及教育相关书籍，学生除了按时阅览参考书，还由教师拟定注意事项，分工合作利用报纸刊物搜集整理有关教育的资料。在学校重视学术的氛围中，教育研究会也转变为以研究教育理论及实际问题为宗旨，会员参加踊跃，以致需分教育行

①《数理学会迎新大会补志》，载《国立青岛大学周刊》1931年11月9日。
②《生物系生物学会举行成立大会》，载《国立青岛大学周刊》1931年10月12日。
③《生物学会举行学术研讨会》，载《国立青岛大学周刊》1931年11月23日。
④《生物学会消息》，载《国立青岛大学周刊》1931年12月28日。
⑤《本校化学社成立盛况》，载《国立青岛大学周刊》1932年1月4日。
⑥《化学系创办化学社》，载《国立青岛大学周刊》1931年12月28日。
⑦《教育研究会邀请青岛教育局长演讲》，载《国立青岛大学周刊》1931年6月1日。

政组、教育心理组、乡村教育组和教育理论组进行活动。学会聘请院长黄敬思和其他教授担任指导,研究问题由指导员选定或同学提出后讨论。①

各学院、学系在课程设置与目标上,均注重培养学生的研究能力,又成立有社团、学会,学校呈现出浓厚的学习和研究之风,以学术为本位的办学理念得到确立和巩固。

第六节　严格学业管理

一、杨振声的管理理念

辗转过几所大学任教的杨振声,对中国的大学在学生管理上存在的问题有深刻认识:大学中认真学习的学生有,混文凭的也有;有认真教书育人的大学,也有管理随意、混乱,对学生不负责任的大学。对自己执掌的国立青大,杨振声希望它是一个学生认真学习、教师认真教学的庄严学府。

杨振声说,现在有两种学校,一种大学是浪漫的,课程安排没有标准与次第,对学生管理松散无度。"今天高兴就上,不高兴就算了。甚至于一个学生在某校挂名而到另一个学校上课,或者一个机关做事。到了四年,也算一个学校的毕业生。小之学生不在教室,不在图书馆,不在实验室,不在体育场,却也不在宿舍,哪里去了呢? 在跳舞场、影戏园,或者到公园树底下谈恋爱去了! 在学校的时候,倒也蛮洽意,连校长教授职员们也都蛮自由,可是,毕业以后怎么样? 学无专长,习惯又养成浪漫的与懒惰的,没有可以在近代社会生存的能力。"杨振声说,毕业后学生有的奔走钻营变成政客流氓,有的恨天怨地,"建设国家的责任如何放到这样的人肩背上? 国家在这样的人手上,会不会强,会不会富,道德会不会高? 这样办学的人是在误人子弟,毁国家命脉"。他坚决拒绝这样误人子弟、误国误民的大学,"要矫正此弊,课程要有次第的组织,不能凌乱;学则要严格的执行,不得通融;学校一切行政皆严守规程,不能任便。学校的整个计划,也按着实际需要与经济情形依次的向前发展,学生生活也可以渐渐养成有纪律有规则、诚朴而坚实的向人生前途走去。久之全校的风气也因有纪律而整齐严肃,巍然是庄严学府。"②

校长杨振声这番话意味深长,切中时弊。视那些"浪漫的大学"为误人子弟,并上升到"毁国家命脉"的高度,再次展示出他作为校长的家国情怀和责任感,也是他奉行制度

---

① 《教育学会消息》,载《国立青岛大学周刊》1931年11月9日。
② 杨振声在总理纪念周上的校长报告,载《国立青岛大学周刊》1931年11月9日。

至上，从严治校，为国家培养有用人才的初衷，可谓用心良苦。

二、严格的学业管理

国立青大对学生学业管理要求甚为严格，这一点在学校补习班开办时即有体现。学生开学时学校就发给他们每人一张签表字，内中规定无论月考、期考，有一门主课、两门辅课不及格者，即予开除学籍。有些拿到表的学生并不以为然，认为自己不可能三门功课不及格。但第二年果然就有一个学生三门功课不及格，学校就勒令其退学。学生们也明白了学校的规定并非纸样文章，而是切实关系到自己学业能否完成的制度，从而在学习上更加勤奋了。[①]

1931年初，赵太侔接任教务长后，对学生学业管理不断加以规范，更趋严格。《学则》中规定：每学程平均成绩在60分以上为及格，必修课程有二分之一以上不及格则留级；不及格学程成绩在40分以上可补考一次，不满40分者不得补考；一学年内一学程上学期补考不及格，下学期只能留班试读，期中每次考试成绩均在60分以上者，可免于重读；凡不请假缺席者按旷课论，迟到三次作一次旷课计，旷课在每学程授课次数四分之一者不得参加学期考试并不得补考；每学期所习学程不满60分之成绩达共选学分的二分之一即令退学。[②]当时不少学校会在期末考试前预留出一段复习时间。1931年6月布置期末考试安排时，赵太侔在布告中规定：考前不停课。[③]意在让学生重视平时学习，不赞成考前突击复习应考。

对学生日常学习管理也有极严格的纪律，教授上课，堂堂都要点名，不仅教师点，教务人员也常到教室抽点。在考风考纪上，更是严格近苛。每学期考试都以"大会考"的形式，全体学生集中在大礼堂，考同样课程的要隔开座位，每个学生的前后左右都是不同的课程。试卷都是事前密封，临考前数分钟启封，监场的人也较多。一发现作弊，当场宣布扣考，逐出考场，并通知阅卷人，不管卷子如何，一律画零分。"大会考"时，到了考试时间，钟声敲过，门便落锁，迟到就当作缺考，没有成绩，会影响升级。学校还制定有严格的留级制度，有的学生甚至会留级两三次。严格，不仅是对有学籍的学生，旁听生期末考试成绩太差也会被勒令退学。"有人认为这不像对待大学生的办法，说什么国立青大是个

① 王先进：《母校的优良传统》，山东大学校刊编写室编：《山东大学建校五十五周年特刊》（1926—1981），1981年刊印，第33页。

② 《国立青岛大学学则》（1931），山东省档案馆藏，档号：J110-01-0353-009。

③ 《教务处布告25号》，载《国立青岛大学周刊》1931年7月13日。

大私塾。不管怎样，学生的学习是比较扎实的。"[1]

严格的学业管理规定，本质上是对学生重视平时学习的督促，重在学生平时对知识和能力的获得，而非期末的考试成绩。杨振声校长所说"庄严学府"，正是通过这些一点一滴行动养成的结果。

对严格管理学业，国立青大教师的态度是一致的。1931年7月2日，第23次校务会议讨论每学年必修科有三门不及格或全学年所修学科有二分之一不及格的学生如何处理，梁实秋等三位教师就主张开除。最后表决虽未采纳这个建议，但会议通过的学则修正案却有新规定：甲种特别生（先修、预科）在一年级各科成绩平均在八十分以上准升入二年级，不足八十分留级，不及格的退学，并不得入预科，也不发给学业证明；普通学生成绩在戊等为不及格，不给学分，不得补考，如是必修课则重修；必修课每学期有三门不及格或全学年有二分之一不及格，留级一年，四年中两次留级，即令退学。之后考虑到暑假缓冲，又作出规定：必修课不及格的重修，选修课不及格的不给学分，计算总成绩平均分时仍按戊等。教务处贴出的布告中，特别提醒学生：本校对学生成绩不惟计量，亦且重质。得分过低，减修，且重修不及格的学科，虽不留级也难届毕业。所以请不要以求不留级为已足矣。[2]

九一八事变后，鉴于学生中的不稳定情绪，学校对于旷课的处理更加严格：凡不请假而缺课者作旷课论，凡于某学科旷课满5小时者，不得参加该学科之学期试验，一学期中于所修各学科总时数旷课满20小时即令休学，均于本校学则明白规定，除请各教员上课时切实点名以资考核外，兹特重申告诫。[3]

"一·二八"事变发生后，国民党政府坚持"攘外必先安内"的错误政策，与日本帝国主义签订《淞沪停战协定》，再次引发民众的不满，青年学生更是感到亡国之痛，各地风潮不断。1932年4月，根据教育部指示，学校修订了《国立青岛大学学则》，其中规定：

开学后三日不注册，新生给予除名旧生令休学一年；全年学程有三种不及格或必修学程有两种不及格者退学；违反校规分别记过或令退学，记过满三次即令退学；一门课缺课三分之一或旷课五小时即不得参加考试；一学期总课程缺课三分之一旷课20小时，即令退学……[4]

相比1931年7月校务会议通过的《学则》第43条"必修课每学期有三门不及格或全学

① 柳即吾：《三十年代的山东大学》，载《山东文史资料选辑》第26辑，山东人民出版社1989年版，第35页。
② 《教务处布告25号》，载《国立青岛大学周刊》1931年7月13日。
③ 《教务处布告31号》，载《国立青岛大学周刊》1931年10月5日。
④ 《国立青岛大学学则》，载《国立青岛大学周刊》1932年4月4日。

年有1/2不及格，留级一年，四年中两次留级，即令退学"，这次修改后的规定，无疑是从制度上强迫学生把精力都放在学习上。学业管理由严格变为严苛，引起学生的普遍不满。

学校有统一的严格制度，各系还有各自的规定，如注重实践与理论结合的化学系，还要求三年级学生暑假必须进工厂实习。结束后要写出详细报告，并须注明应予改良的意见及其步骤，嗣后继续研究以作毕业论文，不准翻译或篡辑，必须是自己的研究所得，并且达到能在国内外有名杂志发表的水平，否则一律不准毕业。因论文不及格不能毕业的学生每届都会有几个。[1]

严格的要求，作用于用心学习的学生身上，必然会有优秀的成绩。1930级的学生，到1934年6月毕业时合格者53人，其中两人任督学、教育厅科员，20人继续从事研究工作（考入研究院担任助教、工厂技师），24人担任中学教员。[2]1931级学生毕业时，除部分理科生留校任教或充任技工外，大部分学生亦从事中学教学工作。[3]结合20世纪30年代"毕业即失业"是大学生的普遍状态这一情况，国立青大毕业生有如此良好出路，实属必然，也确实不易。

通过严格制度选拔的学生，会对学校的这份严格心存感念。1931级中文系的柳即吾毕业后担任中学教师，半个世纪后他回忆说："30年代的山大毕业生之所以成绩优异，与当时的教学认真，考试严密是有直接关系的。"[4]

不能否认的是，严格管理虽然出于校长和教师希冀学生安心学业的用意，但严格的程度应当与绝大多数学生的实际学习能力相适应。学校在日常学业的过程管理上已足够严格，在学生心理上必然会形成一定压力。国民政府又加强对学生运动的控制，而一再升级的管理措施，势必会在原本压力的基础上引发学生不满，一旦有导火索，就会爆发激烈冲突，从而导致学校和教师的希冀走向反面。

第七节　革命传统发展

一、抗日救国行动

九一八事变后，各地反日救国运动风起云涌。青岛虽已收回，但日本在经济、工业等领域依旧占据半壁江山，国立青大的学生平日经常见到日本人欺压中国人的罪恶行径，

---

[1] 勾福长：《化学系之过去及将来》，载《国立山东大学校刊》1946年12月28日，第4页。
[2] 《本校第一届毕业生职业调查：大部分就中等学校教职，仅有少数尚未调查清楚》，载《国立山东大学周刊》1934年10月8日。
[3] 《第二届毕业同学职业调查：大多数就中等学校教职》，载《国立山东大学周刊》1935年11月18日。
[4] 柳即吾：《三十年代的山东大学》，山东省政协文史资料委员会编：《山东省文史资料选辑》26辑，山东人民出版社1989年版，第35页。

九一八事变更令他们对倭寇暴行感到悲愤，敌忾之心不可遏止，纷纷走出校门，寻找抗日救国之路。

1931年9月30日，在中共青岛地下市委直接领导下，国立青岛大学党支部成立，1930级外文系王弢（又名王林）任书记，党员有1931级物理学系俞启威等。在民族危机已达到极点，国民党各机构大肆宣传听候国联调停、攘外必先安内的情况下，中共青岛地下市委书记李春亭指示青大党支部，要根据大多数同学爱国反日的要求和觉悟程度，由一般宣传走上实际行动，在实际行动中进一步提高群众的觉悟，明确指示"要求国民党政府对日绝交、宣战，要求蒋介石立即停止内战，出兵收复东北失地，是群众的迫切要求，也是每一个中国人民的权利和义务"①。学校党支部组织进步学生秘密散发中共中央号召全国人民自动武装起来组织义勇军抗击日本侵略者的传单。国民党政府的不抵抗政策，使学生们逐渐打破幻想，走上革命的道路。

10月1日晚，全体学生在大礼堂召开反日救国会成立大会，校长、教职员均到场。反日救国会以反抗日本暴行恢复我国主权为宗旨，选出15人组成执行委员会，1931级教育学院李仲翔（又名李林）为主席。大会决定即日发电京粤促和平统一救国，并通电通告全国一致行动。救国会成员纷纷上街宣传，揭露国民党政府的不抵抗政策，号召抵制日货，募捐支援东北义勇军。救国会还致电张学良将军，主张国内团结，对日宣战，后得到其回电：

江电敬悉。强邻暴行，耻大辱深，爱国挚忱，至为钦佩。守疆有责，敢惜捐躯，拜领箴言，倍忍共勉。特复。张学良庚。②

学生爱国行动兴起，学校管理层也开展了多种爱国、救国活动。10月7日举行校务会议扩大会，讨论军事训练课程增加军训钟点、组织青年义勇军和拨助费用、军事训练组改为军事训练部等事项，议案全部通过。③

学校成立了学生义勇军及救护队，由军事教员训练。加入义勇军的学生免习普通军事训练术科，未加入义勇军者另定操练时间，每次延长为一个半小时，分为一年级、二年级两组，军事训练并义勇军每周各有一次演讲。④虽课业不能耽误，但学生们仍然踊跃加入。10月10日青年义勇军举行宣誓式，青岛市党部代表到场监誓，校长杨振声和理学院

---

① 李林、王弢：《青岛大学两年三次罢课斗争简述》，载《山东大学校史资料》1983年第6期。
②《国立青岛大学周刊·反日特刊》，1931年10月12日。
③《第三十一次校务会议记录》，载《国立青岛大学周刊》1931年10月12日。
④《注册部布告》，载《国立青岛大学周刊》1931年10月19日。

院长黄际遇发表训词，"语均沉痛淋漓"①。义勇军宣誓词如下：

予敬宣誓，予以至诚，献身党国，雪耻御辱，抑强扶弱，终身不用日货，如违誓言，愿受重罚。②

青年义勇军及救护队"以发扬民族武德，献身国家，巩固国防为目的"。《青年义勇军及救护队组织章程》规定：义勇军和救护队员要严格遵守纪律，违犯者要接受严格惩罚；同时也要求军士和队员重视学习，成绩不及格者则被取消资格。③军事课教官对参加义勇军的学生要求非常严格，队员需要每日军训两小时以上，学习打靶等军事技术，并研究军事理论。

国立青大组织义勇军、成立反日救国大会的行动鼓舞了青岛市中等以上学校，他们也纷纷组织学生军，聘请专门人才加紧军事训练，准备杀敌，义无反顾。④

整个校园弥漫着浓厚的反日救国情绪，《国立青岛大学周刊》于10月特辟《反日特刊》，刊登有关满洲局势的文章。总理纪念周上教师演讲，学生组织各种活动，无不围绕着反日救国展开。杜光埙教授发表《日本出兵满洲后的国际形势》演讲，分析国际列强和国际联盟可能会对日本出兵满洲采取的措施，呼吁要靠自己的振作、自己的力量，救自己的国家。⑤杨筠如教授作《满蒙问题之中日两面观》演讲，梳理甲午海战后中日、中俄、日俄关系的发展脉络，指出满蒙是中国重要的经济和生存之地，国防意义极为重要，满蒙统一在中国疆域已有两千多年历史，决不能在我们手中被丢失，非誓死力争不可。同时他也指出日本轻视中国的三个地方：文弱、保守、缺乏一致对外，这正是中国被侵略的原因。他呼吁除了要加强国防，一致对外，更要思考被侵略的原因。从自己做起，一一去改革。⑥

10月下旬国际理事会作出决议，要求日本在11月16日以前将军队撤退到南满铁路区域内，但日方拒绝撤军，并于11月初大举进犯黑龙江。闻此消息，学校反日救国会于11月16日召集会议，决议电慰黑龙江省主席马占山，电请中央速派援兵急施接济，并代电全国一致声援。⑦给马占山的慰电如下：

---

① 《本校举行国庆纪念式及青年义勇军举行宣誓式》，载《国立青岛大学周刊》1931年10月19日。
② 《国立青岛大学周刊·反日特刊》，1931年10月12日。
③ 《国立青岛大学青年义勇军及救护队组织章程》，载《国立青岛大学周刊》1931年10月12日。
④ 《青岛大学成立学生军》，载《益世报》（天津）1931年10月10日。
⑤ 杜光埙：《日本出兵满洲后的国际形势》，载《国立青岛大学周刊·反日特刊》1931年10月12日。
⑥ 杨筠如：《满蒙问题之中日两面观》，载《国立青岛大学周刊·反日特刊》1931年10月30日。
⑦ 《本校反日救国会电慰马占山将军》，载《国立青岛大学周刊》1931年11月23日。三电为同一出处。

齐齐哈尔马主席钧鉴：

倭寇肆侵，义师奋击，敌人惊撼山之难，国家倚长城之重，杀敌前驱，赖将军之勠力，奋臂后援，实薄海之同心，共仰忠贞，坚持到底。

电请中央文如下：

南京国民政府蒋主席钧鉴：

倭侵黑省，马主席誓死抵抗，能尽守土之责，不违国民之意，惟独军无援，势不可久，请速派援兵急施接济，爰励忠勇，用固边疆，国家幸甚。

电全国文如下（部分）：

全国同胞钧鉴：

自国联十六号撤兵之议案传出，东三省日军之暴行益烈……马主席以边境孤军，屡挫顽敌，忠勇善战诚可敬，以少当众不可再。……迩来事态日急，国联依然袖手。祈佛已验无灵，终须恃诸己力。为备最后决心计，亦应拯此数万健儿，供为异日疆场上之周旋。本会前特电请国府，连饬主管长官，就近加派硬旅，驰援边疆。东隅已失，桑榆非晚，苟能保此半壁，亦以稍洗前耻。本会义勇军，环甲执戈，愿为前锋，苟有驱遣，请自隗始。所望全国各界，一致声援，联电当局，共为请命，则黑军幸甚，黑省数千万同胞幸甚。

全校师生为马占山军队孤军御敌忠义勇武所感，召开大会讨论慰劳部队将士办法，一致主张捐俸犒劳，当场捐款600余元。未出席会议者也有捐献。①

东北籍学生李云东、华芳、张麟阁、季鸣时、赵金堂、曹吉豫、关立藩、勾福长、李复初、郭质良、白元贞、张廷谧、高翔鸽13人因日寇入侵家乡，家园惨遭蹂躏，极为悲痛，联合呈请学校准予休学一年，赴北平谒见张治中副司令请求从军。校务会议准予他们保留学籍参军。全校师生为他们捐款，举行欢送会，很多同学前往车站送行。

除了直接上战场抗日救国外，还有许多学生逐渐加入中国共产党的队伍。俞启威、李仲翔、李香亭、李实谔在学校先后入党。1931级教育学院学生杨翼心通过参加反日救国大会走上革命道路，1942年加入中国共产党。国立青大成为他们走上革命道路的起点。

二、革命文艺活动

国立青大党支部根据中共青岛地下市委的部署，在学生中组织了"时事研究会""新文学研究会"以发动、组织群众，抗日救国活动先推动校内后扩大到社会上。俞启威曾经

①《本校教职员及学生捐款犒劳马将军部下军士》，载《国立青岛大学周刊》1931年12月31日。

在上海参加过"中国左翼戏剧联盟"直接领导的南国剧社，入学后与"剧联"领导成员取得联系，成立"剧联"青岛分盟小组，在校内联络同学，于1932年4月成立海鸥剧社，由王林担任社长。剧社的主要任务是利用戏剧形式反映当时国统区人民反帝反封建的革命斗争，积极宣传抗日救亡运动。海鸥剧社成员还有王东升、崔嵬、张福华、杜建地和李云鹤等十几人。

崔嵬是中文系旁听生，曾考入赵太侔创办的山东省立实验剧院学习戏剧艺术，后回到青岛，在《青风报》兼任记者。李云鹤是前山东省立实验剧院的学生，1931年秋来校，先为旁听生，1932年8月开始担任学校图书馆管理员。杜建地也是前山东省立实验剧院的学生，张福华是数学系学生，王东升是体育干事。剧社中不少成员都有现代剧的演出经验，他们在倡导新文学的国立青岛大学汇聚，开始了中国抗日题材现代剧的演出。剧社成立时，曾邀请教务长赵太侔担任社长，赵太侔没有同意，但默许学生在学校演出。校长杨振声在国立清华大学时，曾兼任过学校话剧团导演。[①]此时，他对学生的演出活动也采取了默认态度。

剧社成立后，赶排了两出话剧。5月28日，在学校大礼堂首场演出《月亮升起》和《工厂夜景》。"第一次公演当日，观众不下千余人，济济一堂，诚属空前盛举。而剧目表演均佳，恰到好处，颇得观众赞美。31日晚，剧社开茶话会，商量扩大组织努力排演，准备第二次公演。"[②]独幕话剧《月亮升起》是爱尔兰剧作家的名作，叙述一个革命者与警察作斗争的故事，在亡国命运迫在眉睫的当时演出此剧，引起观众的热烈反应。王东升饰演警察，张福华饰演革命志士。《工厂夜景》反映了惨遭压榨和剥削的上海产业工人的悲惨生活及其反抗斗争。男主角由俞启威扮演，女主角由李云鹤扮演。6月30日，左翼作家联盟机关刊物《文艺新闻》刊发《预报了暴风雨的海鸥》，热情赞扬这些演出活动。

1932年7月中旬，国立青大因学生风潮导致被整理易名，海鸥剧社暂时停止了活动。

---

① 杨起：《关于我的父亲——杨振声》，宗璞、熊秉明编：《永远的清华园》，北京出版社2000年版。
② 《海鸥剧社公演盛况》，载《国立青岛大学周刊》1932年6月6日。

第三章
学生风潮与学校易名

国立青大在两年中发生了三次风潮。一次因对学生的中学学历进行甄别引发；一次在九一八事变后，学生爱国热情高涨，几乎全体罢课到南京请愿；一次因学校根据国民政府教育部要求加强对学生的纪律和学业管理，出台更加严格的学业管理细则，引发学生罢课罢考，以致学生与学校管理层的矛盾白热化，数十名学生因被甄别而失学，杨振声校长辞职，一批教授离校，校内革命活动被迫停止，学校发展受到一次严重挫折。

第一节　反学历甄别风潮

1930年，国民政府教育部废止大学预科制度，规定只有新制高中毕业和大学预科文凭才能报考大学。1930年9月，开学不久，学校接到教育部审查学生入学资格的通知，在审查新生的证明文件时，发现有20多名学生持假文凭报考。

民国时期，学制多次修改，加上军阀分治，战祸连年，灾荒不断，山东的新制高中发展较为落后，学生情况各异，符合大学报考条件的并不多。虽有如此客观原因，学校在制度和感情之间，选择了严格遵循制度，对持假文凭报考的学生一律勒令退学，这个处理激起许多学生的不满。学生自治会以被辞退学生"多系贫寒子弟，一旦失学殊堪惋惜，且时届岁暮，转学无所，便推举代表向学校请愿，要求留这些学生补习，以资体恤，当局未允所请"①。不少学生认为，不管真文凭还是假文凭，既然考上了，就证明够入学资格，不应当开除。学生中有的在中学时期曾参加过反对国民党军阀混战的革命斗争，他们带着革命情绪考入国立青大，一遇到校方开除假文凭同学的事件，就立即投入战斗。②

12月3日，被辞退学生请求援助，学生自治会召开临时会员大会，议决4日起罢课，并在多处贴标语促学校管理层"觉悟"。4日，学生自治会通告中说，"此种不得已之苦衷，只有请各方予以谅解，同时并请全体会员注意，至此万不得已之举动中，只有严守秩序和道德以求圆满解决"。校方认为学生罢课一举属"越轨行动"，应照章上课，否则按规严办。③为处理学生的罢课风潮，当天，学校召开了成立后的第一次校务会议，议决"学生对于学校的任何要求须经过正当手续，不得竟自罢课以作要挟，应即布告全体学生即行上课，在未恢复上课之前任何要求不予置议；本校学生自治会未经合法手续组织，即属于违犯中央定章，又复干涉学校行政，应即布告全体学生周知。现在不合法学生自治会及其决议案均属无效，在合法自治会未产生之前，其有与学校接洽事件，概由个人签名负责方予接洽"④。

学生中也分为罢课和复课两派，他们之间发生了激烈冲突。被辞退学生和自治会学生以外文系王林为主组织起纠察队，手持当时童子军用的齐眉棍，站在教学楼前劝阻个别复课的同学。⑤复课同学以臧克家为代表组织了护校队（又称复课团），认为纠察队阻挠复课侵犯自己的自由，要求学校保障要求复课学生的权利，双方起了争执。⑥彼此"气势汹汹，几酿大祸"⑦。教务长张道藩急迫之下，以"共产党闹事"为名打电话叫来保安队。警察包围了校舍，罢课学生只得散去。⑧学校深恐事情扩大，5日再次召开校务会议进行长时间讨论，议决：用假证书学生，除已自请退学者外，其余遵照部章开除学籍，并限于下午5点前离校。在甄别假文凭事件中，因证书不实被开除学籍者13人，因鼓励风潮被除名者12人，因证书调查过程中自请退学者18人，共有43名学生被取消学籍。⑨

风潮发生后，张道藩因叫来警察而受到学生的攻击，很难继续在校，只得离去。教务长一职由外文系教授赵太侔接任。

①《青大学生罢课》，载《新闻报》1930年12月9日。
②王林：《二三次罢课风潮》，张绍麟、罗春茂、邱吉元编著：《青岛左翼文化运动》，中共党史出版社2005年版，第6页。
③《青大学生罢课》，载《新闻报》1930年12月9日。
④《青岛大学风潮之经过》，载《申报》1930年12月10日。
⑤王林：《二三次罢课风潮》，张绍麟、罗春茂、邱吉元编著：《青岛左翼文化运动》，中共党史出版社2005年版，第7页。
⑥张绍麟主编，中共青岛市委党史研究室编著：《20世纪30年代青岛左翼文化运动》，中共党史出版社2004年版，第8页。
⑦《青岛大学风潮之经过》，载《申报》1930年12月10日。
⑧梁实秋：《悼张道藩先生》，载《传记文学》1968年第1期。
⑨《向教育部提交教员学生履历表》（1930.12），山东省档案馆藏，档号：J110-01-0310-002。

历史地看,现代学制初兴时,值社会动荡,学生没有完整的新学制履历,应当给予理解;但学校招生布告中既已公开要求有高中毕业经历,报考时就应当遵守。制度、纪律是校长杨振声极为重视的,一再强调只有校长带头遵纪,师生亦遵纪,才能造就一个庄严学府。甄别风潮使学校人数减少1/4余,对于学校和学生来说,都是重大损失。但从长远看,又维护了学校制度的权威性,于从严治校、树立良好风气有益。

第二节 南下请愿学潮

九一八事变后,全国主要城市的大中学校学生纷纷走上街头,举行集会游行,发表通电,进行抗日宣传,建立抗日团体,要求国民党政府停止内战,一致对外,武装民众,出兵抗日。北平学生抗日救国联合会发表《为东三省事件告全国民众书》,呼吁全国兵农工学商联合起来,武装起来,打倒日本帝国主义,打倒勾结日本帝国主义的走狗。[①]文化界和教育界人士发表讲话和通电,创办刊物,严厉谴责国民党当局的"攘外必先安内"政策。

面对抗日救亡的浩荡形势,国民党政府将广大师生的爱国热忱和行动视为洪水猛兽而加以压制。事变发生一周后,教育部即对学生的救国运动规定了"七项要点",要求学生努力学业不得罢课,力戒浪漫逸乐,一切行动应遵中央意旨,遵守中央及政府颁定法规。[②]国民党中央于9月28日发布《中央告全国学生书》,肯定了学生爱国之情至殷,但希望学生能一心一德服从指挥,以为全国国民之倡,则国事必可有救。[③]

与国民党政府的保守与不抵抗相反,中共中央作出《中共中央关于日本帝国主义强占满洲事变的决议》,揭露日本帝国主义的侵略和国民党的不抵抗主义,号召全党同基层群众结成抗日反蒋统一战线,发动和领导群众开展反对日本侵略者和国民党反动统治的武装斗争。

10月,上海5000名学生赴南京请愿,要求停止内战,一致对外,收复失地。教育部为防范各地学生再到南京,多次下达训令,让学生安心完成学业,并饬令各地教育厅厅长、教育局长和校长切实负责制止。[④]在11月2日总理纪念周上的演讲中,校长杨振声只能遵

---

① 王道平主编,高培等编写,军事科学院军事历史研究部著:《中国抗日战争史》上卷,解放军出版社2005年版,第162页。

② 中央教育科学研究所编:《中国现代教育大事记》,教育科学出版社1988年版,第231页。

③《二十世纪中国实录》编委会编:《二十世纪中国实录》第2卷,光明日报出版社2002年版,第1899页。

④《国立青岛大学布告第69号》,载《国立青岛大学周刊》1931年11月6日。

照教育部指示，强调学校要有规章，校长带头遵守纪律和校务会议决议，学生也不能自由散漫目无校纪。但是校方的苦心良言终究无法平息年轻学生的救国热情。

国立青大学生对时局密切关注，他们被熊熊爱国热情燃烧着。中共青岛地下市委指示学校党支部，发动同学向抗日救国会提出赴京请愿，要求国民党政府立即出兵东北收复失地，并且计划把请愿运动扩大到全市全省。"'赴京请愿'的口号很能打动爱国青年的心，于是一经发动，就像火种引着干柴一样，很快地在全校范围内燃烧成了熊熊烈火。"[①]在俞启威、许星园、李林、杨希文、魏少钊等进步学生的组织下，11月29日，学生召开抗日救国大会，一致通过罢课到京请愿的决议，组建了一支由179人组成的请愿队伍。校长和不少教师反复劝阻，但无济于事。同时中共青岛地下市委发动各个中学学生支持和响应国立青大学生的请愿行动。

以杨振声为首的校方对政府在抗击日寇上的不作为也非常痛恨，但对学生的罢课请愿行为是一种矛盾心理。面对学生激烈的反日情绪，学校希望他们要遵守纪律。11月29日学生召开大会，杨振声、梁实秋等均到会。杨振声先以自己也曾是五四运动参与者谈爱国，又讲"青岛环境特殊，时代今非昔比，你们爱国不能超出学校范围，否则就是越轨干政，越学校之轨，干国家之政"。学生立即以"五四运动同是反对卖国条约，当今亦是国家民族处于危亡之际，只有比五四时代干得更壮烈才是"回复校长。他们高呼"反对丧权辱国的不抵抗主义"，要求国民党政府立刻对日宣战，收复东北失地。梁实秋解围说，应该听候国际联盟调查、仲裁结果，要相信公理能够战胜强权。学生群起而攻之，揭露国际联盟不过是帝国主义的分赃机关本质。后来因学生情绪激烈，杨振声和梁实秋等教师只得离开。[②]11月30日，学校召开校务会议，议决去南京请愿的学生控制在30人内，届时由教务处核准，但学生并未听从。

12月1日，由杨希文、魏少钊领队，请愿团计划从青岛挤火车到济南。因没有买票，杨希文、许星园率领同学到车站卧轨，以求到南京请愿。青岛市市长沈鸿烈为学生精诚所感，允许整队到南京。[③]每到大的车站，学生们便下车进行抗日爱国宣传，沿线铁路工人热烈支持他们的爱国行动，有的铁路员工鸣放鞭炮，泰安、徐州等地的学生还集合到当地火车站欢迎慰问。[④]

---

① 李林、王弢：《青岛大学两年三次罢课斗争的简述》，载《山东大学校史资料》1983年第6期，第61页。
② 李林、王弢：《青岛大学两年三次罢课斗争的简述》，载《山东大学校史资料》1983年第6期，第67-69页。
③ 王先进：《古稀之年忆母校》，樊丽明、刘培平编：《我心目中的山东大学》，山东大学出版社2005年版，第23页。
④ 李林、王弢：《青岛大学两年三次罢课斗争的简述》，载《山东大学校史资料》1983年第6期，第69-70页。

请愿团一出发，校方就电告南京政府。南京政府当局立即通知津浦沿线严加戒备。火车到济南车站，山东省主席韩复榘命令济南市市长带领军警在车站等候，表面上是"热情款待"，实际上是监视防范。有的同学出站吃饭，都有军警"监护"。

12月4日早晨，请愿团到达南京。国民党中央党部组织了大批人员在车站"接待"，并派军警严密封锁车站。请愿团整队出站，高呼着口号，游行到国民政府和国民党中央党部门前停下，向围观群众发表演说，宣传请愿目的：要求国民党停止内战，一致对外，团结抗日，收复失地。由于请愿团事先没有与沪宁各校学生取得联系，傍晚时只好随着国民党"接待"人员去往中央军校住下。

5日，请愿团分成几个小组，分头到国民政府、外交部、国民党中央党部等处送请愿书，陈述意见和要求。沪、宁等地学生和国立青大学生的先后请愿和游行，迫使蒋介石不得不亲自到中央军校大礼堂接见。蒋介石对请愿学生说："现在日本太强盛，中国太软弱，我们准备不足，不能跟日本作战；要是自不量力，一旦打起来，日本在三月之内就可灭亡中国。"蒋介石向学生承诺"三年之内如果不赶走日本，收复东北失地，当割我蒋某之头以谢天下！"①大多数同学对蒋介石的此番言论极为不满。在大家思想和情绪不稳定之际，请愿团突然接到青岛寄来的一封匿名信，大意是：请愿团要尽快回校，否则学校将给予严厉处理。这封匿名信引起了思想混乱和不安。由于事先没有考虑进一步的行动计划，又未想到与各校联系，采取联合行动，学生们便决定先去拜谒中山陵，然后回校。②

请愿活动客观上造成学业停误，正常教学秩序被打乱。对学生的"不遵守规则"，杨振声的态度是矛盾的。虽然教育部责令各学校劝阻学生南下，杨振声表面上不得不执行，但暗地里却拿出五百块大洋作为学生南下的盘缠。③请愿团学生回校后，学校召开校务会议，议决给带头的5位学生记过处分，但连被记过学生都认为"没关系，这是给教育部看的"④，可见，学生是了解校长对爱国行动的真实态度的。

作为一校之长，在政府命令迭至的情况下，没有阻止学生南下，杨振声自觉有失职守，"因学生屡犯校务会决议，破坏校纪，若严厉制裁，则恐挫了锐气，辅导也无效，校纪隳败，前途堪危"。12月6日，杨振声将校务交赵太侔代理，自己电告教育部辞职。辞职信

① 王林：《播种》，解放军出版社2009年版，第264页。
② 李林、王弢：《青岛大学两年三次罢课斗争的简述》，载《山东大学校史资料》1983年第6期，第71页。
③ 杨起：《怀念我的父亲》，李宗刚、谢慧聪编：《杨振声研究资料选编》，山东人民出版社2016年版，第142页。
④ 王先进：《古稀之年忆母校》，樊丽明、刘培平主编：《我心目中的山东大学》，山东大学出版社2005年版，第23页。

如下：

南京教育部李部长钧鉴：

本校学生179人为抗日事，签名赴京请愿，屡经劝导，俱无效果，临行时联名请假，未经准假，即行离校，已于本月2日出发，当经电达。此举揆之部令校章，皆难认许。惟其行动系激于爱国之热忱，加以惩处，则青年爱国锐气，有挫折之虞；不加惩处，则学校风纪不严，无维系之法。振声忝长斯校，处理无方，唯有恳请准予辞职，以重职责而肃纪纲，实为德便。①

教育部复电，不允辞职。

第三节　反对修改学则风潮

国立青大对学业管理日渐规范严格，但并不被学生完全理解。管理的日趋严格与学生参与政治活动日渐高涨之间的冲突越来越明显。

1932年4月初，国立青大新的学则公布，学生对其中第43条"全学年三门不及格或必修课两门不及格令其退学"的规定极为不满。"夫以各系课程复杂无绪，如理、教学院犹习诗词，文院学生必修数理，他若第二外国语经济生物等科实无论矣。试问一人之精力有限，能否顾此而不失彼？"②

中共青岛地下市委指示国立青大党支部以"反对学分制"为口号发动新的斗争，给校方以有力回击，从中锻炼群众，并配合全国的反日爱国运动总形势。支部（党员有王林、俞启威、李香亭等）讨论时认为，同学们虽然对新规定不满，但还没有发展到坚决抗拒，需要逐步提高斗争热情，先在各系各班酝酿，打好群众基础，壮大力量，待条件成熟后再开展斗争。6月中旬，支部组织成立国立青大非常学生自治会。支部有人主张召开全校大会提出罢课斗争的建议，经过讨论由各系各班分头通过罢课决议，又集合代表形成全校决议。③

非常学生自治会于6月16日向校方提出多项要求：请援各国立大学之先例免住宿费；修改学则中"全学年三门或必修两门不合格即令退学"条款；取消"不良"教员教授（即

①《青岛大学杨振声辞职》，载《申报》1931年12月15日。

②《国立青岛大学发生学潮，学生向校方提出四项要求未得确切答复》，载《青岛时报》1932年6月23日。

③ 李林、王林：《回忆青岛大学两年三次罢课斗争》，中国人民政治协商会议山东委员会文史资料研究委员会编：《文史资料选辑》第9辑，山东人民出版社1981年版，第130—131页。

撤换文学院院长闻一多[1]）；图书馆学术公开，不能以私人派别为标准；制定校徽。[2]非常学生自治会要求三日内答复，并公开校务会决议。校方认为不能受学生要挟，仍按照原定计划，于6月23日召开校务会议。

按校历，6月23日开始考试，学生再次提出于考试前召开临时校务会修改学则。学校认为校务会议在考试第一天召开，学则第43条的应用在考试之后，时间上并没有召开临时校务会议的必要。校长杨振声将学生的态度视为以罢课相要挟，"校务会讨论学则，必须自由的、客观的、审慎的讨论，不能在一种要挟之下开讨论会，那样便无从讨论，会更何必开！""这是个人的不幸，当了中国大学校长，不能不以身拥护这可怜的中国大学校务会议，而使连它这点自由都没有。所以既不必要也不能答应。"[3]

三日限期过后，非常学生自治会于22日组织大会一致通过罢课决议。学校要求23至28日正常举行期终考试，但到了23日，学生却无一人到场，而"校壁满贴标语，相率罢考"[4]。为避免风潮扩大，23日举行的校务会议议决提前放假，开学后再补考；对罢考最力分子钟朗华、曹高龄等9名非常学生自治会常委以开除处分；审查学则第43条。学校致电教育部简述风潮经过，当日即得到教育部回电：处置得当。[5]但学生们坚决抵制，开展签名活动，不达目的不回家过暑假，并计划组织游泳队、球队和读书会，坚持斗争，并定于24日招待新闻界。[6]

学校开除9名学生的决定，引起罢课学生更大激愤。他们认为罢课是全体学生的意见，何得少数学生受处分，于是集体到黄县路校长住宅"环逼校长"[7]，并提出：向中央力争经费，修改学则，撤换不良教员，不得惩罚少数同学。杨振声对此答复：第一点当能向教育部设法，学生如欲争经费，亦不必罢考，罢课罢考与争经费是相反的手段；第二点应交校务会议复议，已吩咐审查，复议前可暂缓执行；第三点名词难解，但学校当于学年交替之时力请适宜的教员，学校若不请好教员可不必办，这是学校最大的天职，用不到要求；第四点系校务会议决议，若有变更，需再经校务会议讨论。[8]学生又提出参加校务会

① 《青大学潮尚难解决》，载《青岛民报》1932年6月26日。
② 黄际遇著，黄小安、何荫坤编：《黄际遇日记类编·国立山东大学时期》，中山大学出版社2020年版，第9—10页；《青大学生自治会请求学校免收住宿费并请求取消新修正学则第四十三条及充实图书馆》，载《青岛民报》1932年6月18日。
③ 《杨振声谈青大学潮　考试是学生的权利不应放弃》，载《大公报》（天津）1932年6月30日。
④ 黄际遇著，黄小安、何荫坤编：《黄际遇日记类编·国立山东大学时期》，中山大学出版社2020年版，第13页。
⑤ 《青大校长杨振声抵京》，载《中央日报》1932年6月30日。
⑥ 李林、王弢：《青岛大学两年三次罢课斗争的简述》，载《山东大学校史资料》1983年第6期，第72—76页。
⑦ 黄际遇著，黄小安、何荫坤编：《黄际遇日记类编·国立山东大学时期》，中山大学出版社2020年版，第13页。
⑧ 《青大校长杨振声抵京　对记者谈风潮经过》，载《中央日报》1932年6月30日；《杨振声谈青大学潮　考试是学生的权利不应放弃》，载《大公报》（天津）1932年6月30日。

议的要求，杨振声严词拒绝。

24日下午、25日上午，学校连续召开校务会议，审查委员会报告审查学则结果，略有修正，改为"三门不及格者退学，两门不及格者留级一年，但不得留级两次。半年学程以每两种作一种记"，将9名学生的处分由开除改为休学一年。会议同意闻一多辞职。①

学生仍坚决要求不得处分少数学生，坚请学校修改学则，如不达目的就全体请求休学一年，与9名同学同受处分。学生代表要求杨振声出面会见，遭到拒绝。学生就请秘书长转告校长，限次日午前正式答复。面临此状，杨振声认为学生行动如同要挟，且于法理不合。学校亦当即采取强硬措施，于次日中午贴出布告，批准201名学生休学一年。②

新学则的规定是否过严？作为校长，杨振声素主严格。"也无非是督促青年多用点功，将来到社会上能力充足一些，找职业也就容易一些。意在督促学生勇进，但假使因期望过切，而学生又因以前基础差些，在入大学后虽努力犹不及的时候，这条学则也可以修改宽些，以后再渐渐的向严处办"③。他曾说过浪漫的真正受害者是学生，大家都遵守法纪，才能出现一个庄严的学府。至于对制度有什么意见，学生尽可联名向校务会建议，但必须要经校务会决议通过后才能执行。④显然，被愤怒情绪左右的学生并未按程序行事。

风潮至此，校方与学生均无回旋余地，学校正常秩序荡然无存。这次风潮声势大、影响广，引起多家报纸连续报道。教育部派山东省教育厅厅长何思源来校调停，在何思源尚未到校时，杨振声就离校赴南京，向教育部部长朱家骅报告学潮经过，并引咎面请停职处分。

南京政府对抗日救亡的工潮、学潮采取严厉态度。7月1日，下令解散了闹风潮的中央大学，予以整理。当杨振声到南京汇报情况后，行政院认为"学生此举，实属学纪荡然无存"，7月3日行政院会议下令解散国立青岛大学，当即饬教育部遵办。⑤教育部当天电令："青岛大学校长杨振声呈请辞职，应毋庸议。该校学生组织铁拳制裁团，实行罢课罢考，应即解散，听候整理。所有教职员重行聘任，学生重行甄别"，"现尚留校学生，应限于三日内一律离校，听候甄别"。⑥至7月8日，学校图书馆、礼堂、教室均已封锁，除十余人外，绝大多数学生都已离校。

---

① 《青大校长杨振声抵京　对记者谈风潮经过》，载《中央日报》1932年6月30日；《青大学潮尚难解决》，载《青岛民报》1932年6月26日。

② 《青大校长杨振声抵京　对记者谈风潮经过》，载《中央日报》1932年6月30日。

③ 《杨振声谈青大风潮　考试是学生的权利不应放弃》，载《大公报》（天津）1932年6月30日。

④ 杨振声在总理纪念周上的校长报告，载《国立青岛大学周刊》1931年11月9日。

⑤ 《部令青大学生　限三日内离校》，载《中央日报》1932年7月4日。

⑥ 《本校整理之经过》，载《国立青岛大学周刊》1932年9月12日。

俞启威、王林、张福华等进步学生依然坚持留在学校，编辑罢课专刊，并打算联系离校的同学，继续坚持斗争。当稿件编好，准备拿去印刷所时，他们遇到国民党便衣来校搜查。王林从后窗逃走，随即离开青岛前往上海，俞启威等闻风也离开了学校。[①]至此，反对新学则的罢课风潮宣告结束。

风潮因学生对严苛学则的不满而起。要求严格，出于师长们督促学业的用意，用心良苦。山东现代学制较落后，国立青大生源多为山东籍学子，学校领导层对学生情况熟悉，坚信有严格要求，学生才能得到好的知识和学术训练，就业之路才会顺坦，建设社会和国家才能有实力。杨振声、赵太侔是山东人，对学生有普遍的关爱，也有浓厚的桑梓之情。但也正因为学生基础较弱，学校要求过严，加之身处抗日救亡情绪高涨的时代环境，年轻学子势必将严格规则视为束缚和压迫。

在这场风潮中，校方和学生成为势难转圜的对立面。学校坚持制度为上的原则，并未成为全体学生的自觉；学校多次作出解释，并提出要按照程序来解决问题，但未被学生接受，清晰地显示出接受了西方现代理念的教育管理层与学生之间在认知和思想上的隔阂。在学生反映学则过严的初期，学校管理层未能充分警觉，直到学生诉求越来越多、不满情绪越来越高涨时，学校领导才匆忙应对，错过了沟通、妥协的最佳时机。

实事求是地说，学生抵制新学则造成的风潮是极其负面的。国立青大党支部遭到破坏，骨干分子被迫离开，党在学校的活动不得已停止；学校更名，校长易人，不少优秀的教师如闻一多、费鉴照、陈梦家等离职他就；60多名学生被取消学籍，失去求学机会。可谓直接损失严重，间接损失无以算计。留给后世的思考是苦涩的，也是深刻的。

第四节　学校被整理与易名

1932年7月10日，教育部聘定蒋梦麟（教育部部长）、丁惟汾（国民党中央委员）、朱经农（齐鲁大学校长）、傅斯年（中央研究院历史语言研究所所长）、赵太侔（国立青岛大学教务长）、何思源（山东省教育厅厅长）、王苑亭（军方代表）、王向荣（山东省财政厅厅长）、张鸿烈（山东省建设厅厅长）九人为国立青岛大学整理委员会委员，指定蒋梦麟为委员长，对国立青大进行整理。

目睹国立青大如此激烈的学生风潮，一直对无法介入校务而耿耿于怀的山东省省长

---

① 王林：《播种》，解放军出版社2009年版，第284—285页。

韩复榘也颇有想法。作为学校拨款主力的山东省政府，此时对这所被整理的大学未来命运握有了一定主导权。7月5日，山东省政府召开政务会议，议决"青岛大学每年由山东省库补助经费三十六万元，而其内容仅有文学院、理学院、教育学院等，与山东之需要多有未合。担任巨额教款而不能为全省教育谋整个需要上之便利，殊受人民之指责，故特向教育部建议，将青岛大学改为国立山东大学，亦在济南设农、工两学院"①。由此可见，山东省认为给国立青大拨付巨额经费，延误了山东省的整体教育计划，透露出对国民政府、教育部及学校未按照其要求设置学科和无法插手学校事务的不满。

对山东省的意见，行政院和教育部显然作了妥协。7月15日，蒋梦麟主持召开整理委员会，除朱经农、傅斯年、王苑亭外，其他委员均到会，杨振声列席。蒋梦麟报告中央命令国立青大整理的经过，征求大家的意见。杨振声报告风潮经过，王向荣、张鸿烈、何思源报告山东省的意见。整理委员会的决议基本依照了山东省政府会议的主张。

（1）变更大学名称：国立青岛大学改名为国立山东大学。

（2）变更院系组织：文、理两院合并为文理学院；数学、物理两系合并为数理系；教育学院停办，在文理学院内设讲座以便有志于从事教育事业者选修教育课程；在济南开设农、工两院，农院暂不收本科生，设研究、推广两部，研究山东主要农场之改良，设研究生若干人，须大学农科毕业，受教授指导从事研究，设农业传习所，专收农家子弟，改良农作；工学院设土木工程、机械工程两系，土木工程系以养成本省修筑道路建造房屋及整理水利等工程为主旨，机械工程系以养成管理工厂、机器修理、机械制造农具工具、修理汽车等工程师为主旨。本学年工学院招收一年级生，暂在青岛上课，明年移济；农学院亦明年开办。本年中国、外国文学系暂不招生，理学院及工学院各系招一年级生，在青上课，以节经费，下学年工学院移济。

（3）设甄别委员会甄别学生：以平时学业成绩及品行为甄别标准。尤其此次罢课罢考主动及平时学行不良者不再收入，并不给转学证书。由校方拟整理该校二年计划。②

7月18日，杨振声、赵太侔返回学校，着手甄别学生及聘任教员事宜。根据整理委员会的甄别要求，杨振声组织成立由杜光埙、汤腾汉、曾省、梁实秋、闻一多、黄际遇、郭斌龢、蒋迦安等人组成的甄别委员会，负责学生的甄别工作。7月20日，举行甄别委员会第一次会议。议决如下：

1. 补习班学生发给证书，得投考本校文理学院及工学院招生各系，并函各大学准予

① 《应山东时势之需求，青大改组山东大学》，载《京报》（北平）1932年7月17日。
② 根据《益世报》（天津）1932年7月17日发表的《青大整理会开会记》整理。

投考。

2. 教育学院学生，经甄别及补考及格者，得请求转入中国文学系及外国文学系肄业，其年级及学分，由系主任核定之，其有愿转入理工学院各系者，于必要时得予以转系试验，其不愿转系者作为退学，得发给修业证明书。经甄别及格而不参加补考者，二年级学生得请求发给第一学年修业证明书，一年级学生不发。

3. 文学院及理学院学生，经甄别及补考及格者，得继续在原系肄业，经甄别及格而不参加补考者，二年级学生得请求发给第一学年修业证明书，一年级学生不发。[1]

甄别结束后，共66人不及格，被开除学籍。[2]

8月4日，杨振声由青岛经济南赴北平，并于8月21日和29日两次提出辞职。尽管教育部一再挽留，但他去意已决。在给教育部部长朱家骅的致电中，杨振声说，青大改组大体就绪，院令即行，振声可去，且负疚在躬，万难长校。杨振声对友人表示："青大学潮虽为反对学则过严而起，而办学者不能不负处理无方之责。在清明政治下，学校解散改组，诚为当然，而校长独不受处分，岂得谓平？故政府不惩，本人必去。一切挽留节文费时误事，深为苦。"[3]

1932年9月2日，国民政府任命原国立青岛大学教务长赵太侔为国立山东大学校长。这所山东的国立大学进入一个新的发展时期。

第五节　国立青岛大学的影响

从1929年6月筹备到1932年7月更名，国立青岛大学办学时间三年余。虽然短暂，但其意义和影响至为深远。它汇聚了一群优秀的学人，抱持教育救国的理想，为青岛的历史文化注入了灵魂，塑造了品格。在经费困顿、地方和大学关系紧张的情形下，杨振声以"以学术为社会谋福利"为信念，遵循民主办学、教授治校的现代大学理念，严格管理校务、学业以造成庄严学府，因地制宜发展海洋学科的理念与探索，为中国现代高等教育史提供了一个有较高研究价值的范本。

---

①《青岛大学改名国立山东大学》，载《益世报》（天津）1932年7月16日；《本校整理之经过》，载《国立青岛大学周刊》1932年9月12日。

②《本校整理之经过》，载《国立青岛大学周刊》1932年9月12日。又：文理学院院长黄际遇日记记载甄别委员会共将67名学生开除，见黄际遇著，黄小安、何荫坤编：《黄际遇日记类编·国立山东大学时期》，中山大学出版社2020年版。

③《杨振声决不再长青大》，载《大公报》1932年9月5日。

一、确立青岛文化中心地位

文化中心地位的确立，需要有影响力和辐射力。青岛虽有自然和地理的便利，但相对传统文化中心城市，实偏于一隅。仅以一隅之力发端，文化影响力和辐射力难有大成。开埠三十年的青岛，因特殊的历史原因，在国内文化格局中属于文化的边城。由边城走向中心，需要一个外在强劲推力。

民国初期就有人提出"大学区制"，根据各省高等学校以上学生总数、现有各省高等学校以上教育经费之总数、地理上交通便利三个因素将全国划为北京、南京、武昌、广州四大学区。[①]所谓四大学区，中心城市所设的一所大学实际上就是国立大学。国立大学具有国家性、公共性，它从诞生开始就担负着为国家培养专门人才和研究高深学术的重任。"国立大学为全国高深学术之总枢"[②]，"代表全国最高教育，为一国观瞻所在"[③]，但因国库的匮乏、政权的更迭，国立大学设立无几。大学太少，"研究高深学术、成材势必有限"[④]。

在南京国民政府之前，山东不在国立大学设置计划区域之内。在国立青大成立之前，中国自主办高等教育在山东还没有培养出完整的一届本科毕业生，这与山东社会发展对人才的需求极不匹配。教育的落后，致使山东建设人才极度缺失，更缺乏在学界、教育界有分量、有影响的人物，争取教育资源的话语权自然无从谈起。

大学是"吸集学者的机关"[⑤]，一座城市拥有一所大学，文化进步就迅速。何思源在《山东省政府教育厅教育行政纲要》中提出，设在济南的这所国立大学要成为全省的文化中心，担负着光大齐鲁文化的重任，也是出于对大学作为文化机构属性的深刻认知。同理，这所国立大学设在青岛，也必须承担这个责任。北洋政府时期李贻燕的调查报告中称青岛为天然文化中心，蔡元培认为青岛将来必将为文化中心，都是从青岛的经济、交通、沟通中西文化的角度出发，在青岛尚未有大学时作出的判断，随着国立青岛大学的成立与发展，他们的希望成为事实。

这一时期，一代国立青大人按照"最高文化机关"的定位擘画这所大学的一切。开设将来最能有建树的学科，从全国聘请名师俊彦，又施行民主治校，优秀的人才不断汇聚、交流、讲学，知识在这里呈现，学术在这里表达，使青岛这个文化边城迅速进入全国文化中心城市之列，并与南京、北平、上海、广州、杭州、武昌、成都等资格较久的文化中心

---

①《教育部之重要议案》，黄远生：《远生遗著》（上），商务印书馆1984年版，第62—64页。

②见1922年7月蔡元培向中华教育改进社第一次年会提交的议案《国立大学与省立大学分别设立议》。

③胡适：《非留学篇》，《胡适全集》第20卷，安徽教育出版社2003年版，第25页。

④《教育杂志》1920年第12号，第7页。

⑤胡适的观点，见蔡元培《我在教育界的经验》，中国蔡元培研究会编：《蔡元培全集》第8卷，浙江教育出版社1997年版，第509页。

城市相比肩。

二、开启青岛海洋科教的帷幕

相比其他已有多年学科发展积淀的国立大学,已在文、理、工、农、医、法等学科上具有优势,国立青岛大学的学科建设则是白手起家。作为国立大学中的后来者,如何在国家政权统一、进入建设时期担负起自身的学术和文化使命?如何在众多大学中有所长?杨振声就青岛地理条件之利和可与青岛观象台学术条件进行合作的优势,提出国立青大要有所树立,应该发展海洋学科,成为海边生物学研究中心。

明确提出以发展涉海学科确立自身地位,这在当时的国立大学中独树一帜。1930年时,全国国立大学仅13所,作为传承文化和学术研究的最高学府,设立尚不普遍,加上当时中央教育经费拮据,基本科目发展尚难保障,时有人讥讽"政府视教育为装点门面之点缀品,故一任经费之积欠,学校之关门,教职员之饥饿,青年之失学,全国教育界之号泣呼吁,皆置若不闻不见"[①],遑论优势发展。作为校长的杨振声,从大学的比较优势出发所提出的办学理念和发展道路具有前瞻性。

国立青大是国内第一个有着系统"涉海"计划的大学,并且较早付诸实践,但因受经费、设备、教员等因素制约,只能先从最易着手的海边生物学做起。基于海边生物采集的教学与研究很快开展起来,在一年多中师生就取得不少研究成果,还聘请短期在青的张玺研究员来校开设海洋学课。海边生物学的创设,是中国海洋大学海洋科学学科的源头。

遗憾的是,国立青大的涉海事业刚起步,学校即被整理易名。所幸的是,国立青大创立的涉海学科计划被国立山大完整承接,并在条件稍具备之际,涉海之路得以拓宽,终成一条济国惠民大道。

三、形塑青岛城市文化品格

现代大学与城市的文化发展具有耦合效应。因国立青岛大学的存在,青岛与当时国内教育界、学术界、文化界建立起千丝万缕的联系。师生在这座环境优美、交通便利的新兴城市教书、学习、研究,赋予城市一种朝气蓬勃的生机,使之生发出与以往工商、港口城市不同的文化特质。历史证明,国立青大涉海学科的设置和人才的培养,对青岛城市的发展方向产生了深刻影响。

---

① 彬:《时评:教育经费应独立》,载《申报》1932年1月26日。

国立大学背负的学术使命，使它具有超越性的文化追求。这种追求必然会影响到所在地的文化气质和品质。国立青大成立后，除了自身坚持学术本位，在校内鼓励研究，发展学术，还通过承办学术会议和邀请国内学术界、文化界、教育界名人来校作讲座，汇聚、传播智识与思想，发挥国立大学作为学术和文化机关的独特价值与功能，使得青岛城市文化品质得以跃升。

国立青大所汇聚的人才，通过教学、研究、创作和交游活动，创造了青岛新的城市文化。在校任教的文学院教师大多有新文学写作背景，他们除了教学、研究之外，还或创作或翻译或评论，除了自己写，也鼓励、培养学生写，作品发表在北平、上海等文化中心城市的报刊，又拓展了青岛文化的影响范围。职员吴伯箫除了在校内的新文学圈子里受到鼓舞和激励，不断创作，还兼任青岛《民国日报》副刊编辑，向国内崭露头角的年轻作家约稿，助推新文学在青岛的传播。进步学生成立海鸥剧社，改编、演出进步话剧，除在校内活动外，还将节目搬到青岛城市的舞台、郊区的乡村，为新文学在青岛的传播起到了助推作用。一些追求进步的社会青年也来文学院作旁听生，如青岛《青风报》记者崔嵬。国立青大以其"新"培育了青岛左翼文学初兴时的主要力量，为中国进步文学培养了人才。

新文学的提倡与实践，使国立青大一时成为集新文学的生产和传播为一体的主阵地之一，搭建出一个新文学公共空间。这个空间还吸引和接纳了许多旅青、寓青的左翼作家，他们在这里探讨文学，讨论社会与人生，写出了优秀的作品。他们从青岛不断走向文化中心城市，中心城市的文化也不断流向青岛，这种双向互动构筑出青岛独特的文化特色。

20世纪30年代海洋学科的创立，新文学空间的开创，学术价值的彰显，为青岛城市文化树立了品格，注入了崭新元素，深刻地影响了青岛的城市精神和气质。

四、处理大学与地方关系的镜鉴

20世纪30年代初，在各种矛盾交织下，闹风潮的大学不少，但国立青大是唯一被整理更名的。从"青岛"到"山东"，虽未动摇学校的根本，但两词之差，却反映出某些深层的问题，特别是国立大学如何处理与地方政府的关系发人深省。

韩复榘主政山东后较为重视教育，山东教育在教育厅厅长何思源的主持下，有较大改观，但主要发展的是基础教育、职业教育和社会教育。何思源在国立青大筹备时就希望以后要对职业教育加以提倡。[1]教育部拟定，在训政期内，用全力使现在的大学内容充

---

① 《青岛大学筹备委员会在济就职》，载《益世报》（天津）1929年6月23日；《国立青岛大学筹委就职》，载《中央日报》1929年6月23日。

实，程度提高，但作质量的改进，不再作数量上的扩充①，并且要严加整理现有国立或私立大学，有重复院系的学校力求归并，成绩太差、学风不良的应即停办。②

山东仅有一所国立大学和一所教会大学，数量远远不敷社会所需。中央对大学的设立在收紧，而地方急需大量人才，山东省在经费上不吝支持，必然要对国立青大提出学生数量和开设学科上的要求。这个矛盾在是否将教育学院开设在济南一事上就已暴露。面对"数量"的催促，杨振声则强调大学的学术本位；面对急迫的职业型人才之需，杨振声则希望学生在大学养成贡献社会的能力，"最好避免实际化，而趋于理想化"③。这是长远和眼前的矛盾，是理想和现实的矛盾，也是基于不同立场的矛盾。

山东省希望学校多承地方之需，无可厚非。何思源毕业于蔡元培长校时的北大，又留学欧美，攻读哲学、经济学研究生，亦持"非学术不足以救国"的观点。④杨振声与山东省之间并无私人恩怨，而是大学要遵循人才基本规律与地方政府急需实用性人才之间的矛盾，这个矛盾显然需要双方相互理解才能解决。

国立青大易名国立山大时，就有评论认为学校名字与成绩毫无关系。只要为国家造就人才，何必强分畛域。山东省既归属中央，代中央维持以国立大学亦为分内事，不必为挂名国立、省立出钱而计较。⑤针对改名，也有评论说，鲁省地方的需要，是需要大学；人民的希望，是希望有好的大学可以让子弟去读书，其需要绝不会是在"山东大学"四个字上。根据鲁省的需要，人民的希望，应该确保大学独立，供给充足经费，谨慎教授人选，努力发展校务，不但应合山东的需要，同时更应合国家的需要。不能认为仅是更名就以为诸事可了。⑥

只要培养出优秀人才的大学即为好大学，这是客观之言。但在实际的运行中，国立的大学校长任免归教育部，但教育部对这所大学不仅无多照拂，连中央财政拨付一直都不到位。而承担了大部分经费的省政府对学校事务无甚影响力，加上山东主政者韩复榘与中央貌合神离，责权利不明，埋下学校与山东省政府之间关系的隐患，如遇导火索，不免激化，造成各方利益受损。

大学应如何平衡和社会的关系，如坚持教育基本规律与社会急需之间、培养通才和实用人才之间、学术与应用之间的关系，杨振声当时面对的这些问题，仍然是之后国内高等教育发展中需要政府与大学相偕相行、合作解答的命题。

---

① 《改进高等教育计划》，载《教育部公报》1930年3月29日。
② 黄龙先：《中央历次会议关于高等教育之决议及其实施情形之检讨》，载《高等教育季刊》1942年第3期。
③ 《本学年第一次纪念周及始业式校长演词》，载《国立青岛大学周刊》1931年9月21日。
④ 何思源：《告山东全体学生书》，马亮宽编：《何思源文集》第二卷，北京出版社2006年版，第774页。
⑤ 白本：《青岛大学之前途》，载《大公报》1932年7月17日。
⑥ 《青岛大学之更名问题》，载《大公报》（天津）1932年7月31日。

第三篇
艰难图兴的综合大学
（1932—1949）

1932年7月，国立青岛大学因学潮而被国民政府"整理"。9月，学校易名为国立山东大学，赵太侔出任校长。

赵太侔沿袭前任校长杨振声的办学理念、规章制度和发展愿景，广聘著名学者任教，师资力量"和全国的知名大学相比，毫无逊色"。注重基础建设和办学条件改善，严格教学管理，鼓励科学研究，培养出了一批学有专长的人才，成就了校史上的第一个兴盛期。

1936年2月，国立山大学生因反对蒋介石政府对日不抵抗政策，宣传抗日救国而受到青岛市警察局拘捕。赵太侔因处置失当而引咎辞职。国民政府教育部任命林济青为代理校长，勉暂维持。1937年7月，全民族抗日战争爆发，国立山大仓促南迁，损失严重，被教育部责令暂时停办。

1946年春，国立山大在青岛复校，赵太侔再任校长。他坚持一贯的办学理念和务实作风，系科设置拓展至五院14系，创办水产学系、海洋研究所、水产研究所，使学校成为一所名副其实的综合大学。赵太侔鼎力支持水产学系学生借读复旦大学，使学校的水产学科得以赓续。

赵太侔两度执掌国立山大，为学校的建设与发展、为涉海学科的成长倾心尽力，功不可没。

第一章
国立山东大学的初期建设

国立山东大学秉持国立青岛大学时期兼容并包、民主管理的方针，广聘著名学者来校任教，形成了阵容齐整、水平较高的师资队伍，在教学和科学研究上均有建树，发展了勤俭办学、崇尚学术、学以致用等优良传统和学风，培养出一大批学有专长的人才，在国内外赢得良好声誉，成就了学校历史上第一个兴盛期。

第一节　赵太侔任校长

1932年9月2日，国民政府行政院举行第60次会议，通过杨振声校长辞职、国立青岛大学易名为国立山东大学、赵太侔就任国立山东大学校长等议案。

赵太侔是国立青岛大学筹委会主要成员，国立青大成立后被聘为外文系教授。1931年初教务长张道藩辞职他就，赵太侔接任。他还兼任国立青大审查委员会、图书管理委员会、训育委员会、聘任委员会委员及建筑委员会主席等职，是杨振声的得力助手。

赵太侔是国立青大校务会议成员，熟悉学校情况。杨振声在国立青大被整理期间，就函请赵太侔同意接任校长一职，并致函梁实秋，请他继续留在学校并出面"劝太侔为校长，之椿为教务长，再辅以吾兄机智。青大前途，定有可为"[1]。赵太侔在杨振声请辞期

---

① 陈子善：《梁实秋文学回忆录》，岳麓书社1989年版，第397页。

间代行校长职权，加之曾担任过北平艺术专门学校戏剧系主任，创办过山东省立实验剧院，兼任过山东省立一中校长，具有丰富的办学经验，是各方面都能接受的校长人选。

9月6日晨，赵太侔从济南乘火车回青岛。因新学年开学在即，早上到青，下午赵太侔即访代理主持校务的文理学院院长黄际遇。两人久谈，拟定了新聘教员名单：中文系有游国恩、张煦、丁山、闻宥、赵邦彦、沈从文；外文系有梁实秋、杨宗翰、郑成坤、袁振英、赵少侯、谭纫就；工学院有赵涤之；数学、物理学两系有宋智斋、李先正、黄际遇、王普、郭贻诚、王恒守、薛兆旺、陈光清；化学系有汤腾汉、傅鹰、李；生物学系有曾省、秦素美、沙凤护、刘；体育教师有郝更生、高梓夫妇。[1]

1932年9月19日，国立山东大学举行开学典礼，300余名师生齐聚大礼堂。赵太侔校长致辞。他报告学校改组的经过及国立青岛大学两年来的发展，肯定了杨振声校长主政的成绩，向师生介绍新聘各系主任及教授。受赵太侔的委托，文理学院院长黄际遇"讲训四十分钟，分学术、思想二层，以求学与作人结论"[2]。

9月29日，学校召开校务会议，校长赵太侔主持。讨论化学系、生物学系合拟《助教待遇条例》，并决定撤销图书委员会；10月10日，《国立山东大学周刊》创刊，赵太侔题写刊名。

赵太侔仿效前任校长杨振声的治校成规，结合当时实际，借鉴西方现代高等教育的成熟经验，提出务实且独具特色的办学理念并付诸实践，使国立山东大学得以较快发展，在国内外产生了重要影响。

1934年9月20日，国立山东大学举行成立四周年纪念及始业式，赵太侔在讲话中集中阐述他的办学思想和治校方略：

国立山东大学校门

过去的四年，可以说无时不在艰苦经营中，虽仅是短短的四年，总算已建设了相当的基础，可以供作学术研究，这在我们检查已往工作的时候，是可以稍为自慰的一点；同时也有许多我们力量还没有做到的地方，也是我们应该警惕的，虽然，本校在社会上有时得不到一般的了解，而在学术界却已有了很深的认识，这，并无足怪，因为一个学术团体要得到社会上普遍的了解，是一件很困难的事，但这更是鼓励我们……还有一点同学们应

① 黄小安、何荫坤编：《黄际遇日记类编　国立山东大学时期》，中山大学出版社2020年版，第42页。"李""刘"两处原文如此。
② 黄小安、何荫坤编：《黄际遇日记类编　国立山东大学时期》，中山大学出版社2020年版，第47页。

注重的，一个学校是一个有机体，有它整个的生命，每个份子对于这个有机体都有密切的关系，任何那一个份子的引动都能直接影响到全体，所以今后大家不应只图自己的便利而忽略了团体的健康，只要团体是健康的，外力的摧残是不能生效力的；推而言之，不仅是对于本校，就是对于民族，对于社会，我们每人都是其中一份子，所以我们不仅要完成个人的学业，并要排除一切自私的观念，时时顾到整个社会民族的健康，努力尽到一个健全份子的责任。①

赵太侔讲话后，文理学院院长黄际遇进一步阐发赵太侔的观点，提出打倒"随便主义"，国立山东大学不能办成"随便大学"。始业式特邀此时正在青岛的中央研究院院长蔡元培先生出席。赵太侔向学子们介绍自己的恩师："蔡先生不仅是学术界的泰斗，又是全国青年的导师，今天能够领受到他的教训，更是最宝贵的纪念。"蔡元培在讲演中充分肯定赵太侔执掌国立山大所取得的成绩，总结国立山大较国内各大学的优点：一是山海壮观，二是组织完善，例如文理学院之合设，工学院与理学院之连贯，农学院之专事研究。他叮嘱学生："在这样优美的环境中，不要忘了我们民族是到了应吃苦的时候了，许多同胞都正在吃苦，我们青年学子更应当保持着勤苦耐劳的精神，脚踏实地地向前努力，才不辜负这优美的环境和这良好的设备。"②

基于"奋发淬励不稍懈"的自觉与勤勉，赵太侔"竭其绵薄，勉力揩拄"，带领国立山大进入一个新的发展时期。

1934年4月，国民政府教育部派员到各国立大学视察，对国立山东大学教学中的严谨、研究中的创新、建设中的勤俭节约、培养人才中的重视质量等，甚为满意。6月5日，教育部鉴于国立山大的办学成效发表《训令》，赞许道："查该校近年设施，尚能秩序稳进，殊为可嘉。文理学院以理为主，而以中国文学及外国文学两系辅助中外文语文之基础训练，事属新创，用意尚佳。化学方面注重中国药材分析，生物方面注重海滨生物之研究，至为切当。"③8月，教育部部长朱家骅、李四光等莅临青岛，视察国立山东大学后，"甚赞大学之猛进"。至此，国立山东大学在国内学界声名鹊起，被人们誉为"后起之秀"。实事求是地说，这才是国立山大第一个兴盛期的真实内涵，而非被后人言说的所谓"人文辉煌"。

在一片赞誉声中，赵太侔始终保持清醒的头脑。他熟谙教育之道，处事稳重务实是

①《本校举行四周年纪念及始业式》，载《国立山东大学周刊》1934年9月24日。
②高平叔撰著：《蔡元培年谱长编》（第4卷），人民教育出版社1999年版，第160—161页。
③《一九三四年六月五日教育部给山东大学的训令》，山东省档案馆藏，档号：J110-01-485。

其品格的典型特征。在主持工作时，他勤恳而细致，尚实不务虚名，尤厌自诩。人们评论他说："有的人只说不做，有的人也说也做，只有他做了也不说。"①他曾告诫教职员工："我们不能太注重宣传，也不能太向各方面应酬。其实这并无碍，只要我们内部工作能够积极努力。"②

1936年6月，国立山东大学学生编辑发行《山大年刊》，集中展示自1930年建校以来的坎坷经历、办学成效与师生风采。赵太侔应邀为年刊作叙，回顾自己长校期间所做事迹：

> 民国二十一年秋，畸奉命长斯校，时廿五年级诸生亦以是年入学：当沈阳事变之后，学潮甫告平息，师生之间，咸怀警惕之心，奋发淬厉不稍懈；又以杨前校长金甫先生成规具在，遵循仿效取则不远，用是数年间成效略有可观；尔后国难益亟，学校亦迭遭艰阻，畸之不才，竭其绵薄，勉为撑拄，其所经营诸有形者，若科学馆，工学馆，体育馆，水力实验室，实习工厂之建筑，以及仪器图书之添购，亦岁有增加，规模粗具，声誉渐起；凡此并全校师生同心戮力，有以致之，畸也何兴焉。③

此文简述了他长校期间所作成就，还把遵循前任校长成规称为"数年间成效略有可观"的主因之一，重厚少文，客观谦逊，也隐约可见"杨赵体系"的客观存在。创校不易，守成更难，赵太侔对莘莘学子维护学校声誉，将来献身国家寄予厚望：

> 虽然苟即此以求其略，则寻踪问迹，旧事可追，缔造经营，艰难自见，庶几诸生异日献身国家之时，偶披斯编，当有鉴于往者之努力，而不至有懈于将来，是又区区之所厚望也夫。④

一直与赵太侔保持精神共鸣的老舍，则认为国立山东大学的精神是"冬的精神"。他在《山大年刊》上著文《青岛与山大》，对赵太侔长校期间大学精神的养成作了概括：

> 一个大学或者正像一个人，它的特色总多少与它所在的地方有些关系……青岛之有夏，正如青岛之有冬；可是一般人似乎只知其夏，不知其冬……山大所表现的精神是青岛的冬……不管青岛是怎样西洋化了的都市，它到底是在山东。"山东"二字满可以用作朴俭静肃的象征，所以山大虽然学生不都是山东人，不但是个北方大学，而且是北方大学中最带"山东"精神的一个。我们常到崂山去玩，可是我们的眼却望着泰山，仿佛是。这个

---

① 李希章：《赵太侔和山东大学》，李扬、郭丽主编：《大师足迹篇——20世纪上半叶海大校园里的文学名家》，中国海洋大学出版社2004年版，第121页。
② 《本校举行四周年纪念及始业式》，载《国立山东大学周刊》1934年9月24日。
③ 赵太侔：《山大年刊·叙》，载《山大年刊》，1936年刊印，第1页。
④ 赵太侔：《山大年刊·叙》，载《山大年刊》，1936年刊印，第1页。

精神使我们朴素，使我们能吃苦，使我们静默。往好里说，我们是有一种强毅的精神；往坏里讲，我们有点乡下气。不过，即使我们真有乡下气，我们也会自傲的说，我们是在这儿矫正那有钱有闲来此避暑的那种奢华与虚浮的摩登，因为我们是一群"山东儿"——虽然是在青岛，而所表现的是青岛之冬。[1]

一所大学与一座城市之间有着密不可分的关系。老舍将青岛与国立山大结合在一起，恐怕除了学校坐落在青岛之外，最主要的是国立山大表现了青岛冬天萧瑟中的那种坚毅的精神和气质。他感叹道："能在青岛住过一冬的，就有修仙的资格。我们的学生在这里一住就是四冬啊！他们不会在毕业时候都成为神仙——大概也没人这样期望他们——可是他们的静肃态度已经养成了。"[2]

老舍对这所大学精神特征的概括，亦可视为赵太侔办学实践及其影响的一种诠释。

第二节　发展海洋学科

国立山东大学的院系设置，从1932年夏就开始着手调整。国立青岛大学整理委员会吸纳山东省政府的意见，进一步研究了院系设置和发展方向等问题，重新规划学科布局，停办教育学院，增设工、农两学院，并在办学实践中不断改善，形成了自己的特点。

1932年教育学院停办后，原转入本校中文系学习的二年级学生黄树栋等13人申请转学，校长赵太侔亲赴南京，与中央大学校长罗家伦接洽获准。中央大学按照收容暨南大学学生成例，让学生作为特别生学习一学期，考试及格后再改为正式生。[3]

文理学院作为一所综合大学的首设院系，是实行"全人教育"的基础。国立山大不仅将基础学科作为发展重点，而且极力提倡文理融通。学校在院系设置上突破旧有模式，把文学院和理学院合并为文理学院，下设中国文学系、外国文学系、数学系、物理学系、化学系、生物学系，更加密切了二者之间的关系。

工学院设土木工程学系和机械工程学系，赵涤之代理院长兼土木工程学系主任，唐凤图任机械工程学系主任；农学院设在济南，下辖研究、推广两部。研究部从事山东地方主要农产品的改良，设研究生若干人，在教授指导下从事研究；推广部以向民间传播研究成果为主旨，并附设农业传习所，收农家子弟实习并进行改良工作。农学院至1934年才

---

[1] 老舍：《青岛与山大》，载《山大年刊》，1936年刊印，第1—2页。
[2] 老舍：《青岛与山大》，载《山大年刊》，1936年刊印，第2页。
[3] 《教育系二年级学生转学中大》，载《国立山东大学周刊》1932年10月31日。

正式开办，并聘原生物学系主任曾省担任院长，但因经费缺乏，始终未招收本科生。

蔡元培认为国立山大文理学院之合设，工学院与理学院之连贯，农学院之专事研究是其他大学少有的，是国立山大的学科特色。他讲道：

第一文学院与理学院合并成文理学院——因为文理不能划分的界限太清楚了，譬如有许多课目，过去都划在文科里，现在却都归为理科了；如果文理两院合并，自然可以使文科的学生不致忽略了理科的东西，理科的学生也不致忽略了文科的课程。所以山大合并来办是非常好的。第二是理工两学院都在一处来办！我们知道工与理的关系，是非常密切的，工就是理的应用，理就是工的基础，两个东西是不应分开的，现在山大将两院在一处来办，自然很经济而且很容易得到好的成绩的。第三是农学院能按照本省农业情形，加以研究，再想法来改良和发展本省的农业，这也是非常适宜的。①

一、海洋学科的发展

赵太侔校长在发展综合学科的基础上，立足于青岛滨海的区位优势，秉持前任校长杨振声发展海边生物学的理念，并将其作为一个发展重点。这一时期，在生物学系开设了鱼类学、海洋学等涉海的课程，建设了实验室，成立或参与成立海洋生物研究机构，着力于海洋科学研究。

青岛作为知名的海洋教育与科技城，其源头有二：一个是在观象台筹设的中国第一个海洋研究机构——海洋科，另一个就是国立山东大学生物学系的海边生物学。二者互相促进，使得青岛成为中国海洋科学的源头之一。

为了发展生物学科，赵太侔聘请优秀学者来校任教并开展研究工作。1932年生物学系有曾省、秦素美、沙凤护，1933年增聘刘咸、段续川、左景烈三位教师。至1936年6月，先后在国立山大生物学系任教的教授有曾省、刘咸、喻兆琦、沈嘉瑞、段续川、童第周、王宗清、林绍文、刘发煊、张玺十人；讲师有秦素美、沙凤护、左仲伟、汤独新、李鸣冈、曾呈奎六人。同时，选拔优秀毕业生留校任教，如高哲生、曲漱蕙。先后增设海洋动物学、海洋无脊椎动物学等海洋学科课程。

生物学系的教授学贯中西，在各自的学术领域皆有建树。曾省是法国里昂大学博士，著名的寄生虫专家、昆虫学家；刘咸是牛津大学民族学和人类学硕士，入选英国皇家人类学会会员和巴黎国际人类学院院士，在国际上有一定声誉；童第周是比利时比京大

---

① 《本校举行四周年纪念及始业式》，载《国立山东大学周刊》1934年9月24日。

童第周

学（即布鲁塞尔大学）哲学博士，著名的组织胚胎专家，他给学生讲授实验胚胎学、生物学史、进化学等课程，激发学生的学习兴趣，使其开阔眼界；林绍文是美国康奈尔大学博士，著名的无脊椎动物分类学专家，多才多艺，教学方式寓教于乐，深受学生欢迎；王宗清是法国巴黎大学科学博士，为我国细胞学尤其是植物细胞学的诞生与发展作出了重要的贡献；段续川是美国宾夕法尼亚大学研究院细胞学哲学博士，我国较早研究植物细胞学的学者，他为学生讲授遗传学，讲课清晰生动，深受学生的爱戴；喻兆琦留学法国巴黎大学，是我国第一个从事虾类分类和鱼类寄生虫分类研究的学者；沈嘉瑞是英国伦敦大学博士，甲壳动物学研究专家，是我国现代甲壳动物分类学的开拓者和奠基人；张玺是法国里昂大学博士，为学生讲授海洋知识课程，后成为我国著名的动物学家和海洋湖沼学家；沙凤护为学生讲授植物形态和分类学，业余时间常带着学生到崂山采集标本，让学生认识了不少花草树木，后来成为我国植物分类学的权威；曾呈奎为学生讲授海藻学，时常带学生到海边采集标本，取得第一手资料，他勤奋好学，常读书至深夜，后来成为我国著名的海洋生物学家。

这一时期，生物学系建成了生物学、无脊椎动物学、比较解剖学、生理学、植物学、胚胎学、技术学、海洋生物学等八个实验室以及海藻学、实验胚胎学、生理及组织学、鱼类学等研究室，另有温室、鱼类饲养室及标本陈列室等。图书杂志、仪器、标本等通过购置、交换与采集，逐年积聚，颇为可观。

生物学系教师在教学之余，将大部分精力用在学术研究上，其中最重要的一项工作就是对青岛附近的海洋生物进行采集与研究，制作并保存生物标本。平时每隔两周，教师就带领学生到胶州湾采集一次生物标本。如1933年5月，系主任曾省与兼任讲师张玺等师生九人，赴水灵山岛（即灵山岛）与竹岔岛一带调查渔业情况，为改进渔业作准备，并采集标本和渔具。归来后曾省写成《水灵山岛与竹岔岛之渔业概况》一文，发表在《青岛工商季刊》上。

标本制造方面，除少数为购买，大部分由师生自己采集。寒暑假，生物学系师生则到较远的烟台、蓬莱、龙口、威海海滨采集生物标本。为尽可能搜集到东南沿海的生物标本，生物学系与中央研究院、中国科学社等机构合作，联合到舟山群岛、厦门、海南沿海进行采集。1936年，生物学系新增干制标本中动物50多件、植物1000多件；浸制标本中动物百余种、植物亦百余种；玻璃片标本中胚胎约1000片、组织学约1500片，其他约500片。其成效十分显著："海洋生物之标本，种类之繁多，数量之充足，可供十余年之教材及研究之用，实为各大学所未有"[①]，为进一步开展研究奠定了良好的基础。1934年4月，教育部派员对国立山大进行视察，视察结束后，发布训令，对学校注重海滨生物研究予以充分肯定："生物方面注重海滨生物之研究，至为切当。"[②]

生物学系学生从二年级起，就各授以题目，在教授指导下从事研究，不少学生写出了具有相当水平的文章，如学校出版的《科学丛刊》第一期（1933年1月出版）的19篇文章中，学生习作就占4篇，分别为张奎斗的《捕章鱼之调查》、肖庆恒的《青岛产前腮类介壳之研究》、任树棣的《青岛蛙与蟾蜍之研究》、高哲生的《青岛的棘皮动物》。[③]

生物学系积极开展学术研究，仅1935—1936学年，已出版或者已研究完毕的学术成果有8项，正在研究中的课题18项。其中，某些研究成果达到了国内甚至国际领先水平。童第周发现脊索动物，如文昌鱼、玻璃海鞘等海洋生物，认为这是很有研究价值的、难得的实验材料，并开始探索人工饲养的办法。1934年，童第周在做胚胎实验时，发现两头蛙卵一个，经培养后长成两头蝌蚪，可以在水中活动，至为奇特。童第周、叶毓芬夫妇经过精心研究后绘图多张，将研究所得撰写成论文《双头青蛙之研究》，发表在《中国实验生物学》杂志上。他们通过实验证明：青蛙之两头，决定于卵子本身，而非决定于精虫之穿入，否定了卢克斯及布拉舍氏理论的谬误。林绍文的《中国十字形水母之研究》，介绍新发现的中国钟形十字水母和青岛正十字水母，引起学界的关注。该文问世前，尚未有科学家注意到我国这一类海洋生物，该研究填补了我国海洋生物研究领域的空白。曾呈奎的《海南岛海产绿藻之研究》，所研究之海藻计38种，其中有新种和新变种各一。该文"在海产植物学论文中，占有重要地位"，研究的海藻多是我国的新纪录，有三种为世界稀有标本。同时，他撰写的《中国海藻新纪录》发表在北平静生生物调查所《植物汇刊》上，该文研究的中国新海藻有21种，其中蓝藻4种、绿藻6种、褐藻11种。上述论文均用英文完成。[④]生物学系在海洋生物调查中，发现不少生物新品种，以校长、系主任的名氏命名，在世界生物学会登记。其中，继"杨振声氏蟹""曾省氏鱼"之后，又发现了"赵畸氏鱼"，都为世界首次发现。这些在国内外领先的研究成果，确立了国立山大生物

① 《关于报送本台及附属海洋研究所水族馆一九四六年度中心工作计划的呈文》，青岛市档案馆藏，档号：1946-02-13。

② 《一九三四年六月五日教育部给山东大学的训令》，山东省档案馆藏，档号：J110-01-485。

③ 《山东大学百年史》编委会编：《山东大学百年史》，山东大学出版社2001年版，第82页。

④ 《山东大学百年史》编委会编：《山东大学百年史》，山东大学出版社2001年版，第75页。

曾省（右一）与秉志（右三）先生在青岛沙子口国立山大生物学系海滨生物研究所合影

学在国内的学术地位和海洋生物学特色。

　　1933年春，国立山大在青岛沙子口设立海滨生物研究所，曾省任主任，并派员常驻研究，但因经费不足，无甚作为。1934年7月，国立山大联合清华大学、北京大学、中华海产生物学会、青岛观象台、国立北平研究院，将海滨生物研究所改组为青岛海产生物研究所，地址设在国立山大生物学系，曾省、刘咸等担任研究所委员会常务委员，研究所主任由新任生物学系主任刘咸兼任。海产生物研究所成立后，上述单位均派员生参加研究。"本期开设课程两种，一为海藻学，聘由北平静生生物调查所李良庆教授讲授；一为海产无脊椎动物学，聘由北平研究院生物研究所所长陆鼎恒先生讲授，每周各讲演三小时，海滨采集二次。参加学生均以此种专门课程，兼有实习之机会，均能随各导师努力工作。"[①]采集活动主要在青岛近海女姑口、燕儿岛、崂山、团岛、薛家岛、黄岛等海区进行，采得不少标本，有些生物种类是第一次发现。[②]

　　1935年4月，太平洋科学协会海洋学组中国分会在南京中央研究院举行成立大会，会议决定在厦门、定海、青岛、烟台分设四个海洋生物研究所，其中青岛海滨生物研究所具体事宜由国立山大和青岛观象台负责。由于各种原因，此事并未取得实质进展。

　　1935年至1936年，国立山大兼任教授张玺领导由北平研究院和青岛市政府联合组织、国立山大学生参加的胶州湾海产动物采集团，对胶州湾的动物及海洋环境首次进行调查。在调查中，张玺发现了当时国内动物学家极为重视的原索动物——柱头虫，这是介于无脊椎动物与脊椎动物之间的一类动物，对研究动物演化有很重要的意义。调查后出版了《胶州湾海产动物采集团采集报告》四辑，发表动物门类研究的论文数篇。

　　这次规模空前的调查，为中国近海调查方法的形成奠定了基础，在中国海洋生物研究史上占有重要地位。在这次调查中，国立山东大学和青岛观象台是主体力量。

①《海产生物研究所近讯》，载《国立山东大学周刊》1934年7月30日。
②《青岛海产生物研究所第一次工作报告摘要》，载《科学》1934年第12期。

二、海洋气象学科萌芽

　　青岛是当时国内十分重要的商业港口，对外船只来往频繁，对于天文气象观测有特殊需求。青岛观象台是近代亚洲三大观象台之一，台长蒋丙然深知培养气象专门人才的重要性，一直寻找突破口与落脚点。1935年他与校长赵太侔协商，在国立山大物理学系设立天文气象组，由他本人和观象台高级技术人员讲授气象课程。天文气象组与物理学组的共同必修课程有普通物理、普通物理实验、力学、磁电学、磁电学实验、光学、光学实验、热与热力学等；开设的必修课程有气象学、普通天文学、普通天文学实习、天体力学、气象观测法、气象观测法实习、天体物理学、天体物理学实习、实用气象学、实用气象学实习、专题研究等，并以观象台为教学实践基地，学生边学习、边操作，因此深得其慧。[①]

　　蒋丙然（1883—1966），1908年毕业于私立震旦大学物理科，1912年获比利时双卜罗大学农业气象学博士学位。1913年担任北京中央观象台气象科科长，并在北京大学、北京师范大学兼授气象学课程。1924年任青岛观象台台长。1924年10月，中国气象学会在青岛成立，蒋丙然是主要发起者，连任五届会长，是中国现代气象事业的开创者之一。1934年9月至1937年底，受聘国立山大物理学系兼任讲师。

　　当时国内的气象力量十分薄弱，仅有四所大学开设气象学科，其中中央大学、清华大学和浙江大学皆将其设在地学

蒋丙然

系内，唯独国立山大的气象组设在物理学系，为后来气象学与物理海洋学相联系打下了基础。在天文气象组学习的有王彬华、万宝康、王金章和孙月浦四名学生。其中，王彬华成长为我国著名的海洋气象学家，荣获国内气象领域首次设立的最高奖——"气象终身成就奖"，撰写的《海雾》是国际上最早研究海雾的专著，对我国海洋气象专业发展作出了突出贡献。

　　学校设立的天文气象组是我国海洋气象学科之肇始，开启了我国海洋气象人才正规培养的序幕。时光荏苒，薪火相传，中国海洋大学海洋气象学系如今已成为我国培养海洋-大气相互作用及气候、海洋气象学和大气环境等方面人才的重要基地之一。

---

① 王启、傅刚、盛立芳：《中国海洋大学气象专业简史及其特色》，载《中国海洋大学报》2008年6月3日。

第三节　浓郁学术氛围

赵太侔秉持杨振声特别重视教师水平的原则，大力聘请著名学者来校任教，教师队伍愈加齐整。学校学术氛围活跃，每周一次的总理纪念周学术讲演盛况空前。各院系的学生社团学术活动很是活跃，承办的全国学术会议名流云集，学校的影响不断扩大。

一、聘请著名学者

聘请学术造诣深厚的学者，实行教授治校，是办好一所学校的主要条件和决定因素。赵太侔任校长后，遵循杨振声的治校成规，打破门户之见，广聘专家学者来校任教。赵太侔认为办好大学，教师的力量和学术水平起着重要作用。他非常留心聘请教师，专门准备了一个小本子，记录各门学科的专家和学者，了解对方情况后，或亲自聘请或托人代聘，延揽师资不遗余力。

老舍

洪深

为了保证选聘师资的质量，学校成立聘任委员会，建立聘任制度。所聘任的教师必须经过聘任委员会通过，而聘任委员会审查各院系聘任的教授和讲师都是按照程序进行的。对于教授的聘任，学校一向严格审慎，坚持宁缺毋滥的原则，所以各院系历年所聘请的教授，均为国内学术界知名人士。

1932年聘任的学者：中文系教授兼系主任张煦，教授丁山、姜忠奎、闻宥，讲师游国恩、沈从文；外文系教授兼系主任梁实秋，教授赵少侯，讲师袁振英、周铭洗，教员郑成坤，助教谭纫就；数理系教授兼系主任黄际遇，教授王恒守，讲师宋智斋、李先正、王普、郭贻诚；化学系教授兼系主任汤腾汉，教授傅鹰，助教黎书常；生物学系教授兼系主任曾省，教授刘咸，讲师沙凤护、秦素美；土木工程学系教授兼系主任赵涤之；社会科学教授杜光埙；体育部主任郝更生，教授宋君复、高梓，助教傅宝瑞；军事教官戴自修，助教关匡汉、刘君毅。

1933年聘请的学者有萧涤非、彭啸咸、陈逯、王国华、曾炯、李珩、任之恭、喻兆琦、沈嘉瑞、左仲伟、张闻骏、周承佑等；1934年秋，学校聘请到老舍、洪深、王淦昌、童第周等学者。

　　除了这些学者外，赵太侔还聘请了多名外籍学者来校任教。至1936年，在国立山大任教的德籍学者有伊格尔（机械系教授）、石坦因（化学系讲师）、卜其尔（土木系讲师）、费尔（物理学系讲师）、葛其婉（外文系教授）等。

　　到1934年全校教师已达136人，其中教授占37.5%，讲师占34.6%，助教占27.9%。师资队伍的严整、水平、结构、层次，在全国都是不让一流的。王淦昌认为"这个教师阵容，和全国知名大学相比，实无逊色，可以代表那时山东大学的学术水平"[1]。

　　1936年，因发生学潮和校长赵太侔辞职等原因，不少教师离校，学校有教师50多人，不过每个人都是有学问、有专长、有成就的专家、学者。其中文学院教授有丁山、姜忠奎、闻宥、老舍、洪深、胡鸣盛、孙大雨、李茂祥、戴丽琳、葛其琬；讲师有萧涤非、彭啸咸、罗玉君、水天同、袁振英、王国华、周学普、朱传霖等。理学院教授有李达、李珩、曾炯、王淦昌、何增禄、蒋丙然、郑衍芬、陈之霖、邵德辉、王宗清、林绍文、喻兆琦；讲师有刘天予、杨善基、李藩、蔡方宪、王祖荫、胡铁生、曾呈奎、左景烈等。工学院和农学院教授有赵涤之、张闻骏、吴柳生、余立基、伊格尔（德籍）、吴耕民；讲师有耿承、李良训、林德、叶识等。体育教授有郝更生、宋君复。

王淦昌　　　　　　　　　萧涤非　　　　　　　　　宋君复

　　要稳定队伍，安定教师的生活是首选。国立山东大学经费虽少，但教师薪俸却高于不少国立大学。对任教满一年的教授续发聘书，多是一次性续聘三年，此举安定了教授生活，使之安心教书与研究；教授在校任职连续三年者，可享受半年假期，或者从事专题研究，或出国考察，经过申请学校可给予适当的补助。[2]这在社会动荡、谋职困难的情况

① 王淦昌：《往事回顾》，樊丽明、刘培平主编：《我心目中的山东大学》，山东大学出版社2005年版，第16页。
② 李希章：《两任国立山东大学校长赵太侔》，山东省政协文史资料委员会编：《山东文史集粹（教育卷）》，中国文史出版社1993年版，第61页。

下，对于受聘教授有不小的吸引力。国立山大历年所聘教授，即使于到校之时尚未成为国内学术权威，但经数年安定生活中研究工作之努力，也大都成为领域内的知名专家、学者。①

二、举办学术讲演

尊崇学术，提倡学术，始于私立青岛大学，在国立青岛大学、国立山东大学得以延续与发展。学校演讲、报告、讨论等各类学术活动不断举办。在总理纪念周活动中，增加了学术演讲一项，由学校、院、系负责人及教师们作学术讲演并形成制度。浓郁的学术氛围，丰富多彩的学术活动，在成为教学、科研纽带的同时，也拓宽了学生的知识领域，提高了学生多方面的能力。

利用总理纪念周作学术讲演是发扬学术民主、提倡不同学派争论，活跃学术氛围的重要形式。师生积极参加，场面壮观。据不完全统计，任之恭一年内作过6次学术演讲，王淦昌两年半作过8次，汤腾汉作过10多次。学术讲演的主题宽泛，有学科知识类、时事政治类、文学类等。例如，老舍先后作过《中国民族的力量》《诗与散文》《一点新经验》《文艺中的典型人物》的讲演；洪深先后作过《怎样做一个有用的人》《一年级英文教学方法之改进》等讲演；林绍文作过《漫谈科学》的讲演等。这些讲演让学生在课外接受做人和做学问的道理，很受欢迎。譬如，洪深在作《怎样做一个有用的人》演讲中，"首叙国际大势，对于英、美、法、德、意、日、俄诸国关系，以及我国直接间接受到之影响，申述极详。次述国内现状，水旱灾后，农村困苦情形。最后勉诸同学，处此艰危时代，各人应忠于所学，以备来日为国报效云云"②。

赵太侔校长在1934年10月决定改进总理纪念周讲演办法，让更多人获益。他说：

本校每周普通学术讲演，虽是由各系诸位先生担任，所讲者不免偏于各人所学；但这种既非专门的讲演，纯是一种普通的知识，无论那系的同学都应该来听。从前，每周讲演者定有一次序表，先行公布，因此，遇到某系的先生讲演时，听讲者必是以那系的同学为多，他系的同学到者很少。为补救此种缺憾，本学期就不把演讲者预先公布，临时在这里来报告，如此，听讲的人也就容易普及些。③

除了总理纪念周由本校教师作学术讲演之外，学校还经常邀请著名学者和社会名流

---

① 杜光埙：《忆国立山东大学》，山东省政协文史资料委员会编：《悠悠岁月桃李情》，中国文史出版社1991年版，第276页。

② 《洪深教授作普通学术演讲，讲题为怎样做一个有用的人》，载《国立山东大学周刊》1934年10月22日。

③ 《十月十五日纪念周》，载《国立山东大学周刊》1934年10月22日。

来校讲学或讲演。张伯苓、冯友兰、罗常培、秉志、陶希圣、曾昭抡、王统照等,都曾应邀到校讲学或作学术演讲。1933年4月科学馆启用,学校特邀一些科学家来参加典礼,请他们在新落成的科学馆大讲堂作演讲。秉志作《生物学与大学教育》、张绍忠作《高压力下之比电容》、汪敬熙作《近二十年关于性腺生理智识的进步》等演讲,另外学校教师王恒守、傅鹰、曾省、汤腾汉、刘咸、黄际遇也作了学术演讲。

各系都有自己的学术团体,在国立青大已有数理学会、数学讨论会、化学社、生物学会基础上,又有物理读书会、国文学会、机械学会成立,各团体定期举办包括学术讲演在内的各种学术活动。团体成员根据事先选定的研究题目,轮流作学术报告。据不完全统计,到全面抗战爆发前,国立山大各次学术演讲全文或摘要在校刊发表的有206篇。[①]这些活动开阔了师生视野,启迪了思想,使整个校园洋溢着奋发向上、科学探索之风。

国立山大浓厚的学术氛围,给时任物理学系教授王淦昌留下深刻印象。半个世纪后,他仍记忆犹新:"科学研究工作,更是学校活动中必不可少的内容,记得每周一的总理纪念周会上,向例由教授轮流作学术讲演,各系的学术报告会或讨论会,从不间断,全校呈现出学术空气浓厚,学术思想活跃的喜人景象。"[②]

三、开辟学术园地

开辟学术园地发表师生的科研成果和文学作品,是学校开展学术活动的重要组成部分。学校于1933年和1934年先后创办《科学丛刊》和《文史丛刊》。《科学丛刊》出版两期,是理科类的学术性期刊,作者既有教授、讲师,也有高年级学生。黄际遇、曾炯、郭贻诚、汤腾汉、曾省、秦素美等都在此刊发表学术文章。《文史丛刊》是文科类的学术性期刊,主要刊载文科教授们的研究与创作成果,其中包括胡适、游国恩、姜忠奎、丁山、张煦、黄际遇、梁实秋、赵少侯等名家的文章。

学生的学术社团中,影响最大、成绩较为显著的是刁斗文艺社和励学社。刁斗文艺社创办不定期出版的文艺刊物《刁斗》,共出两卷六期,内容以文学批评、创作和翻译为主,刊载老舍、梁实秋、赵少侯、周学普等文学名家的作品。1934年1月,励学社出版综合性杂志《励学》,赵太侔在为其所作的序中给予鼓励:

我希望同学们努力使这刊物负起阐扬文化的使命。……学术论著不外是学术研究的记录,有此记录而后有继续研究讨论之凭藉,而后有更进一步之研究记录,文化生命

---

① 参见《山东大学百年史》编委会编:《山东大学百年史》,山东大学出版社2001年版,第83页。
② 王淦昌:《往事回顾》,樊丽明、刘培平主编:《我心目中的山东大学》,山东大学出版社2005年版,第16页。

之延续及拓展确系于此。从学术团体本身来说，学术刊物又有其特别功用，它不仅报告社员的研究，而且催动着每个社员研究的努力。因为学术论著不仅是研究的结果，而常是研究的动力，有时作论著即是作研究，论著和研究多半分不开。所以我们可以说，因了有此刊物，而同学们的学业将益加精进。我个人觉得此点应特别置重，其价值反不在乎外求。①

《励学》前后出版七期，以发表学生论文为主，同时也刊载著名学者的文章，鼓励不同观点的争鸣。社会科学方面主要以古典文学与训诂学等研究为主，自然科学方面包括植物、水产等不同领域的文章。《励学》影响力不断扩大，不仅引起国内学术界的重视，而且蜚声海外，美国华盛顿国会图书馆致函该社，全份订购该刊。

学校还鼓励师生参加国内举办的各种学术竞赛，并取得优异成绩。中山文化教育馆为鼓励国内青年研究自然科学，于1934年和1935年举办两届征文考试竞赛。第一届以生物学为主，全国有15所大学各选4名学生共60人参加。学校选送的4名学生全部获奖，其中张奎斗获特等奖（奖金100元），庄孝僡、高哲生获甲等奖（奖金60元），刘萃杰获乙等奖（奖金30元）。第二届以物理学为主，公立、私立大学各选送3名学生参加考试，2名学生（包括助教）参加征文评选，国立山大选送的5人全部入选，其中田金棠获考试甲等奖（奖金70元），金有巽、章琨获考试乙等奖（奖金40元）；征文部分，助教许振儒获得著作类甲等奖（奖金为140元），助教王寿衡获得译述类丙等奖（奖金为80元）。

1936年，"严持约纪念奖金"面向全国大学征求"工业化学"论文两篇、文学作品两篇。国立山大化学系毕业生、助教勾福长以《制造骨胶之研究》论文荣获特等奖（奖金200元）。②1937年，数学系助教王熙强的《贝努力及欧拉（Enier）氏多项式根元分布》论文，荣获上海《大公报》全国数学论文评选一等奖（奖金80元）；化学系助教郭质良以《山东酒曲之研究（三）》及《中国化学工程》论文，荣获中华文化教育基金委员会特种科学奖（奖金500元），此项科学奖申请者300人，录取名额只有10人。③这些获奖的论文均在国内著名刊物上发表，国外有关刊物也摘要介绍，引起学术界的重视。国立山大遂蜚声学界。

上述这些办学成就及其影响，是构成校史上第一个兴盛期的重要内涵。

① 赵太侔：《励学·序》，载《励学》1934年第1期。
②《化学系助教勾福长君荣获严持约纪念工业化学征文本届奖金第一名》，载《国立山东大学周刊》1937年3月22日。
③《化学系助教郭君质良荣获中华文教基金会本届特种科学奖金五百元》，载《国立山东大学周刊》1937年5月17日。

四、承办全国性学术会议

国立山东大学利用青岛气候适宜、交通便利和工商业发达的有利条件,加之学校有良好的会议场馆,多次承办全国学术性会议,成为名噪一时的学术高地。

1933年8月24日至31日,中国经济学社第十届年会在国立山大召开,出席会议的有马寅初、梁漱溟等名流。青岛年会以"中国经济改造"为主题,共收到社员论文23篇。年会期间,马寅初、梁漱溟分别作《复兴农村的途径》《解决中国经济问题之特殊困难》的讲演。

1935年是国立山大承办全国和区域性学术年会比较集中的一年。3月,承办文化建设协会青岛分会成立大会,推举赵太侔为主席,洪深等为评议员。5月,承办中国工程师学会年会。9月3日至5日,承办中国物理学会第四次年会,共收到论文42篇,其中国立山大5篇;出席这次年会的有蔡元培、李书华、严济慈、叶企孙、丁燮林等学界名流40余人;年会期间进行改选,推举叶企孙为会长,推选杨肇燫等3人为评议员。

1936年7月20日至22日,国立山大同时承办中华图书馆协会第三次年会和中国博物馆协会第一次年会,到会"各机关团体代表、报馆通讯记者,及该两会会员等,济济一堂,将近千人"[1],其中有叶恭绰、李石曾、袁同礼、杜定友、刘国钧、马衡、沈祖荣、万斯年、沈兼士、朱光潜、蹇先艾、王献唐等知名人士,代理校长林济青在开幕式上致辞。8月4日至6日,承办中国化学会第五届年会,会议选举曾昭抡、吴蕴初为正、副会长,吴承洛为总干事,另有理事11人。

学校除承担学术会议外,还以国立大学的地位及学者们的造诣,或担任一定的学术职务,或参加一些高层次的学术会议,有效地扩大了学校在国内外的影响力。例如,生物学系刘咸教授被教育部聘为比较解剖学术语名词审查委员会会员;化学系主任汤腾汉教授被推选为中国科学化运动协会总干事;物理学系教授李珩,应中国日食观测委员会的邀请,于1936年6月赴苏联哈巴罗夫斯克观测日全食,研究有关太阳的物理状态和化学组成。

第四节　注重教学管理

赵太侔上任伊始,组建起一个精干高效的行政管理团队。为了节约行政费用,学校

---

[1]《图书馆博物馆协会年会昨开幕　在山大礼堂举行典礼　各界要人参加致辞》,载《青岛时报》1936年7月21日。

对行政机构尽量压缩编制，减少人员。

首先，对学校的行政机构进行调整。增设教务处，下辖图书馆、体育部、军事训练部、注册课；撤销总务处和秘书室，另设秘书处，原总务处所属各科室均归秘书处管理；同时还增设文牍课和出版课。教务长先后由杜光埙、王志超担任；秘书长先后由吴之椿、皮松云、张纪瑞、王圻担任；图书馆主任为胡鸣盛，体育部主任先后由郝更生、宋君复担任。

其次，尽量压缩行政人员编制。至1936年，各行政单位中的工作人员：图书馆11人、注册课5人、校医室3人、出版课8人、会计课6人、文牍课3人。时任教务长的杜光埙认为，国立山东大学的一个重要特点就是"学校行政组织简单，不仅促进行政效率，而且也收撙节开支之效。……对于行政组织，向采缩小编制之原则，所用人员亦尽量减少……行政组织之简单，用人之经济，颇似教会设立之大学"①。

在院系负责人任用方面，赵太侔选聘著名学者充任。文理学院院长由黄际遇担任；中文系主任先后由张煦、施畸担任；外文系主任先后由梁实秋、洪深担任；数学系主任先后由黄际遇、李达、周绍濂担任；物理学系主任由王恒守担任；化学系主任由汤腾汉担任；生物学系主任先后由曾省、刘咸、林绍文担任；工学院院长由汪公旭担任；土木工程学系主任先后由赵涤之、唐凤图、余立基、张倬甫担任；机械工程学系主任由周承佑担任；农学院院长由曾省担任。

赵太侔秉承杨振声的治校理念，注重发挥集体的智慧与作用，坚持民主办学，具体表现形式就是建立由教授参与的校务会议和各种专门委员会。

学校的最高权力机构是校务会议，由校长、教务长、总务长、各院院长、各系系主任和教授代表组成，校长为主席。凡属学校的重大问题和兴革事项，均提交校务会议作出决议，校长负责组织执行，"如有窒碍"，得由校长提交校务会议复议。②这使教授们均能积极关心校务，提出各种建设性意见，保证学校工作的正常运行。

除了校务会议外，学校还设有科学研究、教师聘任、校舍建筑，教学设备、招生、毕业考试等各种专门委员会，其负责人均由赵太侔校长从教师中聘任，对校长负责，帮助校长分担一部分行政事务。"学校设有由教授组成的校务委员会，讨论决定各项重大兴革和决策，这既发挥了教授治校的作用，又体现了民主管理学校。"③

① 杜光埙：《忆国立山东大学》，樊丽明、刘培平主编：《我心目中的山东大学》，山东大学出版社2005年版，第2页。

② 《山东大学百年史》编委会编：《山东大学百年史》，山东大学出版社2001年版，第58页。

③ 王淦昌：《往事回顾》，樊丽明、刘培平主编：《我心目中的山东大学》，山东大学出版社2005年版，第16页。

　　学校定有各种规章数十种,包括组织规程、学则、图书馆章程和办事细则,各委员会章程,考场规则以至学生寝室规则等,制度体系不断完善。

　　在招生环节,新生入学考试十分严格。从录取人数占投考人数的比例来看,1932年是14.2%,1933年是22.5%,1934年是20.4%,1935年是19.0%,1936年是11.0%。随着招生地点和招考人数逐年增加,录取的新生质量也不断提高。

　　在教学管理中,实行"学分淘汰制"。1932年9月,《国立山东大学学则》颁行。规定实行学年学分制度,各科课程均按学分计算。课程分为必修和选修两类,学生可根据所在系学程自行选课,开学两周内可以改选、退选或加选,但本系必修课不得退选。其中,《学则》第35条规定,"凡一学期中于某学程缺课逾三分之一或旷课满五小时者,不得参与该学程之学期试验,并不得补考"。这一规定,使学生认真上课,不肯轻易请假或旷课。《学则》第43条规定,"学生全年所修学程有二分之一或必修学程三种不及格者,令其退学;学生全年所修学程有三分之一或必修学程二种不及格者,留级一年,但不得留级两次"。这一规定,也是督促学生兢兢业业勤奋用功的一种鞭策力量。[①]"学分淘汰制"的实行,使得学生都肯勤奋学习、刻苦上进,对于树立良好学风,起到了积极的促进作用。

　　学校在对学生学业严格管理的同时,还实行奖励制度。为激发学生学习国文和英文的积极性,专门针对一年级学生设立国文、英文成绩奖学金,金额为每学年400元,总名额为10人,其中国文、英文两门课成绩总和在前四名者得奖,其余六名为国文、英文成绩进步最明显者。

　　对于家境寒苦的学生,可通过参加劳动获得资助。校务会议通过的《国立山东大学学生作工给酬办法》规定:学生作工分日常工作和临时工作两类,每日工作一到二个小时,每月给酬五元。日常工作分管理校园、管理校舍两种,临时工作有种植花木、修砌道路园圃、缮写或校对文件等。3月25日,赵太侔在本学期第五次总理纪念周会议上,阐述学生作工给酬的意义:

　　　　此种作工,不仅为补助清寒学生,且可以奖励劳动。我们要相信劳工是神圣的,以劳力换得报酬,当较不劳而获的生活更有价值。中国学生作工的尚不多,而在外国这种情形是很普遍的,并没有人觉得奇怪。学生作工,一方面可以得到补助,完成他的学业,同时并能锻炼自己的刻苦与耐劳,这是最好的办法,就是不需要经济补助的学生,也可以因为练习劳动而作工,不要觉得作工是有失身份的事。不能作工的同学,对于作工的同学尤

[①]《山东大学百年史》编委会编:《山东大学百年史》,山东大学出版社2001年版,第89页。

其不应讥笑，而且应该特别敬重。中国的教育一向是四体不勤的士大夫教育，我们要纠正这种错误，转移风气不能只靠几个人，我们人人要有共同的信念。[①]

国立山大十分重视教学工作。为使学生打下坚实基础，一些基础课主要由教授承担，如梁实秋曾为一年级上英文课，傅鹰讲授一年级的普通化学课。

国立山大的教师在教学风格和方法方面各有特点。如游国恩讲授《楚辞》，考订翔实；老舍为学生开设欧洲文艺思潮、外国文学史、小说作法、高级作文和欧洲文学概要、欧洲通史等六门课程，讲课风趣幽默，教学态度严谨，每一节课都认真准备，旁征博引，内容充实，讲解透彻，很受欢迎；丁山讲授《中国通史》，善于启发学生思考，又敢于提出个人独到的见解；梁实秋讲课紧凑而从容，有组织、有层次，语言精确、形象，给人以深刻的印象；洪深讲课内容丰富，分析透彻精辟，纵横中外，从不照本宣科，空谈理论，而是结合自己的创作实践，深入浅出，并要求学生能够学以致用；张煦（字怡荪）讲授《庄子》，出神入化。据他的学生徐中玉回忆："怡荪师讲《庄子》这门课，至今想来，他正可说抓到了'飞'的特点，讲到某些特别精彩的地方，他眉飞色舞，充满了感情，已深入'角色'。这不是演员般的深入角色，而是学者对他们所讲之学的深有体会和对教学工作的热忱，这热忱表现在尽量把所讲所学之人的思想和艺术特点，通过他的教学直接给我们以感染，这种境界很难达到，一旦达到了便可使我们有心领神会，举一反三之益。"[②]

生物学系教授林绍文多才多艺，寓教于乐，经常带领学生去青岛海滨，边采集边讲解，把科学研究融于生活快乐之中；生物学系教授童第周治学严谨，一丝不苟，讲授清楚，深受学生欢迎，为了倡导科学研究，童第周发起组织书报讨论会，定期报告科研进展情况；生物学系曾呈奎年轻好学，为高年级学生开设海藻学课，常带学生出海采集标本，以身作则，鼓励学生克服困难。

物理学系王淦昌是最年轻的教授，在所讲授的物理学课程中吸收了许多最新的本学科发展动态。他讲课采用启发式教学，不只是传授知识，更注重启发思维，增强学生分析问题、解决问题的能力。化学系主任汤腾汉特别注重培养学生联系

1935年曾呈奎带领一年级学生在海滨实习（左一戴帽者为曾呈奎）

①《三月二十五日纪念周　校长报告举办学生作工给酬事宜》，载《国立山东大学周刊》1935年4月1日。
②徐中玉：《回忆张怡荪师》，樊丽明、刘培平主编：《我心目中的山东大学》，山东大学出版社2005年版，第287页。

实际和解决问题的能力,想方设法为师生创造良好的化学实验室和试验环境。为部分学生和教师研究山东黏土的综合利用,曾在校内建立一所陶瓷工厂,专门从淄博博山聘请技师,带领学生试制耐火制品和陶瓷。每位教授有一个研究室,会同其指导的学生做研究课题。课余时间,大部分学生在实验室做自己的课题,各位导师也经常在业余时间到实验室指导。

此外,教师们在教学中还十分注意理论结合实际,重视基本功的训练。例如姜忠奎讲授文字学,要求每个学生都得篆写《说文解字》五百四十部的部首;黄公渚讲授古典诗文时,讲文章,就要学生摹写文章;讲诗词,让学生练习作诗、填词。当时中文系一年级的课外作业中,有一项是"离经辨志"的断句训练,规定的书是《论语》《史记》,学生便购置砚台、颜料,用朱笔对这两部书断句读。通过这种训练,提高学生阅读古籍的能力,为以后的学习与研究打下坚实基础。[①]

有的教师还特别注重培养学生独立钻研的精神。如丁山要求学生在读古书时,不看或尽量少看前人的注释,避免为旧说所囿,让古人牵着鼻子走。教师们很注意培养学生熟练使用工具书的能力,学生大都备有《说文解字》《广韵》等工具书,在阅读古书时,能够熟练地使用。

数学系学生"每日平均习数学两小时,演题读书研究须四小时以上,上课时笔记要领,总使教员与学生发生思维之交流,不为教本所拘泥,以求知识之活用,演习各题皆利用上课前10分钟,预指定学生先于黑板上报告,教员上课即为指正以省时间。在初年级方面,板书不正,用字小疵,说明不清楚者,亦必予以改正。本校又特设数学演习一门,一年级注重初等数学之演习,及各科之联络;二年级加读初等数学论文;三年级加读各论文,指示致思布算推理之法。每级每周至少费一下午时间。教员分任指导或全体出席指导,此项工作,虽负担至重,然皆确认为有教学相长之益"[②]。

物理学系教师郭贻诚回忆,物理学系教学工作有三个特点。第一,对学生严格要求,重视打好基础。第二,注意培养学生独立思考和实验能力,对高年级学生进行启发诱导;要求他们勤于思考,使学生不但获得专业知识,还能对专业知识有所发展。第三,师生动手修制各种仪器,使之与教学工作相辅相成。[③]王淦昌把修制仪器当作教学工作的一部分,他带领学生用两年左右的时间,就建立并充实了近代物理实验室,有高度真空抽气

①《山东大学百年史》编委会编:《山东大学百年史》,山东大学出版社2001年版,第80页。

②《山东大学百年史》编委会编:《山东大学百年史》,山东大学出版社2001年版,第81页。

③郭贻诚:《忆抗战前后的山大物理系》,山东省政协文史资料委员会编:《悠悠岁月桃李情》,中国文史出版社1991年版,第283页。

学生在近代物理实验室做实验

学生上实验课

化学系学生在实验室

学生在实验室做藻学实验

机、水银蒸气抽气机和象限电流计，以及其他各种阴极线实验、放射体实验等设备，短时间内使物理学系有了较快的发展。

学校十分重视体育教学，体育占8学分，不及格者不能毕业。学校要求学生每周必修两小时的体育课，还有晨操和至少一小时的课外活动。为了培养学生运动的兴趣，学校春秋两季都举办运动会。体育部主任宋君复认为，"体育教育之价值即体育对于品行及人格教育之价值也"[①]，学生在运动场上能学到书本上学不到的东西。学校经常参加青岛市举办的足球、篮球和排球比赛，多次获得奖牌。尤其值得一提的是，国立山东大学足球队连续四年保持青岛市足球高级组盟主的地位。1932年10月，学校组织代表队参加了在河南开封举办的第十六届华北运动会。各种运动项目的竞赛，既督促了学生加强体育锻炼，又培养了学生公平竞争、顽强拼搏的精神。

国立山大考试制度分为临时试验、学期试验和毕业试验三种。临时试验，由任课教师随时举行；学期试验于期末举行，试验包括本学期所修学程的全部内容，并且"各学程除制图、实习、体育、军事术科等得随班考试外，其余均应在学期会考试场举行"。考前

①　宋君复：《体育原理》，上海商务书局1929年版，第13—14页。

排球队参加青岛市春季运动会获优胜

1937年春季运动会短跑项目比赛

由教务处按照考试科目，将参加考试的学生座次间隔排列，防止学生作弊。考场纪律严格，《学期试验试场规则》有10条规定，如有违犯，不仅扣考，有的还要记大过一次。"四年级学生最后一次的学期试验，即为毕业试验；但试验至少须在四种以上，并须有两种以上包含全学年之学程。"①毕业试验在会考试场（即学校大礼堂）举行，由毕业试验委员会审查办理。

毕业论文是毕业试验的重要内容，为规范学生毕业论文的撰写，学校制定《毕业论文规则》，主要内容如下：

学生于毕业年内，应按学则规定，提交论文一篇，经毕业试验委员会审查及格后，方准予毕业；学生的毕业论文，应由各系教员负责指导；毕业论文题目，应于毕业学年第一学期开始后一个月内，由学生自由选定，并须送请系主任核准；毕业论文纲要，应于毕业学年第二学期开始后一个月内完成，并开列重要参考书目及应用材料，送请系主任审阅；毕业论文引用之参考书籍，应注明章节；毕业论文之文字，以国文为主，但必要时得用外国文。其用国文者，无论文言、白话，应一律加以标点符号；毕业论文应使用本校规定之纸张，誊写清楚；毕业论文得以译书代之，但原文应一并送请系主任备查；毕业论文由负责指导之教员评定，并经系主任核准后提交毕业试验委员会审定之；毕业论文及译书，经毕业试验委员会认为有疑问者，得举行口试，毕业论文至迟应于毕业学年五月三十一日提出。②

学校对学生撰写的毕业论文要求严格。学生选定题目后，有相应专长的教师负责指导。国立山东大学中国文学系第四届毕业生毕业论文见表3-1。

---

①《学期试验办法》，载《国立山东大学一览》（1936），第261页。

②《毕业论文规则》，载《国立山东大学一览》（1935），第259-260页。

表 3-1　国立山东大学中国文学系第四届毕业生毕业论文一览（1937 年 6 月）

姓名	性别	籍贯	论文题目	指导教师
冯汉贞	女	江西赣县	说文重文笺	姜忠奎
王塘	男	河南临漳	清代艺文志	台静农
王遵海	男	山东临淄	尚书源流考略	栾调甫
杨道松	男	安徽庐江	论衡校正	姜忠奎
朱绍安	男	山东博平	元曲考略	黄公渚
赵新坡	男	山东临沂	王渔洋诗研究	黄公渚
郁少英	男	江苏启东	清代文字大狱考	施畸
张希周	男	山东沂水	古泉文字编	栾调甫
高佩	男	河南舞阳	两汉征伐匈奴史	施畸
袁绪曾	男	河南中牟	杜诗研究	黄公渚
周中矩	男	河南巩县	东汉党锢研究	施畸
严曙明	男	安徽寿县	谢康乐诗研究	黄公渚
王维卿	男	山西寿阳	国风研究	台静农
梁永信	男	山西定襄	秦汉衰亡研究	施畸
王延琦	男	山东日照	说文方言疏证	姜忠奎
顾宝荃	男	江苏灌云	韩非子研究	栾调甫
张裕光	男	山东菏泽	韩文研究	黄公渚
庄敬梓	男	山东莒县	殷周铜器图形文字研究	闻在宥、姜忠奎
李永儒	男	山东安丘	毛诗郑笺引用三家诗总考	姜忠奎
隋延莹	男	山东诸城	四家诗异文音值研究	闻在宥、姜忠奎
张毓琏	男	江苏如皋	短篇小说之结构	台静农
董云霞	女	河南固始	说文训同义异考	姜忠奎
阎金锷	男	山东惠民	古今书目简志	姜忠奎

资料来源：山东省档案馆藏，档号：J110-01-719-001。

学生毕业论文由指导教师评阅，系主任审核后，提交校毕业试验委员会审查。毕业考试委员会认为有异议的论文，要组织口试。化学系第四届的一名毕业生，就是因为口试不及格而未能毕业。

学校每年都设立学生毕业试验委员会，由校长、教务长、各院院长、各系系主任和校内外著名学者组成。1934年6月，国立山大首届学生即将毕业，学校成立毕业试验委员会，委员由严济慈、何思源、林济青、胡先骕、蒋丙然、雷法章、杜光埙、皮松云、黄际遇、张煦、梁实秋、王恒守、汤腾汉、刘咸等校内外著名学者组成，赵太侔为委员长。据《山东文献》记载：毕业试验委员会委员于6月10日、15日两日，开会两次，第一次审查论文，第二次审查论文及成绩部分；6月11日至14日，则每日轮流莅临考场监督考试，由此可见其严格认真程度。国立山大第一届毕业生共有61人，经过审查8人不予毕业。

6月23日，国立山东大学举行首届毕业典礼，国民党中央常委陈立夫、山东省教育厅厅长何思源到会祝贺，教育部部长王世杰发来贺电，青岛市市长沈鸿烈颁发毕业证书，并代山东省政府奖给前九名毕业生每人一块手表、一支自来水笔和一个包。臧克家是这届毕业生之一。

1935年6月，国立山大组成第二届毕业试验委员会，赵太侔为委员长。委员除本校的八名教授外，还聘请了北平研究院副院长李书华、中山大学文学院院长刘凌霄、北京大学化学系主任曾昭抡、浙江大学物理系主任郑衍芬、青岛市工务局局长邢契莘、山东省政府委员林济青、山东省教育厅厅长何思源。其阵容之强大，足见对毕业试验的重视程度。考试期间，校长及各任课教师按时到场，毕业试验委员会委员轮流每人每日监试一场。试卷经各任课教师评阅后，再由委员会相关成员复阅。经过审查，本届毕业生93人，准予毕业者87人。

6月17日，国立山东大学第二届毕业典礼在大礼堂举行。何思源、沈鸿烈及各界来宾百余人到会。赵太侔校长在致辞中，要求毕业生走上社会后应肩负起自己的责任。他说：

各毕业生处此国难严重时期，离开学校生活而进入社会生活，无论继续学业或进入社会服务，皆应负起责任，努力应付此种困难。目前中国如此贫弱，如何唤起民众，提倡国货，如何改良生产技术，充实国家经济。凡此均为诸位之责任，勿贪求个人之福利，计较职业之高低，应向国家民族生存之目标去努力。[①]

1936年6月10日至13日，国立山东大学举行第三届毕业试验，由于教育部不另派员，

① 《本大学举行第二届毕业典礼》，载《国立山东大学周刊》1935年6月24日。

试验委员会由本校各系主任及教授张煦、赵少侯、李达、王恒守、陈之霖、林绍文、余立基、周承佑、吴柳生、张闻骏、汤腾汉11人组成，吴柳生代理委员长。经过审查，本届毕业生55人中有2人未能毕业。

　　客观地说，这一时期国立山东大学严格的学业和考试管理，养成了学生刻苦和勤奋的品格，保证了毕业生的质量和水平，但也造成了很高的淘汰率，淘汰率接近四成，见表3-2。

表3-2　抗日战争前国立山东大学学生淘汰率 [①]

文理学院				
入学生		毕业生		淘汰率
时间（年）	人数	时间（年）	人数	
1930	92	1934	53	42.5%
1931	116	1935	87	25%
1932	33	1936	34	
1933	79	1937	48	39.2%
工学学院				
入学生		毕业生		淘汰率
时间（年）	人数	时间（年）	人数	
1932	32	1936	19	40.6%
1933	30	1937	19	36.7%

注：表中1936年34名毕业生中包括往届留级生。

第五节　改善办学条件

　　国立山东大学一直被经费拮据所困扰，成为制约其发展的主要瓶颈。鉴于此，学校一方面积极向教育部催促应拨付的经费；另一方面，厉行自力更生，撙节行政开支，集中财力建设教学场馆、购置教学仪器和图书资料，基本上适应了教学的需要，也养成了勤俭办学的良好风气。

---

① 山东大学百年史编委会编：《山东大学百年史》，山东大学出版社2001年版，第91页。

一、撙节行政开支

国立山东大学的办学经费由国民政府拨款和地方协款两部分组成，地方协款又包括山东省政府和青岛市政府及胶济铁路局协款。青岛市政府及胶济铁路局经常以支绌拮据为由减拨或停拨。青岛市政府每年3.6万元的协款，1932年起逐渐递减，到了1934年后，便以支绌拮据为由停止拨发；胶济铁路局每年1.2万元的协款，从1932年7月份开始，便以缩减预算为由停止拨发。唯独山东省政府协款36万元能每年拨发，1933年因国立山大班次增加和建设需要，还增拨临时费3万元。但自1934年起逐年递减，当年减少1.4万元，1935年又减少10.4万元，至1936年1月再次减少，且移归中央按月补给，而中央的拨款又难保证。①

据1935年《山大六年来经费收入表》显示：国民政府拨款部分，只拨付三年，分别是1932年的1.5万元，1934年的8.9万元和1935年的1.6万元；山东省政府的协款是1930年的27.5万元，1931年的36万元，1932年的36万元，1933年的39万元，1934年的34.6万元和1935年的24.2万元；青岛市政府的协款，仅从1930年拨付到1933年，分别是3.6万元、3.6万元、3.3万元、0.9万元；胶济铁路局的协款仅拨付了1930年和1931年两年，皆为1.2万元。②办学经费得不到保障，严重制约了学校的发展。

这一时期，学校每年的办学经费一般在40多万元，最多的1935年，也只有50多万元。此经费数，在当时的同类国立大学中是较少的，与中央大学、中山大学、武汉大学等国立大学相比，仅是它们的三分之一或四分之一。国立山大办学经费原本就少，原定地方协款又因故减少或停发，中央拨款又难以按时照数拨发，给办学造成极大的困难。因此，校长赵太侔不得不往来于南京、济南等地，为筹措办学经费奔走说项，但均无济于事。

办学经费不足严重掣肘自身发展，学校不得不精打细算，自力更生。

第一，尽量精简行政编制，撙节行政开支。到1935年，学校的行政人员从校长、院长起至办事员只有38人，精简到占全体教职员的五分之一；将行政经费开支压缩到只占全部经费的六分之一，节余的经费存入银行生息，用来添置教学与科研设备。此外，为节省不必要的经费支出，学校先后于1933年和1934年撤销了在济南的工厂管理处和农事试验场。

物理学系教授王淦昌认为，"学校善于行政管理，处处注意勤俭节约，把行政人员减

---

① 参见刘本钊：《山大六年来经费收入表》，载《山大年刊》，1936年刊印。
② 参见刘本钊：《山大六年来经费收入表》，载《山大年刊》，1936年刊印。

少到最低标准，把行政经费压缩到最低限度，从原来不足的经费预算中，通过精打细算，厉行节约，每年坚持撙节少许，用积少成多、集腋成裘的办法建设学校"①。

第二，自力动手，艰苦创业。在教育经费不足的情况下，学校倡导全体师生自己动手制作实验器材或采集生物标本。物理学系师生自制仪器设备，化学系师生自制药品、自制化学试剂，生物学系师生自采生物标本。据王淦昌回忆："我就曾和学生、技工试制了近代物理实验的一些设备。这样做'一箭双雕'，不但保证了教学的急需，而且也培养了学生的动脑、动手能力。"②

教务长杜光埙多年后在总结国立山大的特点时说道："历年经费，均有节余。以所节余之经费，连同连年所请到之临时设备费，用之于添置学校各种设备，使国立山东大学在成立后的几年之内，校舍之建设，图书仪器之购置，年有增加。"③

勤俭办学的传统薪火相传，成为学校的精神财富。

二、基础设施建设

国立山东大学除了农学院在济南外，文理学院和工学院的八个系全部在青岛，原有的校舍不敷应用，建筑又无专款，只得预储款项，以为建筑之用。从1932年至1937年，学校相继建成科学馆、工学馆、体育馆、水力试验室、化学馆等。这些室馆的兴建，表现出学校偏重发展理工科的趋向。化学系、工学院都有专用馆舍，数学、物理和生物三系合用科学馆，而中文、外文两系仍在旧楼。这些建筑建成后，基本上缓解了教学用房及实验室紧张的状况。同时，学校还建设了篮球、排球、足球、网球场地等体育设施。从1932年至1935年，学校投入的建筑营造费用共计269240.1元，占四年支出2035313.6元的13.2%。④

科学馆于1932年1月开工，经过两年建设，于1933年1月竣工。总投资13万元，包括学校历年撙节积存的8.8万元和教育部批给的临时经费4.2万元。4月1日举行开幕典礼，国民政府派山东省教育厅厅长何思源代表教育部致辞。

科学馆，史称"石头楼"，墙体用崂山花岗岩建造，呈"工"字形，面积3800平方米，共三层。一层主要由物理学系使用，设有普通物理、近代物理、热学物性、无线电、磁电、光学等实验室，以及仪器室、金工室与研究室；二层主要由生物学系使用，设有生物学、植

① 王淦昌：《往事回顾》，樊丽明、刘培平主编：《我心目中的山东大学》，山东大学出版社2005年版，第17页。
② 王淦昌：《往事回顾》，樊丽明、刘培平主编：《我心目中的山东大学》，山东大学出版社2005年版，第16—17页。
③ 杜光埙：《忆国立山东大学》，樊丽明、刘培平主编：《我心目中的山东大学》，山东大学出版社2005年版，第2页。
④ 翟广顺：《山东（青岛）大学史：1929—1958》，中国海洋大学出版社2021年版，第201页。

物学、无脊椎动物学及海洋学、脊椎动物学及人类学实验室，还有标本室、饲养室、切片室、暗室等；三层主要由化学系使用，设有定量分析化学、定性分析化学、物理化学、有机化学、药化学实验室，以及配药室、仪器室等。

随着新校舍的不断添建，在署名"中生"的《国立山东大学素描》一文中，不无自豪地写道："在这美丽的环境中，这个依山临海的学校，国内是不容易找到的。新盖的科学馆、工程馆（即工学馆）、体育馆、工厂，式样翻奇，迥然不同。其中以工程馆最摩登化，其他仪器设备，都使人满意。"[①]

学校向来重视体育设施建设。1932年已建有2个篮球场、1个排球场和1个小型运动场。1933年又增加3个篮球场、2个网球场和1个排球场。1934年扩建田径运动场，铺设了360米的环形跑道，并且在场内修建了一个足球场。

更具有标志性意义的是，学校在经费十分困难的情况下，考虑到实际需要，于1935年建成设施完备的体育馆。据记载，"本大学成立以来，对于体育一项，向极注重。唯最关切要之体育馆尚付阙如，以致遇风雨时及冬夏之际，即感甚大之困难。现体育部为普及全校体育，须有良好之设备起见，特商承学校当局，在经济可能范围内，建筑体育馆一座"[②]。

体育馆位于第八校舍（今"一多楼"）以西，设计样式参考当时中央大学、东吴大学等体育馆的风格，最终建筑方案由王枚生设计完成。1934年10月对外开始招标，1935年3月开工兴建，6月土建结束。8月初，完成内部装修及设备安装，由华丰恒营造厂承包，原报价1.59万元，后因地板改用二寸柞木，增加0.36万元，最终总承包价为1.95万元。国立山大体育馆是一座综合体育馆，"分上下两层，上为办公室及看台，下为篮球场、排球场及男女更衣室、浴室，并有肋木、吊环，Chest Weight等设备"[③]。

1935年8月初，体育馆投入使用。为备战1936年在德国柏林举办的第十一届夏季奥林匹克运动会，因青岛气候适宜、国立山大体育场馆设备齐全，是年暑假期间，中华全国体育协进会选择这里作为中国参加第十一届奥运会运动员的训练营。宋君复作为本届奥运会中国田径组主要负责人，带领部分运动员在学校体育场馆进行训练。如今，在中国海洋大学鱼山校区大学路操场的入口处，竖立着一块崂山石，上刻"一九三六年第十一届奥运会中国体育代表团运动员训练场地旧址"，即为对此事的纪念。

---

① 中生：《国立山东大学素描》，载《中国学生》1936年第2卷第25期。

② 校闻：《本校建筑体育馆已招标》，载《国立山东大学周刊》1934年10月29日。

③ 校闻：《本校建筑体育馆已招标》，载《国立山东大学周刊》1934年10月29日。

1933年4月科学馆启用

1935年8月体育馆启用

国立山大体育馆是当时青岛市唯一的体育馆，除了本校师生利用该馆进行体育活动外，青岛市各界及其他学校的学生也来参加各种比赛。宋君复曾撰文回忆：

民国二十三年冬季，因为校中实际的需要和赵校长热心的提倡，虽然在经费困难的时候，毅然决然的开始建筑了一座很合实用、设备完全的体育馆，也可以说是青岛市唯一的体育馆。该馆于民国二十四年四月落成后，学生运动兴趣又提高了甚多，体育馆内自早至晚运动的学生是川流不息的，青岛市的社会团体同其他学校的学生，也利用晚间到体育馆来参加各种比赛。[1]

抗日战争胜利后，学校大部分校舍被美军强行占用。1947年体育馆被毁。由于未见史料佐证，被毁具体时间、原因虽不能确定，但是在美军占用期间发生的，则确凿无疑。

三、图书与实验室建设

办好一所大学，除了有高水平的师资队伍以外，还有两个重要条件，一个是图书馆，一个是实验室。学校着力采购中外文书籍，由于经费受限，在采购图书时，更加注重质量。学校规定各系所需要图书，必须先由系主任签字，再由图书馆在各系预算项下统一订购。学校逐年加大图书购置力度，至1935年度，图书费用共213383.5元，占同期经费支出的8%。至1936年度，图书总数87805册，其中中文图书65282册，外文图书22518册，中外文杂志1208种，计54116册。师生大多愿意到图书馆读书学习，据1936年度统计，到图书馆阅览者达7万余人次，借阅图书累计4万余册。

除此之外，学校还重点建设实验室。用于购置仪器设备的费用，比图书用费还要高些，占同期经费支出的10.9%。至1936年，学校建立了43个实验室（包括研究室）。物理学系建有普通物理、物性、电学、无线电、光学、近代物理等实验室，1937年又增设天文

---

[1] 宋君复：《本校过去体育实施之检施及将来之展望》，载《国立山东大学校刊》（复校纪念号）1946年12月28日。

圖面平學大東山立國

9	8	7	6	5	4	3	2	1
第十三校舍	第十二校舍	第八校舍	第六校舍	第四校舍	第三校舍	第二校舍	第一校舍	校門

18	17	16	15	14	13	12	11	10
球場	運動場	水力實驗室	實習廠	工學館	圖書館	體育館	科學館	大禮堂

H.C. LIAO

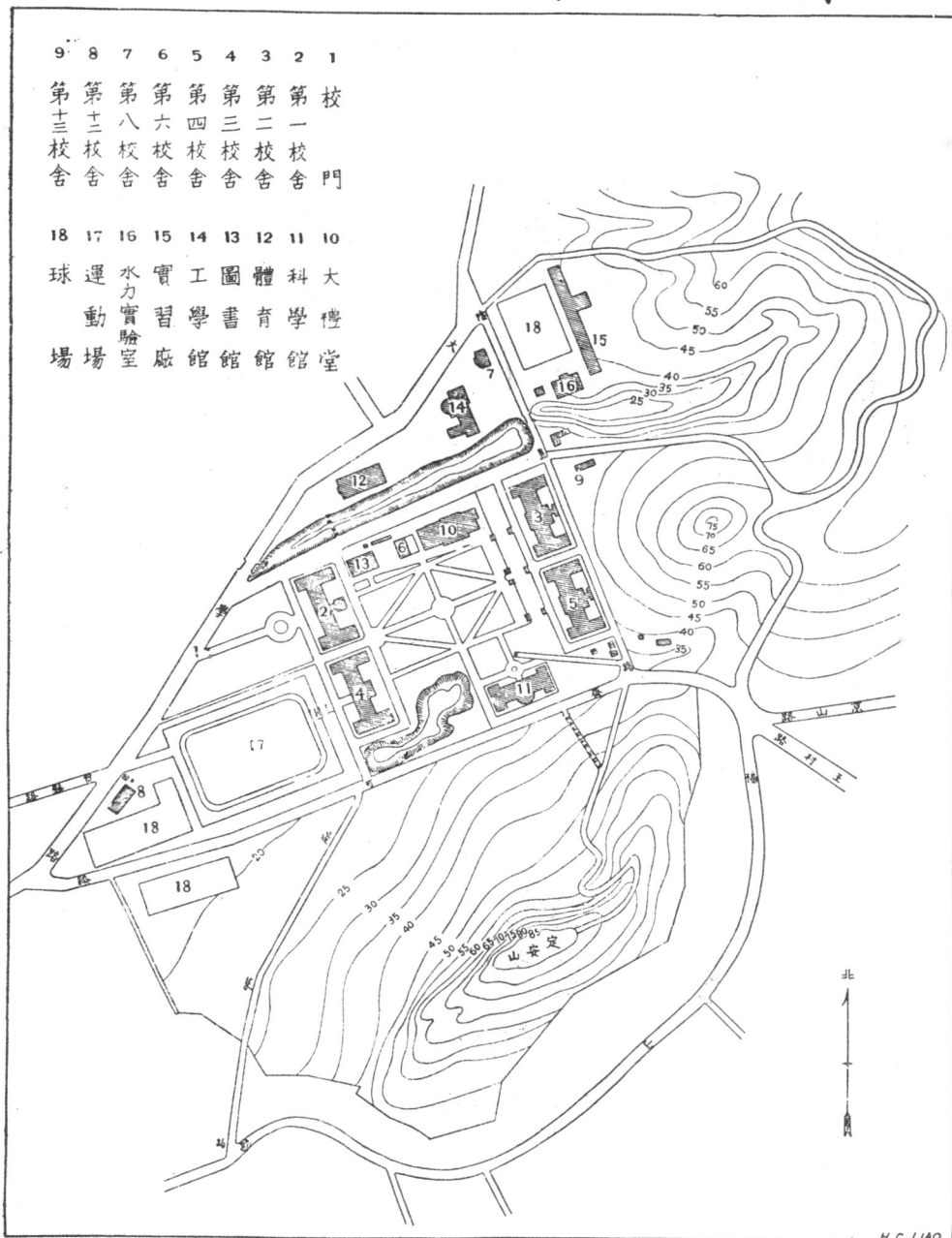

国立山东大学平面图

学、气象学实验室，还建有专供修理及自制仪器的工厂。化学系建有普通化学、普通定
性分析化学、定性分析化学、定量分析化学、有机化学、物理化学和药物化学等七个实验
室；化学系自制的药品和化学试剂，自给有余后还对外供应。生物学系建成普通生物学、
无脊椎动物学、比较解剖学、生理学、植物学、胚胎学、技术学、海洋生物学等实验室，以
及海藻学、实验胚胎学、生理及组织学、鱼类学等实验室，另有温室、鱼类饲养室及标本
陈列室等。

1936年图书馆工作人员合影

1932年学生在定量实验室做实验

工学院于1932年设置，至1935年，在短短的三年时间里，土木工程学系已建有材料试
验室、水力试验室及测量仪器室；机械工程学系于1934年建成热力工程实验室及机械实
习工厂，包括铁工实习厂、木工实验厂和翻砂厂；自制或购买的教学仪器1800余件。

宽敞的图书馆、丰富的图书、完备的实验室，激发了学生的学习与研究兴趣，为钻研
学术提供了条件。文学院学生课后聚集在图书馆或各系研究室，理学院学生于实验课程
之外，也都是在实验室读书，甚至周末也在实验室进行实验。这种利用实验室的习惯，不
仅增进了学生对于所习学科的了解，也锻炼了实验能力。学生因为在校期间养成了读书
思考和利用实验室的习惯，所以毕业后能够有所成就，贡献良多。

第六节　抗日救国　彰显大义

随着日本帝国主义侵略的不断扩大，中华民族危机日益加深。青岛的抗日救亡运动
从1931年到1945年，长达14年之久。国立山东大学学生是青岛抗日救亡运动的一支重要
力量。

一、海鸥剧社宣传抗日救亡

1932年7月，中共国立青岛大学支部书记王林遭追捕，被迫转移，海鸥剧社暂时停止活动。是年夏，国立青岛大学易名为国立山东大学，俞启威重新返回青岛，继王林之后担任中共国立山东大学支部书记。

几经努力，俞启威等骨干恢复了海鸥剧社，成员增加到20多人。海鸥剧社在国立山大礼堂先后演出《一致》《暴风雨中的七个女性》，继而在青岛大舞台演出宣传抗日救国和反映阶级斗争的《乱钟》《SOS》《婴儿的杀害》等话剧，起到了积极的宣传作用。

同年冬天，根据左翼"剧联"关于"在白色区域开展工人、学生和农民的演剧运动，采取'剧联'独立演出、辅导工农和学生表演以及联合演出"[①]的指示，俞启威决定海鸥剧社下乡为农民演出，宣传抗日。

1933年春节期间，俞启威与崔嵬、李云鹤、杜建地、赵星火、梁桂珊和李秀英等海鸥剧社主要成员，带着简单的服装、道具和行李，深入崂山农村王哥庄一带，用当地群众所喜闻乐见的方言演出街头剧《饥饿线上》。崔嵬担任导演，李云鹤、杜建地担任主演，获得成功。利用地方方言演出街头剧，在青岛戏剧史上是第一次，在当时全国也不多见。此后，海鸥剧社又将演出范围扩大到附近的即墨农村。

1933年3月，中共青岛临时市委成立，李俊德任书记，委员有王经奎和俞启威。俞启威分管宣传和学运工作。同年夏天，因叛徒出卖，青岛地下党组织遭到破坏，俞启威被捕入狱，崔嵬等人避险离去，海鸥剧社再次停止活动。俞启威被捕后，经赵太侔校长奔走、营救，于同年秋天出狱，之后离开青岛去了北京，投身于伟大的民族解放运动。

1932年海鸥剧社演出话剧《放下你的鞭子》

海鸥剧社作为山东省第一个革命话剧团体，因抗日救亡而诞生，是当时青岛左翼文化活动的组成部分，对于唤醒民众、宣传抗日发挥了重要作用。在艺术创新上，崔嵬改编的《放下你的鞭子》是抗战名剧、红色经典，是抗战期间影响最为广泛的一个街头剧，与当时经常演出的街头剧《三江好》《最后一计》一起，被戏剧界合称为"好一计鞭子"。它创造了演出场次最多、演出地点最广、影剧明星参与最踊跃、观众人数最多的纪录，对

---

① 《中国左翼戏剧家联盟最近行动纲领》，文化部党史资料征集工作委员会编：《中国左翼戏剧家联盟史料集》，中国戏剧出版社1991年版，第17页。

宣传、推动抗日救亡运动产生了积极影响。

65年后，1998年春海鸥剧社在学校恢复重建，并于当年5月成功演出《雷雨》《项链》《深情》《风雨起兮》等剧目，以此宣告海鸥剧社的重生。如今，海鸥剧社依然活跃在中国海洋大学和青岛的艺术舞台上，传承并光大着"海鸥精神"。

二、抗日救国会的义举

1935年一二·九运动爆发后，国立山大学生群情激愤，于12月18日成立学生抗日救国会，推举王广义等21人组成执行委员会。会后学生走上街头示威游行，宣传抗日，并电慰马占山将军英勇抗战，电请中央速派援兵，呼吁全国声援。

与此同时，国立山大抗日救国会还积极联合青岛市内的中学，成立青岛市学生抗日救国会。1936年1月6日，国立山东大学学生抗日救国会在大礼堂主持召开青岛市大中学生联合抗日救国会成立大会，礼贤中学、文德女子中学等校部分学生参加，共商抗日救国联合行动。青岛当局闻讯后，派出保安队前来戒备。学生联合会派10名代表赴市政府请愿，要求对学生爱国行为加以保障，不予干涉。青岛市学生抗日救国会的成立，标志着抗日救亡运动从国立山大一校发展到青岛学界，抗日救国烈火又在青岛燃烧起来。

面对学生抗日救亡运动不断高涨的局面，国民党政府为了瓦解全国各地学生的抗日救亡运动，让教育部令全国大中学校派学生代表，于1月15日到南京"聆训"。国立山大学生抗日救国会向校方提出不派代表参加，遭到校方拒绝。1月4日，校长赵太侔主持召开第47次校务会议，确定徐碧宇、邴鸿章、王延琦三人为学校派往南京"聆训"的代表。徐碧宇因不愿"聆训"，以事假推脱，校务会议改选代表为陈文魁。三名"聆训"学生回校后，与抗日救国会持对立的态度。由此产生学生与校方的对立，使学校正常教学秩序难以维持。教育部对此十分不满。

1936年2月7日元宵节，青岛市举行三号码头落成典礼，晚上在栈桥燃放烟火，海边人山人海。国立山大学生抗日救国会组成宣传队，在人群中发表演说，散发传单，介绍北平学生的爱国行动，号召中国人不分党派、职业和信仰，广泛团结起来，反抗日本侵略者；要求国民党"停止内战，一致对外"。反动军警强行驱逐演讲的学生和在场群众，学生与之进行争辩时，竟遭毒打，当场拘捕王广义等六名进步学生。在狱中，学生坚持斗争。半月后，慑于社会各界压力，六名学生被释放。赵太侔迫于青岛市市长沈鸿烈的压力，于2月29日召开第54次校务会议，以"行动逾轨，破坏校规"为由，将六人开除学籍并限期离校。

　　对于这件事,赵太侔在1952年5月的回忆录中写道:"对于学生运动,我总认为不妥,国家大事由政府负责,学生就是读书。学校乱了,吃亏的还是学生,所以采取息事宁人的办法。结果连遭上级苛责,青岛又以收回校舍相威胁,我不得不通过校务会开除六名学生。现在认识到这是我的立场问题,懊悔莫及。"[①]这番话或可反映他对学生运动的真实态度和复杂心情。同时,也表明他作为校长,受到了上级和青岛当局的双重压力,开除六名学生是不得已之举。

　　3月1日,处理六名学生的布告贴出后,学生抗日救国会立即召开紧急会议,强烈反对学校变相开除学生并推选出代表交涉,要求"收回成命"。遭到拒绝之后,进步学生义愤填膺,宣布罢课。

　　3月2日学生罢课后,赵太侔立即电告教育部。3月4日,教育部电令"以严厉手段处置山大学潮"。学校公布教育部的电令,并发布《关于开除学生李声簧等六人学籍的第63号布告》,引起了学生更大义愤。学生抗日救国会当即致电国民政府行政院,要求撤换校长。

　　为了防止被开除的同学被驱逐出校,学生抗日救国会成立"纠察队",负责维持校内秩序,并在第四校舍加以戒备,对他们采取保护措施。与此同时,四年级学生毕业在即,担心学业受到影响,成立"护校团"。"纠察队"与"护校团"两派对垒,互相指责,国立山大局势几近失控。

　　3月4日,校长赵太侔召开记者会,强调"本校修造非易,决不容少数不良分子肆意破坏也",并打电话给青岛公安局长,要求"派警协助执行"。3月5日晚,山东省教育厅厅长何思源匆忙从济南赶赴青岛,与沈鸿烈会商平息国立山大学潮事宜。两人均认为,要遵照教育部令,"派警强制执行"。3月8日晨四时,青岛市军警500多人进入学校,将第四校舍包围,破门砸窗入室,搜查学生代表及被强令退学的学生,打伤部分学生,当场拘捕32人。当天,国立山大召开第55次校务会议,以"结合被革学生,鼓动风潮,破坏校纪"为由,勒令程恒诗、廷荣懋等13名学生退学,并决定3月9日起复课。[②]

　　为解决国立山东大学的学潮问题,教育部派督学孙国封专程来青岛协调。3月10日孙国封到达青岛后,多次到公安局召集在押学生训话,采用软硬兼施的手段,要求学生们答应复课,但遭到拒绝。学生表示抗日爱国行动是正义的,校方不"收回成命",就坚持罢

① 赵太侔档案,中国海洋大学藏,档号:246。

② 《山东大学关于令学生程恒诗等13人退学及解散学生救国会等四团体和复课的学籍的第55次校务会议记录》,共青团青岛市委青运史办公室、中共青岛市委党史资料征委会办公室编:《青岛党史资料》(内部发行)第7辑,1991年刊印,第136页。

课到底。

经与何思源、沈鸿烈磋商后，孙国封最终调解的意见是：①囚禁的学生全部释放；②13名勒令退学的学生改为留校察看，但先前开除的李声簧等六名学生不能复学；③让赵太侔主动向教育部提出辞呈。①这个调解意见，显然是针对赵太侔的。

客观地说，赵太侔处置此事确有失误。一是学生向民众宣传抗日救国是正义之举，不能简单地以"行动逾轨，破坏校规"来论处。这一点他在后来的回忆录中也承认："这次开除学生虽属被动，然而打击了学生爱国运动，即使辞职也难以卸责。"②二是不应因为两派学生对立，局面难以控制，便要求"派警协助"，不但激化矛盾，也有失教育者之责。三是给地方势力尤其沈鸿烈插手学校提供可乘之机，落入陷阱。出于无奈，赵太侔以去南京公干为由，于3月11日离开学校。学校事务由校务会议暂时代理。③

4月5日，抗日救国会召集全校同学开会，选举产生新一届执行委员会，委员有廷荣懋等17人，廷荣懋任执委会主席。之后，他们采取多种形式宣传抗日救国主张，从事抗日救国活动。根据当时不适宜组织大规模活动的形势，为了积蓄力量，他们便组织时事座谈会、读书会、歌咏队、演剧队、学术研究会以及世界语学习班等小型团体进行活动。

在如火如荼的抗日救亡运动中，国立山大学生表现出坚强不屈的革命精神，团结各方力量，发扬学生爱国运动的传统，推动了青岛市的抗日斗争。

三、参加抗日救亡斗争

1934年至1935年，青岛的党团组织连续遭到破坏，国立山大的学生运动处于低潮。1936年8月，李欣奉上海团组织指示考入国立山大工学院机械系，以学生身份开展党的工作。李欣原系上海同济大学学生，因参加一二·九运动被开除。组织根据他的家庭和个人情况，让他报考国立山东大学，继续从事学运工作。

来到青岛后，李欣首先与同学、共青团员王冠仲接上关系。9月，李欣、王冠仲秘密联系国立山大、铁路中学、文德中学的一些进步学生，在鱼山路6号召开青岛救亡同学会成立大会，通过了成立宣言和组织章程。

李欣

---

① 翟广顺：《山东（青岛）大学史：1929—1958》，中国海洋大学出版社2010年版，第226页。

② 赵太侔档案，中国海洋大学藏，档号：246。

③《赵太侔因公赴京，校务由校务会议暂时代理》，载《国立山东大学周刊》1933年3月16日。

为了进行思想武装，李欣还将自己从上海带来的秘密刊物在同学中传阅，其中包括中共《八一宣言》、毛泽东与斯诺的谈话《从午夜十二点到两点钟》、季米特洛夫关于建立国际反法西斯统一战线的报告，以及中国共产党在巴黎出版的《救国时报》等。这些刊物，对于同学了解党的抗日主张和国际形势起到了积极作用。救亡同学会还与北平中华民族解放先锋队总部取得联系，得到了队刊《队的生活》。通过队刊，同学们可以及时获悉国家的政治形势和救亡运动的动态。

11月，绥远抗战爆发，傅作义将军率部取得百灵庙大捷。消息传来，国立山大抗日救国会随即召开大会，自发组织起绥远抗敌后援会，发电报慰问、声援前方抗敌将士，并组织全校师生工友捐款，共得款项1500元，汇往绥远。年底，学校派师生代表周学普、吴绩、马骏、黄丽娟四人，前往绥远慰问前线将士。

西安事变后，青岛救亡同学会推荐李欣等人为代表，约见青岛市市长沈鸿烈，向他提出"结束内战，迅速发动抗战"的强烈要求。同时，国立山大抗日救国会多次举办时事座谈会。大家情绪高涨，要求枪口一致对外，反对内战。

1937年4月，在青岛救亡同学会的基础上，成立国立山大抗日民族先锋队（简称"民先"山大队部），共有20余人，作为党的外围组织。吴绩、李欣先后担任队长。"民先"山大队部的成立，为青岛地区中国共产党发展建立武装抗日游击队奠定了组织基础，聚集了骨干力量。

1937年9月，李欣担任中共青岛特别支部书记，不久，中共青岛特别支部改组为中共青岛市委，生物学系学生陈振麓担任书记。他们在高密、崂山组织建立地方抗日武装。陈振麓参与筹建的崂山游击队第四中队，是青岛地区中共领导的第一支抗日武装。高密、崂山的游击队很快合并成立中共鲁南工委，根据中共长江局的指示，开赴前线，参加抗日斗争。

七七事变后，国立山东大学文学院学生周浩然投笔从戎，在即墨县瓦戈庄一带开展抗日斗争。1937年10月，他成立即墨县瓦戈庄国术训练所，组织青壮年学习武术，继而以国术训练所的学员为骨干，成立即墨县义勇军游击队，自任总负责人。1938年3月9日，周浩然率领游击队在集旺疃伏击了下乡"扫荡"的日军，给日军以重创，打响青岛地区武装抗日第一枪，极大鼓舞了当地民众的抗日士气。1939年7月，周浩然加入中国共产党。8月，中共即墨县委成立，周浩然担任县委委员兼组织部长。面对严峻的斗争形势，周浩然主动要求到即墨最危险的瓦戈庄村、灵山、刘家庄一带开展工作。9月12日，周浩然在西尖庄村组织秘密会议时壮烈牺牲，年仅24岁。

张伄甫

土木工程系教授兼系主任张伄甫，字润田，1898年生。1918年赴美国康奈尔大学土木工程系留学，获博士学位。回国后曾在国立清华大学、东北大学担任工学教授。1936年8月到国立山大工学院任教，并任土木工程系主任。七七事变后，日本侵略者的战火燃烧到了他的家乡——河北滦县，张伄甫毅然到天津北宁铁路局任工程师。他秘密策划并组织破坏铁路，借北宁铁路技术故障推迟日军的运输并制造多起出轨翻车事件。一次，一辆满载一个师团日军的列车发生严重翻车，日军死伤惨重，事故引起日军高层的震怒和重视。日军根据破坏情况判断，此倾覆是有着相当专业知识的铁路系统内部人士所为。经过秘密调查，张伄甫进入日本宪兵队视线。正值中国传统佳节中秋节，他被日军设下了"鸿门宴"，继而威胁利诱，再遭到酷刑拷打。面对残暴的侵略者，张伄甫以头撞墙，决然赴死，时年39岁。张伄甫牺牲后，恼羞成怒的日本宪兵将其肢解碎尸，弃于海河。2015年，张伄甫被列入第二批600名著名抗日英烈和英雄群体名录。

第二章
国立山东大学的南迁与停办

赵太侔辞去国立山东大学校长后，国民政府教育部任命林济青为代理校长。接任后，林济青增聘教师，建设化学馆，参与筹建青岛海滨生物研究所，承办国家级学术年会。由于日本侵华战争的影响，学校虽然呈现式微局面，但仍勉强维持，有所发展。全面抗战爆发后，学校辗转迁至四川万县。南迁过程中，师生减员、校产损失严重。国民政府下令国立山东大学暂时停办。

第一节　林济青任代理校长

1936年3月，校长赵太侔辞职，推举张煦、陈之霖、张闻骏为校务会议常委，临时主持校务。山东省政府主席韩复榘借国立山大学潮之故，将协款从每月3.6万元减少为1.5万元。由于痛感山东省政府掣肘，国立山大全体教授于5月3日上书教育部，要求将国立山东大学改回国立青岛大学，完全隶属中央，不受山东方面牵制，但无结果。7月9日，教育部任命山东省政府委员林济青为国立山东大学代理校长。7月16日，林济青到职视事。

林济青（1886—1960），山东莱阳人。1906年于潍县广文学堂毕业后，就读于北京汇文大学，其后曾两度赴美留学，先后获美国哥伦比亚大学文学学士和里海大学工程学硕士。1925年任私立青岛大学校务主任、教务主任，后赴济南任齐鲁大学教务长、代理校长。国民政府接管山东后，任山东省政府委员。

　　林济青任国立山大代理校长有其客观原因。当时山大虽名为"国立"，其实大部分办学经费由山东省政府负担，所以对于国立山大校长人选，山东省有较大的话语权。由山东省提出适当人选后，国民政府教育部予以委任。林济青不仅是山东人，曾任私立青岛大学教务主任，而且是省政府委员。当时八名省府委员中，除教育厅厅长何思源之外，只有林济青是教育界人士，这正是他被选中的主要原因。

代理校长林济青

　　林济青上任伊始，利用暑假组织修治整个校舍，使业已数年，褪落剥蚀，殊碍观瞻的办公楼、教室、宿舍等粉刷焕然，气象一新。[①]1936年9月21日，林济青在总理纪念周集会上对全校师生发表讲演，肯定前任校长杨振声、赵太侔六年来所作出的贡献。同时表示："本人此次受命教育部与各关系方面的敦促，前来主持校政，处处当以发展学校为前提，愿与大家和衷共济，步伐一致，向前迈进，以造成教育史上光荣一页。"[②]

　　因时局动荡，国立山大一些知名教授相继离校。留任的教师有姜忠奎、闻宥、丁山、胡鸣盛、李茂祥、水天同、周学普、葛其婉（德籍）、陈传璋、宋鸿哲、李先正、李蕃、李珩、费尔（德籍）、王祖荫、王文中、石坦因（德籍）、童第周、林绍文、秦素美、曾呈奎、伊格尔（德籍）等22人。由于师资严重不足，林济青凭着对高校的了解和以往在齐鲁大学的办学经验，从各地聘请教师30余人，配齐各院系的负责人，延续了杨振声、赵太侔注重聘请名师的做法。中文系新聘教师有施畸、栾调甫、黄孝纾、郝昺衡、郭本道、颜实甫、敖士英、台静农、吴廷璆；外文系新聘教师有凌达扬、叶石荪、饶余威、张国桢、钱端义、吕宝东、王苏冰心（美籍）；数学系新聘教师有周绍濂、马纯德、孙泽瀛、章用；物理学系新聘教师有方光圻、潘祖武、吴敬寰；化学系新聘教师有刘遵宪、何心洙、徐植方；生物学系新聘教师有刘发煊、汤独新；土木工程学系新聘教师有张倬甫、王师羲、余雅松、王志超、吴潮、丁观海；机械工程学系新聘教师有汪公旭、史久荣、杨寿百、叶芳哲、蒋君武等，弥补了师资流失后的人才不足，使学校于艰难中得以维持。

　　林济青对学校行政机构及其负责人作了调整，严智开任秘书长，后王圻接任；王志超任教务长。林济青又增设训育主任，由山东教育厅督学王圻担任。院系仍设三院八系。

---

① 《本校校舍刷新》，载《国立山东大学周刊》1936年9月28日。
② 《廿一日纪念周校长讲演词》，载《国立山东大学周刊》1936年9月28日。

文理学院院长为汤腾汉，工学院院长由汪公旭代理，农学院院长自曾省离职后空缺；八系的系主任，除化学系主任汤腾汉、生物学系主任林绍文留任外，其他各系新聘系主任有中文系主任施畸、外文系主任凌达扬、数学系主任周绍濂、物理学系主任方光圻、土木工程学系主任张倬甫、机械工程学系主任汪公旭。

林济青同样注重管理制度建设，主持校务会议先后通过《国立山东大学免费公费学额规则》《学生生活指导委员会章程》《山东大学学则（修正案）》《文理学院学则（修正案）》《教务处规程》《秘书处规程》《国立山东大学办公总则》等规章，并颁布施行。

林济青积极筹措办学经费，促使教学活动恢复正常。同时开展了一些科学研究，尤其是在海洋生物学、化学方面成绩突出。自1930年国立青大成立，杨振声、赵太侔两任校长均将海边生物学作为发展的一个方向，而且已有所成就。林济青延续杨、赵的办学方针，继续致力于海边生物学的发展。

1936年11月，生物学系成立海产生物研究室，研究人员由生物系教师充任。主要业务如下：第一，中国海产动物之分类、分布形态及生态；第二，青岛浮游生物之分布生态及分类；第三，海产动物实验胚胎之研究；第四，海产动物生理之研究；第五，中国马尾藻之研究。[1]

化学系在系主任汤腾汉的领导下，历经六年的发展，已成为学校的优势学科。林济青上任后，在化学学科方面投入很大。

国立山东大学化学馆

鉴于化学系与物理学系、生物学系合用科学馆，教学用房趋于紧张，林济青主持建造化学馆。1936年11月，国立山东大学建筑委员会召开会议，商定化学馆建筑地址及基地事宜。1937年1月，学校向青岛市呈送化学馆建筑图样，并申请建筑执照获得批准。经公开招标由青岛新慎记承建，3月开始动工建设，至7月先后建成地下室和中间的四层以及两侧的两层，主要用于实验和教学，建筑面积约2400平方米。化学馆竣工后，国民政府教育部部长王世杰题词"实学源泉"，青岛市市长沈鸿烈题写馆名"化学馆"。

①《生物系海洋生物研究室近况》，载《国立山东大学周刊》1937年3月29日。

　　与化学馆同步建设的还有应用化学研究所。早在筹建化学馆时，化学系主任汤腾汉在呈教育部的报告中，提出"拟建应用化学研究所，由经常费撙节开支，不另请款"，随后教育部批示"呈件均悉，准如所拟办理"。应用化学研究所成立后，致力于培养科研机构、高等学校及实业界从事科学研究、教学及管理工作的高级专门人才。

　　在工科方面，学校于1937年在机械工程学系添设机电组，学科体系得到进一步拓展。1937年6月，工学院《山大工程》创刊，林济青撰写发刊词。1936—1937年出版的刊物还有《山大丛刊》《化学月报》《山大生物学会年刊》等。

　　在1936—1937年两年时间里，学校先后承办一些全国性的学术会议，提升了国立山东大学的影响力。例如，1936年7月，承办中华图书馆协会第三次年会和中华博物馆协会第一次年会。这次年会共通过58项议案，包括图书馆统一图书分类法、拟定儿童读物分类法及政府出版物分类标准、审定图书馆学名词术语、编制全国图书馆联合目录、推广馆际互借、确定图书馆经费与职员人数的比例等。1937年8月，中国化学会第五届年会在国立山大召开，选举成立由曾昭抡等11人组成的理事会。参加会议讨论的45名化学专家、学者，有感于卢沟桥事变，都表示：国家和民族处于危难关头，爱国的化学工作者应为抗日救国贡献力量。

　　1936年8月，国立山东大学招收新生196人，毕业生53人。1937年6月，国立山大第四届学生毕业。林济青按照惯例成立毕业试验委员会，成员有清华大学教授叶企孙、顾一樵，北京大学教授曾昭抡等人。经过严格考试，共有67名学生（男61名、女生6名）毕业，其中文学院32名、理学院16名、工学院19名。这届学生入校时176人，毕业率仅为38%。生物学毕业生中的薛廷耀、郑柏林、尹左芬，都成长为中国海洋生物及水产领域的知名专家、学者。

　　这一阶段的国立山大，经代理校长林济青尽力维持，尚能勉强运行，但由于日本帝国主义大举入侵，人心涣散，学校局面每况愈下。

第二节　举棋不定的南迁

　　1937年7月7日，经过长期战争准备的日本侵略者突然向北平西南卢沟桥附近的中国驻军发动进攻，该部奋起抵抗，全民族抗日战争爆发。卢沟桥事变并未使林济青认识到形势的严峻性，国立山东大学的招生工作照常进行。7月14日，学校在《正报》刊发招生广告,定于8月2日至6日在青岛、南京、济南、北平四地报名,8月10日举行入学考试。[①]

国民政府对战争的长期性和严重性认识不足,直到卢沟桥事变爆发后,才仓促制定一些与高等教育有关的办法。8月12日,教育部颁发《各级学校处理校务临时办法》19条,通令南京、上海、江苏、浙江、保定、青岛等地的学校延期开学。8月19日,颁发《战区内学校处置办法》,将青岛及京沪(今沪宁)、津浦、胶济三线视为战区。[②]8月27日,教育部发布《总动员时督导教育工作办法纲领》,主张各校原地待命,要求"全国各地各级学校暨其他文化机关,务必镇静,以就地维持课务为原则"[③]。林济青奉教育部令,推迟开学时间。直至9月10日,国立山大才在《正报》头版刊发开学通告,定于9月23日开学,27日正式上课。

此时国立山大有文理、工、农三院八系,有教员80人、职员49人,共有129人,学生517人。[④]卢沟桥事变正值暑假,开学后返校的学生不足200人,教师大多回老家探亲,返校的更少。随着日本侵华战争不断扩大,北平、天津相继沦陷,91所高校遭敌破坏,其中25所因破坏严重而停办。面临此种危急境况,国民政府教育部于8月31日下令沿海各高校内迁,规定:平、津、沪、京等地的一些重要高校迁往西南、西北地区。9月,教育部指定国立山东大学迁往西安。根据教育部迁校的决定,林济青开始组织疏迁工作,但因受各方掣肘而举棋不定。

对于突如其来、迫在眉睫的战事,1937年9月,国立山大全体学生恳请国民政府教育部部长王世杰速令学校迁移合并成立临时大学。对于国立山大外迁之议,山东省政府主席韩复榘则持反对意见:"山大系山东多个专科学校合并的,文物、图书、仪器,均为山东资产,不能外流"[⑤],决定将国立山大迁至鲁西南的单县。这一决定遭到师生的坚决反对,认为日军来势凶猛,山东必将不保。10月2日,全体学生第二次上书王世杰,言明单县位居鲁西,靠近军事要点,交通不便,且无合适校舍,建议在可能范围内速谋一劳永逸之计。在校教职员工也表达了同样的诉求。[⑥]

---

① 《青岛国立山东大学招生》,青岛市档案馆藏,档号:D000363-00051-0011。

② 胡孝忠、秦丽媛:《困顿与涅槃:抗战时期国立山东大学的内迁与复校》,载《山东大学学报(哲学社会科学版)》2021年第4期,第189页。

③ 薛毅:《王世杰传》,武汉大学出版社2010年版,第61页。

④ 胡孝忠、秦丽媛:《困顿与涅槃:抗战时期国立山东大学的内迁与复校》,载《山东大学学报(哲学社会科学版)》2021年第4期,第194页。

⑤ 张晋三:《山东大学南迁见闻记略》,青岛市政协文史资料委员会编:《青岛文史资料》第8辑,1989年刊印,第15页。

⑥ 胡孝忠、秦丽媛:《困顿与涅槃:抗战时期国立山东大学的内迁与复校》,载《山东大学学报(哲学社会科学版)》2021年第4期,第189页。

学校一方面安抚等待迁校的师生，一方面积极为迁西安做准备。10月7日，国立山东大学发布第71号布告称："经决定，迁移未妥以前，为安全起见，校中学生准先自动离校，或借读他校，候迁校竣事后，随时前往复校。"①8日，学校又发布告，称可以暂时迁到济南。9日，国立山东大学正式停课，大部分学生决心随校南迁，少数学生转入他校学习或参加工作，部分学生决定投笔从戎，参加抗日斗争。10月17日，据教育部令，国立山大分别联系津浦铁路济南站、陇海铁路徐州站，请求拨给车辆将先前存放济南的仪器、图书等押运西上。在国立山大迁移选址举棋不定之时，教育部部长王世杰于10月16日致电林济青，要求学校务必立即将设备迁往西安，转运车辆应就近解决。②

日军占领山东后，派飞机对陇海、津浦两条铁路狂轰滥炸。随着德州失守，战事蔓延，国立山大在迁校之事上游移不定，错过了迁往西安的最佳时间，从青岛到西安的内迁路上已经非常危险，不得不改变内迁路线，但对于迁至何处，一时不能定下来。

10月下旬，国立山东大学决定迁安徽安庆并获教育部批准。10月26日，教育部发电文给安徽大学校长李顺卿，告知国立山大校长林济青即将抵达安庆面谈，希望尽可能予以协助③；11月7日，国立山大致函安徽大学，告知对方有关物资已起运菱湖公园安徽大学校址并派王志超教授前往筹备④；同日，林济青呈报王世杰说，国立山大"已借妥安徽大学一部房舍作为临时校址。现图书、仪器等已分别由青济陕各地起运前往"，请求准予学校迁往安徽并得到安徽省政府的大力协助。学校有关经费则由青岛中国银行免费汇兑到安庆中国银行。⑤11月14日，林济青呈报王世杰，已派人赴安徽筹备及运输之前或转运陕西或留存青岛的图书、仪器，济南、浦口均有专人负责转运，留存青岛的校产也已派专人驻校保管。11月15日，应林济青的要求，国民政府教育部分别发文给安徽省政府、安徽大学，要求他们分别给予协助。11月16日，国立山大师生匆忙踏上南迁之路，随迁学生仅有120余人。临行前，学校发表《国立山东大学迁皖留别各界启事》与《林济青启事》。⑥

16日，国立山大师生从青岛乘火车出发，傍晚抵达济南，数日后换车沿京浦铁路至南京。7天后，苏嘉战事失利，南京危急。教育部以国立山大此前不遵部令，未能未雨绸缪，

---

① 张静主编：《中国海洋大学大事纪》，中国海洋大学出版社2014年版，第21页。

② 胡孝忠、秦丽媛：《困顿与涅槃：抗战时期国立山东大学的内迁与复校》，载《山东大学学报（哲学社会科学版）》2021年第4期，第189页。

③ 胡孝忠、秦丽媛：《困顿与涅槃：抗战时期国立山东大学的内迁与复校》，载《山东大学学报（哲学社会科学版）》2021年第4期，第189页。

④ 《本大学请准迁皖派员去安徽大学接洽》，山东省档案馆藏，档号：J 110-01-0676-014。

⑤ 《请予免费将本校公款汇往安庆》，山东省档案馆藏，档号：J110-01-0676-017。

⑥ 《国立山东大学迁皖留别各界启事》，山东省档案馆藏，档号：J 110-01-0676-024。

提前转移,便借口仓促间无法安置,置流离失所百余师生于不顾,命令国立山大"速搭江南铁路火车去芜湖"。师生疲于奔命,便从南京乘火车西去芜湖。学生寄寓于圣雅各中学,羁留十余日,进退失据。当时淞沪会战结束,上海市区沦陷,南京危在旦夕,芜湖亦将不保,师生再迁至安徽安庆,以安徽大学菱湖公园为校舍。

国立山东大学抵达安庆的第二天,林济青召开校务会议,12月5日借安徽大学校址正式开学,6日复课。13日南京沦陷,安徽大学奉命内迁。十余天后,教育部又急电学校速去武汉待命。席不暇暖的师生于是辗转乘船从安庆抵达武汉,被安排在武昌一个小学暂时栖身。师生在地板上一住就是半个月。此时,国立山大存放在南京的图书仪器丢失的消息传到武汉,致使师生悲愤交集。一部分学生离开,一部分学生设法转入其他学校就读,还有学生加入了部队。随迁的120名学生在武汉时只剩下50人了。

教育部在武汉召集各大学校长会议,国立山东大学因为图书仪器损失严重,备受指责;一行教师多于学生,无可为校,拟予撤停处理。代理校长林济青无可奈何,告诉学生:"有亲投亲,有友投友,无亲友愿投笔从戎者,可为介绍参军,别无出路,国难至此,何以为学!山大至此,前路尽矣!"[1]

在艰难困境之下,学校师生得到国共两党高级将领的资助。据土木工程学系学生周俊逸回忆:"我们坐船到了汉口,当时八路军办事处周恩来同志亲自前来慰问。由于大家的生活无着,只得依靠驻守武汉的陈诚将军支援,每人发给生活费四元,另外还请冯玉祥将军捐助两万元,凑巧此时平汉铁路运来无数失掉父母的流浪孤儿,由每个同学认作干儿女,得以生存。有的同学成群结队走上街头和公园,表演《放下你的鞭子》独幕剧,进行抗日宣传。"[2]冯玉祥、陈诚的慷慨解囊,为师生到达万县提供了帮助。

1938年2月14日,林济青在万县主持复课。开学仅仅几天,教育部根据国民政府行政院2月18日训令:"将国立山东大学暂行停办"[3];3月15日,令国立山东大学"一切校务至今日结束,经费领取至今日止",原有经费（由国库实支部分）仍由国库照常拨付,作教职工生活、遣送学生及保管校产之用。6月,教育部下令免除林济青代理校长职务。至此,饱受战争和迁徙之苦的国立山东大学停办。

关于国立山大南迁停办原因,众说不一。有研究认为,一是学校受到中央与地方博弈的牵制,二是学校内部上下沟通不畅、互信度较低,三是教育部官员与学校领导能力欠

① 张晋三:《山东大学南迁见闻记略》,青岛市政协文史资料委员会编:《青岛文史撷英》（文教卫体卷）,新华出版社2001年版,第178页。
② 周俊逸:《拳拳思念情——怀念恩师张倬甫教授》,刘培平主编:《我心目中的山东大学》,山东大学出版社2005年版,第304页。
③ 《山东大学校史》编写组编:《山东大学校史（1901—1966）》,山东大学出版社1986年版,第38页。

佳。①这三条于史有据，论述全面，符合逻辑与事理，是立得住的。

国立山大停办后，在校教职工造册送部，另行分配工作；学生大部分被转入本部已在重庆的国立中央大学，少数转入国立四川大学和西南联大继续求学。

第三节　校产保管

一、保护校产　延续学脉

在1937年暑假期间，国立山大代理校长林济青就组织员工对图书、仪器设备和案卷分别装箱，做迁移准备。这些物资共计1301箱，分四批外运。学校将第一批图书、仪器设备257箱装火车西运至西安，继而转运至汉口，最终由李韵涛雇船，走长江水路，辗转运到四川万县。第二批图书、仪器设备837箱至9月下旬"始行南运"，由吴敬寰负责，10月中旬运至南京，存放于下关码头及浦口火车站仓库内。②此时淞沪抗战结束，南京危急，国民政府于11月20日发布迁都重庆的文告，同时要求各机关、学校等限三日内撤出南京。于是各机关抢征车船，争先撤离，水陆同时梗塞，客运顿告停顿。吴敬寰擅离职守，学校800余箱物资在南京失陷后"遂均沦入敌手"③。第三批物资16箱由南迁师生押运，从济南出发，经南京、芜湖、安庆、武昌、宜昌，几经辗转，最后运到万县。第四批箱件共191箱，于1937年12月初从济南运出，经津浦路南下，辗转保存在了湖南常德的桃源县，后奉令大部分借给蓝田国立师范学院，小部分借给国立西北工学院。④运到四川万县的257箱图书、仪器设备，经过清点，由中央大学、中央职业学校、中央图书馆等单位借用。剩余的校产由教育部秘书黄龙先奉部令到校接收。

为了保管不能运出的教学物资，林济青在南迁前夕成立留青保管处，由事务课主任孟礼先负责。他在介绍为保管校产所付出的努力时说：

二十六年十一月十六日学校师生迁皖之际，留青未能装载之机器，尚存有百余件。即日先将业经包装完好者六十件装十五吨车壹个赶运去后，所余四十件，仍继续包装，以辅陆续交涉拨车装运。随即将腾出各房舍条封，指派校警，严密巡守，以俟拟运机件完竣

---

① 详细论述见胡孝忠、秦丽媛：《困顿与涅槃：抗战时期国立山东大学的内迁与复校》，载《山东大学学报（哲学社会科学版）》2021年第4期，第188—203页。

② 王云浦：《本校迁移停办之始末》，载《国立山东大学校刊》1946年12月28日。

③ 张晋三：《山东大学南迁见闻记略》，青岛市政协文史资料委员会编：《青岛文史资料》第8辑，第17页。

④ 胡孝忠、秦丽媛：《困顿与涅槃：抗战时期国立山东大学的内迁与复校》，载《山东大学学报（哲学社会科学版）》2021年第4期，第188—203页。

后，即将木器家具各物品分别查点登记，以便保管。按当时所拟定之保管办法，以科学馆工学馆建造时，有防止潮湿之设备，阳光颇为充足，空气亦较通畅，存储各种木器，可免潮湿涨缩之弊。第一校舍底楼十数间，原为指定仓库，备用物品及残敝器具之存放所，仍即照旧存放。又以图书馆各种家具，均系特别设计，不便挪移，乃将各处公文橱标本橱等多件归并存置。由十一月十九日最后机件起运后，经十数日之处理方得完竣。而后将门窗条封，每处派住工友二人巡守，但在此时驻青第三舰队教导团函校借用第三校舍作为讲习学术，体育馆体育联系之所。留用铁床百二十张，桌椅各六十件，市政府民团训练部又借用第二校舍及礼堂作为民团总部学术训练之所，留借铁床贰百张，礼堂连椅全数。至二十七年一月初谣传崂山湾发现敌人军舰六十余艘，市当局为防御计，将海军陆战队约五百余借住第四校舍，以便次第分派侦查敌舰行动，惟四校舍所有器具，皆于数日前业经搬出，分别编类存储，而该陆战队，亦未借用器具。[①]

　　1938年3月，国立山东大学校产保管委员会成立，主要职责是盘查资产，编造校产清册、保管校产、核发学生成绩表件以及办理其他与学生有关事项。4月14日，国民政府颁布《国立山东大学校产保管办法》，规定学校停办期间，所有的教具等校产由教育部派保管委员三人保管。保管处暂设于四川万县。

　　为了保证国立山大校产保管委员会的正常运转，教育部每年拨付一定的保管经费，其中于1942年12月和1944年1月，分别追加保管经费8000元和10655元。

　　国立山大因南迁而导致物资损失严重。学校1937年南迁前有校舍1411间，价值法币1809010.40元，可容纳3800人；有图书87805册。[②]到1940年6月，点交国立中央大学借用者为120箱，原值法币188722元；点交国立中央工业职业学校借用者为54箱，原值法币53881元；点交国立中央图书馆借用者为76箱，原值法币89732元。点交国立师范学院借用者为186箱，点交国立西北工学院借用者为23箱，皆未点查计算原值。由校产保管处保管的校产除文卷19箱外，其余为家具、器皿及零星机件、书箱等，总值约合法币2000余元。[③]此前运出青岛的共1110箱，损失632箱，损失近六成。1939年7月，黄龙先呈报国民政府教育部，国立山大损失仅法币363万元。[④]具体损失见表3-3。[⑤]

————————————

① 孟礼先：《前国立山东大学留青保管处报告》，载《国立山东大学校刊》（复校纪念专号）1946年12月28日。

② 山东大学档案馆编：《山东大学大事记（1901—1990）》，山东大学出版社1991年版，第47页。

③ 《教育部派员视察国立交通大学、山东大学及省立河南大学等校的报告、文书》，中国第二历史档案馆藏，档号：五—1983。

④ 顾毓琇：《抗战以来我国教育文化之损失》，载《教育通讯》（汉口）1939年第5期。

⑤ 胡孝忠、秦丽媛：《困顿与涅槃：抗战时期国立山东大学的内迁与复校》，载《山东大学学报（哲学社会科学版）》2021年第4期，第188—203页。

表3-3　国立山东大学财产损失统计（截至1939年7月）

损失物品存放点	分类	损失（元）	备注
青岛	房产	2912580.43	其中济南、青岛两处不动产法币3152959.73元，家具、仪器、图书等法币476863.1元
青岛	家具杂件	72116.08	其中济南、青岛两处不动产法币3152959.73元，家具、仪器、图书等法币476863.1元
存青岛及转南京未经运出	仪器机件杂品	151385.41	其中济南、青岛两处不动产法币3152959.73元，家具、仪器、图书等法币476863.1元
存青岛及转南京未经运出	中西文图书	206218.76	其中济南、青岛两处不动产法币3152959.73元，家具、仪器、图书等法币476863.1元
济南农学院	房产、林场	240379.30	其中济南、青岛两处不动产法币3152959.73元，家具、仪器、图书等法币476863.1元
	家具、图书、仪器、标本	47142.85	其中济南、青岛两处不动产法币3152959.73元，家具、仪器、图书等法币476863.1元
总计		3629822.83	

资料来源：中国第二历史档案馆藏国民政府教育部档案，档号：五-3919（2）。

　　1940年6月，国民政府教育部派员视察校产保管处，认为国立山大物资因抗战内迁，途中遭受损失，但"运抵万县者，为数尚属不少……而便利他校教学实验及研究之功绩，亦未可泯灭"[1]，对学校南迁物资损失情况作了一个公允评价。

　　在青岛接收的校产、保管委员会保管的校产以及借给中央大学等单位所归还的部分校产，是国立山东大学复校的物质条件。保管委员会委员、接收人员为此付出艰辛的努力，为延续国立山大学脉作出了贡献。

二、校园再次成为兵营

　　1938年1月，日军第四舰队出动40余艘军舰及部分海军陆战队，在数十架飞机的掩护下，未遇任何抵抗便在青岛山东头、沙子口、浮山湾和汇泉湾等地登陆，很快进入市区。青岛又一次被日军侵占。

　　日本侵略军将学校校园再次作为兵营。孟礼先在《前国立山东大学留青保管处报告》中揭露了日军损毁校产的残暴行径：

　　青市于二十七年一月九日晚六时市政府撤退，九时至十一时破坏敌人在青纱厂及重要建筑物甚多。十日晨市面秩序顿乱，到后发展抢劫情事。而各国侨民，及少数未撤退之警察，临时组织万国商团，维持地方，以德领为团长，团本部强用山东大学第一校舍办公，团员共约四百人，分住于二、三、四校舍内。惟对于保管存储各物品之科学馆工学馆

①《教育部派员视察国立交通大学、山东大学及省立河南大学等校的报告、文书》，中国第二历史档案馆藏，档号：五—1983。

图书馆等处,仍得由原派校警工友巡守,未加妨碍。约一周后,敌军始开住校内,驱逐各房舍驻守工友,将所存教职员学生书籍等件,悉数焚毁,继将第一校舍底楼备用器具及残敝各件,尽行取出,分发敌军后方医院,及伪新民会等使用。在当时市民生命财产既已毫无保障,公家房舍器具,占用蹂躏,尤为备至。礼先怵目痛心,挽救乏术,深疚保管之责,未能稍尽万一。只得迁往校外,办理结束事项,迄离青时止,敌人已用全部校舍作为海军司令部,以为训练敌军,及存放武器之所。房舍内多改建,家具除占用外余多焚毁,此其大略情形也。①

日军侵占校园后,出于自身安全的需要,沿大学路修筑了围墙。1937年12月日军侵占济南后,农学院也沦于敌手,成为日伪华北农事实验总场济南支场。

1945年抗战胜利后,美国海军陆战队于9月在华北登陆。其意图一是控制战略要点,帮助国民党政府抢占地盘;二是抗衡东北的苏联红军,维护战后美国在东亚的战略利益;三是帮国民党政府解除日军武装、遣返日本军队和侨民。9月11日起的一个月内,美海军陆战队第七舰队共2.7万人登陆青岛,使学校又成为美军兵营。美军还占据位于鱼山路5号的原日本青岛中学,扩大了兵营的范围。

美军对大学路院墙进行加固,加高到2米,成坡形,墙宽2米,在墙上架设了铁丝网。美军还在校园内原青岛日本中学的寄宿公寓、二校门内、化学馆前、八关山坡（现学校新教楼位置）等多处,修建了一些半圆形军用铁皮房子,还在化学馆旁建了一处红砖平房。

美军在学校校舍和营地之间设置了铁丝网,并日夜巡逻。国立山大为收回被美军侵占的校园,爆发三次反美怒潮。1949年2月美军撤离后,原青岛日本中学校园和私立青大校园两部分合为一体,成为复校后的国立山大校园,形成了现今中国海洋大学鱼山校区的基本格局。

复校时接管的原日本青岛中学校舍鸟瞰图

1950年,为纪念青岛1949年6月2日解放,分别将原日本青岛中学的教学楼和寄宿公寓命名为"六二楼"和"胜利楼"。

---

① 孟礼先:《前国立山东大学留青保管处报告》,载《国立山东大学校刊》(复校纪念专号)1946年12月28日。

第三章
抗日战争胜利后的国立山东大学

由于日本帝国主义的侵略，国立山东大学被迫南迁，师生星散，学校停办，损失之大、破坏之重是无法估量和弥补的。抗日战争胜利后，国立山大于1946年春复校，规模有所扩大，设文、理、工、农、医五个学院，共计14个系。学校多方延聘教师，建立起阵容齐整的教师队伍。发挥青岛滨海的优势，着重发展海洋、水产学科，青岛海洋科技城的基础愈加厚实。这一时期，国立山大进步师生在中共地下党的组织领导下，进行了多次反美蒋斗争，为青岛的解放作出了应有贡献。

第一节　国立山大在青岛复校

一、恢复国立山大的活动

1944年以后，随着世界反法西斯战争节节胜利，中国抗战的胜利已经不可逆转。国内各方力量的聚焦点逐渐从抵御外侮转向和平建国，教育复员提上议事议程。教育部成立复员小组，由高教司司长赵太侔领导。1944年12月，山东省政府主席何思源致函教育部，提出国立山东大学在济南复校的方案。1945年9月，教育部在重庆召开全国教育善后复员会议，要求专科以上的学校根据需要做合理的迁移和分布，因战事停顿但具有历史的学校予以恢复。因此，一些因抗战而迁入内地的高等学校，纷纷回迁复员。

国立山东大学被迫停办后，广大校友时刻未曾忘却母校。据记载，1940年1月，国立山大同学会三台分会成立，其宗旨在于联络感情，促进互相合作，并协助同学会谋母校复兴与学术之发扬。3月，三台校友会及三台毕业同学分会，联合向国立山东大学校产保管处发函，要求母校复校。曾任国立山东大学化学系主任、时在国民政府农林部中央林业实验所任职的汤腾汉，以发展教育、不忍母校长期中断之热忱，发动散布在重庆、成都、西安、兰州、桂林等地校友，成立国立山大校友会复校促进委员会，敦请杨振声、赵太侔两位前任校长出面，邀约国民政府名流联名致电国民政府，请求迅速恢复国立山大建制。[①]一时间形成广泛的复校舆论。

复校促进会委员会常务委员陈当春、吕少恒、宋默庵联名上书国民政府教育部，《为呈请任命校长明令恢复国立山东大学以宏教育事》并附有复校《计划书》，为学校长期停办痛心疾首："巍然学府骤遭遣散，不独十载经营付诸东流，而数百青年顿失凭依，含泪道别，各自奔投，流离失所，比比皆是，厥状之惨，不忍卒述。溯山东大学自成立以来，首、次两任校长锐意精进，不遗余力，惨淡经营，规模粗具。虽经费有限，举凡图书、仪器、实习工厂莫不应有尽有，不数年间成绩可观。"[②]成都校友上书教育部部长朱家骅《为呈请恢复国立山东大学敬献意见以备采择由》，提出复校的四点建议，其中之一："山大前校长杨振声、赵畸两先生艰难缔造，校誉昭隆。为恢弘山大以往之精神计，请即设置复校委员会，仍由杨、赵两先生负责领导。"[③]山东青年协会也于9月12日上书国民政府教育部，呈请迅速恢复国立山东大学："自抗战开始，国立山东大学随即停办，现倭寇受降，建国需才，山东青年未能来至后方者，为数甚多，至祈钧长体念青年失学之苦，迅予恢复国立山东大学，造福青年，裨益国家，实为德便。"[④]

1946年1月25日，国民政府批准国立山东大学在青岛复校，同时委派教育部参事赵太侔为代理校长；1月29日，行政院召开例会，正式任命赵太侔为校长，负责复校事宜。赵太侔再长国立山大，不仅仅因为他曾为校长，成绩斐然，还在于他曾先后担任教育部高教司司长、参事职务，对中央和地方情况比较熟悉。

赵太侔（1889—1968），山东益都（今青州）人。1906年参加同盟会，1911年参加了山东的独立起义，是山东辛亥革命的先驱。1914年至1917年就读于北京大学，倡办无

① 栾开正：《山东高等教育发展史（1840—2000）》，山东教育出版社2003年版，第156页。

② 《为呈请恢复国立山东大学敬献意见以备采纳由》，中国第二历史档案馆藏，档号：五-5343。

③ 《为呈请任命校长明令恢复国立山东大学以宏教育事》，中国第二历史档案馆藏，档号：五-5343。

④ 《为呈请迅予恢复国立山东大学由》，中国第二历史档案馆藏，档号：五-5343。

政府主义团体"实社"。1919年8月至1925年5月，在美国哥伦比亚大学研究院学习，攻读西洋文学与戏剧。1925年回国后，先后任国立北京艺术专门学校教授兼戏剧系主任、山东省立实验剧院院长、国立青岛大学教授兼教务长；1932年9月至1936年6月任国立山东大学校长；1936年至1938年任国立北平艺术专科学校校长；1939年至1945年，先后任国民政府教育部社会教育司戏剧组主任、教科用书编纂委员会委员兼剧本整理组主任，国立编译馆编纂，国民党中央训练委员会第三处处长，教育部高教司司长、参事等职。

校长赵太侔

国立山东大学青岛校友会闻讯赵太侔复任校长后，当即发电欢迎，并请赵太侔早日来青岛主持复校工作。在重庆的校友更是喜形于色：

> 为了纪念八九年来所遭受的苦楚，为了庆祝簧宇的重光，更为了欢迎重任校长的赵先生，我们在陪都青年馆举行了一次盛大的宴会，参加的人们都带了一副和悦的面庞和两条轻快的腿，至于各人的心情，也可以由那两种符号说明了。这次集会是这出戏的分水岭，以后应该是喜剧的排演了。[1]

3月下旬，在教育部的主导下，国立山东大学复校筹备委员会成立，除赵太侔外，委员由傅斯年、周钟岐、杨振声、段锡朋等12人组成。赵太侔聘时任岭南大学教授周钟岐为教授、总务长，并推荐其任复校筹备委员会主任。

二、收回校舍与确定系科

在赵太侔从重庆动身回青岛前，接受《山东青年》记者的采访，对于国立山大复校的计划，作了较详尽的阐述。

关于人事问题，"人事在任何一个部门里都是占重要地位的，人事若不适当，会妨碍整个部门的发展，所以对于人事的配备，非常慎重，正计划着将从前老的教职员尽量地设法请回来，作为复校的基础。另外聘请国内外具有真才实学的学者充任教授，因为本校以往的作风，着重研究，现在依然承袭过往的研究精神而努力"[2]。

国立山大校舍被美军占用，成为复校的最大障碍，社会对这一问题比较关切。赵太侔对此信心满满："因着学校的规模比从前扩大了，原有的校舍是不够应用的，现在已将

①《抗战期间校友的复校运动》，山东省档案馆藏，档号：J110-01-933。
②刘斌：《关心山东大学的复校——赵太侔校长访问记》，载《山东青年》1946年创刊号。

鱼山路、日本设立的东亚医科学院及东亚医学院附属医院（即日本的同仁医院）三个地方，由教育部拨予作为本校校舍。"①

在院系设置方面，赵太侔告诉记者：比从前扩大了，计划筹建六个学院26个系及两个专科学校和一个职业学校：文学院设中国文学、外国文学、历史、哲学教育四个系；法学院设法律、经济、政治三个系；理学院设数学、物理、化学、动物、植物、地质矿物、地理、海洋八个系；农学院设农艺、园艺、森林、水产四个系；工学院设机械、电机、土木、矿冶、造船、化工、建筑七个系；医学院不设系，附设牙医专科学校、药学专科学校、护士职业学校、附属医院。同时设立海洋学研究所（隶属理学院）、实习工厂（隶属工学院）、实验农场（隶属农学院）和先修班。②

赵太侔特别强调："以上之各院系今年不能完全成立，仅能逐渐设置，法学院暂缓办；文学院的历史系、哲学教育系，理学院的地理系、海洋系，农学院的森林系，工学院矿冶系、造船系、化工系、建筑系，医学院的两个专科学校，今年不能开办，俟后逐渐添设。本校院系各有偏重，以理学院为本校的基础，法学院偏重于法律系，这完全由于时代的需要才有此决定。"③

最后，赵太侔就开学时间、招生、班级及原有图书仪器等问题，回答提问。记者在文章写道："赵太侔先生受命长校，赵先生是国内外知名的学者，也是一位和蔼可亲的长辈，具有丰富的教育经验，以之而担当起复校的重任，山大的前途，必因此而光明了。"④

赵太侔主持的复校工作，基本上是根据上述计划方案进行的。其中收回校舍是最为急迫的一步，而且是一项艰巨复杂的棘手工作。

1945年9月，教育部高教司聘青岛市教育局局长孟云桥兼任国立山大校产委员会委员，就近接收、保管国立山大在青岛的校产。11月6日，教育部批准孟云桥接收国立山大经费100万元；同日，孟云桥和博济医院院长陈志藻同时接收原日本青岛东亚医学专科学校及附属医院，包括校舍六座（平房、楼房各三座），另有仓库、兵器库、锅炉房等。根据教育部的指令，接收原日本青岛东亚医学专科学校是国立山东大学复校的一部分，计划"在山大旧址美军未退出前，暑假招收一年级新生10班左右，在医专校址上课"⑤。1946

① 刘斌：《关心山东大学的复校——赵太侔校长访问记》，载《山东青年》1946年创刊号。

② 刘斌：《关心山东大学的复校——赵太侔校长访问记》，载《山东青年》1946年创刊号。

③ 刘斌：《关心山东大学的复校——赵太侔校长访问记》，载《山东青年》1946年创刊号。

④ 刘斌：《关心山东大学的复校——赵太侔校长访问记》，载《山东青年》1946年创刊号。

⑤ 《青岛市教育局长孟云桥呈教育部函》，中国第二历史档案馆藏，档号：5-749。

年3月，同仁会青岛医院诊疗班改名为国立山东大学附设医院，后隶属医学院，成为该院的教学实习基地。

在接收原青岛日本中学问题上，孟云桥遇到了阻力。早在复校之初，国民政府行政院明令，将鱼山路原青岛日本中学校舍连同原私立青岛大学校园留给国立山大复校使用。由于原校园已被美军占为兵营，无法接收。1945年10月1日，孟云桥专程到国立青大原校址考察，对日军投降撤离时之"破坏行为殊表遗憾"。1946年3月30日，孟云桥向李先良报告《关于日本中学校舍拨归山东大学应如何办理的呈文》。4月6日，青岛市政府批复"未便再拨山东大学"。

4月，周钟岐奉校长赵太侔之命赶赴青岛，召集前国立山大通讯处成员，临时觅定胶州路原日本东亚医专旧址为复校筹备处，筹划复校事宜。秋季开学在即，校舍问题迟迟没有解决。据周钟岐称，"四月间我们刚到青岛时，连两三位同事住宿办公的地方都有了问题。若为一千余学生一二百教职员的住宿设法，当时实在不知应该从何处着手，敌伪产业处理局告诉我们，青岛的房屋都住满了，无余屋可拨用，我们想为校长找一所住的小房子也办不到，所以他在旅馆内住了一个多月"①。

6月12日，赵太侔回到青岛后，为收回校舍积极奔走。他和周钟岐先是与美军司令部交涉，询问何时能将校舍腾让出来，"第一次交涉，结果是很空洞，美军也不知何时能将校舍交还我们，同时胶东的战事又很紧张，眼看着开学是一件渺茫的事了"②。

7月中旬，赵太侔和周钟岐经过调查，发现欧阳路（今合江路）有一所美军空下来的大房子，一连有五幢，足够教职员五六十家住宿、办公之用。他们就积极向美军军需处交涉，把它要了过来，连夜派人守护，第二天便将全体同人（当时不过10位）都搬到欧阳路办公并开始修理。复校筹备处也从胶州路迁入此处办公。

教职工住的问题解决了，赵太侔立即发信，催促受聘的教职员工赶赴青岛。但是教室和学生宿舍仍无着落，国民政府教育部指定给学校使用的原青岛日本中学和日本第一、第三寻常小学仍然被美军占据着。

在与美军几经交涉无果的情况下，赵太侔和周钟岐想出一招。他们知道"舆论对美国人是很有效用的"，就商请青岛《民言报》英文版编辑（兼美国合众社的驻青访员）用合众社访员的名义，发表"山东大学复校万事就绪，专候美军让出校舍即能开学上课"的新闻。美军迫于舆论的压力，担心受到世界舆论的指责，数日后美军司令约赵太侔到

①《本校开学典礼周总务长报告》，载《国立山东大学校刊》，山东省档案馆藏，档号：J110-01-933。
②《本校开学典礼周总务长报告》，载《国立山东大学校刊》，山东省档案馆藏，档号：J110-01-933。

军部面谈，答应在一月之内腾出原青岛日本中学及日本第一、第三寻常小学，给国立山大作临时开学之用，并与学校订立合约，借用原来的校舍作美军军营作为交换条件。签订合约之后的60天之内，学校便将鱼山路、登州路、武定路三处的房舍接收过来，积极筹备开学。

与此同时，教育部部长朱家骅也为美军早日腾出鱼山路日本青岛中学，致函青岛市市长李先良：

> 国立山东大学在青筹备复校，诸承协助，至深公感。惟该校将来所设院系较前增多，原有校舍实不敷用。兹闻鱼山路日本中学校址所驻盟军即将撤出，该处密迩山大，需要迫切。前已呈行政院指拨，并另饬孟局长先行拨交山大。嗣闻吾兄有意拨与抗建学校应用，则山大复校困难倍增，拟请仍将该校址让归山大，以利复校为荷。①

1946年8月初，国立山东大学又与美军在青岛敌伪产业处理局签订协议书，言明一俟美军撤离，再将大学路原校舍交回。至9月17日，除了广西路原日本第二小学未腾让，黄台路7号被强占仍在交涉外，计先后接收：合江路1号原日本兴发公司宿舍、鱼山路5号原青岛日本中学、武定路29号原日本第一小学、广饶路4号至9号、松山路15号原日本第三小学、德平路5号原日本俱乐部，以及德平路40号及40号甲、绥远路18号、大学路3号等处校舍，但校园北部仍被美军占据，无法使用。②

学校收回上述校舍后，利用教育部两次拨付的修建费8.5亿元，修复教学楼5座，教室222间。1946年9月，学校确定校舍使用方案：①第一院在鱼山路，原为青岛日本中学旧址，与本校大学路原校址相连接，包括校本部、文理两学院；②第二院在松山路，原为日本第三小学，作为工学院、农学院两院的院址；③第三院在武定路29号，原为日本第一小学及德平路5号原日本俱乐部旧址，除武定路大楼一半由胶澳中学借用外，其余作为先修班及医学院院址。以江苏路原日本同仁会医院作为附属医院；以大学路3号及欧阳路作为教职员工宿舍并购置辽宁路工厂三处为实习工厂。这些校舍仅勉敷应用。

复校后的国立山东大学校门

①《关于山东大学急需鱼山路日本中学校址给李先良的公函》，青岛市档案馆藏，档号：B0024-001-00720-0110。
②《原校舍尚未收回　本来计划难实现》，载《军民日报》1946年10月26日。

在收回校舍的曲折过程中，校长赵太侔运筹帷幄，知人善任，总务长周钟岐等巧妙利用社会及舆论的力量，与美军反复交涉，陆续收回校园校舍，为复校及后续发展奠定了物质基础。

三、机构设置与复校典礼

在赵太侔主导下，国立山东大学建立起精简高效的行政机构。根据学校组织规程，校长之下分设教务处、训导处、总务处，置教务长、训导长、总务长各一人，分别掌理全校教务、训导、总务事宜，由校长就教授中聘任。[1]杨肇燫教授任教务长，刘次箫教授、宋君复教授先后任训导长，周钟岐教授任总务长。

在教务、总务、训导三处之外，1947年又设立校长办公室、会计室和人事处三个独立部门。校长室从校长到工友共五人，设秘书、助理秘书、助理员各一人，刘康甫、李希章先后任秘书主任；会计室办理全校预算及会计业务事宜，刘康甫、张镇球先后任主任。

除了行政机构外，学校根据教育部《大学法》的要求，设有校务会议、行政会议、教务会议、院务会议、系务会议等。校务会议是学校的最高权力机构，由校长、教务长、总务长及各院院长、各系主任、教授代表及会计室主任等组成，讨论决定重要政策和规章制度，教师的晋升、学位的授予、预算等事宜。

1946年10月25日，国立山大举行复校后的第一次开学典礼。已到校师生500余人齐集大礼堂。会上赵太侔校长致辞，介绍学校的沿革，阐述师生朴实苦干的作风，并对学生提出殷切希望：

学生精神方面，在过去已经养成了一贯的朴实校风，虽是同居海口，却不像别的商港的学生，那样浮华，因为本校大多数的学生，都来自乡间，一直保有朴实苦干的作风，所以在求学上比较肯实地用功，作事时比较肯负责任，这种精神有毕业校友在社会上充分的表现可证。这是自然的发展，也是先生的因势利导所造成的，现在同学们进了我们学校，希望能把我们固有的优良校风延续下去。同学们须要知道，学校是作学术研究的地方，同时也是同学们要迈进社会的准备阶段，值此适当的年龄，应该好好利用现有的求学机会，如果拿学校当作旅馆，随意住上几年，不但辜负了学校，尤其是耽误了自己。别看轻这四五年的大学过程，这几年的学校生活可以决定你一生的前途，在已出学校的同学，恐怕都该有这种感想，所以要把握住这四五年的时光，尽力充实自己。[2]

---

①《国立山东大学组织规程》，青岛市档案馆藏，档号：B0028-002-00523-0078。
②《本校开学典礼校长致词补志》，载《国立山东大学校刊》1946年11月13日，山东省档案馆藏，档号：J110-01-933。

周钟岐总务长报告复校筹备经过。最后教授代表王普致辞，对学生选择院系方面作详细说明。同日，《国立山东大学校刊》复刊，并发表复刊献词。

12月28日，国立山东大学庆祝复校纪念大会在大礼堂举行，青岛市市长李先良等青岛各机关团体代表30余人及全体师生1000余人参加。据校刊报道：

是日瑞雪缤纷，寒风刺骨，但来宾冒寒参加者甚为踊跃，来宾及本校全体师生千余人，齐聚大礼堂，举行典礼。行礼如仪后，首由赵校长致开会词，对本校复校筹备经过及今后计划，阐述颇详。次由李市长致词，就山大与青岛之关系上提供两项希望：（一）山大应负起充实青岛内容之使命，提高青岛之文化水准，并扶助本市工商业之发展。（二）希望山大之研究工作与地方各部门之推广工作配合一致，密切联系……再有本校教职员代表童主任第周致词，希望本校完成造就人才研究学术之使命，社会对于从事教育者应予以鼓励，尤希望新同学发扬过去优良的校风并光大之，出语幽默，然极沉痛，博得掌声不少……①

赵太侔校长致开会辞，他对复校的经过和意义，特别是办学理念、大学的基本任务、如何办出特色、大学与地方的关系等方面作了阐述，成为国立山大复校后的办学方针。

出席国立山东大学复校典礼的嘉宾与师生合影

赵太侔说："广泛地说，一个大学的任务，非常重大，一方是作学术研究，一方是造就专门人才。在学术研究方面无论是人文科学，自然科学，以及应用科学都包括在内。一个大学包括门类很多，在组织方面应包括各种学科，因为各种学科，具有他们的相关性。在训练人才方面，大学与专科学校不同，大学是训练通材，而专门学校则是造就技术人材。山大在教育部的计划，预备设立六个学院三十个学系，两个专科学校和一个高级职业学校。本年先成立五个学院、十五科系，一个高级护士职业学校，并附设先修班，希望逐年推进以期完成最初的计划。"②

赵太侔强调，要立足山东和青岛的实际设置学科，以期达到为地方服务之目的。他

①《本校校庆记盛》，载《国立山东大学校刊》1947年1月18日，山东省档案馆藏，档号：J110-01-933。
②《本校校庆典礼校长致词补志》，载《国立山东大学校刊》1946年11月13日，山东省档案馆藏，档号：J110-01-933。

说："……山大实在有他可以特殊发展的地方。在环境方面，直接受山东半岛之特殊物产及青岛工业特别发展的影响，有值得进行特殊研究工作之处。所以在工学院方面，计划设立造船工程及矿冶工程两系，在农学院方面，我们已设立水产学系。其次便是青岛天然环境，与海洋有密切关系，所以我们计划设立海洋研究所。关于海洋的物理、气象、生物、地质都是我们研究的对象。这些都是地域上特殊条件，足以供我们研究的地方。"①

赵太侔就大学与地方的关系作了高度概括，大学与地方良性互动的模式是地方支持大学，大学反哺地方。赵太侔说："大学与地方有密切关系，大学本身却不能因此变成地方性的。学术无地方性，不应受地域的限制。有时有人要提出，山大应该多多聘山东人教课，应该多容纳山东籍的学生。这意见我们认为有解释的必要。我们知道中国学术落后，人材有多么寥落，再要限定在一地取材，那是事实上做不到的事。我们必须从全国乃至国际间延聘专家学者，即便聘用本省人到校任课，那是因为他们在学术上的地位，并非因他是本省人的关系。至于学生，当地的青年自然占了许多便利，但不能希望有特殊的办法，因为在同一标准之下，考试应该公开竞争，此时只有以成绩来做我们客观的标准。如果对地方青年降低了标准，毕业时程度必定不够，将来在社会上，不会有好的表现。同时学校若仅能容纳一个地域的学生，学生胸襟不会开展而无偏见。一个大学应该收容各方面的学生，使他们彼此了解各种地方不同的生活方式，来源愈广，收获愈丰富，愈能陶冶优秀的人才，这一点也须要认识清楚。"②

在回顾复校过程时，赵太侔感触良多："国立山东大学是因抗战而停办，又因抗战胜利而恢复，在半年的筹备期间，经同人的努力，及地方各界的赞助，现在能够开学上课了。回想在八九年长期抗战学校停办期间，真不知何日才可恢复，所以在今天举行大会，觉得值得庆幸，同时在庆幸中，可说百感交集。"③

国立山东大学历尽磨难，终于复校，赵太侔怀着感恩之心，向山大师生和社会各界致谢："在半年期间，本很短促，我知道过去国立青岛大学是经过二年的筹备，中间虽然经过'五三惨案'，进行上受到阻碍，算起来仍在一年以上。现在无论经济交通一切条件，都远不及当日，举一个浅例，即如向国外买一件仪器，当日一月的时期即可买到，现在即须经过三四道手续，过半年也未必能买得到。现在能够开学，可说全由同人的努力，及地

①《本校校庆典礼校长致词补志》，载《国立山东大学校刊》1946年11月13日，山东省档案馆藏，档号：J110-01-933。
②《本校校庆典礼校长致词补志》，载《国立山东大学校刊》1946年11月13日，山东省档案馆藏，档号：J110-01-933。
③《本校校庆典礼校长致词补志》，载《国立山东大学校刊》1946年11月13日，山东省档案馆藏，档号：J110-01-933。

方长官、社会人士的赞助。今天藉此机会敬向各位致谢。"①

第二节　增设学科与创办水产学系

复校后的国立山大，院系设置较前大为拓展，特别是在理学院增设地质矿物学系，在农学院开设农艺、园艺、水产三系，在工学院增设电机系，以及将原来的生物学系分设为动物学系和植物学系，增设医学院、附属医院和职业护士学校，填补了山东省高等教育学科设置上的空白，对于学校向综合性大学发展和为地方服务都具有重要意义。

一、院系设置

国立山东大学复校后，从一所大学的完整性与特殊性出发，曾有过筹建六个学院26个系及两个专科学校和一个职业学校的宏大计划，后结合实际，审慎地进行学科设置与院系布局，于1946年8月确定先设立文、理、工、农、医五个学院14个学系，附设大学先修班、海洋研究所、水产研究所，其他各系次第筹建。

五院14系如下：①文学院，下设中国文学系、外国文学系；②理学院，下设数学系、物理学系、化学系、动物学系、植物学系、地质矿物学系、仪器修理厂；③农学院，下设水产学系、农艺学系、园艺学系、城阳农场；④工学院，下设土木工程学系、机械工程学系、电机工程学系、实习工厂；⑤医学院，不分系，下设医学本科、附属医院、高级护士职业学校。其中医学院和水产、地质矿物学、农艺、园艺、电机工程等五个系属于新建立的系。学校还设有大学先修班、海洋研究所、水产研究所。

全民族抗战爆发前国立山大已设立文学院、理学院，复校后恢复。战后复设的理学院，最大的变化就是将生物学系分成动物学系和植物学系，创立了地质矿物学系。

战前生物学系是教学、科研并举，研究工作主要集中在海洋生物、昆虫生物与寄生虫等方面。复校后，将生物学系分为动物学系与植物学系两个系，"良以动物之于植物，其关系犹物理之于数学，为学术之发展计，自以分门为当也。然两系合作之处甚多，仍须保持密切之联系"。该二系的研究目标是"唯过去研究之问题，多以分类及形态为主，此虽仍为中国目前切要之工作，然欧美各国，数十年来，对实验生物进展，大有一日千里之势，吾等为补救我国科学落伍起见，故拟一方面，从事采集调查之整理工作，另一方面，

①《本校校庆典礼校长致词补志》，载《国立山东大学校刊》1946年11月13日，山东省档案馆藏，档号：J110-01-933。

则急起直追，作实验方面之研究"①。

动物学系主任童第周（1902—1979），1927年毕业于复旦大学哲学系，任中央大学生物学系助教。1930年留学比利时，1934年获比京大学（即布鲁塞尔大学）哲学博士学位，后到英国剑桥大学短期访问。同年9月回国应聘为国立山东大学教授。1937年七七事变后，随国立山东大学南迁，先后在中央大学、同济大学、复旦大学任教。1946年再次受聘为国立山东大学动物学系教授。

植物学系主任曾呈奎（1909—2005），1926年考入福建协和大学，次年转入厦门大学攻读植物学，1931年获厦门大学理学学士学位，留校任植物学系助教；1932年赴岭南大学研究院进修，1934年毕业获理学硕士学位；1935年8月至1938年3月，先后任国立山东大学生物学系讲师、副教授。1938年6月，任岭南大学植物学副教授兼植物标本室主任。1940年赴美国密西根大学攻读博士学位，1942年5月获得理学博士学位。1943年3月至1946年底，在美国加州大学斯克里普斯海洋研究所进修海洋学。

曾呈奎

战前设有化学系，复校后恢复。其培养目标为"以理论与应用并重，以造就理论与实用兼备人才"。从三年级开始，化学系学生分为普通化学与工业化学两组，学生"以性之所近而选择"。重视社会实践，利用暑假时间，三四年级学生到相关工厂实习，以期学以致用，学生毕业论文，"必须为自己研究之结果，缮具报告，而经各教授认可后，方得毕业"②。

化学系主任刘遵宪（1904—1957），1925年毕业于清华学校。同年7月赴美国就读于俄亥俄州立大学，1927年取得学士学位；1928年9月在麻省理工学院获硕士学位，1930年于斯坦福大学获博士学位，1931年回国。先后在协和医学院、北京大学、河北工学院、岭南大学等校任教。1936—1938年任国立山东大学教授；1940—1946年任齐鲁大学（成都）教授，其间任理学院院长、化学系主任。

战前设有物理学系，复校后复设。第二次世界大战期间，"物理学之应用日趋广博，如原子能在军事方面之应用，雷达之发展及在军事上与气象方面之应用，以及宇宙光线能量之研究等，结果新奇骇人听闻"。由此，物理学系把原子能研究、宇宙光线研究和无

---

① 《动物学系植物学系及海洋研究所概况》，载《国立山东大学校刊》1946年12月28日，山东省档案馆藏，档号：J110-01-933。
② 《化学系之过去及将来》，载《国立山东大学校刊》1946年12月28日，山东省档案馆藏，档号：J110-01-933。

线电研究列为重点研究项目。[①]

　　物理学系主任郭贻诚（1906—1994），1928年毕业于北京大学物理系，获学士学位。1929年受聘于北京中法大学居里学院，任物理系助教。1931年至1936年任国立山东大学物理学系讲师。1936年9月赴美国加利福尼亚理工学院学习，获博士学位。1939年9月回国，任浙江大学龙泉分校教授。1941年任燕京大学物理系讲师。1942年任北平师范大学物理系教授。

郭贻诚

　　地质矿物学系是国立山东大学复校后创立的系，也是民国大学中唯一的地质学与矿物学并立的学系。舆论界认为，中国在科学研究上"最有成绩贡献给世界学术界的学科当首推地矿系"[②]。

　　地质矿物学系主任何作霖（1900—1967），1926年毕业于北京大学地质系，毕业后受聘为河北大学农学系教授。1928年5月任中央研究院地质研究所助理研究员，1930年转到农商部北平地质调查所工作，1931年兼任北京大学地质系讲师，1932年晋升研究员。1938年5月赴奥地利茵斯布鲁克大学攻读岩组学，1939年10月获理学博士学位。毕业后在德国莱比锡大学矿物学系任研究员，1940年6月回国。回国后历任中央研究院地质研究所研究员、北京师范大学教授、北京大学教授。1945年任北平临时大学地质系教授兼系主任。

何作霖

　　地质矿物学系课程设置分为两类性质的学科，一是地层古生物学科，二是经济地质类学科。设立本系的目的，既立足于国家的需要，又注重山东矿产资源丰富的实际情况。"山东的矿产资源是相当丰富而重要，例如淄博之煤，金岭之铁，招远之金，其他如博山之轻金、火泥，沿海一带之萤石、重晶石等，都是工业的资源，有亟待勘察研究的必要。中央虽有地质调查所，但是山东本省地下资源的调查，省政府不能不负起责任。现在山大有了地质矿物学系，因为近水楼台之故，一定要以山东各处为其实习场所，毕业之后再去作山东地质调查必然驾轻就熟，事半功倍，那么地矿系的学生，志愿研究者，学校可以

①《物理系研究计划》，载《国立山东大学校刊》1946年12月28日，山东省档案馆藏，档号：J110-01-933。

②《山大介绍——给未来同学的呼吁与献礼》，载《民言报》1947年8月6日。

尽量容纳，愿作实地调查工作者，在山东地质调查所可以施展他们的技能。"①

战前设有工学院，下设土木工程学系和机械工程学系。复校后复设，除前两系外，新增加电机工程学系。工学院的教学方针"是想补救阻碍中国工业进步的缺点，宁愿多留同学一年，而设法使同学在校中，就能取得和学识相配合的工作经验，使同学在离校时，就敢面对技术，能担负起社会所托付的工作，因而有兴趣，有勇气，去继续在学识技术上作探讨，互相进步，而终于成为能动脑，能动手的，嗜好技术的真正工程师"。为了培养学生的实践能力，学校用一亿七千万元（旧币）先后向经济部购买了失永、原田、福利和梅泽四个已倒闭的工厂，经过修整后作为工学院学生的实习基地。②

战前国立山大设有农学院，下设研究、推广两部，未招生。复校后，农学院下设农艺学、园艺学和水产学三系，并招生，从战前的专事研究进入了教学、研究和推广并重的阶段。山东是农业大省，物产丰富，除了"普通的农作物如小麦、小米、高粱、棉花等外，而白菜、葡萄、甘薯、花生推为特产，胶济路沿线的菸草，为农民的重要经济作物。——莱阳梨、肥城桃、更脍炙人口，这些优良作物品种的保持和改进，实在需要在此地区建立一个农学院，来负领导之责，再则以山东为中心，北迄平津，南达京沪，西抵汴郑，在此广大区域中，也需要一个农学院，来收纳大批有志农学的青年，训练之指导之，以谋本区农业的改造，因为农业的区域性，较工业更为显著，只有在一定的区域中，去发现问题那才是真问题，去解决问题，那才是真正解决了问题，那才能让农民真蒙其利，那才是真正在改良农业上有了贡献"③。农学院实习农场设在城阳，系接收日伪时期的农林试验场，占地270亩。

医学院是国立山大复校后，以日本东亚医科学院为基础而新成立的学院，不设系，只设一个医疗专业，学制六年，还包括附设医院和高级护士职业学校。

附设医院设置内科、外科、妇产科、眼科、小儿科、耳鼻喉科、泌尿科、皮肤科、牙科、X光科、检验科共11个门诊科，分设医务部、事务部、护士部、病人服务部、药局、会计处等部门。全院共有医护人员180人、员工100余人，拥有病室5座、病床300张。④4月，赵太侔聘依克伦任附属医院院长。1947年1月，附属医院改组，成立医院委员会，由医学院院长李士伟兼任附属医院院长。

国立山东大学附设高级护士职业学校与医学院协同发展，共同构建起医护一体化的

---

① 《山东大学地质矿物学系概况及展望》，载《国立山东大学校刊》1946年12月28日，山东省档案馆藏，档号：J110-01-933。
② 《工学院计划大纲及筹备经过》，载《国立山东大学校刊》1946年12月28日，山东省档案馆藏，档号：J110-01-933。
③ 《农学院农艺系的现状及展望》，载《国立山东大学校刊》1946年12月28日，山东省档案馆藏，档号：J110-01-933。
④ 《山大附属医院概况》，载《军民日报》1947年8月14日。

青岛现代医学教育体系。1946—1948年共招生70人。1949年1月，归属医学院管理，定名为医学院附设高级护士学校。

赵太侔对于院系负责人的选聘十分审慎，所聘任的院长、系主任都是学有专长、富有经验的学者，学术造诣深厚，在学界有很高的知名度。

文学院院长由赵太侔兼任（原聘老舍为院长，因在美国未能到任）。理学院院长一度空缺，由杨肇燫兼任，1947年改由丁燮林担任。工学院院长为杨肇燫。医学院院长为李士伟。农学院院务暂由农艺学系系主任陈瑞泰教授代为负责，直到1948年冬由李善勤代理院长职务。丁燮林，1913年毕业于上海交通部工业专门学校（上海交通大学前身）；1914年，入英国伯明翰大学攻读物理学和数学，1920年归国，历任北京大学物理系教授、中央研究院物理研究所所长。杨肇燫曾协助丁燮林创建中央研究院物理研究所，最早开展我国物理计量标准工作，翻译编著过不少物理学教材和丛书。陈瑞泰是农学专家、著名烟草专家。李士伟是国内著名的妇科专家，1932年任国立中央医院妇产科主任，1941年任国民党陆军总医院妇产科主任。

中文系主任杨向奎对中国古代史和中国思想史的研究作出重大的贡献；外文系主任郑成坤教授是著名学者，英语教学造诣很深。

数学系主任李先正对数学理论有深入研究，专长三角级数；物理学系主任王普教授（后赴美由郭贻诚兼代）早年留学于德国柏林大学；郭贻诚曾留学于美国加州理工学院；化学系主任刘遵宪曾任齐鲁大学理学院院长兼化学系主任，在理论化学、胶体化学，特别是在电化学方面有独特的成就，以计算原子电负性的"刘遵宪公式"著称世界，为当时中国三大理论化学权威之一。

地质矿物学系主任何作霖1938—1940年在奥地利茵斯布鲁克大学做研究，获理学博士学位，后在德国莱比锡大学任研究员；机械工程学系主任丁履德是著名内燃机专家，1934年留学意大利都灵大学航空研究院，1945年3月赴美国耶鲁大学机械研究院学习，后至美国纽沃克工学院任教；电机系主任樊翕是机电工程专家，曾留学比利时；土木工程学系主任许继曾是工程力学专家，长期从事教育事业，在工程力学方面有较深的造诣。

农艺系主任王清和毕业于金陵大学农学院，曾在清华大学任教；园艺系主任盛桂诚于1936年金陵大学农学院园艺系毕业，1945—1946年在美国康奈尔大学、马里兰大学园艺系学习，是植物引种专家；水产学系主任朱树屏1938年9月留学于英国伦敦大学，后转入剑桥大学，于1941年获剑桥大学哲学博士学位，1946年5月至12月任美国伍兹霍尔海洋研究所高级研究员。

二、创立水产学系、海洋研究所及水产研究所

国立山东大学在学科设置上不仅重视完整性，尤为关注特殊性。青岛三面环海，海岸线较长，气候宜人，同时又有观象台和水族馆等研究机构。学校利用这些优势，着重开展海洋、水产教学与研究。教育部原计划在国立山大设置海洋学院，下辖海洋学系、水产学系，同时附设海洋研究所和水产研究所，但是由于师资、仪器设备等条件限制，先行设置了海洋研究所、水产学系和水产研究所。

（一）创立海洋研究所

1947年2月5日，国立山东大学电呈国民政府教育部，报送设置海洋学系并附设海洋研究所的计划：校理学院规划设置海洋学系，同时注重物理与生物两方面之教学，附设海洋研究所，以系主任兼所长。此项计划分四年完成，本年度可由教育部酌拨筹备费用。[1]19日，教育部批准了这个计划。

海洋学系参照美国大学同类学科，修业年限为六年，课程有动物学、植物学、海洋化学、海洋物理学等。由于学校仪器设备奇缺和师资匮乏，校长赵太侔担心海洋学系范围过大，四年课程无法安排，在征求教授意见的基础上，从实际出发，采取循序渐进的办法，先筹建海洋研究所，再建海洋学系，并请童第周先行筹备。赵太侔认为：按照当时政府所能提供的办学条件，不可能一上来就建立海洋学系，应该等待时机，但可以单独成立海洋研究所，作为动物学、植物学及水产学三系研究之所，以研究海水及淡水之理化与生物为对象，理论与实践并重。

因为海洋研究所以动物学系和植物学系为依托，该两系系主任童第周、曾呈奎对筹办海洋研究所十分热心，对海洋研究所的发展有较为详尽的规划：

> 青岛地点适中，气候宜人，为太平洋东岸最适于研究海洋之处所。前生物学系，虽有海洋生物研究所之筹划，然范围较小，且无一定所址，足供研究人员之工作，欲各发展，势非另行筹划不可，故拟于湛山附近之海滨，建一较有规模之所址——所内组织，拟分理化、生物两部。前者研究海洋方面，有关理化之特征，后者研究海产之动植物，理论与实践并重，同时并拟设一大规模之养殖场，以供培养海藻及其他食用动物之用，并兼作研究及实验室之场所，故将来可与农学院之水产系，密切合作。研究人员，现已有藻类学、浮游生物学、生理学、发生繁殖学、鱼类食料等之专门学者数人，并继续延聘其他积学之士，务使各部均有适当人才，以完成一较有规模之组织。[2]

---

[1]《教育部代电（高字第〇九八九二号）》，载《国立山东大学校刊》1947年3月8日。

[2]《动物学系植物学系及海洋研究所概况》，载《国立山东大学校刊》1946年12月28日。

1947年4月，国立山大海洋研究所成立，赵太侔聘任童第周为所长、曾呈奎为副所长，研究人员大部分由动物学系、植物学系教师兼任，主要从事海洋生物研究。此所成为青岛乃至全国海洋研究机构的先驱之一。

海洋研究所分理化部、生物部。下设地质组、物理气象组、化学组、生物化学组、动物学组；在各组之下，建有地质研究室、物理气象研究室、化学教研室、生物化学研究室、生理发生研究室、浮游动物研究室、无脊椎动物研究室、鱼类研究室。

海洋研究所整合了动物学系、植物学系及其他各院系的涉海研究力量，在藻类学、浮游生物学、生理学、发生学等，皆有专门学者进行研究，计有研究人员16人。这些学者有各自的研究范围：藻类学——曾呈奎、郑柏林；浮游生物学——郑重、周才武、尹光德；无脊椎动物学——黄浙、高哲生、李嘉泳；鱼类生活学——郑重、应幼梅；发生学——童第周、曲漱蕙、叶毓芬、应幼梅；生理学——曾呈奎、秦素美、郭季李、陈惠民；海洋化学——曾呈奎、陈惠民；水产养殖——张俊甫、郑柏林、曾呈奎。

童第周的学术研究领域是发生生物学，以实验胚胎学为主要研究方向。海洋研究所成立后，他继续进行文昌鱼的研究，从解决文昌鱼卵子来源问题入手，通过改善文昌鱼的生活环境，成功实现了饲养和孵化。继而，他又通过人工授精获得文昌鱼的卵子，推翻了国际上一些学者认为文昌鱼不能人工授精的观点，成为第一个解决文昌鱼人工饲养和人工授精的学者。他绘制出了8细胞和32细胞时期器官预定形成的分布图谱，还对文昌鱼鱼卵的动物性半球决定个体的极性和器官形成理论，作出了实验性的结论，使中国的文昌鱼研究独树一帜，居世界领先地位。[①]

（二）创办水产学系

我国海域辽阔，有世界著名的渔场和极为丰富的水产资源。20世纪40年代，我国水产事业落后，没有从事水产教育的专业机构，人才短缺，丰富的水产资源得不到合理的开发利用。当时的水产教育，除了厦门集美学校、河北水产专科学校和国立四川水产职业学校外，再无专门教育机构。要发展我国的水产事业则离不开专业人员，因此创办一所培养高级水产科技人才的教育机构势在必行。

抗战胜利后，国民政府从联合国渔业善后救济物资管理处领取了一部分机动渔轮、加工机械和若干船用器材等物资，同时也接收了部分水产科技人员，使水产科研与教育的开展有了一定条件。而青岛气候宜人、交通便利，具有良好的海港、渔场，且具备相当

---

① 刘培平主编：《山大第一》，山东大学出版社2011年版，第120页。

的工业基础。另外黄海、渤海渔业资源丰富，宜养宜捕，既是水产品生产基地，也是适宜的教学科研基地。鉴于此，侯潮海等人积极建议国民政府在国立山大设置水产学系，尽快培养一批高等水产科技人员。

1946年4月，赵太侔校长在重庆接受媒体采访时明确表示，"在理工两学院内决设造船及水产两系"[1]。8月，在确定系科设置时，水产学系是其中之一，隶属农学院。赵太侔在对媒体谈及国立山大发展前景时，再次表示："农学院更将力求水产系之发展。"[2]

决定筹建水产学系后，聘用系主任及教授的工作随即展开。由于国立山东大学复校资金皆由管理中英庚款董事会提供，教育部的复校建制事宜也要由"中英庚款"决断。是年3月，经学校临时校务会议与管理中英庚款董事会研究后，双方一致认为：海洋与水产学教授尤其是系主任，要选在国际海洋、水产科学界享有相当的声望和学术造诣者，最后选中的是朱树屏博士。朱树屏在美国伍兹霍尔海洋研究所任高级研究员、藻类研究室主任。1946年4月1日，管理中英庚款董事会向他发出聘函：

朱树屏　君

青岛山东大学将成立海洋学院，分水产及海洋二系，拟聘台端任教授，能否屈就，特函询，即希查照，迅予见复为荷。[3]

朱树屏接受了聘请。1947年7月1日，校长赵太侔签发聘书，聘请朱树屏为水产学系教授兼系主任，到任前由植物学系主任曾呈奎代理。

朱树屏（1907—1976），字锦庭，山东昌邑人。1934年毕业于中央大学生物系，获理科学士学位。1934—1938年任中央研究院动植物研究所助理研究员。1938—1941年留学英国伦敦大学、剑桥大学，并获剑桥大学哲学博士学位。1942—1945年，任英国普利茅斯海洋研究所研究员，英国淡水生物学会水产化学部、浮游生物部两部主任。1946年1月，应聘为美国伍兹霍尔海洋研究所高级研究员、藻类研究室主任。

朱树屏

①《山东大学秋季招生　设六学院及所组织完整　应本市需要再设造船水产两系》，载《平民报》1946年4月18日。
②《山东大学前路》，载《民言报》1946年8月26日。
③ 日月、朱谨编：《朱树屏信札》，海洋出版社2007年版，第185页。

1946年10月，国立山大复校后首次招生，报考水产学系考生多达462人，后录取53人。

12月23日，国立山东大学学生正式上课。水产学系既有建制也有学生，但尚无专业师资，也无教材，好在学生先在他系学习国文、英语、数学等基础课，第一年影响不大，但系务筹备需要朱树屏到校主持。

1946年12月，朱树屏启程回国，1947年1月抵沪，履行与国立云南大学聘约，在该校生物学系任教。经赵太侔校长多方努力，与国立云大与中研院达成协议：1947年暑期，朱树屏先回中央研究院动植物研究所，随即以借聘形式赴国立山大任水产学系主任，聘期一年。

1947年9月，朱树屏到任。水产学系隶属农学院，系址原在泰山路校区。考虑到学生所学课程大多与文、理学院相关，为方便教学，朱树屏建议水产学系迁回校本部，得到赵太侔校长和杨肇燫教务长的支持。一周之内水产学系迁回鱼山路校本部，划归理学院。

朱树屏重视加强教学仪器、设备、图书等基础建设。他将从英国带回来的多套水质分析仪器、一套英国百科全书以及有关水产方面的书刊、资料，全部捐给新成立的水产学系，以供教学科研使用。他结合中国的具体情况，在水产学系内设置养殖、渔捞和水产加工三个组，并制定了教学大纲及各组课程。

历史地看，养殖组、渔捞组和水产加工组的设置，奠定了水产学系后来专业建设、学科发展的基础，对中国水产高等教育的发展产生了深远影响。

为了尽快为水产学系学生开设专科课，经朱树屏推荐，学校聘请戴立生、王以康、王贻观、林绍文、林滢、陈修白等人为水产学系教授；康迪安、刘伟、辛学毅等人被聘为讲师；教员有尹左芬，教师队伍有了基础。[1]朱树屏自编《浮游生物学》《应用湖沼学》《海洋化学》等多门专业教材，并为学生讲授；水产学系其他教师为学生开设渔捞学、鱼类学、无脊椎动物学、养殖学等课程，详见表3-4、表3-5。至此，水产学系二年级的专业课按计划开出。

---

[1] 教师名单根据《国立山大概览》和《往事集》整理而成。

表3-4　国立山东大学水产学系第一学年共同必修科课程学分表

第一学年			
课程	学分		性质
	上学期	下学期	
国文	2	2	共同必修
英文	4	4	
水产学通论	3	3	
普通植物学	4	4	
普通动物学	4	4	
普通数学	4	4	
合计	21	21	

表3-5　国立山东大学水产学系第二至三学年课程学分表

第二学年养殖组			第二学年水产加工组			第二学年渔捞组		
课程	上学期	下学期	课程	上学期	下学期	课程	上学期	下学期
日文	3	3	日文	3	3	日文	3	3
普通物理学	4	4	普通物理学	4	4	普通物理学	4	4
普通化学	4	4	普通化学	4	4	普通化学	4	4
水产无脊椎动物学	4		水产无脊椎动物学	4		水产无脊椎动物学	4	
鱼类学	3	3	鱼类学	3	3	鱼类学	3	3
普通生理学		4	应用机械常识		4	应用机械常识		4

第三学年养殖组			第三学年水产加工组			第三学年渔捞组		
课程	上学期	下学期	课程	上学期	下学期	课程	上学期	下学期
日文	3	3	日文	3	3	日文	3	3
定性分析化学	4		定性分析化学	4		海洋学	4	

续表

第三学年养殖组	学分 上学期	下学期	第三学年水产加工组	学分 上学期	下学期	第三学年渔捞组	学分 上学期	下学期
生物化学		4	生物化学		4	浮游生物学	3	3
水产动物生理学		4	有机化学	5		鱼类生活史		3
水产植物生理学	4		营养学	3		水产生态学	3	3
水的检验与分析法	2		水产制造通论		4	水产植物学	3	
水产植物学	3		水产植物学	3		生物统计学		3
水产无脊椎动物胚胎学	2		工商管理法		3	渔具学	3	
浮游生物史	3	3	细菌学	3		海洋气象学		3
鱼类生活史		3	热力学		3	水的检验与分析法	2	

资料来源：根据《水产学系概况》整理，载《国立山东大学概览》1948年版，第26—28页。

注：渔捞学、无脊椎动物学、鱼类学、养殖学课程及学分在档案中未见。

水产学系筹建伊始，仪器设备匮乏，校长赵太侔和系主任朱树屏积极向教育部申请调拨，并向美国订购仪器设备，不断改善教学、科研实验条件。为给水产学系配置渔教，赵太侔亲自致信国民政府农林部，说"本校农学院水产学系学生即须作海上实习，拟请大部（指农林部）转知上海渔业物资管理处，准予配Marine Engine二具，以备配合实习船舶之用。"[1]足见校长对水产学系筹建之重视。

至1948年底，水产学系拥有冰箱一台、罐头机一台、鱼肝油机一台，渔轮一艘；另外还有海水物理性测验用各种仪器一套、海水化学性测验用各种仪器一套、浮游生物教学及研究用具一套、培养及实验用玻璃器具7000余件、显微镜两架、解剖用显微镜30架、各项采集用具及教课标本多种。此外，还有美国伍兹霍尔海洋研究所及海产研究所图书馆

---

[1] 国立山东大学请备渔教，中国台北"中央研究院"藏，档号：20-16-116-13。

捐赠的图书、杂志17箱。①经过近两年建设，水产学系接受国内外所赠图书及援配的图书、仪器，加上本校所购置的，基本上可以供渔捞、养殖、水产加工三组教学之用。

水产学系各组原定学制均为六年，为适应社会急需，1948年国立山大将水产学系毕业年限改为四年，与其他院系相同。鉴于水产学系所授课程四年学不完，加之师资不足，计划未授完课程利用每年暑假加开讲习班，聘请专家来校讲课。1948年暑假讲习班于7月中旬至9月举办。所聘请的教师及开设的课程如下：渔管处副处长王以康讲授鱼类学，渔管处捕捞组长费鸿平讲授鱼类生理，渔管处台湾分处处长陈同白讲授养殖加工，农林部渔业司司长刘发煊讲授渔业行政及法规，中央研究院气象研究所所长赵九章讲授海洋物理，丹麦人Lohue讲授网具学。②

1948年7月，朱树屏聘期届满，由于国立中央研究院不同意国立山大的续聘要求，不得已离任。朱树屏主持水产学系工作近一年，师资队伍得到加强，有教职工24人，学生103人，经他推荐被学校聘任的教授7人；拥有"北岸"号渔轮一艘和各类教学仪器设备；学制健全并设立培养研究生的水产研究所。

朱树屏离任后，沈汉祥任水产学系代理系主任。

沈汉祥（1908—1998），1927年考入私立集美高级水产航海学校。1939年7月，毕业于国立厦门大学文学院历史社会学系。毕业后先后在福建私立寻源中学和私立集美中学作教员。1940年8月，在江西省建设厅养鱼试验场任技师。1944年春，任国民政府农林部渔牧司勘察专员。1945年开始，先后在波士顿渔业研究所研习渔业工程，在加州野生生物与鱼类研究所学习和研究各种渔具、渔船技术，获得美国联邦政府颁发的渔业工程毕业证书。1946年秋回国后，任国民政府行政院善后救济总署、农林部渔业善后物资管理处（简称"渔管处"）专门委员。1947年任闽台渔业分处（后改为台湾分处）副处长兼捕捞业务课课长。1948年春，被派往浙江舟山筹设渔管处舟山办事处。

1948年9月，沈汉祥根据学生志愿将三年级学生划分到渔捞、养殖和水产加工三个组，为学生开设水产通论、水产养殖学、渔具学三门课程，并聘请闵菊初、陈修白、章鸣、大槻洋四郎（日籍）和王贻观等五位专业教师到系任教。这一时期，沈汉祥撰有《论V.D.式拖网的结构特点和操作方法及其在作业中增产的原理》《论机轮围网的结构特点和操作方法及其在我国试捕的展望》《三重网的结构和捕鱼原理》《丹麦式旋曳网和日本一只曳机船底曳网渔具的比较及其试用范围的探讨》等论著。

①《水产学系概况》，载《国立山东大学概览》1948年，第28页。
②《山大设立水产研究所，培植水产专才》，载《东方渔业》1948年第5期，第29页。

水产学系注重实践教学。朱树屏经常带领学生出海实习，培养学生现场调查能力。1948年4月，王贻观教授带领水产学系学生40余人到青岛菏泽路鱼市场实地考察，了解鱼的种类、销路及鱼市场的组织管理。学生收获颇丰，学到了很多课堂上学不到的知识。①

至1949年初，水产学系经过近四年的建设，已有教授4人、副教授1人、讲师3人、助教3人；建有水产动物实验室、水产加工实验室、水质实验室、浮游生物实验室、渔捞渔具师范实习室等5个实验室；仪器设备有60吨机动渔轮（"北岸"号）一艘、冰箱1台、手摇封罐机1台、显微镜16架，各种玻璃、金属及瓷质仪器近2000件；各种鱼类标本、水产加工品样品、渔具、网具模型共150余种。②

国立山东大学水产学系是中国第一个四年制本科水产学系，为中国高等水产人才培养作出了历史性贡献。

（三）创办水产研究所

面对中国水产界高级专业人才缺乏的现状，赵太侔、朱树屏认为这是关系到水产学系能否生存、发展和壮大的关键问题。于是，他们提出要建立水产研究所，培养水产研究生以充实师资。

朱树屏认为："事实上，不但水产系的功课很少有人能教，即主要功课的教材也没有……实际上关于我国渔业的各种重要工作，任何一方都没有人好好地做过。……为此急切筹备水产研究所，尽早招收研究生……水产系健全的师资，恐怕只有水产系自己培养，此虽是几年以后的事，怕如不及早着手，恐水产系不知何时始达健全之境。……日下尚无培养高级水产人才的处所，以致水产系连找个助教也不容易，对自己人说句实在话，恐怕最可靠的师资，也要从这里培养出……"③

1948年4月16日，赵太侔主持第九次行政会，通过筹建水产研究所的决议。随后将筹设水产研究所方案呈报教育部审批。4月27日，朱树屏致函教育部要求尽快批准开办水产研究所："我国水产人才实在太少，振兴渔业之需要极端迫切，非即着手培养水产人才不可，必须在国内设置水产研究机构以培养高级专门人才，且我国目前渔业问题之急待解决者甚多，须急切研究以谋解决，故为发展我国渔业、培养渔业人才、解决渔业问题计，山大亦有急切设立水产研究所之必需……特请教部准予设立。"④

① 《山东水产系学生参观鱼市场》，《东方渔业》1948年第3期，第25页。
② 青岛海洋大学水产学院编：《青岛海洋大学水产学院（山大水产系、海院水产系）发展史（讨论稿）1946—1996》，1996年刊印，第5页。
③ 言真编著：《朱树屏影集》，海洋出版社2017年版，第113页。
④ 朱谨、日月：《朱树屏传记》，新华出版社2007年版，第98—99页。

在赵太侔、朱树屏推动下，1948年5月，教育部批准国立山大设置水产研究所，招收水产学科研究生。8月，水产研究所正式成立，赵太侔和朱树屏为该所制订了详尽的计划：水产研究所内设渔捞组、养殖组、加工组、水产化学组、水产生物组、鱼类学组、水产生理组等7组，计划招收研究生14名，分派到各组研究。9月15日，水产研究所首次研究生招生考试。此次招生涵盖渔捞学、鱼类学、水产生物学、养殖学、水产化学、水产生态学、水产水理学等学科领域；共同考试科目为英文及德文（或日文）。

客观地说，水产研究所甫一成立，即着手招收研究生，表现出赵太侔、朱树屏二人办好水产学系、快出人才的急迫心情和务实作风，更显示出他们对国家水产事业及其人才培养的洞察力和责任心。但由于历史的原因，首次研究生招生实践中途夭折，不能不说是件憾事。

第三节　充实师资与招收学生

聘请高水平的师资和招收优秀的学生，是办好一所大学的根本所在。国立山大延续抗战之前办学的传统，复校之初不遗余力地从全国各地聘请著名专家、学者来校任教，短时间内组建起阵容齐整的师资队伍。招生工作坚持严格要求、注重质量，强调在同一标准之下，考试公平竞争，录取以成绩为唯一标准。

一、慎选院系负责人与高起点组建师资队伍

在师资聘任方面，赵太侔崇尚教育家蔡元培兼收并蓄的思想，不拘一格地招揽人才，学校由此形成了学术自由的宽松氛围。赵太侔以健全高素质的师资队伍作为办学的第一要务，他深知有好的教师，才有好的大学。一个大学，在其奠基阶段，能否形成较强的教师阵容，是其能否振兴的关键。

赵太侔主张学术无地方性，不应受地域的限制，应突破地域界限，从全国乃至国际间延聘专家、学者到校任教。[1]抗战胜利不久，中国的教育事业处于全面恢复阶段，各个高校均在争聘专家、学者。但是那个年代，整个中国的师资力量十分匮乏，赵太侔以其社会地位和学术交往的影响力，采取召回旧部、早发聘书等措施广延名师，招贤纳士。

"召回旧部"，是针对战前曾在国立山东大学工作过的专家、学者，他们对学校有较

---

[1]《本校校庆典礼校长致词补志》，载《国立山东大学校刊》1946年11月13日，山东省档案馆藏，档号：J110-01-933。

深的感情。赵太侔尽量设法把他们请回来，作为复校的基础。上任伊始，赵太侔立即向曾经在国立山大任教的教师发出邀请，真诚希望他们尽快返校。战前曾在学校任教或工作的老舍、游国恩、黄公渚、丁山、萧涤非、童第周、曾呈奎、王普、郭贻诚、王恒守、李先正、郑成坤、周钟岐、刘本钊、宋君复等都收到聘书。赵太侔所聘旧部，除了游国恩已被他校聘去，老舍虽应聘但因赴美国讲学未能到校外，其余均于1946年至1947年陆续到校。

赵太侔除"召回旧部"，还广撒"英雄帖"，向其他著名教授、学者发出邀请。当时应聘的著名教授、学者有几十人，如朱光潜、朱东润、王统照、陆侃如、冯沅君、赵纪彬、杨向奎、丁燮林、刘椽、刘遵宪、朱树屏、杨宗翰、李士伟、沈福彭、陈瑞泰、何作霖、丁履德、盛诚桂、许继曾、王清和、穆端五、阎效复、王仲荦等，除朱光潜因病、朱东润中途辞聘之外，其余均到校。

至1948年，先后在各系任教的师资情况如下：

中文系有教授杨向奎、刘次箫、丁山、陆侃如、冯沅君、王统照、赵纪彬、黄公渚、萧涤非；副教授王仲荦、殷焕先、刘念和；讲师卢振华、孙昌熙、赵殿诰；讲员刘本炎、刘泮溪；助教赵西华、刘敦愿等。

外文系有教授郑成坤、许桂英、罗念生；副教授白美义、谢国栋、马爱茹、李明华、饶引之；讲师贺义尔、李巡、徐秀英、布格尔、李瑞咸；讲员贺绍兰；助教徐维垣、陈家泳。

数学系有教授李先正、彭先萌、宋鸿哲、张国隆；副教授谢联芬、张学铭；讲师董树德、赵魁、颜道岸；讲员祝楣；助教张庆芳。

物理学系有教授王普、杨肇燫、郭贻诚、丁燮林、王恒守、王书庄；讲师陈同新、杨有株；助教熊正威、冯传海、王承瑞、王应素、陈成琳。

化学系有教授刘椽、阮鸿仪、张怀朴、杨葆昌；副教授范王瑜；讲师曹金鸿、汪茂常、尹敬执、阎长泰；助教谭金镛、丁松君、吴遵胜、王亮基、何圣绶、陈鸿宅。

动物学系有教授童第周、秦素美、蒋天鹤；副教授曲簌蕙；讲师高哲生、李嘉泳；助教应幼梅、周才武、尹光德、李树华。

植物学系有教授曾呈奎、李良庆、朱彦丞；讲师曾友梅、郑柏林；讲员张峻甫、刘德仪；助教郭季芳、陈惠民、方同光。

地质矿物学系有教授何作霖、张寿常；副教授范作柞；讲师司幼东；助教张保民、关广岳、王麟祥、赫祥安。

农艺学系有教授陈瑞泰、李文庵、刘俊利、潘咏柯；讲师张生平、李家光、张石城；助教赵灿章、段秀泰、王序青、王宝康。

园艺学系教师有教授盛桂诚、薛廷耀及萧家茂、李毓茂、孙中信、牟云官、孙静如等讲师、助教。

水产学系有教授朱树屏、戴立生、王以康、林绍文、林㵥、王贻观；讲师康迪安、刘伟；讲员尹左芬；助教张行志、李仲璆、郝锡宏、陈守中。

土木工程学系有教授许继曾、丁观海；讲师侯穆堂、博其尔（德籍）；助教侯家泽、于典章、王钟泰、杨玉璧。

机械工程学系有教授孙振先、陈孝祖；副教授蒋士龢；讲师沈丙宪；助教张纪昌、申正宾、杨鋆、刘希贤、邢茂春。

电机工程学系有教授陈茂康、樊翕；副教授杜锡钰；助教刘浣非。

医学院有李士伟、穆端五、沈福彭、陈慎昭、潘作新、綦建镒、冯雁忱、秦文杰、杨枫、李温仁等教授、副教授。

经过不懈努力，国立山东大学在较短的时间里，建立起的这支高水平师资队伍，在全国高校中名列前茅，为学校后来发展奠定了坚实的人才基础。

二、全国招生严格标准

国立山东大学复校后共招收三届学生。招生简章规定：考生必须是公立或已立案之私立高级中学毕业者，或后期师范学校毕业后服务满三年者，抑或具有上列相当资格，在教育部特设临时大学先修班和补习班结业者，公立或已立案之私立高级职业学校毕业者，得依其科别报考相关院系。同等学力，即在抗战期间，因战事关系失学达一年以上，并于失学前修满高中二年级课程，或因地方失陷，不愿入日伪学校就学，在家自修，经家长及授课教师说明其自修各科成绩具有高中毕业程度者亦可报考，但录取名额以百分之十为限。[1]

1946年8月，国立山大复校后首次招生，备受社会各界关注。教育部曾通令各高校务必在7月底前完成招生，由于国立山东大学复校较迟，山东青年留居成都、重庆、西安者颇多，加之交通拥挤，"实难如期赶回应考"[2]。7月25日，国立山大在《青岛公报》刊登青岛试区招生信息，报名时间为8月11日至17日，考试日期为8月20日。[3]在招生过程中，为方便外地考生投考，按照教育部多设考区的规定，学校除在青岛招生外，还在北平、南

① 《山东大学百年史》编委会编：《山东大学百年史》，山东大学出版社2001年版，第121页。
② 《山东大学招考新生延至秋凉举行　中学毕业生叫苦连天　赵校长太偪忙个不停》，载《民众日报》1946年7月2日。
③ 《国立山大筹备招生　各院系教授大部聘妥》，载《青岛公报》1946年7月25日。

表3-6　各学院报考人数统计表

院系\人数\试区	文学院		理学院						工学院			农学院			医学院	共计	百分比
	中文系	外文系	数学系	物理系	化学系	动物系	植物系	地矿系	机械系	电机系	土木系	农艺系	园艺系	水产系			
青岛 报考人数	107	113	3	8	35	2	2	11	104	65	42	76	42	80	238	928	
青岛 录取人数	25	49	2	3	18	2	1	2	38	32	21	8	13	18	80	310	33%
济南 报考人数	57	33	3	1	33	4	2	12	41	47	31	40	11	17	148	480	
济南 录取人数	4	10	2		5		1	3	11	11	13	8	2	2	31	103	21%
北平 报考人数	41	50	3	1	6	8	2	19	36	34	19	39	22	43	150	473	
北平 录取人数	9	17		1	1	4		4	7	8	5	5	2	13	39	116	25%
重庆 报考人数	200	193	25	36	40	6	11	43	119	140	134	131	79	133	113	1403	
重庆 录取人数	1	14	2	7	4		1	2	4	10	9	8		11	2	78	6%
成都 报考人数	58	47	6	3	14	3	13	10	25	35	20	37	24	33	31	343	
成都 录取人数	2	2	2		1			2	2	5				1	1	18	5%
西安 报考人数	231	149	23	11	18	6	6	21	79	115	64	64	65	95	210	1157	
西安 录取人数	6	14	4	1	6	1	1	8	20	18	10	1	2	5	10	106	9%
上海 报考人数	172	105	17	21	52			37	119	106	92	84	54	61	155	1091	
上海 录取人数	4	9	2	8	11			5	11	14	6	8		3	6	87	8%
总计 报考人数	866	690	80	81	198	29	36	153	523	542	402	471	297	462	1045	5875	
总计 录取人数	51	115	15	20	46	4	4	26	93	98	64	38	22	53	169	818	14%

备注：本表所列报考人数之外，尚有教育部分发先修班及复员青年军学生共245名，又委托中央大学代办录取学生85名，及各指定中学送审成绩经审查及格录取者61名，收录学生总数为1209名

京、上海、西安、成都、重庆、济南七地设立招生办事处。各地高中应届生及失学青年闻听国立山东大学招生，踊跃报名，报考总人数达5875人。经过初试和复试，共录取学生818人，录取比例为14%。还有教育部拨来先修班及复员青年军学生245名，学校委托中央大学在南京考区录取学生85名，及各指定中学送审成绩经查及格录取者61名。总计收录学生为1209名。[①]详见表3-6。[②]

10月23日，学校发布《关于国立山东大学新生入学注意事项》，内容包括报到、住宿、伙食、开学、口试、复试、甄别、试验、体格检验、缴费、注册选课、公费、校舍分配等事项。11月11日，经学校临时校务会议议决，第一批新生复试完毕后，因远道考区新生尚未到齐，为使学生便于补习，免致荒废学业起见，决定先开国文、英文、数学三种基本课程，并于本日在泰山路工学院上课。

由于招生工作繁重，且学生来源复杂和交通不便等因素，直到11月底，国立山大才全部完成本年度的招生工作。11月30日，《国立山东大学学则》公布。12月16日，全校学生正式上课。

1947年国立山大招生297人，1948年招生205人。至1948年11月，在校生1215人。国立山东大学复校之日，正值抗日战争胜利之时，开始时师生尚能安心学习和工作，所以复校后的一段时间，教学、科研活动较为活跃。但自1947年5月底，因物价飞涨，国民党军大举进攻解放区，人心浮动，教学、科研活动受到很大影响。学生退学、休学者大有人在，一些学生未毕业就离开了学校。

第四节　加强教学管理与课程设置

国立山东大学复校后，将"研究高深学问，培养专门人才，陶融健全品格"作为教育目标。学校规定理学院、农学院学生修业年限为四年、工学院五年、医学院六年。在教学方面，要求学生对人文科学、基础科学和应用科学三方面都具有广泛的了解，既掌握综合的知识，又有实际的驾驭能力。

学生学业管理采取学分制，每学期平均每周授课1小时为1学分，实验及无须课外自习的科目以2至3小时为1学分。学生除第一年外，每学期所修科目以不超过21学分为原

① 王琪珑、赵爱国主编：《山东大学纪事》，山东大学出版社2021年版，第59页。
② 张静主编：《中国海洋大学大事纪》，中国海洋大学出版社2014年版，第31页。

则。考试分为临时试验、学期试验、前期试验、毕业试验4种。学生成绩分为甲（80分以上）、乙（70分以上）、丙（60分以上）、丁（60分以下）4个等级。凡某科目考试成绩列丁等者为不及格，不给学分，如是必修课必须重修。修业期满和测验及格者，依学位条例授予学士学位。

课程设置分为必修和选修。学校规定：三民主义、中文、英文、体育为各院系学生共同必修课。文科生还要必修生物课及其他一门自然科学。[①]共同必修课不仅为高深专门学术奠定广博的知识基础，还具有文化陶冶与人格培养的价值。除了共同必修课外，各系按照各自的教学要求，规定自己的必修与选修课目表。学生在每年开学时，参照选修课目表自行选定课程，中途还可以增选或退选，但必须经系主任签字批准，目的是控制选课，使之不至于过滥。[②]

必修课与选修课相结合的教学安排，既保证人才的培养方向和国家的需要，同时又适当兼顾了学生的个人志趣，使学生能够按照个人的爱好与特长，学习其他专业相关的知识，锻炼独立思考和解决实际问题的能力。在教学过程中，各系教师不仅注意教给学生一般的基本知识、基本原理，而且更加注重理论联系实际，培养学生的学习与创造能力。如中国文学系冯沅君教授，在教学中她不仅鼓励学生多读书，而且极有耐心地传授阅读方法，如泛读、精读、圈点评注、质疑探索等。[③]

国立山大复校后，由于系科增加较多，面临着教材缺少的问题。校长赵太侔鼓励教授自己编写教材或翻译教材，以保证教学质量。各院系所编写的教材，要具有针对性和实用性。如物理学系的专业课和基础课均由教授承担，在教学中为培养学生的创造能力，教材多需要修订充实，系里对此非常关注，曾组织全系同人翻译席尔思的《大学物理学》，被学术界认为是优秀教材，广泛采用。

抗战前，学校利用总理纪念周，聘请校内外著名学者作学术讲演。复校后，学校恢复这一做法。据统计，从1946年至1947年底，在国立山大发表学术讲演的学者和演讲题目的有生物学系林绍文之《漫谈科学》、物理学系丁燮林之《苏联的科学》《原子能与原子弹》、物理学系李先正之《英国的科学》、物理学系杨肇燫之《中国科学发展的途经》《量纲略说》、物理学系郭贻诚《宇宙射线研究近况》、会计专家皮达吾之《会计

---

① 《山东大学百年史》编委会编：《山东大学百年史（1901—2001）》，山东大学出版社2001年版，第124页。

② 栾开正主编：《山东高等教育发展史（1840—2000）》，山东教育出版社2003年版，第160页。

③ 《山东大学百年史》编委会编：《山东大学百年史（1901—2001）》，山东大学出版社2001年版，第124-125页。

常识》等。①这些学术讲演，不仅开阔了同学们的视野，而且对启迪学生树立献身科学事业的志向有帮助。

除学校层面组织的学术活动外，各院系根据各自的特点也开展一些学术活动。中文系几乎隔周举办一次学术报告。物理学系恢复了物理讨论会，每两周演讲一次，报告各种新发现之问题。动物学系每逢周六下午举办联合书报讨论会；暑假期间，每逢海水退潮，便组织学生到海滨采集标本，以供学术研究之用。这些活动不仅浓厚了学校的学术气氛，而且对教学也有促进作用。

国立山东大学五个学院根据各自学科的特点，制订教学和科研计划，发扬自力更生、勤俭办学的传统，筹建实验室，逐渐形成了各自的特点，对后续办学亦产生了积极影响。

一、文学院：侧重古典文学研究

复校后中文系不仅师资水平高，而且教学要求也高。其教学目的是"养成学生对于中国文化之瞭望、能作高深学术之研究、培养创作能力"②。围绕这一教学目的，提出了相应的教学要求：先健全学生治学工具，再训练学生熟悉治学方法，获得工具和方法后，再做高深研究。

中文系的课程围绕着教学目的和要求，合乎规律性地次第开设，由浅入深，循序渐进，前后照应。中文系课程分为本系必修、文学院共同必修和选修三类。一年级必修包括读书指导、文选、群经概论和声韵学四门。这是中国文学系学生的入门课程。其中作为基础课的文学课（即大一国文），中文系相当重视，由冯沅君教授讲授。她在讲授这门课时，下了很大的功夫，不但资料充实，而且善于在亲切、自然的气氛中，使学生在情感上引起共鸣，心灵上得到启迪。中文系的选修课，二年级有国史选读、声韵学；三年级有楚辞、杜甫诗、清真词、中国小说史、应用文、语音学、论语、中国地理沿革史、李义山诗、中国文化史。③

在教学过程中，中文系教师不仅注意给学生讲授基本知识、基本原理，而且更加注重理论联系实际，培养学生的学习与创造能力。如冯沅君在教学中非常重视学生的艺术分析能力。她认为成功的文学作品，其思想内容总是通过一定的艺术形式表现出来，因此对文学作品进行分析，首先必须从作品本身出发，认真分析其结构机理和表现手法，要用

---

① 《山东大学百年史》编委会编：《山东大学百年史（1901—2001）》，山东大学出版社2001年版，第129页。
② 《中国文学系概况》，载《国立山东大学概览》1948年，第8页。
③ 《中国文学系概况》，载《国立山东大学概览》1948年，第8—9页。

心考证作者采用了哪些重要技巧，这些技巧对表现主题起了何种作用。在提高学生的艺术分析能力方面，她的经验是：第一，多阅读、善比较、勤思考，这样久而久之就可以分辨出文学作品在思想、艺术上的特点及其优劣、长短；第二，通过对与文学并列的姊妹艺术的鉴赏，熏陶内在的艺术气质，如多听一些音乐，多看些戏曲表演、绘画，势必有助于理解文学作品的气魄和情韵。[①]冯沅君的这些经验具有指导意义。

自第三学年开始，中国文学系"依学生旨趣"选修课程，实行文学、经史分组讲授。

文学组开的选修课程有楚辞、杜甫诗、清真词、李义山诗、小说史等，经史组课程有论语、国史选读、中国文化史专题研究、语言学等。中文系的课程堪称名家课程，黄公渚的《楚辞》与萧涤非的《杜甫诗》、陆侃如的《乐府辞》《词选》及冯沅君的《元杂剧》《曲选》珠联璧合，是中国古典文学研究的高地之一。他们在各自的研究领域，独领风骚。

外国语文学系主要学习英文，其他语种有法文、德文、俄文、希腊文、拉丁文等，仅在三、四年级内，斟酌开班学习，建立初步基础。外国语作为沟通中西方文化最主要的工具，该学系在教学方针中，明确指出，"养成学生对外国语之阅读了解与会话能力，然后进一步求作高深研究"。[②]

外文系的课程分为本系必修、选修和文学院共同必修三类课程。其中，与中文系共同必修的课程有三民主义、伦理学、国文、外国文、中国通史、世界通史、哲学概论、理则学、科学概论、社会学概论。这些是文学院学生的基础课程。外文系必修课程有英文散文选读及作文、英国语音学、英国文学史、英诗选读、小说选读、戏剧选读、欧美文学名著选读、文学批评、翻译等。外文系选修课从二年级开始，有中国文学史、世界文学史、西洋哲学史、文法及修辞、应用英文、演说及辩论、分期英国文学研究、名家全集选读、中西文化比较研究、现代文学、法国文学、德国文学、意大利文学、俄国文学、美国文学、比较文学、英文学科教材及教法、第二外国语、专家研究、中国文学西译等。由此可见，外文系的教学内容侧重于文学艺术方向，突出语法、写作、字词、修辞功力的培养。

二、理学院：夯实基础

数学系课程分为必修和选修两种。必修课程，理论与应用并重，除注重演习、严格考试外，一、二年级每学期指定参考书，令学生自修，以养成学生主动读书风气。选修课

---

① 《山东大学百年史》编委会编：《山东大学百年史（1901—2001）》，山东大学出版社2001年版，第125页。
② 《外国文学系概况》，载《国立山东大学概览》1948年，第10页。

程，在自由选择的原则下，教师指导学生作有目的、有计划的选修。三、四年级课程分为分析、代数、几何、应用数学四组，学生须任择二组，以期收到专攻之效。三、四年级添设数学问题讨论一门，注重论文选读及报告，以养成学生阅读杂志及研究能力。[①]

1947年数学系教师合影

物理学系课程大致依教育部部颁课程标准，一、二年级注重基本训练，开设立体解析几何、微积分、微分方程等普通数学课程以及理论力学、热学、物性学、光学、音学等普通物理课程，使学生对于高等数学及普通物理各部分"得有充实之基础"，且理论与实践并重。三、四年级设置理论物理、理论电磁学等专业课程，"均择要讲授，以养成学生之研究能力"。至于无线电学、近代金属学等应用研究课程，则视环境需要逐渐增设。[②]

物理学系教师在教学中，非常注重培养学生的创新能力。教学方法多采用启发式、讨论式，而非注入式。具体做法如下：一是奋其志，激其情。教师带着感情，有目的地介绍一些科学家事迹，激发学生树立起献身科学事业的雄心壮志。二是引其疑，发其智。教师在讲课中，有意识地布疑，以激发学生积极进行创新性思维活动，然后通过集疑和辨疑，培养学生动脑、动口解难的本领。三是启其思，反其馈。教师一方面通过点拨，诱导学生深思，以此培养学生独立思考的能力；另一方面结合实际和课本，设计出一套题目让学生去做，通过答题来检查学习效果，使学生学到的知识得以系统化和深化，从而把知识转化为能力。四是寓言传于身教。教师力求通过自己讲课内容的创造性，使学生对创造性的理解具体化、形象化，从而鼓舞同学们发挥创造性。采用这些教学方法，教师和学生之间常常互相发问，互相辩论，气氛活跃，效果较好，很受学生欢迎。[③]

在学术研究领域，由于第二次世界大战原子弹的出现，促进了物理科学飞速发展，很多新的领域亟待探索。物理学系将当时属于前沿科学的原子能研究、宇宙光线研究和无线电研究列为攻关的课题，并付诸实施。这三项研究以宇宙射线为主题，计划利用计粒管实验，来研究宇宙线射丛及介子之蜕变诸问题，无线电之应用及雷达之研究等，也逐渐

①《数学系概况》，载《国立山东大学概览》1948年，第12页。

②《物理学系概况》，载《国立山东大学概览》1948年，第14页。

③《山东大学百年史》编委会编：《山东大学百年史（1901—2001）》，山东大学出版社2001年版，第126页。

筹划实现。①同时，物理学系筹设仪器工厂，自制仪器，以充实实验室设备，为研究工作服务。

学理与实验并重是化学系一以贯之的教学方针，认为"学理不能精透，则实验徒为盲目炊煮，毫无裨益，实验不求精确，则学理易患空洞，终必难测高深"。化学系特别强调"培养青年之良好根基"，要求师生"当首重思想之科学化，良以科学教育之目的，不仅在传授某种知识与技能，要以能用真诚之态度，作客观之观察，清醒之判断，及正确之结论，为最后目标"。以此为原则，化学系审慎地进行课程设置："在课程方面除采纳最低限度之学程定为必修外，其余尽量设置选修，并定各院系所设与化学有关之学程为本系学生应尽力选修之学程，以求奠定广泛根基。"②

在化学系设置的课程中，有中文系的国文、英文、中国通史、三民主义，有数学系的微积分、微分方程，有物理学系的普通物理。这些都是化学系学生的选修课程，目的是"以求奠定广泛根基"。化学系的必修课相对于选修课较少，主要有普通化学、有机化学、理论化学、工业化学、中级有机化学和有机分析化学等课程。化学系组织化学社，借以广泛联系师生，便于指导，并对外承接化验服务。

动物学系课程大致依据教育部所颁发的课程标准设置。脱胎于生物学系的动物学系课程，在草创时期与植物学系混杂的现象十分严重，尤其是第一学年基本上与植物学系学生同堂上课，两系开出的七门课程是一样的。第二学年的普通物理学、定量分析、有机化学三门课程与植物学系相同。从第二学年开始，其所开设的比较解剖学和动物技术学课程渐显动物科学本科属性，至第三学年乃与植物学分野，课程的基础性、专业性明朗。

因为教学的需要，动物学系注重标本采集与挂图教材制作。至1948年，"动物标本已采得者约为五六百种，大都为本地海产无脊椎动物剥制标本，及骨骼标本，另有数十种，正在积极添制中，挂图凡百余幅，切片标本之已制成者千余片，凡组织学、细胞学、胚胎学及普通生物学、动物学所需之材料，大致均无问题"③。

植物学系课程设置也分为必修和选修，一、二年级注重基本训练，所以课程为必修，三、四年级，除了一部分必修课程外，还可以选修外系课程及本系的高级课程。值得注意的是，植物学系还给农学院的农艺学系、园艺学系开设了普通植物学、植物形态学、植物生理学、种子植物分类学等课程，为农学院水产学系开设了普通植物学和水产植物

①《物理学系概况》，载《国立山东大学概览》1948年，第15页。
②《化学系概况》，载《国立山东大学概览》1948年，第16页。
③《动物学系概况》，载《国立山东大学概览》1948年，第16页。

学课程。

　　动物、植物学二系，仍以保持过去生物学系之学风为目标，除整饬课务，充实教材外，致力于养成学生之研究精神与学术兴趣，使其离校后，仍有独立研究之能力。动物学系研究工作分为两部分：一是采集及调查，对胶州湾及其附近海产动物做详细记录，并由此扩充到整个山东半岛乃至中国其他海岸；二是实验生物学研究，因地制宜，利用本地水产动物，从事生理发生生态等各专题研究。该系所开展的研究工作：生理方面有鱼类色素之变化；分类方面有浮游生物及环节动物之研究；胚胎方面，有蛙类肾脏之发生、个体前后轴之决定、鱼类发生之能力等问题[①]；植物学系利用青岛濒海优势，极力发展水生植物学，所开展的研究有淡水藻类之分类生态生理、海藻之分类生态生理、经济海藻之生活史与栽培方法、高级植物之生理生态等。[②]

　　地质矿物学系是国立山大复校后新设的系，由何作霖教授筹建。该系突出矿物岩石学的教学和科学研究，从课程设置上加强岩矿石结构分析和鉴定。赵太侔在接受媒体采访时曾明确表示："青岛将为一走向工业化的都市，所以学校方面将尽可能利用环境，努力于纺织、化学及矿物冶金等学科。"[③]这是地质矿物学系设置的初衷。

　　地质矿物学系的课程依据施教方针，在实用方面"注重矿物岩石之认识，金属矿床与非金属矿床之探测与制图，地层之时代与地层之变动"；在理论方面"注重各种地形生成之原因，地壳变动之理论与实验，岩浆活动之情形及其理化性状，矿物岩石发生之理论，各种矿床生成之原因，矿物结晶体之形态与构造"[④]。据此，地质矿物学系在理论方面开设岩石学、光性矿物学等课程，在实践方面开设地形测量学、不透明矿物鉴定学等课程，重视学生掌握测试、运算、分析鉴定、作图、判断等技能。

　　地质矿物学系所开展的研究如下：山西五台上片麻岩之岩组研究、长石光性在深成岩与火山岩内之变异、青岛海滨砂稀有矿物之分析、地质力

1946年地质矿物学系师生参加矿产普查时的合影

①《动物学系概况》，载《国立山东大学概览》1948年，第18页。

②《植物学系概况》，载《国立山东大学概览》1948年，第20页。

③《山东大学的前路》，载《民言报》1946年8月24日。

④《地质矿物学系概况》，载《国立山东大学概览》1948年，第20页。

学之实验计划。该系计划设古生物研究室、地质力学实验室、微量化学分析室、光结晶学研究室等，并要求毕业生一定要以山东地矿为其实习场所，毕业后重点从事山东地区的地质调查。[1]

三、农学院：教学、实验与实践并重

农艺学系是国立山大复校后新设的系，肩负着研究教学及农业改进双重使命。其教学特点是"一则教授学生理论，以便建立其将来从事试验研究工作之基础；一则教以实际知识，使其学习栽培经营之方法"，由此形成讲堂、实验室与田间工作三者并重教学模式。针对种类繁多的课程，农艺学系要求学生做到"普博而专精"，并依据这一教学理念设置课程，举措是"将根据各课程之性质，及其相互关系，尽量多设选修课程，以便学生按其兴趣所近，选读一种特别专门学术，写作论文时，则应注重各种农业专门问题合理解决途径之研究，俾能学习实际解决农业问题之方法"[2]。

农艺学系所开展的研究如下：烟草方面有品种比较研究，烟草毒素病害之研究及抗病品种之作育，这项研究工作与农林部烟产改进处合作，山东省建设厅参与；小麦方面有品种观察区域试验及利用太阳热消毒，麦种可能性之测定研究，此项工作与中央农业实验所麦作系及病虫药械管理委员会合作进行；虫害方面，在对青岛各种农作物及果树害虫进行调查的基础上，开展专门研究，研究领域拓展到玉米、落花生、小米等农作物。

园艺学系是国立山大复校后新设的系，其教学特点是"学理与实际并重，各科课程除教授学生普通理论以外，同时注重田间实习及试验研究"[3]。园艺学系师资不足，除系主任盛桂诚外，教师有薛廷耀、萧家茂、李毓茂、孙中信、牟云官、孙静如，有些课程由其他院系教师兼任。园艺学系的课程，以农业生物学为理论基础，突出果树、蔬菜、观赏植物三大类经济作物生产技术与原理的基础教学和应用研究。园艺学系第一年开设基础课，从第二年开始开设普通园艺学、蔬菜园艺学、花卉园艺学、果蔬园艺学等专业性课程。

园艺学系在研究计划中确定了以下研究重点：果树方面则以烟台苹果、莱阳梨、肥城桃为主要对象；蔬菜特别注重白菜等的栽培育种。其他如花卉造园、果产加工及病虫防治，均按计划分别进行，以达"俾便山东园艺事业永为全国模范"[4]。园艺学系在试验我

---

① 《地质矿物学系概况》，载《国立山东大学概览》1948年，第21页。
② 《农艺学系概况》，载《国立山东大学概览》1948年，第22页。
③ 《农艺学系概况》，载《国立山东大学概览》1948年，第22页。
④ 《园艺学系概况》，载《国立山东大学概览》1948年，第25页。

国史前水杉发芽育苗方面，也取得了一定的成绩，对山东省园艺事业发展作出了贡献。

水产学系是国立山大复校后新设的系，下设渔捞、养殖、水产加工三组。为了打好基础，开拓知识面，在第一学年不分组，学生所学课程完全相同，至第二学年才按各组性质分选专业课程。第一学年三组修习的六门共同必修课为国文、英文、水产学通论、普通植物学、普通动物学、普通数学，由文学院、数学系、植物学系和动物学系教师授课。从第二学年开始上专业课，针对三组的特点，单列课程表，因材施教。因为专业课设置，没有经验可资借鉴，所以水产学系特别提出"惟因环境之需要，各课程可能增减或提前移后"[1]的灵活方式。

水产学系初期由于经费短绌，设备简陋，师资紧缺，所以多聘兼职教师。在教学方面，既无现成教材，又缺少可资借鉴的资料，许多课程都是授课教师自行搜集资料编译。且有部分课程因无人讲授，只好暂时付缺。另外，本系有半数课程为外系教师所开设。由于以上原因，课程的安排常有不当，基础课与专业课配合尚有不妥之处。

水产学系虽是新设之系，但特别注重研究工作，对胶州湾及青岛附近海域所开展的研究如下：山东沿海渔场及鱼类洄游详况与产卵地带之调查，山东沿岸有经济价值动植物之分布、生性与养殖之研究，渔具及防腐法之研究，浮游生物在胶州湾及其附近之盛衰与气候及海产理化性之关系，浮游生物之营养，有经济价值动物之食性，水产动植物食品之保存。[2]

四、工学院：教学研究一体

土木工程学系在抗战之前已经设置，具备较好基础。国立山东大学复校后，计划建成一个范围宽泛的工科综合性学系。该系的施教方针是以造就工程专才为宗旨，理论与实际并重。在理论方面，除课业"采紧严办法，使能贯彻外"，初年级着重于"工具知识之培植，期能养成独自研读与解决问题之风习"[3]；在实践方面，除了平日按时开展各种实习及实验，还要利用寒暑假到青岛市有关部门进行实习或参观，以期达到理论与实践互相印证的教学实效。

土木工程学系对于实验条件有较高的要求，为此该系在1948年制订的计划中，拟筹建水力实验室和材料实验室，"俟本系扩大分组"后，再增设公路材料试验室、水工试验

①《水产学系概况》，载《国立山东大学概览》1948年，第26页。

②《水产学系概况》，载《国立山东大学概览》1948年，第28页。

③《土木工程学系概况》，载《国立山东大学概览》1948年，第29页。

室、土壤压力试验室、模型室等。

机械工程学系以造就专门机械工程人才为目的，所习课程实验与理论并重。因为机械工程涉及数学、物理等方面的知识，为打好学生的基础，该系在一年级开设微积分、普通物理、普通物理实验等课程。就专业课而言，该系要求"无论全部机器或零碎配件，自最初构思设计起，以至建厂制造止，所历过程，如材料之选择与试验，设计技术之研讨，制造方法之比较，成本高低之计算，工作效率之评定等，一一均须切实研究，以求贯彻"，目的是"俾养成来日独立解决实际问题之能力"[1]。

电机工程是科学发展史上的新兴学科，国立山东大学复校后，在工学院新设电机工程学系。工学院土木、机械、电机三系，至1948年只有一、二年级学生，因此学生所习多为普通物理或预修课程，而电机工程学系的预修课程尤其多。该系对物理学基础的要求高于数学、化学，因此开设普通物理、普通物理实验、应用力学、材料力学、机构学等课程，且学分很高。电学的科目和学时占比重更大，电工原理占时一学年，跨越第二三学年两个学期；第三学年的交流电路、直流电路、直流电机设计、电工实习、工程材料或电报电话等课程，凸显了电机工程学系的专业特性。[2]

电机工程学系特别注重实验教学，计划从三年级上学期起至五年级下学期止，通过购置、自己修造仪器设备、与青岛市有关部门互助等方式，建立实验室和进行社会实践，以期做到实践与理论并重。难能可贵的是，该系计划"添设电机工程研究所，以训练助教，增加教员工作兴趣"，同时"准备学生之深造"的条件，以达"应社会上有关研究之需要"的目的。[3]

五、医学院：构建一体化医护体系

国立山东大学复校后，增设医学院，不设系，划归教员系列的共有解剖学科、生物化学学科、眼科、外科、小儿科、内科、骨科等七个科室。至1948年，医学院的教师情况为：院长李士伟；解剖科主任沈福彭教授；生物化学科主任陈慎昭教授；眼科主任潘作新教授，教授穆端五、兼职教授綦建镒；外科主任冯雁忱副教授；小儿科主任秦文杰副教授；内科主任杨枫副教授；骨科主任李温仁副教授，讲师叶毓芬、李景颐、王培基、阎应明、张

---

①《机械工程学系概况》，载《国立山东大学概览》1948年，第31页。

② 翟广顺：《山东（青岛）大学史：1929—1958》，中国海洋大学出版社2022年版，第31页。

③《电机工程学系概况》，载《国立山东大学概览》1948年，第34页。

之湘、梁福临，教员陆光庭，助教法德华、李鹏年、夏淑芳。[1]

医学院于1946年夏招生，其中解剖学科至1947年已开课程约占"医本科第二年级全部的三分之二，计人体解剖学占14学分，神经学3学分，组织学5学分，胚胎学3学分，每星期有实验4次"[2]。

医学院学生修业年限为五年，教学工作由学校统一安排、管理，实行学分制。医学院在教学设置上，一年级开设普通基础课，从二年级开始开设基础课和专业课。所开设的普通基础课和专业基础课有十几门，计有三民主义、国文、英文、德文、普通数学、普通物理、普通生物、体育、有机化学、组织学、解剖胚胎、神经解剖、生化等。三、四年级为专业课和临床课，五年级为实习。教学中用英语，参考书也大都是英语。临床课有内科、外科、妇产科、小儿科、眼科、耳鼻喉科、牙科、皮肤科、X光科等。

高级护士职业学校作为医学院的附属机构，承担医疗护理人才的培养任务，是中国建立较早的高级护士学校之一，校址在今青岛江苏路19号。建校初期，该校由国立山大附属医院管理，1947年10月包艾靖任校长。1948年1月，该校隶属医学院管理，校名改称国立山东大学医学院附设高级护士职业学校。

高级护士职业学校所招学生为初中毕业的女生，考试科目有国文、英文、数学、公民、理化、博物，除了笔试还要口试，学制三年。至1948年，计有学生二班，共46名。

第五节　爱国民主运动

国立山大在复校后的三年多里，进步学生先后成立20多个社团，在团结、教育和促使广大同学逐步觉醒，推翻国民党统治的斗争中作出了应有贡献。其中规模较大的斗争有三次反美浪潮、"六二学运"和反"特刑庭"斗争等。在这些斗争中，学生表现出坚定的政治方向，发扬了光荣的革命传统，配合了全国革命形势。

一、三次反美浪潮

（一）声援北平抗议美军暴行运动

1946年12月底，北平发生美军士兵奸污北京大学先修生的"沈崇事件"，激起全国人

---

[1]《医学院概况》，载《国立山东大学概览》1948年，第34页。
[2]《医学院概况》，载《国立山东大学概览》1948年，第35页。

民反美抗暴运动。继承五四运动光荣传统的北平学生，首先举行抗议美军暴行的示威游行，进而引发天津、上海等地高校师生相继罢课游行，反美运动迅速蔓延全国。

为声援北平学生的正义斗争，学校进步学生在中共国立山大地下工作小组领导下，立即罢课以示声援。1947年1月4日，国立山大学生召开抗议美军暴行大会。会上，进步学生与反动势力展开面对面的斗争。石勃瑜、宋斌等发表慷慨激昂的演说，愤怒声讨美帝在华暴行，要求严惩凶犯。同时，他们严正抗议美军侵占国立山大校舍的行径，要求其退还学校，并发表《告全市同胞书》和《告全国同胞书》，谴责国民党卖国媚外，强烈要求美军立即撤出中国。这是第一次反美浪潮，标志着国立山大学生的觉醒，促进了进步学生的团结。

1947年3月8日，国立山大第一届学生自治会在中共国立山大地下工作小组指导下成立。中共党员宋斌等与石勃瑜、梁培智等被选入第一届学生自治会，推选石勃瑜为理事长，宋斌当选理事。该会设常务理事，分为学术股、福利股、总务股、康乐股、交际股。在党组织影响下，学生自治会的积极分子后来大都加入了中国共产党。

（二）"苏明诚案"引起反美浪潮

1947年3月30日晚，青岛发生人力车夫苏明诚因索要车资，在广西路被美国水兵刺死的事件。美国水兵这一暴行激起了全市、全国人民的愤怒。全国学生抗议美军暴行，联合总会北平分会致函国民党青岛市政府，希望与美军交涉，要求惩治凶手、抚恤被害者家属和撤走驻华美军。青岛市政当局以《处理在华美军刑事条例》为借口，推脱不管。

4月15日，国立山大学生自治会召集学生集会，就美军士兵凶杀苏明诚及青岛港六号码头工人刘修文遭美军枪击身亡一案，通电全国各高校、南京政府和美国大使馆，提出严正抗议并要求：彻底调查历次案件，美方道歉、赔偿，并保证以后不再发生同类事件；组织中美联合法庭，公开审判肇事凶犯；美方负责支付受难者家属终身生活费；外国军队立即撤出中国。很快，学校"民主墙"上也贴满洋溢着正义感的大字报，反美呼声愈加高涨。

4月17日，国民政府外交部致电青岛市市长李先良："山东大学因该案（苏明诚案）发起反美运动，希迅速设法制止"。4月30日，美海军第七舰队司令柯克致函青岛市政府，公然为凶手开脱，称对肇事士兵"最大予以监禁十年之处分"。

"苏明诚案"发生后，全国抗议美军暴行的声势，一浪高过一浪。美国驻华大使司徒雷登不得不来青岛安抚处理，并拟到国立山大发表演讲。青岛地下市委负责人获悉后，撰写痛斥美军在华暴行的《致大使书》。5月2日，司徒雷登到学校礼堂发表演讲，本想以学者的身份劝导学生，然而当他的演讲结束后，学生自治会代表石勃瑜向其递交《致大使书》，抗议美军在华暴行，抗议美国政府支持蒋介石发动内战，要求美军归还强占的国立山大校舍，严惩驻青美军肇事凶手并赔偿损失等。全场热烈鼓掌支持。司徒雷登无言以对，狼狈退场。

这是国立山东大学掀起的第二次反美浪潮，标志着学生走上反美蒋斗争的前沿，与北平、上海等城市的进步学生一起并肩战斗。

（三）力争收回校舍，掀起第三次反美浪潮

抗战胜利后，美国派出大批军队进入中国，替蒋介石政府运兵，抢占地盘。1945年10月9日，美国第七舰队开进胶州湾，至月底登陆美军达2万人。蒋介石政府与美国政府签订出卖主权的《青岛海军基地秘密协定》，使青岛成为美国在亚洲的主要军事基地。学校的科学馆、化学馆、水产馆、图书馆等成为美国军营的一部分。1946年春，国立山大复校后，因校园校舍被美军占用，只能在原青岛日本中学和校外两处原日本小学校址勉强开学，校方与师生不断与美军交涉，力争尽早收回校园校舍。

1948年五六月，围绕声援上海"反对美国扶持日本"的正义斗争和收回美军占据校舍问题，国立山大师生掀起了第三次反美浪潮。1948年，美国为实现其全球霸权战略，推翻《波茨坦公告》，扶植日本复活法西斯主义势力，企图将日本建成冷战的前哨阵地。为此，中共中央发出"反对美帝国主义扶植日本侵略势力复活"的号召。5月4日，上海150余所大中学师生在交通大学发起组建挽救民族危机联合会；5月22日，又发起10万人签名运动。一场声势浩大的以青年学生为主体、各界人士参加的"反对美国扶持日本"运动，从上海蔓延到全国各地。

国立山大师生积极响应并投入这场正义斗争中。1948年5月，驻青美军为了达到长期驻扎青岛的目的，竟然向学校提出租借校舍99年的无理要求，引起全校师生的极大愤慨。学校地下党组织因势利导，通过学生自治会组织学生在校内举行游行示威，从6月28日起罢课三天。学生们隔着铁丝网对着美军兵营，高呼"反对霸占山大校舍"等口号，并将饱含愤怒激情的传单撒向美军兵营；同时向校方提出抗议，反对学校与美军签订长期租借校舍合同；还通电全国，希望得到社会各界的声援。学校99名教职员联合签名发表宣言，支持学生的正义斗争。

慑于国立山大师生抗议的强大声势，加之校方在交涉中的坚定态度，美军不得不有所收敛，将占用校舍的期限改为1950年归还。事实上，仅仅过了半年，迫于中国人民解放军的威慑，1949年2月2日，美军陆战队司令致函学校：停租校舍，美军守卫将于5日下午撤退。校长赵太侔召开临时校务会议，提出接收校舍的六项措施、原则，决定由杨肇燫、杨向奎、沈福彭、丁燮林、刘次箫具体负责接收工作。2月5日，全体师生在校长赵太侔带领下，佩戴特别通行证，庄严地前往大学路，点验并收回被美军强占四年之久的校园校舍。

二、"六二学潮"

1947年春天，蒋介石政府陷入军事危机和经济危机的双重困境，通货膨胀极其严重，民族工商业受到重创，劳动群众和公教人员生活日益恶化。这迫使各阶层人民不得不团结起来，为生存而斗争。4月24日，国立山大教员鉴于生活艰难，举行全体教员会议，致电国民政府，要求工资待遇与南京、北平、上海公教人员同等；4月27日，青岛大中小学教员在国立山大举行会议，决定再次致电国民政府，要求改善待遇。

进入5月，国立山大教职员为抗议国民政府拒绝提高待遇要求而罢教。学生们响应平、津、京、沪学生要求增加教育费、伙食费的决议而罢课。学生自治会的"民主墙"成为歌颂光明、鞭挞黑暗的主要阵地。学生组织的进步业余社团编写了革命诗文贴满校本部大楼的走廊两侧。

5月18日，北平学生走上街头进行"反饥饿、反内战"宣传，惨遭国民党军警袭击，酿成血案。当晚，北大、清华、燕京大学等13所院校学生成立华北学生反饥饿、反内战联合会，决定将6月2日定为全国"反内战日"，并通电全国大中学校共同行动。

5月31日，国立山大学生自治会为响应"反内战日"的号召，召开全校学生民主大会，并邀请教职员参加。童第周、王统照等教授在会上发言，表示支持。大会最后决定：6月2日举行罢课示威游行，成立行动委员会，由石勃瑜、宋斌等组成主席团负责组织。

6月1日，国立山大教员发表对学生运动的意见书，给予同情和支持。6月2日上午8时，国立山大学生张贴标语和反内战宣言，准备出校游行。反动当局派出大批军警包围了学校。学生代表出面同军警交涉时，竟遭逮捕。学生义愤填膺，下午整队冲出校门，抗议青岛当局的无理行径。学生行至鱼山路、大学路口时却被"拒马"挡住去路，面对着虎视眈眈的警察、宪兵、便衣特务，学生们怒火在胸，高呼口号，与阻拦的军警进行对峙。时近黄昏，军警对赤手空拳的学生大打出手，当场将"一百三十七名学生送上十余辆备妥之卡车"，之后"送往若鹤兵营干训班"[①]。

"六二学潮"发生后，中共青岛地下党组织动员社会各界声援国立山大，青岛出现了

---

① 《市警察局就镇压六二游行经过给市政府的报告》，中共青岛市委党史资料征委会办公室编：《青岛党史资料》第4辑，青岛出版社1989年版，第293页。

国立山东大学师生参加"反饥饿、反内战、反迫害"游行

学生罢课、工人罢工、商人罢市的浪潮。许多市民到青岛市参议会质问，斥责当局的残暴行径，要求释放被捕学生。学校教师和青岛市各中学学生集会表示支援，并组织慰问团，发动大规模的募捐活动，购买大批慰问品分赴监狱、医院慰问被捕和受伤的学生。进步学生石磊等向全国发出呼吁："现在我们欲哭无泪，欲呼无声，二三院的同学已经绝食，把节余下来的钱给同学养伤。这充分表明我们的心已紧紧团结在一起，青年人是打不散的，我们永远这样相信！"①国立山大的"六二学潮"得到全国各大学及社会团体的广泛同情，延安《解放日报》和山东《大众日报》刊发专题电讯支持国立山大"六二学潮"。

在社会舆论的压力下，6月5日，国民政府行政院电令青岛市政府"如无特殊案情应即尽速开释"，至6月11日，被捕学生被全部释放。

国立山大学生的"六二学潮"，是全国人民在中国共产党的领导下争取和平民主斗争的组成部分，是学校规模最大的一次反美蒋斗争。这一斗争的胜利，深刻地教育了广大学生，提高了学生的斗争觉悟，锻炼了一大批进步青年。

三、反"特刑庭"斗争

1948年，人民解放战争进入夺取全国胜利的决定性阶段，国民党反动派在政治、军事上败局已定，但仍作垂死挣扎。随着全国学生运动蓬勃发展，国民党当局为了加强其反动统治，在全国各大城市设立了法西斯性质的特种刑事法庭（简称"特刑庭"）。"特刑庭"系国民党政府为迫害共产党人和进步人士特设的刑事审判机关，负责审理《戡乱时期危害国家紧急治罪条例》有关的案件，均秘密进行，"裁判"不许上诉或抗告。被告人应有的诉讼权利被完全剥夺。

1948年7月，青岛成立高等特种刑事法庭。8月17日，教育部发出为肃清"共匪"学生给国立山大的密电："凡被特种刑庭指控为共匪间谍之学生，学校当局应即一律开除学

---

① 《抗议蒋党"六二"暴行　青岛山大告同胞书》，载《大众日报》1947年6月28日。

籍。"①8月26日，教育部再次发密电，重申上述决定。

9月15日，青岛最高特务机关——青岛党、政、军、警联席会议给青岛"特刑庭"发来38名拟逮捕学生名单，由国民党青岛市党部青年运动委员会与"特刑庭"决定行动时间。

国立山大内的一股国民党反动势力也蠢蠢欲动，训导长刘次箫及训导处生活指导组主任杜宇，组员杜之奎、严宗京，课外活动组主任马晋等人紧密配合"特刑庭"，大肆搜捕进步学生。②

对于青岛"特刑庭"的大逮捕行动，中共青岛市委已有准备。根据中共中央关于"不论党内党外，凡是已经暴露或为敌特注意分子，都应设法离开岗位，首先向解放区撤退""凡未暴露而又未被敌特注意的分子，应继续深入隐藏，在检举风浪过去后，再谋有步骤的发展，以便积蓄新的力量，等待时机"的指示，打入国民党青岛警察局内的地下党员吴孝感（周文琪）将"特刑庭"开具的"黑名单"及时汇报中共青岛市委，一些党员和进步学生由中共青岛市委安排转移或隐藏。③

青岛"特刑庭"经过密谋，于9月7日在国立山大训导长刘次箫主持下，在鱼山路第一公舍作出具体部署：分三路，由训导处职员带领军警到一二三院学生宿舍和学生家中，逮捕了王皇（洛洋）、王方、王寿建、王济民、石荫坪、余益礼、周惠民、董国楹、刘景田、钱传孝、苏砚田、罗迈威、徐全德、曹润伍、纪树立、顾国英16名学生，后又在校外将李茂吉抓走，分别关押在警备司令部、宪兵团和常州路看守所，一时间学校陷入严重的白色恐怖之中。这17名被捕学生，只是或多或少地参加了一些进步社团的活动，并非学生运动的骨干，但国民党当局连这样的学生都不放过，并以"危害国家"的罪名予以逮捕，这激起了广大师生的愤怒。

在学生被捕的第二天，国立山大师生掀起大规模的抗议活动。教师成立"教授会"并发表宣言。学生自治会通电全国，抗议"特刑庭"无故逮捕学生，宣布罢课三天，后来又提出无限期罢课，直到被捕学生释放为止。校长赵太侔亲自修改营救学生的文稿，多次致函青岛市当局，要求释放被捕学生。

反"特刑庭"斗争得到了社会各界人士的大力声援，迫于压力，青岛"特刑庭"除了李茂吉、王皇被无端提起公诉外，其余学生一律不起诉，予以释放。

被捕学生回到久违的校园，按学则规定，缺课时数超过三分之一者，即勒令休学一

---

① 教育部给国立山大的密电，山东省档案馆藏，档号：J110-01-1317-002。
②《山东一部分学生被传讯之经过》，中共青岛市委党史征委会办公室编：《青岛党史资料》（内部发行）1989年第4辑，第320页。
③ 翟广顺：《山东（青岛）大学史：1929—1958》，中国海洋大学出版社2022年版，第383页。

年，并停发公费。校长赵太侔为了学生的前途，召开临时校务会，作出对被捕学生一律保留学籍和原享有公费待遇的决定。

上述显示，赵太侔校长在学生反"特刑庭"斗争中的做法值得肯定。他先是多次致信青岛当局，明确要求释放被捕学生；再是对因被捕而有违校规的学生，采取宽宥态度，客观上站在了历史政治的一面。这折射出他对国民党及青岛当局的认识发生了变化，这在他的《自传》中可以得到印证："……我对特务政治没有好感，尤其是关系到学校，觉得这与教育是根本不相容的。然而特务分子终竟侵入了学校，这该怨我疏于防范。"[1]

四、进步社团活动高涨

国立山东大学复校后，在中共地下党组织的领导和影响下，一些爱国的进步社团纷纷成立，有中文系的"长风社""莽原社"、外文系的"奔流社"、工学院的"大冶壁炉报社""拓荒社"、医学院的"医海社"等。跨院系的社团有青年新报社、"大众音乐团""方生剧社""学习社"等20多个。学生中的这些进步社团，名义上与自治会、同学会等团体一样，均在训导处的领导之下，实际上不少是在中共地下党组织的领导和指导下成立的，也一直与党的地下组织保持联系，成为国立山大学运的主体力量。

这些进步社团经常组织同学阅读进步书刊。当时，不少社团办有读书会，积极向学生推荐《大众哲学》《西行漫记》《铁流》《钢铁是怎样炼成的》《青年近卫军》等进步书刊。有的社团还在学生自治会的支持下，在校内秘密办起交流、传阅进步读物的小型图书馆；有的社团还秘密收听解放区的电台广播；各进步社团还办起丰富多彩的壁报，内容紧密配合现实斗争，在揭露国民党假和谈阴谋和教育引导学生方面，起到了重要作用。

在各进步社团中，联系同学最为广泛、在校内外影响较大的是青年新报社、"大众音乐团""方生剧社"。它们是传播革命思想、广泛团结青年学生的富有战斗性的组织。

（一）青年新报社

青年新报社是国立山东大学进步学生经过半年多的学运锻炼，在彼此了解的基础上，于1947年4月初建立起来的。成员有中共党员宋斌及进步学生石勃瑜、刘冠文（石磊）、路明、孙思燮、梁培智（文纵）、钟剑秉（丁华）等24人，其主要成员大都参加学生自治会的工作，在学运中起着骨干作用。

---

[1] 赵太侔档案，中国海洋大学藏，档号：246。

青年新报社出版铅印《青年新报》（旬刊），于1947年4月28日创刊，刘冠文负责编辑，梁培智、鲁毅、李君负责出版发行。《青年新报》办理了期刊登记手续，并请校长赵太侔题写刊名，得到了校方的认可。

《青年新报》的任务是报道学运、推动学运，所刊发的文章有时评、通讯、杂文、随笔、诗歌等。例如，石勃瑜的文章《袁世凯与民国革命》，明骂袁世凯，实骂蒋介石，笔锋犀利、辛辣；刘冠文写的《正视"罢"、"抢"风潮》，谴责国民党挑起的内战，将善良的人民陷入赤贫、疾病、饥寒、死亡；还有《经济危机下各地一片罢课罢教罢工声》《为什么还用帽子？现在是肚子问题！》《这是什么社会》《奈奈何》《谈奴化教育》《泪》等或嘲讽或鞭挞的时评。《青年时报》由于切中时弊，文笔犀利，引起国民党当局的警觉，仅出版四期就被国民党青岛市党部勒令停刊。

（二）大众音乐团

1947年秋，机械工程学系学生周忠雅等热情、正义、爱好音乐的学生，在工学院发起成立"大众歌咏队"。起初只有20多名学生参加，到1948年夏扩大到100人，遂改名为"大众歌咏团"。这个"无明确的政治方向，在政治上处于中间地带"①的音乐团，在中共青岛市委指示下，重新成立为"大众音乐团"。其成员不仅有本校的学生，还有来自青岛市立一中、二中，礼贤中学和文德中学等学校的中学生，共约600人。

大众音乐团经常在国立山大工学院礼堂练唱，所唱歌曲有《黄河大合唱》《生产大合唱》《到敌人后方去》《插秧谣》《团结就是力量》等。1949年初，为庆祝收回被美军侵占的校舍，该团在大礼堂举办大团圆晚会，连续演出六个晚上，场场座无虚席，轰动全市。

歌咏作为大众化的艺术形式，在解放战争时期的青岛形成了群众性活动。国立山大大众音乐团以知识青年为主体，以群众喜闻乐见的文艺形式和无所畏惧的斗争精神，唱出"蒋管区"学生期待黎明、追逐梦想的心声。

（三）方生剧社

1948年冬，中共国立山东大学地下工作小组和西海地委统战部在大众音乐团的基础上，组建了方生剧社。剧社的不少成员同时是大众音乐团的成员，两个社团互相扶持。方生剧社推举水产学系学生李豹德为社长，演职员有七八十人。

在大团圆晚会上，他们演出的揭露特务暴行的独幕话剧《开锣之前》及一些自编自

---

① 周忠雅、米光盛：《山东大学"大众音乐团"简述》，载中共青岛市委党史资料征委会办公室编：《青岛党史资料》（内部发行）第4辑，青岛出版社1989年版，第571页。

演的活报剧，刻画出国民党反动派的卑劣行径，激励了广大进步师生的斗志。

当时，方生剧社的演出条件十分简陋，演出的舞台布景、道具和灯光设备，全部由社员捐钱捐物，自己动手制作。在"白色恐怖"下，剧社成员随时都有被捕的可能，但学生们充满革命的乐观主义精神，坚持团结战斗。他们在演出中一丝不苟，演出后，还时常围坐在舞台上进行总结，以提高演出水平。方生剧社通过演出，为唤起同学们的爱国情感，团结广大师生迎接解放，发挥了积极作用。

第六节　水产学系学生借读复旦大学

水产学系是国立山东大学在青岛复校后创立的系科之一。校长赵太侔对该系的建设给予特别支持，系主任朱树屏教授亲力亲为、倾力筹建。一年里，朱树屏规划了水产学科下渔捞、水产加工和养殖三组（即后来的专业）的基本格局；拟定了三、四年级各组课程计划，在校长赵太侔支持下，添置了包括实习渔轮在内的仪器设备和图书资料，教学基础条件够用；聘定了六七位专科教师，已有92名学生，居各系学生数第二位[1]；赵太侔、朱树屏力主设置国立山大水产研究所并获得国民政府批准，为水产科研和培养高层次师资搭建起高层次平台。客观地说，水产学系初创时期有此等基础，呈现出强劲发展势头，得来非易。赵太侔、朱树屏功不可没。

1948年8月，系主任朱树屏一年聘期届满，尽管赵太侔校长一再挽留，但中研院始终不同意续聘。9月，朱树屏到中研院上海动物研究所工作。

一、水产学系借读的背景与动因

国立山大水产学系学生借读事件，不是偶然发生的，而是有着深刻的社会背景和主客观原因。

1948年秋，解放战争开始进入战略决战阶段。9月，辽沈战役打响，中国人民解放军攻克济南，菏泽、临沂、烟台的国民党军先后弃城撤退，山东境内只剩青岛一座孤城。人民解放军山东部队已从北、西、东三面钳制青岛守敌，只敞开一条海路逼敌撤退。[2]至冬天，据高哲生给朱树屏的信中描述："青岛近中极端恐慌，每次南行船只均拥挤不

①《国立山东大学三十六年度第一学期各院系在校学生统计表》，载《国立山东大学校刊》1947年12月31日。
②中共青岛市委党史研究院编著：《中国共产党青岛百年史话》，青岛出版社2021年版，第122页。

堪。"[1]在青岛的国民党海军学校和国民政府农林部青岛渔业管理处等机构先后撤往上海。[2]据沈汉祥在文章中回忆和朱树屏在《水产系概况》（1948年8月）中记述，上述机构中被聘为水产学系兼职教师的王贻观、温保华、王以康、戴立生、苏仁濂、康迪安、刘伟等也随之撤离青岛。再加上因聘期届满已离任的朱树屏，水产学系专科教师大都离开。这不仅影响该系二、三年级学生本学期的课业，更重要的是下学期课程无法按计划开出。对此，学生忧心忡忡，校长也很着急。这是导致借读事件发生的宏观背景和直接原因。

借读事件之所以成行，还有如下原因。

首先，借读是官方政策。抗日战争期间，被日寇占领的地区连一张书桌也放不下，大量学生流散、失学。局势相对稳定地区的国立、省立大学都尽量接收他们借读或旁听，以继学业。据报载，1931年12月，国民政府教育部发布了只有两个条款的借读、旁听办法。该办法是因应九一八事变后，东北全境几近沦陷，为东北的大学生和留日归国学生，能在关内继续求学而施行的，并通过报界发布特别通令：国立、省立各大学及国立各专科学校遵照办理。[3]1939年4月，该部又颁布关于学生转学及借读的办法，共5章21条，分别就学生转学与借读的资格、借读与转学证书发放及管理、借读与转学手续、借读生待遇等作出规定。特别对各级学校接收借读生提出要求：

十五、公立学校均应尽量收受借读生，私立学校……经指定后，就规定收容额数收受之。

十六、公立学校及经指定之私立学校，如各级学额已满，或教室不能容纳时，应酌量租用学校附近房屋或建盖临时房屋，暂作教室及宿舍。期实验设备如感不敷，得分组轮流实验。

十七、公私立学校因收受巨额借读生而增加之经费负担，得由各校报告借读生人数及所需经费数量呈请主管教育行政机关核准，酌予补助。

十八、公私立学校因收受借读生而加之各班，得由各校呈请主管教育行政机关，就战区退出之教员中选聘前往服务。

十九、借读生得以插班或开特别班方式编配之。

二十、借读生如因特别原因不能于学年或学期开始时入学者，借读学校得斟酌情形，

① 日月、朱谨编：《朱树屏信札》，海洋出版社2007年版，第297页。
② 赵太侔1947年6月8日致信朱树屏，见日月、朱谨编：《朱树屏信札》，海洋出版社2007年版，第251页。
③ 国民政府教育部《借读旁听待遇办法》，载《时报》1931年12月3日。

于学期中收容之。

二十一、各级学校不得无故拒绝收受借读生，如有藉词拒绝者，主管教育行政机关应予相当处分。[①]

由上可见，借读或接收借读生是当时国民政府的制度性安排，也是赵太侔决定让水产学系学生借读的依据之一。

其次，借读有思想基础。就赵太侔而言，依当时全国形势、青岛情形，他可以有三种选择：一是履行校长职责，与学校、与水产学系共进退；二是归因局势动荡，消极对待，置之不理；三是随大流南撤，保全自己。他选择了第一种。赵太侔既坚决制止刘次箫等策动"山大南迁"的图谋，也反对把水产学系"单独迁出"，拍板决定并积极推动学生借读事宜。显见的理由是，不使国立山大重蹈抗战时期南迁停办的覆辙，不让亲手创办且势头正劲的水产学系毁于一旦，不忍众多学子学业中辍。这固然难能可贵，但此中折射出的关键时刻敢于决断、不计个人得失的责任担当和职业素养，则更令人敬佩。正如他在《自传》中所述："我不能丢开全体员生不管，而一走了之……危难之际，只有和大家抱在一起，患难生死与共。"[②]这才是赵太侔作出正确选择的思想基础。这也诠释了他在青岛解放前夕，为什么坚持留下来，成立并领导学校应变委员会进行护校，把国立山大完整地交给新生的人民政府。他的这一历史功绩，不应该被漠视，更不能被湮没！

从学生的思想认识层面看，大多数人主张并坚持借读，也是重要原因。据史料显示，当时水产学系二、三年级在校生分别为34人和58人，共92人[③]。其中去上海借读的有61人，占66%。[④]这些当事人的想法是什么，对于弄清借读之所以成行的动因至为重要。这方面的史料较多，仅举几个典型之例。

例1，1949年2月9日，养殖组学生李重华、王塕、尹法章、郭玉洁，给已离任的系主任朱树屏的信中记述：

因时局关系，水产系中除尹左芬先生外，其余诸位先生皆先后离校。看目前情形，即使时局好转，下学期彼等亦不能返校开课。生等入学两年半来所渴望于学习者，尽成泡影，四年之后进入社会，如何能以立足，实不敢作何奢想。每一思及常不寒而栗……厦大海洋系水产组（应为海洋组）有老师之挚友郑重先生，生深望去彼处借读，以继学业而

① 国民政府教育部：《战区各校学生转学及借读办法》，载《申报》1939年4月7日。

② 赵太侔档案，中国海洋大学藏，档号：246。

③ 《国立山东大学三十六年度第一学期各院系在校学生统计表》，载《国立山东大学校刊》1947年12月31日。

④ 《国立山东大学农学院水产系来沪学生名册》，复旦大学档案馆藏，档号：1949-LS11-2795。

望将来。①

　　对中断学业、难以立足社会的忧虑甚至惶恐，对渴望借读"以继学业而望将来"的期盼，均跃然纸上。学生给恩师去信，还是求援，所表露的应是真情实意。

　　例2，3月20日，也就是借读之事已成定局后，水产加工组李爱杰等14名学生致信朱树屏，询问课程安排等事宜。信中共提列12门课程能否正常开出，仪器设备药品是否充分，有的课程是单独开还是与复旦大学同学同上等问题，并说："以上各问题为我等所深切考虑者，因时光匆促，上提各问题如不能即时解决，下学期之光阴将白白掷去，将来四年级一年中又能学到什么呢？"②字里行间，所念所想的是不能虚度光阴，希望学到更多知识和技能，并未流露出其他杂念。

　　例3，李爱杰和马绍先在各自的《自传》中，记述了自己和同学赴沪借读一事，具有一定的代表性。李爱杰是这样说的：

　　1949年4月，因处于解放前夕，许多教授都随其本身机关迁往上海，经来往交涉，校方决定二三年级到上海借读，我赞成。3月末的天气还有些冷，在学校自治会所召开的会员大会上，借读的水产系同学和阻止的同学之间展开斗争。我穿着臃肿的大衣曾跳到台子上，述说到上海去的理由，强调了去是为了读书，事实上是自己有着小资产阶级的纯技术观点，认为读书读好，才可以混饭吃……③

　　马绍先有两段记述：

　　1947年暑假后，我考入了水产系一年级，得到了奖学金的待遇，除了吃的外还少有一些节余，可以买书。当时认为已到了我人生最安全最好的生活。对于一切政治活动及山大的反动党团活动一概不问不闻。只是一味地读死书，好好上到大学毕业，好混差身，享受新式的都市生活。

　　1949年四月一日，我系南下上海复旦大学借读时，我也是去的一个。我去的动机就是山大水产系大部分教员已去上海，青岛上课已很难进行……（我）认为穷人一样可以创好的，只要努力读书就行。这种思想是我当时思想的主流。④

　　李、马两位先生所说，"读书读好，才可以混饭吃"，"好好上到大学毕业，好混差事"。话虽糙，但理不糙。这与养殖组李重华等同学"以继学业而望将来"，异曲同工，意

---

① 日月、朱谨编：《朱树屏信札》，海洋出版社2007年版，第324页。
② 日月、朱谨编：《朱树屏信札》，海洋出版社2007年版，第335页。
③ 李爱杰档案，中国海洋大学藏，档号：203。
④ 马绍先档案，中国海洋大学藏，档号：559。

旨相同，表达的都是完成学业对人生前途的直接影响，以及对未来有个好前程的期盼。

有这样的主观动机作为思想基础，"跳到台子上"与人争辩，坚持借读主张；客观上困难再多、压力再大，赴沪借读之决心坚定不移；再加有成例在先和政策支持，借读是必然的选择，就完全说得通了。

在时局剧烈动荡之际，那些为民族大义、国家利益而不畏牺牲、挺身而出的先进分子，固然可敬可佩、可歌可泣，但对绝大多数人尤其是青年人而言，能独善其身，还对前途抱有希望并愿意为此一搏，也属难能可贵了。

除了上述之外，还有一点不可或缺，那就是复旦大学校方慷慨接纳，从校长章益到生物学系主任胡寄南都给予大力支持，教室、宿舍及实验室等教学基础条件一应具备。这是借读之所以成行的基本保障。

二、借读事件之始末

1948年11月9日，水产学系代理系主任沈汉祥面见赵太侔校长，转达学生希望尽快解决开课教师问题的要求。据他给朱树屏的信中记述："因其他学系山大若不搬出，学生可至其他学校借读或插班，独水产系仅山大一校设立，无其他学校可以借读，故较其他系特殊而希望南迁之也。"赵太侔表示："虽如此，亦难单独将水产系选迁。"11月26日，沈汉祥再次面见赵太侔，建议水产学系迁至厦门，并陈述了理由。赵太侔态度明确：局势虽如此，亦不能单独一系迁出，仪器亦不能运出。至于教师问题，可写信与王以康及朱树屏先生设法解决。[①]据考证，这两段对话，是涉及水产学系借读、"南迁"的最早记录，也是判定该事件性质的重要依据。从中可以看出，沈汉祥的确想解决面临的问题，他提出的办法是水产学系南迁，却遭到了具有决定权的校长赵太侔的明确否定，并且态度坚决。但水产学系学生课业问题的解决已迫在眉睫，赵校长便决定援例到外地借读。客观地说，校长能为水产学系安排借读，有利于学生继续学业，也保全了自己费尽心力创办的全国第一个培养高层次水产人才的系科。这在当时情形下，可谓一个积极而又正确的决定。

当时，国内大学中系科相近、可供水产学系学生借读的只有三所：福建省的国立厦门大学，设有海洋系；上海市的国立复旦大学，其生物系设有海洋组；台湾省的国立台湾大学，设有海洋研究所。根据资料记载，12月9日，水产学系学生代表呈书赵太侔校长，提出

---

① 日月、朱谨编：《朱树屏信札》，海洋出版社2007年版，第299页。

去国立台湾大学就读。赵太侔允诺以私人身份写信向台大校长傅斯年接洽。[1]此言是否兑现，未见史料确证。由于有所顾忌，便未再联系。去国立台湾大学借读，成为第一个被淘汰的选项。

1948年寒假期间，赵太侔校长致函厦门大学校长汪德耀，称本校农学院水产学系二、三年级学生，因青岛现在环境特殊，不易延聘教员，拟自第二学期起，烦托贵校代为办理，所需负担额及设备用费，当由本校负担。[2]同时，他致电尚在福建省亲的沈汉祥，委托他与国立厦大联系学生借读事宜。据沈汉祥在《自传》中记述："山大校长看水产系情况如此，专科教师走避一空，分别通知我（其时我已回家）和王以康先生，向上海复旦大学接洽，在该校生物系海洋组寄读，并通知我同时向厦门大学接洽，在该校海洋系寄读。经接洽结果知，厦门大学限于住宿无法接受……"[3]1949年2月19日、21日，朱树屏教授两次复信李重华等四名同学，说："知道您想借读厦大的心情是极为迫切，厦大以宿舍困难等问题，不能再收借读生，唐世凤先生复函已寄去，想已收到。这一定会使您失望，我未能做有效的帮助，抱歉得很。"[4]又信说："倾得厦大校长汪德耀先生来函，兹一并寄出，厦大寄读主要困难为宿舍问题……"[5]这些史料印证，联系水产学系学生借读国立厦大，有公私两条渠道，公是校长和代理系主任亲力亲为，私是养殖组四名学生请求恩师施以援手，但结果相同：宿舍困难，无法安排。至此，借读国立厦大事遂作罢。

3月6日，借读之事有了转机，王以康联系国立复旦大学借读有了进展。据朱树屏给辛学毅和学生的信中记述："对山大同学向复旦大学借读事……经王以康先生接洽，结果尚好。"[6]"现章（益）校长九日晨当面允为三组全体同学筹备宿舍。复旦正切盼山大拟定详细办法，课室及实验室亦由复旦筹备。"[7]并说，此事已电达山大。

3月9日，赵太侔获悉复旦大学同意借读，即嘱水产学系尽快制订方案。3月17日，章益校长致函赵太侔校长，就"暂请贵校水产学系学生寄读"具陈六条细则：①贵校教员薪给由贵校担负；②寄读生人数如近百人，水电杂费拟请贵校酌量津贴；③敝校本学期生物学系及海洋组所开课程，贵校学生可以选读；④贵校教员来敝校后所开水产学系课程，敝校学生可以选读；⑤贵校寄读学生敝校提供宿舍；⑥水产教学仪器设备等，贵校酌量运至

① 日月、朱谨编：《朱树屏信札》，海洋出版社2007年版，第317页。

② 赵太侔致厦门大学校长函，山东省档案馆藏，档号：J110-01-1312-001。

③ 沈汉祥档案，中国海洋大学藏，档号：290。

④ 日月、朱谨编：《朱树屏信札》，海洋出版社2007年版，第327页。

⑤ 日月、朱谨编：《朱树屏信札》，海洋出版社2007年版，第330页。

⑥ 日月、朱谨编：《朱树屏信札》，海洋出版社2007年版，第332页。

⑦ 日月、朱谨编：《朱树屏信札》，海洋出版社2007年版，第336页。

敝校使用。①赵太侔复函同意并致谢。

3月18日，赵太侔召集临时校务会议研究，基本上同意水产学系所提请求事项，并要求立即着手赴沪借读的各项准备。②之后的十几天里，尽管遇到了学生大辩论、学生自治会误以为水产学系是"南迁"而扣压部分物品、一些不明真相的学生组织罢课、搞"团结大游行"等不大不小的风波，但并未阻止校方决定的实施。其间，赵太侔在一次接见学生自治会代表时，以沉痛之语称：山大与本人历史太深，亲眼看着从弱小到壮大是自己的事业，不能置自己的事业于破碎，更不愿使其有任何折断和损失。本人对政治环境及个人前途丝毫不考虑，只要山大事业不中断，有人持续，则本人内心可得无上安慰，并嘱自治会各代表能将这个衷心的意思转达全体同学。③

为让罢课的学生了解实际情况以尽快复课，3月31日上午，郭贻诚、杨肇燫、丁燮林等16人发起成立教授会，并于当日下午3时在鱼山路会议室举行教授座谈会，参加者40人，主席为丁燮林。他在主持会议时说，对本校近来迭次发生不稳定问题，敝会对此情形应表示意见。接由郭贻诚报告校务会议情形，希望"对学生近来新表现之各种越轨行为有所表示"。再有杨肇燫报告学校决定水产学系二、三年级赴沪借读之经过。会议委托童第周、陆侃如和张学铭三人起草《告同学书》，说明校方和教授会同意水产学系二、三年级借读议决情况。同时，针对部分学生罢课一事发表致全体学生的公开信。摘录部分内容如下：

亲爱的同学们：

听到你们为了水产学系的事而罢课，我们感到万分难过。山大是整个的，水产学系是青岛所需要的，这两点谁也不否认。现在水产学系一部分同学赴沪就学，却不能视为肢解、南迁。水产学在中国是冷门，国内专家廖廖可数，在这动荡的年头，要把他们留在青岛，可真不系大家想像的那么容易。校方因为不忍令同学失学，不得已才和复旦合作。留青者妥为安排，南下的仍保留山大学籍。一俟时局好转，师资问题复得解决的途径，就马上可以回来。若说这是迁校计划的第一步，那真是误会！偌大的山大，迁校谈何容易？不但绝无此心，也绝无此力。你们也许不十分明白真相，我们知道的较多较确，说这绝对不是事实。现在向你们诚恳的说明，希望大家马上复课。

山大是大家的山大，愿山大每一个学系——无论教书的、办事的、读书的，都精诚团

---

①《为水产系借读事几项细则》，山东省档案馆藏，档号：J110-01-1312-007。

②王元忠主编：《青岛海洋大学大事记》，青岛海洋大学出版社1999年版，第51页。

③《山大快报》，山东省档案馆藏，档号：J110-01-1317-002。

结，共同努力于山大的发展，务期山大永远保持光荣的历史，在中国前进的途上有所贡献。如果你们对校务有什么意见尽可建议，不要用罢课的方法，对于这次水产学系的事固然不应如此，以后在任何情形下也不应如此。青年以学业为重，罢课的牺牲太大了。[①]

教授座谈会

三月三十一日

此信不长，却内涵丰富。教授们的诚心告白，讲明了水产学系学生借读事件的初衷、原委及其性质，否定了"肢解""南迁"的说法，端正了视听；师长们的苦心劝导，着眼学校大局和学生切身利益，拳拳之忧跃然纸上。

4月1日，水产学系二、三年级学生61人[②]、沈汉祥代理主任等五名教职员，携仪器公物20箱[③]，乘中兴轮船公司景兴轮自青岛启程赴上海。4月18日，借读学生在国立复旦大学完成注册后正式上课。受聘为学生授课的教师有朱树屏、沈汉祥、王贻观、沈毅、徐墨耕、何锡瑞、成亚林、孙正言、王以康、陈谋琅、侯潮海、陈修白、徐森。[④]据沈汉祥回忆，在上海为水产学系借读学生上课的还有吴善长、章鸣和闵菊初。[⑤]

在5月27日上海解放前，一部分学生自行返回青岛。据沈汉祥记述："……我却始终关心同学，并热心在假期中为同学补课（因解放前后停课且本学期开课较迟，所以补课到九月中旬），因此水产系的同学对我都有好感，要我任系主任，将意见反映给山东大学接收人王哲同志。王哲同志到上海开宣教会议，顺便向上海水产公司筹备处军代表李人凤洽商，聘若干人为水产系教师，并约我谈话，表示希望我担任水产系系主任，教授名义。当时我就答应了，且提出了向上海水产公司聘师资的名单，王哲同志再和李人凤同志协商，李表示同意。在九月底，偕水产系同学自上海返青岛。同来青岛的，还有复旦大学生物系

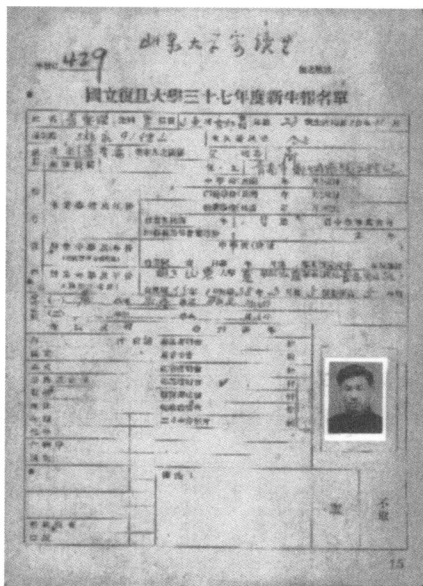

李爱杰借读复旦大学时的登记表

---

① 《山大教授为劝阻同学罢课的信》，山东省档案馆藏，档号：J110-01-1315-005。

② 《国立山东大学农学院水产学系来沪学生名册》，复旦大学档案馆藏，档号：1949-LS11-2795。

③ 《为水产系购买船票及迁运仪器的函》，山东省档案馆藏，档号：J110-01-1312-005。

④ 《国立山东大学农学院水产学系来沪教职员工名册》，复旦大学档案馆藏，档号：1949-LS11-0829。

⑤ 沈汉祥：《我对山大水产系的回忆片断》，冉祥熙主编：《往事集》，青岛海洋大学出版社1993年版，第104页。

海洋组学生，三年级学生以复旦生物系名义在学校借读（其中有后来成为中科院海洋研究所研究员的管秉贤、任允武，国家海洋局情报所高级工程师陈上及等），一二年级学生则分别转入水产系有关专业（组）学习。"[1]

以上就是水产学系学生借读事件的始末。应该说，主观动机单纯，来龙去脉清楚，结局也是好的。

三、是借读而非南迁

关于1949年春水产学系借读一事，史籍大都未予客观记载，致使事情真相长期被遮蔽。有的把借读判定为"南迁"，将校长赵太侔和部分水产学系师生置于历史正确的对立面，导致其中的不少人受到不公正对待，有的在政治运动中遭到迫害，造成严重不良后果。不论是弄清事实真相，还是还那些人以清白，都需要予以澄清。

首先，南迁与借读概念不同。迁，移也。南迁或西迁就是向南向西迁移。借读，严格说来是没有某校学籍的学生，因故在某校就读，在这里则是指暂借他校或他人房屋、设备、师资等条件继续学业。前者的基本特征是具有一定规模的人员迁移、动产大部或尽数随携；后者的基本特征是以学生为主体的人员流动。两者不是一回事，不能混淆。

其次，借读是一致的说法。在水产学系借读动议、商洽过程中，国立山东大学和国立复旦大学之间、师生之间有书信来往。言为心声，这些当事者的说法或措辞，能在一定程度上反映他们思想上是如何认定此事的。史料显示，1949年2月9日至3月21日，水产学系原系主任朱树屏为二、三年级学生联系借读事宜，与人来往信件有12封，详见表3-7。[2]

表3-7　往来信件

序号	日期（1949年）	通信者	说法或措辞	备注
1	2月9日	养殖组李重华等四名学生致信朱树屏	借读	
2	2月11日	朱树屏复信四名学生	借读	
3	2月13日	朱树屏致信辛学毅	借读	
4	2月17日	养殖组四名学生又致信朱树屏	借读	

[1]《山东海洋学院校史（征求意见稿）》（内部资料），中国海洋大学档案馆藏，档号：HY-1986-CB12-1，第91页。

[2] 日月、朱谨编：《朱树屏信札》，海洋出版社2007年版，第324—336页。

序号	日期（1949年）	通信者	说法或措辞	备注
5	2月19日	朱树屏再回复四名学生	借读	
6	2月21日	朱树屏致信四名学生	借读	
7	3月4日	尹左芬致信朱树屏	借读	第一次
8	3月6日	朱树屏再致信辛学毅	借读	
3月9日，国立复旦大学同意安排学生借读，国立山大决定实施				
9	3月18日	尹左芬再致信朱树屏	迁沪	第二次
10	3月18日	胡寄南致信朱树屏转山大水产系	借读	
11	3月20日	李爱杰等14名学生致信朱树屏	南下、迁沪	
12	3月21日	朱树屏复信李重华等五名学生	借读	

从表中可见，这些信中说法或措辞使用"借读"的有10封，特别是在复旦大学尚未作出接收借读决定之前，八封信无一例外全用"借读"，显示"借读"是大家一致的认知。至于尹左芬、李爱杰等师生用了"迁沪""南下"的说法，那是在此事落定之后，用什么说法已不重要；也许是指具体行动，也未可知。毕竟，尹左芬在第一封信中的说法，李爱杰用实际行动，早已表明了各自的立场和态度。

最后，语境的影响也是水产学系借读事件被误解的一个因素。"山大南迁"或"学校南迁"在山大人、海大人的语境中，有着固定的思维指向，即1937年国立山大为避祸而南迁安庆、万县，但因学校被国民政府教育部责令暂时停办，南迁失败是学校历史上的一个痛点。而1949年春天，刘次箫等策划"山大南迁"的图谋与水产学系赴沪借读在时间上有一定的关联，由于语境的影响，很容易与当年南迁失败联系起来而导致误解、误判。笔者愿意相信，这是在水产学系借读事件上，有些史料出现不实不确的主要原因。尽管如此，事实终归是事实，山大南迁与"山大南迁的图谋"不能画等号，水产学系借读不能被断定为"水产学系南迁"。

第七节　"杨赵体系"形成

1949年10月，新中国成立，学校历史开始续写新的篇章。

从国立青岛大学到国立山东大学凡20年，除去八年全民族抗战，实际办学不过十余年。这段图存图兴的艰难岁月，却在学校历史上留下了不凡事迹。而这其中，杨振声、赵太侔的治校实践所呈现出的一种奇特现象，可谓一时之标，足堪后人研精覃思。本书将之称为"杨赵体系"。

所谓体系，是指若干事物或某些意识互相联系而构成的一个整体。"杨赵体系"就是包括杨振声、赵太侔在办学理念、治校实践及目标追求等方面内在逻辑一致，在继承中发展而形成的一个完整系统。杨振声与赵太侔之间并无衣钵授受，但在办学思想、治校理念上浑然一体，在治校实践中更是"萧规曹随"，这种现象在民国时期大学教育中极为罕见。

一、"杨赵体系"的思想基础

赵太侔于1914年8月考入北京大学英文门，1917年6月毕业。杨振声1915年考入北京大学国学门，1919年6月毕业。他们都经历了蔡元培大刀阔斧革新前后的两种北大面貌。他们入学时的北大，学风不振，校纪松弛，是一个充满迂腐气息的官僚养成所。蔡元培执掌北大后，力矫传统之弊，第一次确立大学是高等学术研究机关的理念，并以德国大学精神和制度为借鉴，将评议会作为最高权力机构，一改管理上"一切校务都由校长与学监主任、庶务主任少数人办理，并学长也没有与闻的"[1]局面，开创学术自由、教授治校的现代大学之风。北大由半新半旧的积弊之地一变而为新文化、新思想汇集和传播的主阵地。在"兼容并包，思想自由"的新风气中，杨振声登上新文学写作的舞台；在文科学长陈独秀"对于中国社会，一切革新思想都是好的"[2]理念的鼓励下，赵太侔则坚定了对无政府主义的探索方向。一定意义上，是蔡元培执掌的北京大学确立了他们对现代大学的最初认知。

北大毕业后，杨振声考取公费留学，到美国哥伦比亚大学读心理学，后到哈佛大学读教育心理学。赵太侔则在工作两年后争取到公费留学，进入哥伦比亚大学学习心理学、英国文学。在美国，杨振声学习教育学的同时心念"文学"，1924年底回国后，继续进行新文学创作，并开始文学教育之路，先后任教数所大学，讲授文学课程。赵太侔则在学习文学的同时确立了"以戏剧改造人心"之路，1925年8月回国后到北京国立艺术专门学校担任戏剧系教授，并在北京大学兼任戏剧课程，倡导"国剧运动"，后又创建了山东省立

① 蔡元培：《回任北大校长在全体学生欢迎会上演说词（1919.9.20）》，中国蔡元培研究会编：《蔡元培全集》第3卷，浙江教育出版社1997年版，第693页。
② 赵太侔档案，中国海洋大学藏，档号：246。

实验剧院。共同的留学经历，在中弱西强的对比之下，他们选择以文学和艺术为武器来改造社会。

求学北大、留学美国，让他们对东西方现代大学的管理体制、治理模式与精神文化均较为了解，并从两者的对比中深谙各自优长与不足。大学应该怎么办理、终极追求是什么，当时代的召唤把他们汇聚在国立青岛大学，共同擘画这所大学的发展方向和路径时，相似的求学经历和文学与戏剧救国理念，转化为"教育救国""教育兴国"的信念与情怀，也成为他们按"一张蓝图"治校理学的思想基础。

二、民主管理、教授治校的一种实践

杨振声曾在清华大学等多所大学任教任职，对当时国内大学的优长与弊端有着深刻的感受和认知。对如何管理国立青岛大学这所崭新的大学，他有着清晰而坚定的理念与目标，即实行民主管理、教授治校，旨在"造成一个庄严的学府"[1]。

国立青大的校务会议，杨振声将其定位为权在校长之上，作为他实施治校理念的主要组织形式。校务会议虽是民国大学的通行制度，但在国立青大之所以行之有效，有其他大学所不具备的要件。一是学校规模较小、教授不多，他们都有机会参加校务会议，对管理学校事务集思广益、共同决策，最大限度地实现了民主管理。"它的决议案，我们应当相信为比较个人的看法妥当些"。二是杨振声有着正确的权力观，并对权力保持昼警夕惕。他说，"殊不知一个机关，越是首领，越应当约束自己，越没有自由。因为首领的权力愈大，则法纪的权力愈小"。他认为，校长没有"私意破坏校章的权力"，"他没有这么大的权力，他更不当有这么大的权力，若使他有这么大的权力，这个学校就根本办不好"。综观其长校两年多的实践，杨振声言行一致，始终把个人作为校务会议成员之一，与其他成员共同决策，始终把校务会议决策视为治校理学的准则。三是以身示范。杨振声称："校务会议的议决案，校长是第一个负执行的责任和遵守的义务的。假使他自己先破法，何以能督促旁人执行与遵守？有些大学有校务会议，但办法仍然是浪漫（意指随意）的，那根本是由于校长不能遵守法纪。"[2]这种遵守校章校规的自觉与自律，在治校理学实践中起到了表率作用。

赵太侔继任后袭常蹈故，坚持校务会议的定位，对促进学校的发展起到了引领与保障的作用。为扩大教授参与治校的代表覆盖面，校务会议教授代表每年改选一次。如果

---

①《总理纪念周校长报告》，载《国立青岛大学周刊》1931年11月9日。

②《总理纪念周校长报告》，载《国立青岛大学周刊》1931年11月9日。

遇到全体教授选出的代表超过规定人数，也提请校务会议议决，通过后即执行。[①]可见赵太侔对权力的警惕之心和对民主治校原则的坚守。

"国立山大校务会行政组织之简单，用人之经济，颇似教会设立的大学"[②]，时任教务长杜光埙此言，蕴含着对学校治校模式的高度肯定。时任教师王淦昌认为，学校很"善于行政管理"[③]。联系不少民国大学校纲不振、管理不济的状况，国立山大能成为"庄严学府"，杨振声、赵太侔两任校长接续实施的民主管理、教授治校实践模式起到了基础性作用。

三、延聘师资注重才望与潜力

与设于文化中心城市的国立大学相比，在聘请教师上，尚为文化边城的青岛、新设的国立青大，优势并不明显，但杨振声在延聘师资上却抱持"宁缺毋滥"的态度，其寻觅历史系、海边生物学教师就是明例。他对文科教师，注重其在学科上有新方法、新思想；对于理科教师，注重其学术能力，除领域内知名外，还聘请具有学术成长性的青年教师。赵太侔长校后，一以贯之，且有过之而无不及。

聘请大家、名人是大学师资建设的通例，但选聘青年教师，则体现着校长的用人识人能力与水平。随着国外留学生和国内大学培养人才的增多，国立山大聘请教师较前有了更多选择。所聘物理、数学、化学、生物等理工科年轻教师，相比老牌大学毫不逊色，如任之恭、王淦昌、童第周、曾呈奎等回国留学生，都是学术势头强劲的新秀；另外还选聘本校在学术上崭露头角的理科优秀毕业生勾福长、高哲生、郭质良、杨有楙、薛廷耀、郑柏林、尹左芬等留校任教。

国立山大对任教满一年到聘期的教师会一次性再续聘三年，这个做法保证了师资的稳定，如化学系主任汤腾汉、理学院院长黄际遇在校五年，外文系主任梁实秋在校四年，对所在院系犹如定海神针。而年轻教师无失聘之忧，可静心教学与研究，像生物学系教师秦素美连续在校八年，物理学系教师王普连续在校五年，他们在教学和研究上都取得了优秀成绩。好的聘任制度，还使得教师对学校产生责任心，有了归属感。即使离开，也会心有牵挂，如任之恭任教一年后去了清华大学，就推荐了刚毕业的王淦昌来校。国立山大在短短数年间学术水平快速进步，成为国立大学的后起之秀，与良好的聘任制度有

① 参见《校务会议代表已选出》和《校长室布告》，载《国立山东大学周刊》1932年10月22日。
② 杜光埙：《忆国立山东大学》，山东省政协文史资料委员会编：《悠悠岁月桃李情》，中国文史出版社1991年版，第275页。
③ 王淦昌：《往事回顾》，山东省政协文史资料委员会编：《悠悠岁月桃李情》，中国文史出版社1991年版，第1-3页。

密切关系。

　　学校良好的设施，又为教师实现学术梦想提供了保障。不少年轻教师在1933年后来校，科学馆、工学馆相继建成，生物、化学、物理、工学等科的实验条件大大改善，研究氛围也渐浓。应该说，这对渴望有所建树的青年人具有很强吸引力。童第周到校后不久就发现了青岛文昌鱼，继续进行海鞘发育研究，为奠定自己在胚胎生物学领域的地位打下了基础。毕业留校的化学系助教勾福长的论文《骨胶制造之研究》，获"严持约纪念奖金"化学工业征文第一名。助教郭质良的《山东酒曲之研究》《中国化学工程》等论文，获得中华文化教育基金委员会特种奖。数学系助教王熙强的论文《贝努力及欧拉氏多项式根元分布》获《大公报（上海）》全国数学论文一等奖。国立山大的年轻教师们在学校浓郁的学术氛围中，收获着个人的成长和进步，后来都成为领域里的杰出人才。而在这里得到良好成长的教师，对学校的感情也很深厚。抗日战争胜利后复校时赵太侔能够顺利"召回旧部"，他们在校的经历是一个重要原因。

　　在文科教师的聘请上，赵太侔循杨振声的理念，重视新思想、新方法和创造性，除聘请国学造诣深厚的教师外，亦注重新文学背景。在中文系主任闻一多等教师离开后，又陆续请来新文学作家洪深、老舍等。他们在学校授课、演讲、创作、组织话剧演出，也使得学生中"对现代文学感兴趣的增多"[1]。文科教师学识结构较为丰富，也使得杨振声的融合创造新文学理念有了实现的可能。这个做法后来受到教育部的肯定，"文理学院以理为主，而以中国文学及外国文学两系辅助中外文语文之基础训练，事属新创，用意尚佳"[2]。

四、设立海洋学科"萧规曹随"

　　杨振声基于青岛地理条件，提出渐次设置海边生物学、气象学、海洋学等学科，为学校谋划出一条发展特色之路。只是其时条件不备，海洋学科教师凤毛麟角，而"涉海"所费巨大，只能从最易着手的海洋生物做起。赵太侔接任后，尽管困难重重，但仍承续"涉海"理念并着力付诸实践，发展海洋生物学、创办水产学科等，深刻地影响了中国海洋大学的发展历史，也对中国的海洋事业发展产生了重大影响。

　　国立山大生物学系中有海洋学科背景的教师逐渐增加，厦门大学生物学系主任林绍

① 徐中玉：《两次在山大的回忆》，张乐岭、高忠汉、陈崇斌主编：《峥嵘岁月》，山东大学出版社1991年版。

② 1934年4月，教育部派员到学校进行视察。视察结束后，教育部发布训令。见《一九三四年六月五日教育部给山东大学的训令》，山东省档案馆藏，档号：J110-01-485。

文、讲师曾呈奎来校任教，增加了"海洋"的力量。1933年，曾省主张在崂山脚下的沙子口建立海滨研究所。赵太侔"极为荷赞，并允助以开办经常等费"，他希望该所"成为研究中国海滨生物之中心处所，将来国内各大学各研究机关，均可派人前往研究"[①]，但终因经费缺乏而停办。1934年生物学系以开办暑期班形式再设海产生物研究所。当年暑期班举办成效极好，以致翌年曾省在中国太平洋科学学会海洋组会议上提出的"请教育部通令各学校生物系每年暑假派学生考察海产生物"案顺利通过。1936年生物学系又倡设海产生物研究室，该室半年内发表论文20多篇，"国内外著名大学生物系研究室每年发表论文，多者亦不过如此"[②]。杨振声六年前"青岛气候优于厦门，完全可成为海洋生物中心"的设想，此时已初见端倪。

抗战胜利复校后，赵太侔继续发展涉海学科，克服重重困难，创办水产学系和水产研究所，系主任朱树屏倾力筹建，规划了影响深远的水产学科之渔捞、水产加工和养殖三个方向（即后来的本科专业），并启动研究生招生工作，只是由于战事而未竟全功。

海洋学系仍受制于教师和经费匮乏，虽有计划，然未能实行。学校最终只是成立了海洋研究所，依托动物学系、植物学系办理。在赵太侔的构想中，这个海洋研究所是以美国伍兹霍尔海洋研究所为目标，吸引国内外海洋研究者，成为一个国际化的中国学术机构，显示出他发展海洋学科的宏阔思路及雄心壮志。国立山大在1935年与青岛观象台合作，在物理学系设立天文气象组，学生的天文气象课程及其实习由青岛观象台技术人员教授，播下了学校海洋气象学科的种子。复校后，农学院、水产学系、物理学系相继开设气象学课程，聘请曾经的天文气象组学生、青岛观象台台长王彬华讲授，为海洋气象学的发展打下了基础。

杨振声在国立青大开学典礼上提出的先设海边生物学，次第开设海洋学、气象学的构想，赵太侔"萧规曹随"并将之发扬光大，终使理想变为现实。

五、节约经费夯基筑台

杨振声、赵太侔留学美国时，目睹其学术之盛，又深受五四运动和蔡元培改革北大的影响，科学、民主思想根深蒂固。一旦有长校机会，坚持学术本位，开展学术研究，实现学术救国、教育救国抱负便是必然之选。为此，他们不遗余力，夯基筑台，为专家、学者进行科学研究提供条件保障。

[①]《青岛国立山东大学科学馆开幕记》，载《科学》1933年第6期，第995页。
[②]《生物系海洋生物研究室近况》，载《国立山东大学周刊》1937年3月29日。

　　杨振声将基础建设看作夯基础、按础石，是"为山九仞，功始一篑"之"篑"。他说，"经常费节省一点……设备上能增加一本书、一件仪器，却是永久的，是百年树人的基础"①。除全力保证日常图书仪器之外，还毅然撙节开支建设科学馆（其预算占学校当年经费近半），供生物、物理、化学三系使用。科学馆开建在国立青大，竣工在国立山大，时任青岛市市长沈鸿烈称之为"青岛自接收以来的第一栋伟大建筑"，又言"科学为救亡之要图，斯馆之建成，实有重大意义和使命"。中国科学社生物研究所所长秉志称，科学馆的落成不仅"是青岛有了科学研究的机关，而且还将成为华北科学中心之一"②。

　　一栋建筑固然有生命和灵魂，但被寄予如此重大使命，应该是杨振声、赵太侔两任校长坚定不移的教育救国、学术救国信念影响所致。国立青大/山大数年所结出的成果，正是对这一使命期待的绝佳回应。

　　从1930年到1935年，学校的建设费用近40万，占同期经费支出的14.6%。③学校勤俭办学，非但没有引起教师的不满，反而使得大家齐心协力，主动成为节俭的一分子。理工科人才培养所需的试验场所，继科学馆后，工学馆、水力实验室等也逐一建成。杨振声在学校成立之初讲"地基打得好，础石放得牢，将来广厦百间，高楼千栋，才盖得起，负得住"④，经过几年全校齐心节约搞建设，终于可以让一向沉默寡言的赵太侔在学校成立四周年时，欣慰地说"总算建设了相当的基础，可以供作学术研究"⑤。年轻教师任之恭、王淦昌，教务长杜光埙等在回忆文章中，都对学校处处勤俭节约，把行政人员减到最少，行政经费压到最低，精打细算、集腋成裘搞建设的做法赞赏有加，认为这是学校"最宝贵的精神财富"⑥。

　　正因为有了良好的实验条件，国立山大的学生或在图书馆或在实验室。理工学院学生于实验课程时间之外，也都是在实验室或工场读书和实验，甚至在星期日和节假日，也是在实验室。⑦化学系把学生分为若干小组，有的做颜料、造纸，有的专攻药品，有的专烧瓷器、造化肥、造碱，各组边研究边实验。等到毕业时，各有所长，在很多大学学生毕

① 杨振声在总理纪念周上的校长报告，载《国立青岛大学周刊》1931年5月4日。
② 《青岛国立山东大学科学馆开幕记》，载《科学》1933年第6期，第992页。
③ 《山东大学百年史》编委会编：《山东大学百年史（1901—2001）》，山东大学出版社2001年版，第44页。
④ 杨振声在总理纪念周上的校长报告，载《国立青岛大学周刊》1931年5月4日。
⑤ 赵太侔在1934年9月20日学校成立四周年纪念大会及始业上的报告，载《国立山东大学周刊》1932年9月24日。
⑥ 王淦昌：《往事回顾》，山东省政协文史资料委员会编：《悠悠岁月桃李情》，中国文史出版社1991年版，第1—3页。
⑦ 杜光埙：《忆国立山东大学》，山东省政协文史资料委员会编：《悠悠岁月桃李情》，中国文史出版社1991年版，第278页。

业即失业的环境下，"山大化学系学生不等毕业各地工厂就发来了聘书"①。之所以如此，正与平时实验室持续的训练密切相关。学生又"因为在校时养成了利用实验室的习惯，所以毕业后，对于科学实验之贡献甚多"②。撙节开支搞建设，直接的受益人就是学生。杨振声谓此为按础石、百年育人之计。

　　两任校长夯基筑台，除得到全校师生支持外，还得到了外部的支持。教育部经过考察后，在1934年的训令中指出，国立青大"近年设施，尚能秩序稳进，殊为可嘉"③。教育部从1935年起拨中英庚款择设备较完善的国立大学给予支持，学校申请化学系工业研究所设备费三万元、每年设备扩充费5000元、物理学系设备费三万元，均得到批准。④国民政府教育部重视理工科发展，这是有利的外因，但学校以学术为目标的基础建设，则是得到支持的内因。

六、严格管理养成优良学风

　　杨振声对当时国内大学行政和学业管理松散随意，甚至制度缺失的问题深感忧愤：校长、教授、学生皆自由散漫，将来国家的责任，放在这些人的肩膀上，国家如何能强大？这样自由浪漫的大学，他认为是误人子弟，毁国家的命脉。当有机会执掌一所大学时，他力矫自由散漫之弊，提出"三不得"的管理理念。不仅课程、学则、行政要严守规程进行，学校的整个计划也要按着实际需要与经济情形依次向前发展，学生在校要渐渐养成有纪律有规则、诚朴而坚实的品格。⑤

　　之所以严格治校，杨振声曾作过解释。他认为在当时浪漫成习惯、颓唐成风气的中国，纪律化团体化是必要的，每个人要养成较好纪律意识，要有对团体负责的精神。此言针对的是中国人散漫、不团结的社会积弊。留美多年、具有现代思想的杨振声和他的同人，试图改变这种"集体落后"的现状。他说，只要师生坚守纪律和规则，久而久之学风就会整齐严肃，成为一所庄严之学府。庄严学府的真正受益者是师生，是中国，是民族。只是年轻学子未完全领会到师长的用心，在学校按照教育部指示，对《学则》作出更趋严格的修改时，他们强烈反对从而引发风潮，导致学校易名、师生流散、校长辞职。

---

① 柳即吾：《三十年代的山东大学》，中国人民政治协商会议山东省委员会文史资料委员会编：《山东文史资料选辑》26辑，山东人民出版社1989年版，第35页。

② 杜光埙：《忆国立山东大学》，山东省政协文史资料委员会编：《悠悠岁月桃李情》，中国文史出版社1991年版，第278页。

③ 1934年4月，教育部派员到学校进行视察。视察结束后，教育部发布训令。见《一九三四年六月五日教育部给山东大学的训令》，山东省档案馆藏，档号：J110-01-485。

④《管理中英庚款董事会公函第一九○一号》，载《国立山东大学周刊》1936年9月28日。

⑤ 杨振声在总理纪念周上的校长报告，载《国立青岛大学周刊》1931年11月9日。

赵太侔接任校长后，以"杨前校长今甫先生成规具在，遵循仿效取则不远"[1]。他在全校大会作报告时，提醒学生注意个人与团体相互影响的关系，在发展个人的同时，也要注意团体的健康，个人对于学校、民族、社会的健康都负有责任。在学业管理上也一如国立青大，"萧规曹随"。担任国立山大教务长的杜光埙，这位国立青大筹委之一、山东籍留美政治学硕士，和杨振声、赵太侔一样，坚持严格管理理念。他甚至在期末考试时，亲自坐镇考场，使学生不敢有丝毫侥幸。理学院院长黄际遇在全校大会上强调"不刻苦耐劳，学问永远没有成就"，"这不是一个随便大学，要打倒随便主义"，"不仅要对团体生活、学校纪律不能随便，对学术也要绝对服从"。"没有侥幸的功名，没有侥幸的学问。"[2]这些都说明严格是国立青大、国立山大教师普通认同的治校理学原则。

在学生的记忆中，当时的生活是"大家只知道跟分数拼命，读死书"，而"先生们也都是书呆子"，由于学业全过程要求严格，想要合格，势必得努力学习，于是学生"星期日，寒假，暑假，一样得拼，只要开门，进得去，管是什么时候，图书馆，实验室，画图室，全是有人的，全是在那儿拼的人"[3]。

在教师的记忆中，"山大的学风，较为严谨笃实。教授一律担任课堂教学，效果显著，或可符合名师出高徒之至理。对学生要求很严格，注重质量，实行学分淘汰制，所以学生都肯勤奋攻读，刻苦上进，形成浓郁的学习风气"[4]。

学校除了学业管理上严格，对学生的学术能力也有较高要求。基本上各系从二年级开始，学生均须选定专题，由教师指导进行独立研究，以培养思考能力和开拓精神。开展研究，必将又失去"自由"时光，但国立山大的学生兴致甚高。像生物学系学生"除上课外常聚集实验室中，探讨研求，每至夜深不辍，闲时则集队采集，作实习观察。学术兴趣甚高，研究精神亦佳"[5]，这样的情形是各系的日常现象。从1934年开始，理科学生参加全国性竞赛往往会获大奖，且成绩在国内大学名列前茅。有资料显示，工科学生在全国性比赛中也取得不俗成绩。优秀成绩下，学生被激发出的是更大的学习兴趣。不难想象学生郭质良等在系主任汤腾汉指导下，经过分析比较，找到效力相当于当时德国著名菌种的高效酵母时之兴奋和由此焕发的更大学术热情。这个研究内容成了郭质良毕业后几十年从事研究的核心领域，在校期间学术兴趣的引导可见一斑。"山大的学生除研究、写

① 赵太侔《山大年刊·叙》，载《山大年刊》，1936年刊印，第1页。
② 《本校举行四周年纪念及始业式》，载《国立山东大学周刊》1932年9月24日。
③ 徐碧宇：《山大生活素描：一封短简》，载《山大年刊》，1936年刊印。
④ 王淦昌：《往事回顾》，山东省政协文史资料委员会编：《悠悠岁月桃李情》，中国文史出版社1991年版，第1—3页。
⑤ 《动物学系植物学系及海洋研究所概况》，载《国立山东大学校刊》1946年12月28日。

作、有益的私生活外，找不到颓废派、享乐派的学生。"①这令外界观察者感到不可思议，"青岛是那么动人的享乐之地，可是山大学生们，却都是全力进攻与埋头，蓝大褂人各一件，便是无形校服"②。

因办学成绩优异，国立山大得到教育部的表扬，"该校近年设施，尚能秩序稳进，殊为可嘉。文理学院以理为主，而以中国文学及外国文学两系辅助中外语文之基础训练，事属新创，用意尚佳。化学方面注重中国药材分析，生物方面注重海滨生物之研究，至为切当"③。国立山大也成为报刊经常报道的对象，学风简朴，是其对学校的共识。学校虽然被报刊树立的形象是学生苦读生活单调，却吸引着愈来愈多的中学生来投考：1935年报考一千多人，录取202人；1936年逾两千人，录取196人。④这些数据就是国立山大越来越受到社会认可的证明。这是校方管理、教师引导、学生努力三方合力的结果。杨振声期待的一所巍然庄严的学府，在赵太侔的持续努力下已名副其实。

1949年，中国进入一个崭新时代；1949年，对于赵太侔，属于他的时代已经结束。他为"杨赵体系"画上了句点，但这个体系所体现的治校理学理念，却深刻地镌刻在百年中国海大的史册上，其精神实质也融入一辈辈海大人图兴图强、追求卓越、争创一流的奋斗历程中，成为学校"厚基础、严要求，尚学术、重特色"办学传统的重要历史源流。

20世纪30年代的这座校园，在一代代校友的讲述里，凝聚为一个"兴盛时期"意象，成为中国高等教育史上的一个奇迹。这是杨振声、赵太侔两任校长以教育救国、科学救国的理想为指引，以艰苦奋斗、严格管理为途径，以对国家、民族和社会的大爱为召唤，带领国立青大、国立山大人同舟共济、矢志图兴的结果。他们的奋斗与贡献应当为历史所铭记。

---

① 中生：《国立山东大学素描》，载《中国学生》1936年2月25日。
② 新球：《山大生活零撷》，载《世界日报》（上海）1934年10月11日。
③ 1934年4月，教育部派员到学校进行视察，视察结束后，教育部发布训令。见《一九三四年六月五日教育部给山东大学的训令》，山东省档案馆藏，档号：J110-01-485。
④ 《国立山东大学论》，载《中国学生（1935）》1937年第3期。

第四篇
新中国文理为主的综合大学
（1949—1958）

1949年新中国成立，山东大学进入新纪元。

山东大学在向社会主义新型大学的过渡阶段，华岗校长贡献卓著。他开设政治大课，创办《文史哲》杂志，奠定了毛泽东思想在学校意识形态的主导地位。华东大学与山东大学合并，学科力量得到加强。学校实施文史见长、加强理科、发展生物、开拓海洋的办学方针，形成了学校历史上的第二个兴盛期。在全国大规模院系调整中，山大的综合实力虽被削弱，但水产、海洋、气象、海洋生物等学科（专业）得到加强，实力不断壮大。

1955年8月，华岗校长被诬去职。1956年7月，晁哲甫继任校长兼党委书记。之后全国范围的政治运动频仍，特别是反右派斗争扩大化，严重挫伤了知识分子的积极性，延缓了学校事业的发展。1958年7月，成仿吾任校长兼党委书记。10月，奉山东省委指示，山东大学大部迁往省会济南，开启新的创业征程。留下海洋系、水产系、地质系、生物系的海洋生物专业等作为基础（史称山东大学"青岛部分"），开始筹建一所面向海洋的大学。

第一章
解放初期的山东大学

　　1949年6月2日，青岛解放。青岛市军事管制委员会（简称青岛军管会）成立由王哲等四人组成的军管小组接管国立山东大学，开始进行思想、组织、教学等方面的整顿。经过整顿，民主选举产生的校务委员会行使管理学校职权，山东大学开始由旧式大学向新型大学转变，进入了新的历史时期。

第一节　山东大学进入新纪元

　　1949年6月2日，中国人民解放军冲破国民党军队的最后防线，国民党军队从沧口败退，乘船南逃。中午12时许，青岛全境解放。当天，中国人民解放军进驻青岛市区，青岛市军管会、中共青岛市委随军入城，青岛市人民政府宣告成立。

一、师生共庆解放

　　随着青岛的解放，青岛人民告别被欺凌、被奴役的历史，走进团结起来建设美好家园的新时代。

　　山东大学师生与青岛市人民载歌载舞，欢庆解放。在欢迎人民解放军入城的队伍中，山东大学、华东军政大学的学生们引领群众高唱解放区的歌："解放区的天是明朗的天……""东方红，太阳升，中国出了个毛泽东……""你是灯塔，照耀着黎明前的海洋……"歌声震天，此起彼伏。人们的脸上洋溢着欢笑，用歌声表达苦难的人民得到解放对人民军队的热爱和感激之情。6月3日，山大学生举行庆祝解放大游行。游行队伍于中午12时出发，途经太平路、中山路、

山东大学宣慰团在青岛海滨举行庆祝青岛解放的游行

上海路等主要街道。同学们高举着领袖毛泽东的巨幅画像，沿途高呼"毛主席万岁""解放军万岁"等口号，青岛市的工人、学生、市民也纷纷加入游行队伍。

　　山大学生高举的毛泽东巨幅画像，由学生张鹤云在青岛解放数日前秘密绘制，8尺高、5尺宽。据于希宁回忆："一天，我到张鹤云处，他正伏着身子画毛主席像。画布是用白床单接起来的，画面很大，那是我第一次见到毛主席像，很激动。"[1]

　　6月15日，山大师生同青岛市各界13万多人举行盛大游行集会，庆祝青岛解放。

二、青岛市军管会接管山大

　　1949年5月4日，山东分局在莱阳县成立青岛市军管会，下设市政、公安、文教、卫生、后勤、房产、生产、工矿等16个部及办公厅、外事处等，向明任主任，山东省教育厅厅长王哲任文教部部长，负责接管青岛市教育行政机构和各级各类学校。文教部下设大学处、秘书处、报刊处、教育行政处。大学处处长由山东省教育厅督学室主任罗竹风担任，成员有高剑秋、张惠等20多人，负责接管国立山东大学及附属设施。5月5日，文教部拟定了接管国立山东大学方案，确定接管范围为"文学院二系，理学院六系（附设仪器修造厂），农学院三系（附属农场二三百亩、渔船二只、酿造厂），工学院三系，医学院（附属医院、附设高级护士职业学校）"，同时确定以"医学院及附设医院、农学院、工学院及附属工厂为重点"[2]。

　　6月2日，3000余名接管干部分三批陆续进入市区，并按系统分赴各点，按计划、有步骤、有秩序、有纪律地对国民党青岛市的行政、司法及官僚资本企业等374个部门、1254个

①《"于希宁与山大"访谈录》，孙长俊主编：《山大逸事》，辽海出版社1999年版，第206页。

②《青岛市军管会文教部接管方案》，中共青岛市委党史资料征委会办公室编：《青岛党史资料》（内部发行）第5辑，1989年刊印，第110页、124页。

单位实行接管。①6月3日，青岛市军管会下达接管令，命令各军管小组即日起开始接管。

国立山东大学军管小组由王哲、罗竹风、高剑秋、张惠组成，王哲任组长。②军管小组进驻山东大学，受到师生的热烈欢迎。当天晚上，王哲宣布：山东大学从此以后成为人民的大学了！青岛市军管会决定，罗竹风任国立山东大学军事代表，由罗竹风、张惠主持日常工作，办公地点在今"一多楼"。

青岛解放前夕，不愿随国民党残余南下的赵太侔校长，在山东大学医学院附属医院第四病房迎接青岛的解放。之后，赵太侔返校，在校长室会见王哲，就如何接收山大进行协商。赵太侔将军管会文教部交代需要办理的事宜，传达到各单位，最后由校长室汇齐各单位所造表册呈交军管会文教部，同王哲办理了山东大学的交接事宜。与此同时，赵太侔的校长职务自然终止。

赵太侔校长在历史性的关键时刻，深明大义，凭着一位爱国知识分子的正义良知和与学校20年的情缘，同爱国师生一起保护学校财产，站好了解放前的最后一班岗，把一个完整的大学交到新生的人民政权手中。赵太侔先生的这一历史性贡献，当永载史册。

6月6日，山大军管小组召开全校师生员工大会，教职员、学生1000多人冒雨参加。王哲在讲话中指出，由于全校师生的英勇护校，山东大学很好地保存下来，被完整地交给了人民，这是一个很大的成绩。8日，临时校务委员会决定，青岛已经解放，"国立山东大学应变委员会"限于本日结束。同日，中共山东分局发给中共中央、华东局《关于接管山东大学情况的报告》称：

己冬接管山大。变乱后，山大经员生护校，完整无损，并对我很热情，当即要求对住校学生五百余人讲话，要点有三：

一、对过去学生所受迫害及英勇护校致谢慰。

二、宣告山大已变成人民的大学，庆祝全体同学今后在人民大学中自由学习研究。

三、号召同学继续护校复课。三日召开扩大校务会议，宣布军管会命令后，首先对护校工作表示谢慰；第二宣布军管会方针；第三请学校代理人负责办理校产登记。……山大设备尚称完备，教授中有不少全国学术界知名之士……此次接管采取稳重步骤，各方反映良好。③

6月8日，山东大学复课。

---

① 中共青岛市委党史研究室：《中共青岛地方史》，中央党史出版社2003年版，第513页。

② 张静主编：《中国海洋大学大事纪》，中国海洋大学出版社2014年版，第40页。

③ 王琪珑、赵爱国主编：《山东大学纪事》，山东大学出版社2001年版，第71页。

三、校产清点与交接

1949年6月14日，山东省人民政府任命王哲兼任山东大学校长。本着"基本保留学校原貌、原学校工作人员基本留用"的原则，原国立山大校长赵太侔、原教务长杨肇燫等高层领导几乎全部留校任教。

为增进文教界对新政权的认同感，6月18日，青岛市军管会召开青岛市文教界人士座谈会，到会46人，其中主要是山东大学的教授、院长、系主任及其他人员。参会学者对山东大学的发展颇为关心，希望"针对山东情况，应设海洋，气候，冶金，农艺，渔盐等专门训练机构，并与现有之企业组织联系起来"[①]。

6月20日，军管会文教部开始进行各学院的清点工作，包括：文学院的中文系、外文系；理学院的数学系、物理学系、化学系、动物学系、植物学系、地质矿物学系及该院附设仪器修造厂；农学院的农艺学系、园艺学系、水产学系，以及该院的设备渔船两艘、渔具全套、装罐头机等，还有附设的城阳农场及酿造厂。

经过近一个月的工作，军管小组将山东大学各单位的财产清点完毕，全部造册上报。据资料显示，共接管5院15个学系，所接收的校产有"农场一、渔轮一、实习工厂五（木厂、炼铸、机械、仪器修造、酿造），仪器齐全，主要图书十一万册，附属医院一所分十科，各科完整，有X光九架"[②]，摸清了国立山东大学的全部家底。至1949年7月，学校有教职工786人，学生1101人。[③]9月底，接管工作全部结束。

第二节 校务委员会成立及其工作

一、山东大学的初步改造

在新中国成立之前，中国共产党就对国家的教育提出了新要求。1949年9月，《中国人民政治协商会议共同纲领》（简称《共同纲领》）提出，中华人民共和国的文化教育为新民主主义的，即民族的、科学的、大众的文化教育。人民政府的文化教育工作，应以提高人民的文化水平，培养国家建设人才，肃清封建的、买办的、法西斯主义的思想，发展为人民服务的思想为主要任务。[④]

---

①《军管会关于文教界座谈会的报告》，青岛市档案馆藏，档号：G000015-00345-0001。

②《文教部接管工作的简报》，青岛市档案馆编：《青岛解放档案史料汇编》，中国档案出版社1998年版，第168页。

③ 王琪珑、赵爱国主编：《山东大学纪事》，山东大学出版社2001年版，第71页。

④《中国教育年鉴》，中国大百科全书出版社1984年版，第79页。

根据《共同纲领》精神，新中国成立后教育工作的首要任务是，在中国共产党的领导下，以马列主义、毛泽东思想为指导，以老解放区的教育经验为基础，借鉴苏联的先进教育经验，吸收旧教育的有用经验，并有计划、有步骤地对其进行改造。

军管小组经过全面的调查研究，结合学校的实际，从1949年8月下旬起，就开始在组织、思想、教学三个方面进行整顿。

（一）组织整顿与建设

1949年10月8日，军管小组采取民主协商的方式，成立由各方面代表参加的校务委员会，其中教授代表17人，讲师、助教代表2人，学生代表2人。他们是丁燮林、杨肇燫、赵纪彬、童第周、王统照、刘椽、魏一斋、陆侃如、罗竹风、李善勤、郭贻诚、潘作新、陈瑞泰、杨向奎、许继曾、曾呈奎、郭宣霖、王应素、侯家泽（上两位为讲师、助教代表）、王方、魏金陵（上两位为学生代表）。前九位担任常务委员，主任委员丁燮林，副主任委员杨肇燫、赵纪彬，秘书长罗竹风。校务委员会代行校长职权。文教部大学处撤销，干部酌情留校，设军代表，由罗竹风担任。

校务委员会对学校的行政机构进行调整。取消训导处，其下属的体育卫生组分为体育、卫生两组，分别由高剑秋和郭宣霖任组长，直属校务委员会领导；设秘书处，下设庶务、会计、文书、人事四组，罗竹风兼任秘书长；教务处下设注册、出版、辅导、体育四组，杨肇燫为教务长；另外设医务室，直属校务委员会领导。

校务委员会重新聘任各院系的负责人。文学院院长赵纪彬，理学院暂缺，工学院院长丁履德，农学院院长初为李善勤、后为陈瑞泰，医学院院长初为魏一斋、后为徐佐夏。各系的系主任仍为原来人选，分别是中文系王统照、历史系杨向奎、外文系梁希彦、数学系李先正、物理学系郭贻诚、化学系刘椽、动物学系童第周、植物学系曾呈奎、地质矿物学系何作霖、水产学系沈汉祥、土木工程学系许继曾、机械工程学系陈基建、电机工程学系樊翕、农艺学系李文庵、园艺学系李良庆。

为了加强中国共产党对山东大学的领导，1949年6月，军管小组接管之初，便着手山大的建党建团工作。学校成立了中共山大总支，罗竹风、高剑秋分任总支书记、副书记；成立了中国新民主主义青年团山东大学工作委员会，张惠任书记。

1950年1月，中国共产党山东大学总支部宣布公开。党总支的任务是发扬优良传统，保证《共同纲领》中的文教政策能够在山大贯彻，使山大从旧大学变成新民主主义的大学。

罗竹风、高剑秋积极宣传党的政策，在进步师生中物色党员发展对象，给他们上党课、个别谈话，有师生30余人提出入党申请。在听取各方意见后，山大党总支于4月13日、14日召开全体党员大会，对第一批申请入党的同志进行全面审查和大会表决。经过综合研究，党总支在教师干部中发展杨向奎等9人入党，在学生中发展王方等8人入党。5月14日，山大党员、团员、群众600余人齐聚大礼堂，举行第一次新党员入党宣誓。这批新党员都是学校师生中的先进分子，显示出发展党员工作的示范性。

1950年9月10日，在青岛市建立新民主主义青年团一周年之际，山东大学召开新民主主义青年团第一次代表大会，团委书记张惠在开幕词中指出：在山大建团一周年中，团员从无到有，从少到多，现已发展到500人，占全校学生的三分之一。由一个临时团支部发展到4个团总支、4个直属团支部和40个团支部。大会选出正式委员15人、候补委员5人。

山东大学在加强党团建设的同时，在中共青岛市统战部的帮助下，建立了以郭贻诚、何作霖、许继曾为负责人的中国民主同盟会基层组织。至此，学校的党团组织和民主党派基层组织建设已初具规模，基本上能够适应学校整顿和师生思想改造等工作的需要。

（二）思想整顿

新中国成立后，山东大学部分教师的思想和心态较为复杂。表现在：一不了解共产党的政策而心存疑惑；二不了解马列主义；三存在着资产阶级思想；四存在着旧的教育作风。鉴于此，必须对师生进行政治教育和思想改造，主要方式是作政治报告，帮助师生提高思想认识。[①]

军管小组为使全校师生认清形势，了解党的方针政策，经常安排各方面人士作时事政策报告。6月2日，王哲作接管后的首场报告，内容包括接管山大的方针、党的知识分子政策和国内外形势；6月8日，罗竹风作时事报告；7月，学校组织夏令学园，青岛市胶东军区司令员贾若瑜、青岛市市长马保三、教授赵纪彬等，分别为教职员及部分留校学生作报告，讲授内容为时事政策、历史唯物论等。

9月新学期开学后，在各年级开设政治理论课。除了新民主主义理论课为各院系一年级必修外，文学院增设辩证唯物论与历史唯物主义课，工学院、农学院增设政治经济学课程；理学院、医学院增设社会科学概论等课程。新民主主义理论课由刘导生、孙思白、黄绍湘、郭宣霖等分别讲授。10月初，青岛市公安局局长葛申来校讲授"人民民主专政"。10月中旬，罗竹风作学习《共同纲领》的动员报告。[②]11月，山东大学开始实行上政治大课的制度，由罗竹风主讲《新民主主义论》，并聘请正在青岛休养的华岗讲授《社会发

① 徐畅、刘雪松：《华岗政治大课与1950年代山东大学的辉煌》，载《山东大学学报（哲学社会科学版）》2021年第4期，第178—179页。

② 徐畅、刘雪松：《华岗政治大课与1950年代山东大学的辉煌》，载《山东大学学报（哲学社会科学版）》2021年第4期，第180页。

展史》和《共同纲领》。11月20日，校委会将政治大课列为全校的必修课并计算成绩。

为了推动学习和经验交流，校务委员会决定，自1951年1月起，将校刊《山大生活》改为旬刊，每期两版或四版，重点报道学习动态及心得体会，同时也报道学校的重要新闻、校务委员会决定以及有关兴革事项，为推动学习、了解校情发挥了引导和指导作用。

通过这一阶段的思想改造，师生的思想面貌和精神境界有了很大改变，给学校各项工作带来了生机。广大师生对于社会发展规律、新中国前途、高等教育的发展等根本问题，有了较为全面的了解，思想觉悟有了提高。

（三）教学整顿

6月8日，学校开学上课，按原定的教学计划恢复教学。同时革除教学中的某些弊端，如取消内容反动的"党义"课程，充实马列主义、毛泽东思想的新内容。为减轻学生的学业负担，学校把一些必修课，如大一国文，除文学院外，一律改为选修；大一外文，除外文系外，一律改为选修。为了适应实际需要，根据即有师资力量，1950年春在文学院增设历史语言研究所，由杨向奎任主任；外文系增设俄语专修科（二年制）；农学院增设病虫害系，由王清和任主任。中文系与历史系合并成立文史系，下设文、史两组。

经过一个多月的整顿，学校建立起新的秩序，教学和科研工作开始有序开展。

1949年8月中旬，山东大学在青岛、济南、徐州、北平、上海等五个地区招考新生。9月上旬招生工作结束，共录取新生375名（工99名、理96名、文68名、医59名、农53名）。此外，先修班录取90名，转校学生取10名，连同原有在校生，全校共有学生1080名。11月3日，学校举行新中国成立后第一次开学典礼，师生及来宾600余人参加。

二、校务委员会的工作

校务委员会成立后，制定了工作规程。委员会每月召开会议一次，其常委会每周开会一次，必要时由主任委员召集临时会议；常委会开会时，可推荐讲师、助教代表和学生代表各一名列席。

10月10日前后，校务委员会第一次常委会议决的重要事项如下：①本校国立性质不变，教育部未成立之前暂由军管会代管；②大学处撤销，干部依需要斟酌留校，设军代表；③学杂费一律不收；④1949年6月至12月，经费为5亿元，由青岛市保证负担；⑤校舍本身须先行调整，求合理化，不敷应用时，军管会可以帮助解决；⑥行政机构设秘书处（下设庶务、文书、会计、人事四组）、教务处（下设注册、出版、辅导、体育四组）；秘书长由罗竹风兼任，教务长为杨肇燫；⑦为顾及学生健康和环境卫生，特设卫生医疗机构,由校务委员会直接领导;⑧彻底调整教职员、学生宿舍及家具,力求合理化;⑨先修班设校本部;⑩各院系学生可以依其志愿转系,由双方系主任斟酌学业成绩而决定。①

1950年2月,校务委员会主任委员丁燮林调任中央文化部副部长,经广大师生要求,公推华岗任主任,

山东大学召开首届师生代表会议,选举产生以华岗为主任委员的校务委员会

又因他身体欠佳,改由杨肇燫担任。4月20日至23日,经青岛市军管会批准,学校举行首届师生代表大会,出席会议的代表共98人。青岛市军管会主任向明出席会议并讲话。大会通过改造的具体方针和加强校务委员会领导的方案,选举产生由27名师生代表组成的新一届校务委员会。华岗当选为主任委员,陆侃如、赵纪彬、杨肇燫当选为副主任委员。常务委员有罗竹风、魏一斋、刘椽、童第周、陈瑞泰、丁履德、李先正;委员有樊翕、杨向奎、何作霖、许继曾、潘作新、沈汉祥、郭贻诚、鲍文慰、陈机、陆光庭、颜子平、王承瑞、冯祖寿、张学铭、董国楹、王明理,罗竹风当选为教务长。

会议同时决定:高剑秋负责党务和后勤工作;张惠兼任校务委员会主任秘书;刘禹轩被任命为校务委员会秘书,同时兼校刊《山大生活》总编辑。会议还通过给毛主席、中央人民政府及教育部的致敬电文。

山东大学校务委员会认真行使校长职权,继续推动教学、科研的组织与管理,师资队伍建设,师生思想教育,后勤等各方面的工作向前发展。

(一)结合实际开展工作

教学新秩序建立后,呈现两个显著特点。一是在各年级开设政治理论课。除校务委员会主任华岗上大课外,还先后为学生开设中国近代史、五四运动史、鲁迅研究等新课。这是大学生们第一次较为系统地接受马列主义和关于中国历史的教育,为树立革命人生观、世界观,走德才兼备的道路打下基础。

另一个显著特点是设立人民助学金制度。这是党和国家对大学生的关怀和爱护,受到大家拥护。申请人民助学金的条件如下:第一,本人系革命烈士或供给制人员之直系亲属,而家庭无力供给生活费者;第二,家庭系贫苦职工或公教人员无力供给生活费者;第三,曾参加革命一年以上又行复学之革命青年,家庭确实贫困者;第四,家在待解放

---

① 张静主编:《中国海洋大学大事纪》,中国海洋大学出版社2014年版,第41页。

区，其本人毫无经济来源者；第五，家在灾区或本人家庭确实困难者。助学金分甲、乙、丙、丁四等，甲等为每月发小米72斤（用款折合），乙等小米54斤，丙等小米36斤，丁等小米18斤。为使人民助学金做到公平合理使用，学校特设人民助学金审查委员会，负责监督审查。

在教学管理上，各院系注意结合实际调整教学方案。农艺学系联系1950年全国农业生产方针，认识到粮棉增产为压倒一切的中心工作，确定系的教学重点以讲授作物为主，而以讲授土壤、肥料等相配合[①]；园艺学系则根据农村实际情况确定以果树、蔬菜为教学重点，并把水果、蔬菜的深加工摆在适当的位置。同时各院系也重视加强与社会各界的合作，切实解决实际问题，中文系、历史系协助青岛市博物馆鉴定古代文物和进行古迹发掘工作；植物学系与青岛市的中学组成生物教学研究会，解决教材教法问题，从而使大学与中学的教学水平都得到提高；动物学系同青岛水产实验所合作，对青岛近海生物进行调查、采集和研究；土木工程学系承担淄博煤矿厂址和隧道的设计工作，并参加青岛港务局的船坞和海军造船所的坞门测绘工作，1950年还组成20多人的治淮工作队，参加全国治理淮河运动；医学院新组建微生物和卫生学两个学科，并组成医疗队，分批赴胶东和惠民地区进行巡回医疗，为老区人民解除疾患。

1949年8月，地质矿物学系应邀参加华东工矿部矿产勘察，承担博山至莱芜一段矿产

地质矿物学系实习

调查任务。10月初在莱芜发现了21条赤铁矿矿脉和九条热液型铁矿重晶石脉，为后来莱芜钢厂的建立提供了科学依据。1950年春，地质矿物学系部分师生到山东莱阳进行野外地质调查实习，发现了恐龙化石和恐龙蛋。这一发现对研究地球史和古生物史具有重要的意义，受到学术界的重视和华东军政委员会教育部的通报表扬。

（二）开展革命传统教育

为了对广大师生进行革命传统教育，学校举行庆祝新中国成立一周年、青岛及山大解放一周年系列活动，全校师生参加青岛各界纪念鲁迅先生逝世13周年大会。正在青岛养病的华岗，应邀在会上作《我们应该从鲁迅思想中学习什么》报告。学校举行庆祝十月革命33周年纪念日、庆祝中国共产党成立29周年大会，并举行19名新党员入党宣誓

[①]《山大农学院成立农场改进小组》，载《青岛日报》1950年9月9日。

仪式。学校还举行纪念一二·九运动15周年大会。为响应拥护世界和平大会,学校发起"保护世界和平签名运动"。成立反美侵略委员会,举行抗美援朝动员大会,学校掀起爱国参军高潮,有600余人报名参军。

这些新颖的革命传统教育活动不断开展,在荡涤师生旧思想、旧观念的同时,逐渐树立起对共产党、对新社会的正确认知,思想觉悟有了明显进步。

第三节　华东大学并入及华岗任校长

一、华东大学并入过程

华东大学于1948年4月在潍县（今潍坊市）成立,隶属中共华东局。9月济南解放后,华东大学奉命迁往济南,改由中共华东局山东分局领导。学校在原研究班和预科部的基础上成立文学、社会科学和教育三个学院,分别由韦悫、张勃川、田佩之任院长。学校设置研究部和附属中学,开设讲习班和中学师资训练班。由于没有自己的校舍,全部师生借住在齐鲁大学及一些中学。1949年5月,山东分局宣传部部长彭康兼任校长,李宇超为副校长,余修为教务长,刘宿贤为秘书长,开始向正规大学过渡。

1950年5月,全国教育工作会议后,华东大学根据会议精神,进一步明确以"培养具有高级文化水平,掌握现代科学和技术的成就,全心全意为人民服务的高级建设人才"为宗旨,具体任务是培养中等学校师资及文艺宣教干部。设立政治、文学、史地、艺术、俄文五个系,分别由李仲融、吴富恒、车载、何封、臧云远任系主任。各系依据培养目标的不同,分别制订教学计划与课程安排,规定马列主义、新民主主义论、时事研究、教育概论、自然科学概论、国文、俄文、体育八门课为各系共同必修课。

1950年7月,政务院下达《关于高等学校领导关系的决定》。中央教育部开始收回高等教育的领导权。9月27日,华东军政委员会[①]致电中央教育部,请示华大与山大的合校问题:"兹因山东大学领导人选久悬未决,华东大学因限于人力物力办理亦有困难,为求集中力量办好山东大学起见,经详加考虑后,决定将华大与山大合并办理,而保留山大校名,已电令山东省府考虑校长人选,并令鲁教育厅负责即行会同该两校当局进行合并事宜,请准予备案。"[②]10月24日,中央教育部复电华东军政委员会:"山东大学与华东大学合并事,我部同意。惟须经充分酝酿与准备,校长人选亦须恰当。并请转饬将筹备情况

---

① 当时全国设华北、东北、西北、华东、中南、西南六个行政区,各行政区设党的中央局和军政委员会,领导所辖各省。
② 《山东大学百年史》编委会编:《山东大学百年史（1901—2001）》,山东大学出版社2001年版,第184页。

报告我部。"①

11月15日，山东省人民政府给华大、山大下达合校令：奉中央人民政府教育部令，"经中央教育部批准，华东大学迁青岛与山东大学合并办理，仍用山东大学名称。并决定以彭康、陆侃如、张勃川、童第周、余修、罗竹风、刘椽、刘宿贤为迁并办理委员会委员，并以彭康为主任委员，陆侃如、张勃川为副主任委员，负责办理迁并事宜，希即刻进行工作为要。"②

为了保证顺利合校，迁并办理委员会从1950年11月起，先后召开20次会议，研究部署合校问题。针对"两校内部情况、院系不同、组织机构不同、学生水平不完全一致"的情况，确定了"事理兼顾、舍异求同"的合校方针。迁并办理委员会广泛吸收各方面的意见，经反复讨论研究，在做了大量艰苦细致的工作基础上，最终确定了合校方案。

1951年2月27日，中央人民政府教育部下文，任命华岗担任华东大学与山东大学合并后的山东大学校长。

3月13日，彭康主持最后一次迁并办理委员会会议，总结自成立以来所做的工作，华岗校长应邀参加。张宗麟代表教育部提出修订、补充后的合校方案：

（一）撤销华东大学建制，国立山东大学去掉"国立"二字。合校后称山东大学，设文、理、工、农、医五个学院和政治、艺术两个直属系。

（二）原华东大学中文、历史、俄语三系，并入山大文学院各系，学生按原来的年级上课，俟暑假考试后再定升级或留级。

（三）校长华岗遵照中央教育部电令先行到职工作。

（四）副校长童第周、陆侃如，教务长何作霖，副教务长余修、罗竹风，秘书长刘椽，副秘书长刘宿贤，文学院院长吴富恒，理学院院长郭贻诚，工学院院长丁履德，农学院院长陈瑞泰，医学院院长徐佐夏、副院长潘作新，均即日到职。

（五）遵照中央指示，张勃川调京工作。

（六）行政机构力求简单合理，避免因人设事，取消教务、总务两处的处长一级，其他行政机构和教学组织的人选，由新任的领导研究决定，由校长呈报。

（七）迁并委员会与两校的校务委员会均于3月14日宣布结束，自15日开始由新的领导接任工作。

（八）两校教职员工待遇急需个别调整者，由校长拟出具体方案，呈报华东教育部

① 《山东大学校史》编写组编：《山东大学校史（1901—1966）》，山东大学出版社1986年版，第193页。
② 王琪珑、赵爱国主编：《山东大学纪事：1901—2020》上册，山东大学出版社2021年版，第107页。

核准。原华大学生的供给制待遇暂维持现状，逐渐调整到与原山大学生同样。[①]

3月15日，山东大学与华东大学正式完成合校。华岗任合校后的山东大学校长兼党组书记，著名科学家童第周、著名文史学家陆侃如担任副校长，两个人一文一理，可谓华岗校长的左膀右臂。作为"山大的三驾马车"，他们精诚合作，推动学校的管理、教学、科研等各项工作迅速走上正轨。

华岗（1903—1972），浙江龙游人。1924年参加革命，1925年加入中国共产党。第一次和第二次国内革命战争时期，他先后任共产主义青年团浙江、江苏、顺直（河北）省委书记，团中央宣传部部长，中共湖北省委宣传部部长，《新华日报》总编辑，中共中央南方局宣传部部长，中共上海工作委员会书记。1948年春经中央批准到香港治病，并协助香港工委做统战工作。新中国成立前夕，奉命从香港经上海赴北平，因遭遇国民党飞机轰炸而改变航向前

校长兼党委书记华岗

往青岛，受到军管会主任向明的挽留。后因病滞留青岛，经中共中央同意被安排在山东大学任教。1951年2月任山东大学校长。

二、合并后的山东大学

1951年3月19日，学校举行隆重的开学典礼暨合校成功庆祝大会。全校师生2500多人参加，山东省、青岛市的党、政、军各方负责人到场祝贺。

华岗作《合校方案和山大前途》的报告。他首先分析了华大、山大两校的历史特点，阐述合校的重大意义，说明办学方针及学校的发展前景，最后勉励师生员工团结起来，为建设新的山东大学而奋斗。他说：

把原有华东大学和原有山东大学合并成为现在的山东大学，乃是两个性质不同的教育队伍的胜利会师，是中国高等教育史上的创举。把两个大学的力量合成一个大单位，各取所长，补己之短，互相学习，共求进步，其意义不仅是数量的增多，同时还可促进质量的变化和增强。这样既可减轻人民的负担，又可集中力量来建设新山大。[②]

迁并办理委员会主任委员彭康以"合校胜利，皆大欢喜"八个字概括合校工作成绩，

① 杨新：《中央教育部处理华东大学和山东大学合并问题的一些情况》，载《山东大学校史资料》1983年第6期。

② 《山东大学百年史》编委会编：《山东大学百年史（1901—2001）》，山东大学出版社2001年版，第191页。

勉励大家加强团结，努力办好新山大。彭康在两校合并过程中开展了大量艰苦细致的工作，很好地完成合校任务，为山东大学的发展作出了重大贡献。

合校后，共有文、理、工、农、医五个学院，下设中文、历史、外文、数学、物理、化学、动物、植物、地矿、水产、土木、机械、电机、农艺、园艺、病虫害等16个系。另有政治、艺术两个直属系、2个研究所，办学规模空前，教师力量较强。据记载，学校有教师486人，职工524人，在校学生2366人，总人数达到历史最高水平。[①]

学校实行校长负责制。为保证党对学校的领导，根据党的章程，建立以华岗为书记，余修、罗竹风、刘宿贤、崔戎、武杰为委员的山东大学党组，作为学校的领导和决策机构；建立以刘宿贤为书记，崔戎、武杰为副书记的山大党委，负责处理党内日常工作。根据《高等学校暂行规程》，于1951年4月建立由校长、副校长、正副教务长、正副总务长、各院院长及工会、学生会代表等36人组成的新校务委员会和由15人组成的常委会，华岗任校务委员会主任。

各院系所负责人均由著名学者担任。文学院：院长吴富恒、中国文学系主任吕荧、外国文学系主任吴富恒（兼）、历史学系主任杨向奎。理学院：院长郭贻诚、数学系主任李先正、物理学系主任郭贻诚（兼）、化学系主任刘椽、动物学系主任童第周、植物学系主任曾呈奎、地质矿物学系主任何作霖、水产学系主任沈汉祥。工学院：院长丁履德、土木工程学系主任许继曾、机械工程学系主任陈基建、电机工程学系主任樊翕。农学院：院长陈瑞泰、农艺学系主任李文庵、园艺学系主任李良庆、病虫害学系主任王清和。医学院院长徐佐夏。医学院的科室设置与1946年复校时相同。直属系：政治学系主任李仲融，艺术学系主任臧云远。设有历史语言研究所，所长杨向奎；海洋物理研究所，所长赫崇本。较之合校前，山东大学在院系设置上增加了病虫害系、历史系、政治系和艺术系等四个系。因此，合校后的山东大学学科门类齐全，学术实力雄厚。

合校后的行政机关设校长办公室，下设秘书科和人事科；教务长下设教务处、图书馆、体育室、教学研究委员会与仪器管理委员会；教务处下设注册科、教务科、出版科、体育室与校刊编辑室；图书馆下设馆务科与编纂科；总务长下设总务处与生产管理委员会；总务处下设庶务科、会计科、校产科、保健科；学术审议委员会和编译委员会归校长直接领导。

对于行政机构和教学组织的人选，经校长提名、校务委员会通过后，随即任命公布，并于3月28日报部备案。至此，山东大学组织机构和人事安排就绪。

在华岗校长的领导下，学校积极贯彻党的教育方针，建章立制，用新的教育体系代替

①《山东大学百年史》编委会编：《山东大学百年史（1901—2001）》，山东大学出版社2001年版，第191页。

校长华 岗、童第周、陆侃如

教务长 何作霖、余 修、罗竹风

海洋物理研究所主任赫崇本

历史语言研究所主任杨向奎

总务长 刘 椽 刘宿贤
总务处主任秘书 董树德、贺治明
- 保健科科长顾光华
- 校产科科长胡克诚
- 会计科科长赵子安
- 庶务科科长王志轩、于建

图书馆馆长陆侃如 分馆主任刘 伟

艺术系主任臧云远

政治系主任李仲融、马雨亭

农学院院长 陈瑞泰
- 农艺系主任李文庵
- 园艺系主任李良庆
- 病虫害系主任王清和

工学院院长 丁履德
- 土木系主任许继曾
- 机械系主任陈基建
- 电机系主任樊翕

理学院院长 郭贻诚
- 水产系主任沈汉祥
- 地矿系主任何作霖
- 植物系主任曾呈奎
- 动物系主任童第周
- 化学系主任刘 椽
- 物理系主任郭贻诚
- 数学系主任李先正

文学院院长 吴富恒
- 外文系主任吴 兰
- 历史系主任杨向奎、陶官云、梁希彦
- 中文系主任童书业、高荧、吕荧、吴富恒

教务处主任秘书 赵 凌、陆光庭、张学铭、张育瑾
- 出版科科长简怀生、孟祥河
- 教务科科长赵 凌
- 注册科科长
- 校刊编辑室主任孙昌熙
- 体育室主任刘化鸥、傅宝瑞

校长办公室主任崔 戎、孙思白

学术评议委员会

校务委员会
- 秘书科科长钱 冰
- 人事科科长武 杰、张文彬

医学院院长 徐佐夏、潘作新
- 高级护士学校校长王剑尘、李 镛
- 牙科主任梁福临
- 眼科主任潘作新
- 耳鼻喉科主任李文采
- 检验科主任何 森
- 妇产科主任秦文杰
- 小儿科主任沈彼英
- X光科主任卢彼英
- 皮肤科主任冯雁忱
- 骨科主任穆瑞五
- 内科主任穆瑞五
- 外科主任马贤成
- 寄生虫科主任田浩泉
- 细菌科主任徐佐夏
- 病理科主任金泽忠
- 药理科主任穆瑞五
- 解剖科主任沈福彭
- 生化科主任陈慎昭

合校后的山东大学组织机构及负责人

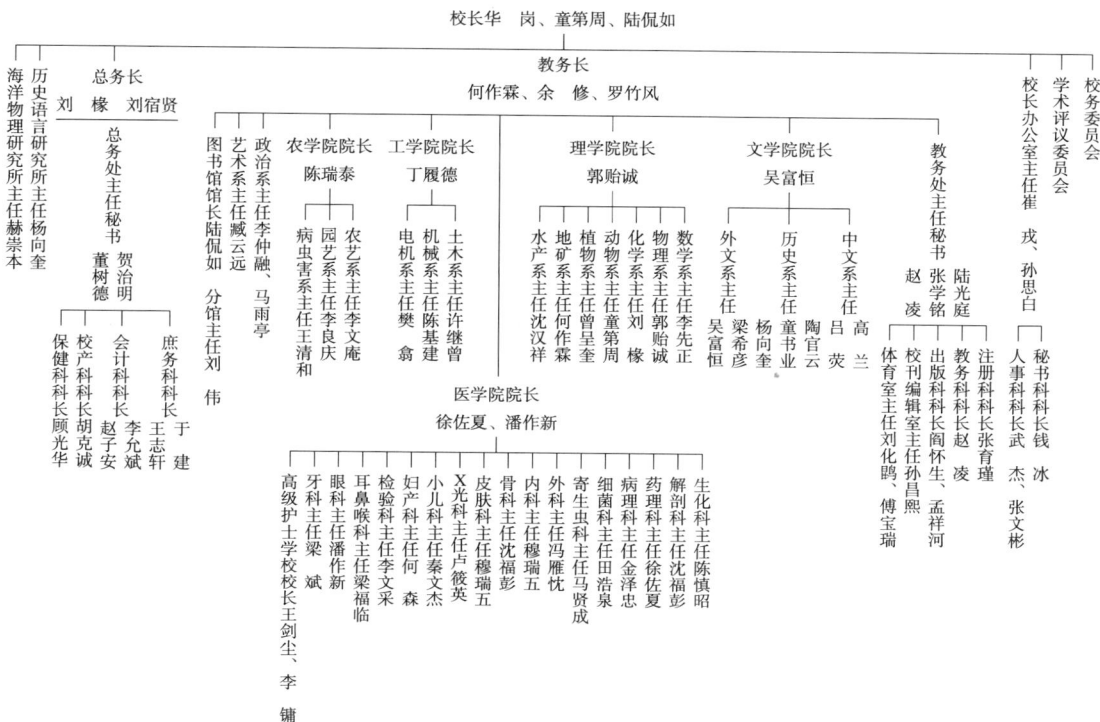

旧的教育体系；创建学术园地，大力提倡科学研究，加快培养国家建设需要的人才，学校进入快速发展阶段。

第四节 开设政治大课

为贯彻《中国人民政治协商会议共同纲领》，1949年12月，新中国第一次全国教育工作会议召开。中央明确指示，新区学校安顿后的主要工作是整顿与思想教育。教育部党组书记、副部长钱俊瑞在教育工作会议的总结报告中强调，"对新区学校安顿以后的主要工作，是有计划、有步骤地在教师和青年学生中进行政治与思想教育，其主要目的仍是逐步地建立革命的人生观""这种教育是国民教育的一部分，其基本性质是新民主主义的，还不是社会主义的。这种教育首先要反对买办的、封建的、法西斯主义的思想，建立为人民服务的思想。但是为了建立和巩固为人民服务的思想，应当提倡和鼓励马克思列宁主义世界观和毛泽东思想的学习"。[1]

---

[1]《中华人民共和国政体通鉴》，红旗出版社2003年版，第698—699页。

　　按照《共同纲领》所提出的教育方针和全国教育工作会议精神，全国各高等学校陆续开设新民主主义论、社会发展史等新课程。山东大学积极贯彻落实会议精神，决定用政治大课的形式对全校师生进行马克思主义理论教育，分为两个阶段进行。

一、第一阶段　讲授共同纲领和社会发展史

　　从1950年1月开始，学校在全校实施政治大课的学习制度。学校建立学习委员会，院系成立分会，制订学习计划，确定学习内容，编班分组，定期讲授，并列为学生必修课，计算成绩。同月，在校务委员会领导下，成立政治大课学习委员会（合校后归教务处领导），由接管干部、教师、学生组成。学委会设主席、副主席，下设教务、秘书两科，科下设股，负责研究、计划、布置、检查政治大课学习。

　　按照中共中央规定，大学开设两门公共政治课：社会发展史、新民主主义论。《共同纲领》和社会发展史由华岗讲授，新民主主义论由罗竹风主讲。每周六下午为政治大课的学习时间，一般不得占用；每两周讲课一次，分班组讨论一次。

　　1950年1月7日，华岗在大众礼堂（1949年前称大礼堂）以"怎样用理论与实际相结合的方法学习《共同纲领》"为题，为全校师生讲授第一堂政治大课，时间长达四个小时。华岗将《共同纲领》中的文教政策与山大实际相结合，首次提出改革山大的五项办学方针；有的放矢，发动大家联系个人思想和学校实际自由讨论。这对师生员工进一步拥护共产党、促进山大的建设与发展起到了促进作用。

　　华岗的报告虽然是以阐发《共同纲领》的精神为主，但由于充分结合全校师生思想情况，所以"讲得充实生动，而不流于泛泛，对某些错误思想有分析与批评，甚至有很严厉的批评，以致有的人感到震动"。一位老教授听后，感慨道："如沐春风，如饮甘霖。"[1]校刊《山大生活》报道这次政治大课的盛况："各院同学与教职员均全部参加，附属医院、护士学校、家庭联谊会列席旁听。大众礼堂、学生会及大众音乐团办公室均拥挤不堪，窗外与走廊也都挤满了听众。到会人数之多，为本校有史以来所未有。"[2]

华岗为师生上政治大课

[1] 孙思白：《怀念你，华岗校长》，载《山东大学报》1988年5月31日。
[2] 田广渠：《如沐春风，如饮甘霖——50年代初华岗的政治大课》，孙长俊主编：《山大逸事》，辽海出版社1999年版，第367页。

第一次政治大课后，截止到1月底，华岗又以《共同纲领》为题讲了两次，同样在全校引起很大的震动。是年《国立山东大学总结》这样评价：

从大课开展以来，山大马上活跃起来，面目为之一新，成绩是极其显著的。具体四点成绩：（1）政治大课规模空前，大家学习政治的热情普遍提高了；（2）根据山大的实际情况，用五条方针作武器，进行了工作检查，大家初步地开展了批评与自我批评；（3）打通了不少糊涂思想，一定程度上纠正了重业务、轻政治的思想；（4）推动和加深了课改工作。[1]

学校和国内其他大学一样，面临着从旧教育体系向新教育体系的转变问题，即如何落实《共同纲领》提出的新教育方针，努力把山大建设成为新民主主义大学的问题。华岗通过讲授《共同纲领》，紧紧抓住理论联系实际这一关键，对师生进行思想政治教育，对引导知识分子尽快适应时代变化、帮助学校顺利实现转型发挥了重要作用。

社会发展史课是党中央规定的大学必须开设的两门公共政治课之一。华岗认为，先学习《共同纲领》增进团结，有了政治基础再学习社会发展史，才能引导师生树立科学的世界观与人生观。

从4月1日至7月底，华岗又为全校师生讲授七次社会发展史，内容分为原始共产社会、奴隶社会、封建社会、资本主义社会、新民主主义社会和社会主义社会几个专题，介绍每一社会形态的基本特征，阐述社会发展规律。其目的"在于使全校师生树立历史唯物观点，掌握社会发展规律，提高马克思列宁主义的认识，针对着知识分子优越感、自由主义、纯技术观点、超阶级观点（如主张'科学独立'）、中间路线思想与狭隘民族主义思想等予以批判"[2]。随后罗竹风讲授新民主主义论，其间还穿插有华岗所作时事报告、中共党史教育等内容，对全校师生进行较为系统的政治教育和思想改造。

9月开学后，全校新生约800人，半年学习社会发展史，半年学习新民主主义论，由孙思白讲授；其余年级学生及全体教职员学习新民主主义论，由罗竹风讲授。

1951年4月至7月，学校分四个单元，开展抗美援朝为主要内容的国际主义教育，分别由副教务长余修、校长华岗作"反对美国重新武装日本"和"关于政治学习中的几个疑问和解答"的报告。7月至9月，在全校教职员中开展党史学习活动。1951年底至1952年秋天，受"三反""五反"运动、知识分子思想改造运动、院系调整、教学改革等影响，政治大课暂停。

第一阶段的政治大课突出政治思想、世界观、认识论、阶级观等方面的教育，使广大

---

① 王琪珑、赵爱国主编：《山东大学纪事：1901—2020》（上册），山东大学出版社2021年版，第103页。
② 徐畅：《战士品行 学者风范——山东大学校长华岗》，山东教育出版社2012年版，第138—139页。

师生对于社会发展的规律、新中国的前途、高校的发展等根本性问题等有了深刻了解，思想认识发生了深刻变化，为学校发展奠定了思想基础。

二、第二阶段　主讲辩证唯物论

1953年初，学校恢复政治大课学习制度。考虑到提高教学质量、开展科学研究和改善行政工作的迫切需要，学委会决定在全校范围内开展为期一年的辩证唯物论学习，由华岗校长主讲。

至1954年9月，华岗共分11个专题系统讲授辩证唯物论。每两至三周报告一次，全校师生分组讨论一次，每次报告约三个小时，共讲授35场，全面系统阐释辩证唯物论和唯物史观。听过报告后，广大师生联系思想改造、教学改革、科学研究、怎样办好学校等问题进行分组讨论。据统计，参加学习的人员共有482人，其中教授、副教授98人，讲师86人，助教140人，职员24人，附属单位技术人员、医护人员81人，另有中国科学院海洋生物研究室30人，中央水产试验所23人。[①]辩证唯物论学习于1954年暑假前结束，为检查与总结学习成果，学习委员会还组织进行了一次考试。

通过辩证唯物论学习，一些教师树立起辩证唯物论的观点，如童第周、冯沅君、郭贻诚等撰文畅谈学习心得和收获，一年中仅《文史哲》刊载这类文章达40余篇。童第周1953年撰写《生物科学与哲学的关系》，提出应"以唯物辩证法的范畴与方法，来武装我们的思想"。他还总结说，懂得了辩证法，才使自己"在生物研究中有了新的突破"[②]。

华岗讲授辩证唯物论的内容经整理后刊登在《新山大》和《文史哲》杂志上，部分专题由《青岛日报》和上海的《文汇报》转载，影响很大。

华岗的政治大课，采取开放的形式，开始在大众礼堂内，后来在礼堂外面的"六二广场"（现水产馆台阶前）举行。来听课的人，不仅有本校师生，还有青岛市的机关干部、北海舰队官兵、中学教师以及工商业者，每次三四千人，场面很是壮观，成为青岛市理论学习的盛事。每逢大课，人们纷纷抢靠前的座位，台阶上、树荫下、草坪中、道路边，处处坐满拿着笔记本边听边记的人。

华岗校长的政治大课与学校的中心工作相配合，理论联系实际，全面系统又通俗易懂，极大地提升了山大师生的思想觉悟，为确立马列主义、毛泽东思想在学校意识形态的指导地位立下了第一块基石。

[①] 徐畅：《战士品行　学者风范——山东大学校长华岗》，山东教育出版社2012年版，第142页。
[②] 徐畅：《战士品行　学者风范——山东大学校长华岗》，山东教育出版社2012年版，第143-144页。

第二章
院系调整与学习苏联教育经验

1950年夏，政务院颁布的《高等学校暂行规程》指出，高等学校要适应国家建设的需要，培养通晓基本理论与实际运用的专门人才，如工程师、教师、医师等，并且课程要根据国家的需要以及理论与实际相一致的原则制定[①]，为高等教育发展指明了方向。在国际上，以美国为首的西方国家对新中国全面封锁，苏联是仅有的能向中国提供技术出口的国家。在建设社会主义工业化的道路上，全面学习苏联是新中国的必然选择。

从1951年开始，国家集中主要力量发展重工业。建立工业化和国防科学技术现代化的初步基础，是国家发展国民经济的第一个五年计划的指导方针和基本任务，培养大量专业技术型人才成为国家建设对高等教育的迫切要求。新中国成立之前的高等教育，深受美国等西方高等教育模式的影响，系科设置上文法多于理工。新中国成立之初，全国"高等教育科类结构不合理，人文学科比例高达60%，工科培养能力过低，理论与实际脱节"[②]，大调整势在必然。

---

① 何东昌主编：《中华人民共和国重要教育文献（1949—1982）》，海南出版社1998年版，第45页。
②《中国高等学校简介》编审委员会编：《中国高等学校简介》，教育科学出版社1982年版，第3页。

第一节　20世纪50年代的院系调整

一、1952年大规模院系调整

实际上，新中国在成立之初就开始对高等学校进行调整，主要针对京、津、沪等地的高校，带有试点性、局部性的特点。在这个阶段，国家逐渐取消了教会大学，并改造限制了私立大学。

1951年11月，中央教育部召开全国工学院院长会议，拟订全国工学院院系调整方案，以此为标志拉开了全国院系大调整的序幕。在中央教育部统一部署下，对全国高等学校进行有计划、大规模的院系调整，对民国时期效仿欧美构建的高校体系进行改造。

1952年夏，中央教育部发布《关于全国高等学校1952年的调整设置方案》，以华北、华东和东北三区为重点，开始在全国范围内进行高等学校院系调整。这次调整主要根据"以培养工业建设人才和师资为重点，发展专门学院，整顿加强综合大学"的方针，按文理综合大学、大学专门学院和专科学校三大类型来调整，特点是除保留少数文理综合大学外，按行业归口建立单科型高校；大力发展独立建制的工科院校，相继新设钢铁、地质、航空、矿业、水利等专门学院和专业。同时，教育部按照中央的指示，从下半年开始，将原有的65所私立高等学校并入公立学校或改为公办。

方案经政务院批准后，于8月初通知各大行政区教育部贯彻执行。院系调整后，全国高校数量由1952年之前的211所下降到1953年的182所。明确各类学校的性质和任务，奠定了发展专门学院、巩固和加强综合大学的基础。[①]

根据《关于全国高等学校1952年的调整设置方案》，保留山东大学与北京大学、复旦大学、南京大学、东北人民大学、中山大学、武汉大学等为文理综合大学。根据中央教育部的指示，华东军政委员会教育部于8月中旬设立院系调整委员会，并召开本区大专院校校长会议，决定将山东大学和复旦大学、南京大学改为文理综合大学。

山东高等学校院系调整工作是通过山东省文教委员会第六次扩大会议布置的。会议于1952年8月13日开始，历时三天。会议决定成立由37人组成的华东高等学校院系调整委员会山东分会，主任委员由中共山东分局宣传部部长夏征农担任。此次山东高校调整以山东大学、齐鲁大学为重点。齐鲁大学作为教会大学拟取消，学科调整到相关高校；山东大学则要在发展专门学院、培养工业建设人才的布局调整中，解决重新组合的问题。

---

① 何东昌主编：《中华人民共和国重要教育文献（1949—1975）》，海南出版社1998年版，第213页。

华岗校长参加了这次会议,返校后随即召开校务委员会常委会会议,传达会议精神,研究制订山东大学的调整方案和计划。8月19日,学校成立院系调整委员会,华岗任主任委员,童第周、陆侃如、吴富恒、李芸生(青岛市人民政府文教委员会主任)任副主任委员,另有委员20人,领导这次院系调整工作。

8月23日,学校召开校务委员会第11次扩大会议,华岗校长传达华东地区院系调整会议精神和本校调整方案,同时成立秘书、宣传、总务、联络、物资清点等组织,由专人负责,尽快做好各项准备工作。

《山东大学院系调整方案》获得上级批准后,8月26日,学校召开院系调整大会。华岗校长向全校师生员工作院系调整问题的动员报告,得到大家的拥护,表示将认真贯彻执行。在讨论中,农学院院长陈瑞泰认为,山大农学院调整到山东农学院,可以克服人力浪费和设备不集中等弊端,山东的高等农业教育将会得到健全发展。工学院院长丁履德表示:这次院系调整,使山东地区两个工业学院有明确的分工,培养人才的方向更会适应社会主义建设的需要,这是一个很重要的教育改革措施。

1952年山东大学院系调整方案的主要内容如下:

工学院的调整情况:工学院共有土木工程系、机械系、电机系三个系,其中土木工程系与原山东工学院的土木、纺织两系合并,成立青岛工学院;机械、电机两系迁至济南,与原山东工学院合并。

农学院的调整情况:农学院共有农艺系、园艺系、病虫害系三个系。这三个系全部迁至济南,与原山东农学院合并(后为山东农业大学)。

理学院的调整情况:理学院共有数学系、物理系、化学系、动物系、植物系、地质矿产学系、水产系七个系。其中地质矿产学系调出,迁至长春,与有关院校的系科合并,组建成长春地质学院。

直属系调整情况:政治系迁至济南,组建成山东省政治学校(后为中共山东省委党校);艺术系的戏剧组迁至上海,与上海戏剧专科学校合并,组建成中央戏剧学院华东分院(后为上海戏剧学院);艺术系的音乐、美术两组迁至无锡,与上海美术专科学校、苏州美术专科学校合并,组建成华东艺术专科学校(后为南京艺术学院)。

医学院调整情况:医学院因受校舍的限制,暂缓调整,保留学院建制。

厦门大学海洋系理化组部分师生与山东大学海洋物理研究所合并,成立海洋系。[1]

---

[1] 王琪珑、赵爱国主编:《山东大学纪事》,山东大学出版社2021年版,第114—115页。

院系调整工作到9月30日全部结束，按预定计划完成了工、农两院七系和其他四个系的调整工作。按照调动迁出时间表，9月6日，农艺、园艺和病虫害三系迁至济南；9月7日，政治系迁至济南；9月10日，机械、电机两系迁至济南。

1953年7月，根据高等教育部指示，山大动物系、植物系合并为生物系。至1953年底，学校除暂时保留医学院外，取消院一级建制，全校设有中文、外文、历史、数学、物理、化学、生物、水产、海洋9个系，10个本科专业。全校学生1148人，共有教职工1214人，其中专任教师380人（教授62人、副教授38人）。全校藏书24万册。①

在院系调整过程中，山东大学的党政机构和人事方面也有所变动。1952年10月，学校的党组、党委合一，由华岗任党委书记，崔戎、武杰任党委副书记，设常委会主持党委的日常工作。教务长何作霖调往北京中央地质部工作，副教务长余修调任山东师范学院院长，副教务长罗竹风调到上海市政府任职，副总务长刘宿贤调任青岛工学院党委书记。吴富恒任教务长，崔戎、郭贻诚任副教务长。

院系负责人也随之变动，新设海洋系，赫崇本任系主任；中文系主任吕荧调京工作，萧涤非继任主任；其他各系主任未变动。行政机构按照中央教育部的规定，在校长领导下设政治辅导处，由武杰任主任，管理师生员工的社会活动，协助教务处指导马列主义理论课的教学工作。

二、1953—1957年的院系调整

1953年的院系调整主要是对1952年院系调整的补充和延续，原则上改组旧的庞杂的大学，加强和增设工业高等学校并适当增设师范学校，对法政、财经等院系采取适当集中的策略。这次调整的特点是以中南区为重点，华北、华东、东北进行专业调整，西北、西南进行院系布局和专业调整。

这次全国高等学校院系调整后，共有各类高校182所，其中综合大学13所、高等工业学校39所、高等师范学校31所、高等农林学校29所、高等医药学校29所、高等财经学校7所、高等政法学校4所、高等艺术学校15所、高等语文学校8所、高等体育学校5所和少数民族高等学校2所。②

1953年4月，教育部决定河北水产学校停办，其师生、图书和教学设备分别并入山东大学水产系和上海水产学校。与此同时，山大外文系也被调整，英语组学生44人并入上

① 王琪珑、赵爱国主编：《山东大学纪事》，山东大学出版社2021年版，第120页。
② 何东昌主编：《中华人民共和国重要教育文献（1949—1975）》，海南出版社1998年版，第215页。

海外国语学院；6月，高教部又将英语组并入复旦大学外文系；1955年6月，学校接高教部通知，山东大学英国语言文学专业停办，俄罗斯语言专业的师生调入武汉大学。1957年暑假，根据高教部的指示，学校外文系学生并入上海外国语学院。外文系原有的三个教研组调整为外国语言文学教研组和俄语教研组。山大外文系自1957年8月撤销，学校历史悠久的外文系暂时停办。

在1956年全国第三次院系调整中，高教部撤销青岛工学院并决定让山大医学院利用该院校址校舍独立建院。1956年3月12日，高教部批复山东大学医学院独立建院，定名为青岛医学院。9月29日，青岛医学院在青岛第二体育场举行建院庆祝大会，标志着青岛的医学教育进入发展新时期。

山东大学的院系调整，从全国范围看，对于新中国教育事业的发展作出了重要贡献，但对学校整体实力而言是一个很大损伤，无论办学规模还是综合实力，无论学科设置还是师资力量，都大不如以前。由于学科被分解，致使山东大学和山东省丧失了兴办大型综合大学的学科条件，这是不利的一面；另一方面，山东大学保留下来的中文、历史、海洋、水产、生物等学科，基础尚好，在调整中师资力量得以加强，教学设备得以充实，因此依然在国内学术界有一定的影响，为山东大学形成办学特色奠定了学科和人才基础，是有利的一面。

关于院系调整，校长华岗认为，最好以一所各种学科齐备、课程设置齐全的综合大学为骨干，另设若干独立学院，这样学科之间交叉互补，对开展研究工作、提高教学质量以及今后的国家建设都更为有利。他希望保留地质矿物系，不赞成像浙江大学那样"一锅端"的做法。[1]但他的意见未被采纳。尽管如此，他还是认真执行国家的调整方案，并开始思考学校下一步如何发展的问题。

第二节　开展教学革新

以苏联为榜样建设新中国，是当时中国政府的指导方针。高校学习苏联是从中国人民大学、哈尔滨工业大学内部体制与教学改革试点开始的。在此基础上，从1952年秋天开始各高校导入苏联教育模式，采用苏联大学的教学计划、教学大纲、教科书、教学方

---

[1] 罗竹风：《华岗同志虽死犹生》，青岛市政协文史资料委员会、山东大学青岛校友会编：《华岗纪念文集》，青岛出版社2003年版，第24页。

法，成立教学研究组。这些在教学制度、教学内容、教学方法、教学组织方面的全面改革，彻底改变了中国旧大学的内部体系。至1956年我国建立起苏联模式的社会主义大学制度，影响深远。[①]

高等教育界的学习苏联，宏观方面表现为院系调整、专业设置，既使国家能够实现对大学的管理，又能尽快地培养又红又专的建设人才；微观方面表现为制订全国统一的教学计划、教学大纲乃至教学方法，规定教材和教科书。此外，许多学校还大量使用苏联教材，有些课程甚至由苏联专家直接讲授，其主要目的也是尽快培养合格的建设人才。学习苏联教育经验，进行教育改革，对于新中国高等教育体系的建立起到了重大作用。

一、实施专业教学

就人才培养模式而言，高等教育界学习苏联经验，是从培养"通才"的教育模式转向培养"专才"的教育模式，标志是取消院一级建制，系作为一级行政组织，下设若干专业和专门化。苏联教育强调专业规格划一，根据国家建设的需要，培养学生成为既具有广泛基础知识，又具有深厚专业知识和熟练技能的合格专业人才。

华岗认为："过去大学所培养出来的所谓'通才'，就是门门都只摸到一点皮毛，而门门不精。现在综合性大学既要学习有关学科的基本理论，又要学习专业知识，以便可以随时为国家建设服务。因此，各系各科都应根据各自性质与国家建设需要以及现有条件，定出专业课程，以便集中力量进行重点教学。""只有这样把目的意识性明确起来，才能具体地贯彻到整个教学过程中去，以培养各种专门人才。"[②]

根据教育部的部署，山东大学的专业设置从1952年11月开始，组织教师学习苏联专业设置的经验。教师们认为，专业教学具有明确的目的性、高度的计划性和科学性。在学习中，教师们对苏联专业制度的特点与优越性认识逐步加深，与英美的教育制度进行比较，增强了进行课程改革的信心，也加强了集体主义观念。

在教学改革中，学校根据当时的师资力量和设备条件，决定设置十个专业：中文系设汉语言文学专业，历史系设历史学专业，外文系设俄语专业，数学系设数学专业，物理系设物理学专业，化学系设物理化学专业，生物系设动物学专业和植物学专业，水产系设水产专业，海洋系设物理海洋专业。其中物理学和动物学两个专业，师资力量和教学设备都较好，物理海洋专业属于全国新创，这就形成了山东大学办学中新的重点和新的

---

① 栾开政主编：《山东高等教育发展史（1840—2000）》，山东教育出版社2003年版，第249页。
② 华岗：《改进教学工作的主要关键》，载《新山大》1952年第59期。

特色。[①]

所谓"专业教学"，是指按照苏联教学大纲要求设置课程，把各系的课程分为基础课和专业课两大类，旨在以"专才"培养代替"通才"培养，以适应国家经济尤其是工业快速发展的需要。

各系开设课程如下：

中文系：文艺学引论、中国文学史、写作实习、现代文学、人民口头创作、古典文学、世界文学、苏联文学、语言学引论、中国语言学、诗词研究、诗经研究、杜甫研究、鲁迅研究14门。

历史系：中国历史文选、中国史、亚洲史、世界史、中国近代史、世界近代史、中国文学史、中国思想史、考古学通论、中国地理、世界地理、自然地理、中国经济史、中国农民战争史14门。

外文系：中国语文、语法修辞、写作实习、基本俄语（包括语音、语法、口译）、俄语语音学、俄语词汇学、俄苏文学7门。

数学系：数学分析、解析几何、高等数学、普通物理、微分方程、微分几何、复变函数论、理论力学、特殊函数、专门讨论10门。

物理系：普通物理、物理实验、高等数学、普通化学、理论物理、热力学、统计物理学、电力学、量子力学、数理方程、电工及无线电、工艺力学、物理学史13门。

化学系：高等数学、理论物理、无机化学、有机化学、分析化学、物理化学、化学工艺、结晶学、物质结构、胶体化学、化学热力学、量子化学、电化学13门。

生物系：生物学史、生物学引论、物理学、生物化学、地质学、组织学、达尔文主义、遗传学8门。其中动物专业的专业课有动物学、动物基础学、动物生殖学、人体解剖学、动物饲养学5门，植物专业的专业课有植物学、植物生理学、微生物学、农业与土壤学、植物栽培学5门。

水产系：普通植物学、水产动物学、达尔文主义、遗传学、普通物理、普通化学、分析化学、海藻学、贝类学、鱼类学、浮游生物学、经济海产学、无脊椎动物学、胚胎学、海水养殖、海洋学16门。

海洋系：高等数学、普通物理、分析化学、海洋通论、自然地理、力学和流体力学、普通气象学、潮汐学、波浪学、海洋动力学、海洋化学、海洋工程学、天气学、海洋沉积学、

海洋船艺及海道预测15门。[①]

各系适当增加课程实习和生产实习的学时，以加强对学生实际操作能力的培养。

二、建立教学与科研组织

根据苏联建立教研室的经验，学校把一门或相近几门课程的教师、实验室工作人员组成教研室（组）或教学小组，使其成为负责教学和科研工作的基层组织。

教研室（组）或教学小组随着教学改革的不断深入而不断增加。1952年建立7个教研组和6个教学小组；1953年9月，按课程门类建立14个教研室（组）和26个教学小组，各专业大部分基础课程都放在教研组，80%的教师参加教研组或教学小组，86%的课程由教研组或教学小组承担。到1953年第一学期末，教学小组发展到41个，加上14个教研组，全校共有教学组织55个，开设166门课程，占全部课程的91%，全校99%的教师参加教学组织，几乎所有的教学组织都制订有工作计划，一般都能按照计划开展教学。[②]学校要求系主任必须亲自掌握一个教学小组，每半个月召开一次教师及课代表联席会议，及时听取教师和学生的反映和建议。

各系建立教研室（组）或教学小组基本情况如下：

① 马列主义教研室　1953年9月，学校成立由教务处领导的马列主义教研室，担任全校政治理论课的教学工作，崔戎兼主任。马列主义教研室下分中国现代革命史、马列主义基础、辩证唯物主义和政治经济学四个教学小组，由朱作云、蒋捷夫、赵俪生、吴大琨分任组长。

② 公共必修课俄语教学小组，由金诗伯任组长。

③ 体育教育教学小组，由王俊朋任组长。

④ 中文系　现代文学教研组，孙昌熙、刘泮溪任组长；中国文学史教研组，冯沅君、萧涤非任组长；中国语言教学小组，殷焕先任组长。

⑤ 外文系　基础俄语教研组，方未艾任组长；英语教学小组，黄嘉德任组长。

⑥ 历史系　中国通史教研组，王仲荦、卢振华任组长；中国近代史教研组，郑鹤声、孙思白任组长；世界史教学小组，陈同燮任组长。

⑦ 数学系　高等数学教研组，刘智白、刘冠任组长；高等分析数学教学小组，莫叶任组长；代数教学小组，周怀生任组长；几何教学小组，谢力同任组长。

---

①《山东大学百年史》编委会编：《山东大学百年史（1901—2001）》，山东大学出版社2001年版，第209-210页。

②《一九五三年度第一学期教学工作总结》，载《新山大》1953年第115期。

⑧ 物理系　普通物理教研组，刘鸿宾、王应素任组长；力学教学小组，周北屏任组长；实验教学小组，杨有林任组长。

⑨ 化学系　有机化学教研组，刘椽、杜作栋任组长；无机化学教研组，尹敬执任组长；理论化学教学小组，刘遵宪任组长；分析化学教学小组，叶长龄任组长；化学工艺教学小组，武际元任组长。

⑩ 生物系　无脊椎动物教研组，曲漱蕙任组长；普通植物教研组，陈机任组长；脊椎动物教学小组，黄浙任组长；微生物教学小组，王祖农任组长；达尔文主义教学小组，方宗熙任组长。

⑪ 水产系　水产通论教研组，沈汉祥任组长；水产动物教学小组，邹源琳任组长；水产加工教学小组，闵菊初、刘纶任组长；渔捞渔具教学小组，黄文澧任组长；航海船艺教学小组，胡文溶任组长。

⑫ 海洋系　海洋学教研组，唐世凤、景振华任组长；海洋气象教学小组，王彬华任组长；海洋动力学教学小组，文圣常任组长。①

这些组织发挥集体的力量，经常研究教学工作，还建立了预讲、听课、形象教学、辅导、课堂讨论等教学制度，有组织、有步骤地按照教学大纲、教学计划进行教学。至此，山东大学完成了专业设置及教学组织体系的重构，正式实施专业教学。

三、开展教材改革

采用苏联教材，重新编写教材，制订教学计划和改写教学大纲，是这一时期教学改革的一个重要内容。

山东大学从1952年开始教材改革。确定"边教边改，边改边教"的原则，一边照常进行教学，在教学实践中发现缺点和错误，加以修正和改革，之后再拿到教学实践中去检验。根据1953年山大教学工作计划，教材改革仍被列为重点之一。

改进教材内容，核心是提高教材的思想性、科学性。据此，教务处在对全校教材摸底的基础上，划分几类情况，进而提出指导性意见：国内已有苏联专业教材译本的课，根据高教部修订的教学大纲，采用苏联教材，在实践中掌握其精神，积累经验，准备编写讲义；已根据苏联教材写成讲义的，要继续深入研究苏联教材，结合中国实际情况加以修改；自定大纲写成讲义的，继续研究修改补充；有苏联教材但无译本者，可在教学组内制

---

① 《山东大学百年史》编委会编：《山东大学百年史（1901—2001）》，山东大学出版社2001年版，第208—209页。

订计划，组织力量，将苏联原本译成中文，以边译边研究的办法，结合利用进行讲授；有苏联教材大纲者，根据已修改的大纲或修改讲稿，或采用适当课本授课。[①]

1953年第一学期全校理科系开设的63门课程中，全部采用苏联教材的有数学分析、高等代数、普通物理、无机化学、分析化学、天气学、理论气象7种；基本按照苏联教材自编讲义的有高等数学、微分几何、植物学、植物生理学等11种；部分参考苏联教材的有理论力学、近代物理、普通化学、定量化学、化学工艺、生物学引论等20种。以上全部采用或部分采用苏联教材的课程共38种，占理科开设总课程的61%。没有苏联教材的系、专业，大都采用自编教材，如水产系自编教材就有16种。[②]

四、创办工农速成中学

1951年10月，政务院作出《关于改革学制的决定》，规定各地应举办速成中学，培训工农学员。11月，教育部颁布《关于工农速成中学附设于高等学校的决定》。1952年6月，学校决定成立附设工农速成中学（简称工农速中）筹备委员会，陆侃如副校长为主任。11月，工农速中成立，陆侃如兼任校长。同月，山东省工农速中统一招生，山大工农速中共招收学员160名，实到138名。11月30日，工农速中在大众礼堂举行开学典礼。首批学生和学校党政领导、青岛市文教局等单位和各中学代表与会。华岗在讲话中说，工农速成中学的创立是培养工农人才、改革教育的重大措施。全国工业劳动模范郝建秀代表全体同学讲话，表示保证完成党交给的学习任务，提高科学文化水平，为建设国家作出更大贡献。

12月2日，山大工农速中正式开课。其行政机构设有校长室、教导处和总务处；党群组织设有党总支、团总支、工会；教学组织设有语文教研组、数学教研组、理化生物教研组、政史地教研组。

郝建秀（右）在教师指导下钻研数学题

山大工农速中共招收三届学员，计957人。其所招收的学员是政治素质好的优秀产业工人、革命干部，他们经过短期正规的文化学习，完成普通中学阶段的教学计划，并按期考入高等学校深造，以后成为社会主义建设中全国各条战线的骨干人才。因创造细纱工作法而闻名全国的工业劳动模

---

①《教务处采用苏联教材情况与教师工作量情况》，山东大学档案馆藏，档号：JX-ZH-02-1954-032。

②《一九五三年度第一学期教学工作总结》，载《新山大》1953年第115期。

范郝建秀同志，就是山大工农速中的第一届学员。郝建秀曾先后受到毛泽东、周恩来等中央领导的亲切接见，后来担任过中央书记处书记、全国政协副主席等职务。

1958年7月，山大工农速中最后一届学生毕业。7月18日，更名为山东大学附属中学。山东大学大部迁济南后，附属中学留在青岛，成为新成立的山东海洋学院附属中学。

五、多层次多形式办学

学校开展研究生教育的实践始于1948年的水产研究所。1951年，中文、历史两个专业招收研究生，之后又相继增设了数学、物理、动物、植物、微生物等研究生专业。1952年院系调整时，当年招研究生工作暂停。1956年10月，高教部批准山东大学中文系、历史系招收副博士研究生（此为学习苏联的做法，相当于硕士，不久取消）。冯沅君、高亨被聘任为副博士导师，当年录取4人。史料显示，1954年招收三年制的研究生2人，1955年招收三年制的研究生9人，1956年招收四年制研究生3人、二年制研究生24人（包括教育部委托培养的研究生5人），1958年招收研究生1人。

学校的成人高等教育始于1958年。是年5月，山东教育厅批准学校举办函授教育和夜大学，7月开始招生。函授设中文、历史、数学、生物四个专业，学制三年，面向山东省招生，计划招收600人；夜大学设中文、历史、哲学三个专业，学制三年，面向青岛市招生，计划招收300人。

学校除举办函授、夜大学外，还为青岛市举办各种短训班，在业余教育方面取得很大成效。例如，在1958年，学校举办文学专科和业余中学26个班，学生近2000人。学校举办了许多短训班，如中学历史短训班、细菌肥料短训班、海带养殖短训班、气象训练短训班等。这些短训班对帮助干部和工农劳动者提高文化水平，取得了一定成绩，并得到有关单位和学员的好评。[①]

学校的留学生教育自1924年就开始了。根据教育部的安排，1954年8月，朝鲜、越南留学生陆续来校学习，计有朝鲜留学生7人、越南留学生14人。他们分别在中文、生物、水产三系学习，至1958年全部毕业回国。

六、与社会主义国家的校际交流

在山东省各高校中，山东大学是较早与社会主义国家开展学术交流活动的。20世纪

---

① 《伟大的一年　辉煌的成就》，载《山东大学报》1958年10月1日。

50年代，山东大学与苏联、越南、朝鲜等社会主义国家往来密切，互有专家参观访问。1954年6月，苏联诺沃德拉诺夫教授受教育部委托来化学系参观；同年8月，苏联专家波兹尼柯夫等40余人参观海洋系、水产系。

1956年5月，苏、中、朝、越太平洋西部渔业研究会议召开，苏联代表团团长莫伊谢也夫教授、朝鲜代表团团长金在弼副相、越南代表团团长黎维真副部长及三国代表团团员，由我国商业部水产总局负责人陪同来校参观水产、海洋、生物三系；7月，波兰渔业考察团来校参观。

1957年，在纪念苏联十月革命40周年前夕，海洋系赫崇本教授赴苏联参加太平洋西部渔业会议。在苏联期间，他考察了莫斯科、列宁格勒、斯大林格勒等地的渔业和海洋方面的工作，回校后对他们的部分研究和应用成果作了介绍；10月，苏联海参崴航海学院学生参观海洋系，在中国科学院古生物研究所工作的生态专家盖格尔、海洋生物研究所海洋地质专家别兹鲁柯夫来校参观。蒙古人民共和国来青岛休养的代表团参观水产系。

1958年9月，苏联水产专家萨米托耶夫来校参观生物、海洋、水产三系。为提高数学系教师的业务水平，学校聘请苏联专家、列宁格勒大学教师巴索夫来校，为数学系讲课，时间半年。学校还选派三名留学生去苏联学习。

第三章
文史见长　开拓海洋

　　1953年5月,高教部下达《关于各综合大学研究发展重点与方向的指示》,要求各综合大学研究并确定本校的发展重点和方向。根据要求,学校形成《关于我校重点发展方向及贯彻综合大学会议决议的报告》。在这份报告中,考虑到学校地处海滨、文史力量较强的实际,以及国家建设的需要等因素,最终确定理科以海洋为重点、文科以中国近代史专门化和中国文学史为重点的办学思路;确定汉语言文学、历史、海洋生物、动物胚胎、植物、物理海洋六个专业作为重点发展学科。物理、化学两个专业师资力量和设备条件都较好,又承担理科各系的基础课程,对教学质量的提高关系重大,也定为重点学科,力求得到发展。山东大学的学科规划蓝图因有自己的特色而受到高教部表扬,后经概括和提炼,表述为文史见长、加强理科、发展生物、开拓海洋,成为这一时期办学的指导方针,赢得了"海洋学科远东第一""生物学科全国最好"和"文史见长"三大美誉。

第一节　重点发展文史哲

一、发展文史学科

　　20世纪50年代,在学科调整中,中文系的史学部分独立为历史系,由杨向奎任系主任。历史系拥有教授12人、副教授3人、讲师4人、教员2人、助教14人。高级职称占全系教师总数的43%，为全校之冠，是当时国内综合大学历史系实力最强者之一。历史系师资力量以全面著称，从中国古代的先秦、两汉、魏晋南北朝、隋唐五代、宋元明清到世界史，每一个历史时期都有深入研究、成绩卓著的专家，各有特点。

中文系有教授9人、副教授2人、讲师5人、教员2人、助教16人。高级职称者占全系教师总数的32%，仅次于历史系，与理科的生物系并列第二。这些学者都各有专长，在中国古典文学、鲁迅研究、文学史等领域成就显著，在学术界占有一席之地，其中陆侃如、冯沅君、高亨、萧涤非四位教授在学界享有盛誉。

华岗、童第周和陆侃如一致认为，中文、历史两系师资阵容齐整，不仅在教师总数上占据优势、水平较高，教学和科研也都打开局面，并取得了重大成绩，因此将中文系汉语言文学专业和历史系的历史专业作为重点发展学科。

中文、历史两系突出以"史"的研究为重点发展方向。中文系以文学史作为发展方向，历史系则抛弃过去那种"中国史以古代为主，外国史以欧洲为中心"的课程设置，以中国近代史专门化作为重点发展方向。这一学科规划，奠定了中文系、历史系在山东大学的地位，也确立了山东大学文史研究在全国的地位。

山东大学是中国鲁迅研究的重镇。从1951年2月起，华岗陆续撰写了《鲁迅思想的逻辑发展》《鲁迅论中国历史》《鲁迅论科学》《鲁迅论文艺》《鲁迅论妇女问题》等五篇文章，发表在《文史哲》上。华岗倡导在中文系开设鲁迅研究课程，在他指导下，刘泮溪、孙昌熙、韩长经三人组成备课小组，于1953年上半年正式开课。这是全国高校中首创的鲁迅研究课程。三人备课小组的讲稿结集为《鲁迅研究》，是新中国成立后系统研究鲁迅最早的一部专著，在海内外具有一定影响力。

20世纪50年代，中国史学界相继进行了中国古代史分期、中国封建土地所有制形式、中国封建社会农民战争、中国资本主义萌芽、汉民族形成等系列问题大讨论，史称"五朵金花"。与"五朵金花"研究相匹配，历史系开出了中国土地制度史、中国手工业商业发展史和中国农民战争史三种新课程，分别由张维华、童书业和赵俪生教授主讲，促进了历史系的学科发展。

中文、历史两系的学者开设中国古代文学史、中国语言文学、中国古代史、中国近代史、世界史、中外经济史、中西交通史、中国农民战争史等主干课程，而哲学主要由华岗校长来担纲。他除了进行中国近代史研究之外，更多的是进行哲学原理和方法论的研究。华岗校长在四年中先后发表《实践论——思想方法的最高准则》《宇宙的物质性及其发展的规律性》《物质第一性和意识第二性》《唯物辩证法的历史根源和意义》《从量变到质变的发展规律》《辩证法和形式逻辑》等近20篇论文,出版了《辩证唯物论大纲》《辩证唯物论与物理》等专著。这些论著从一般原理到方法论等构成了全新的哲学体系。许多教师受华岗校长的影响,开始运用马克思主义理论指导自己的学术研究,并取得丰硕成果。

二、创办《文史哲》

　　1951年4月,在华岗校长的支持下,文学院和历史语文研究所的部分教师,成立了文史哲杂志社,华岗任社长,副校长陆侃如、文学院院长吴富恒任副社长,历史语言研究所所长杨向奎任主编,编辑工作由中文、历史两系的教师兼任。

　　5月1日,《文史哲》正式创刊,办刊经费主要依靠自筹。1952年9月《文史哲》成立编委会,委员有华岗、陆侃如、吴富恒等。1953年后,由山东大学学报委员会领导,经费由学校负责。《文史哲》初为双月刊,后为月刊,至1958年,共出版76期,发表文章780余篇。[①]

《文史哲》创刊号

　　《文史哲》创刊后,学校教师踊跃投稿。华岗从1951年5月至1955年7月,在《文史哲》上发表35篇关于政治理论和哲学方面的研究文章,陆侃如、冯沅君关于中国文学史的论著,吴富恒关于文艺理论和文学评论的专论,高亨关于先秦哲学和先秦文学的研究,萧涤非关于杜甫的研究,杨向奎、童书业、王仲荦、赵俪生、张维华、郑鹤声、陈同燮、卢振华、孙思白、华山关于历史和思想史方面的论著,黄云眉、黄公渚等关于中国古典文学方面的评论,殷孟伦、殷焕先、蒋维崧等关于语言文字方面的研究,孙昌熙、刘泮溪等关于鲁迅的研究,黄嘉德、吕荧、张健、金诗伯、陆凡等翻译和介绍的外国文艺理论方面的优秀论著,都受到了读者的欢迎。

　　《文史哲》倡导发表开拓新领域、提出新观点的文章,围绕史学界"五朵金花"、《红楼梦》研究、文艺理论和现代文学等问题,在全国范围开展了一系列的讨论乃至论战。著名的"《红楼梦》讨论"就是众多论战中具有代表性的一次。针对以考据方法研

---

①《图说山大》编写组编著:《图说山大:重温美好时光　再创辉煌未来》,山东大学出版社2021年版,第235页。

究《红楼梦》的新红学代表人物俞平伯的观点,中文系毕业生李希凡和蓝翎合写《关于〈红楼梦〉简论及其他》一文进行质疑。他们从马克思主义的观点出发,批评俞平伯《〈红楼梦〉简论》未能从现实主义出发对《红楼梦》中的反封建倾向加以探讨,因而得出的结论不能令人信服。两人的文章在《文史哲》刊发后,引起毛泽东主席的关注。1954年10月16日,毛主席写了一封《关于〈红楼梦〉研究问题的信》,在信中表达了对两个"小人物"的喜爱与欣赏,认为他们敢于质疑权威的观点,是"三十多年以来向所谓《红楼梦》研究权威作家的错误观点的第一次认真的开火",这种挑战权威的精神值得大家学习。[①]毛主席的这封信发表后,震撼了全国理论界,从而引发了一场全国范围内对《红楼梦》研究中"胡适派"资产阶级唯心主义和实用主义的批判。这场运动在1955年达到高潮。

　　《文史哲》以此为契机,及时开展《红楼梦》研究大讨论,在山大掀起《红楼梦》研究的热潮。仅1955年,吴富恒、冯沅君、孙昌熙、高兰等就在《文史哲》上发表14篇文章。一时间,山大成为国内《红楼梦》研究的中心之一。《文史哲》由此引起全国各界注目,声名远播。

　　《文史哲》是新中国第一份大学文科学报,也是新中国创办最早的人文社会科学杂志之一。由于《文史哲》的带动和华岗校长的推动,山东大学逐步走向哲学研究的前沿。

第二节　开展科学研究

　　山东大学以教学为中心,同时重视科研工作。1951年3月18日,学校召开与华东大学合校后的第一次校委会会议,就开展科研工作作出以下决定:

　　(一)每年3月15日为校庆节日,在校庆活动期间举行科学讨论会,检阅一年来的科研成果。

　　(二)重新组建学术委员会,由童第周副校长任主任委员,陆侃如副校长和何作霖教务长任副主任委员。规划全校的科学研究工作,筹办出版文、理、工、农、医学科综合性的学术刊物《山东大学学报》。

　　(三)各系必须制定科学研究计划,包括选题、内容、负责人、完成时间等等,以迎接

---

① 杨来青:《毛泽东与青岛》,青岛出版社2018年版,第155页。

每年的校庆科学讨论会。

（四）科学研究工作由教务长分工领导，教务处设专人处理日常的各项具体工作。[①]

在这次校委会上，确定了学术研究的三项基本原则：第一，学术研究工作应围绕教学去进行，帮助和加强教学；第二，科研应配合当前社会实际情况，特别是与青岛、山东的生产建设事业相结合，辅助其大力发展；第三，配合全国的学术计划与政府政策。在这三原则中，后两项与服务现实有关。实践证明，学校文、理两科所开展的主要学术研究，基本上是遵循该原则来进行的。

在1951年4月2日、6日召开的校委会会议上，通过六项议案，其中第三项就是"关于加强学术研究案"。具体内容包括：第一，利用本校现有基本条件，以经济的方式去做研究工作（如工学院可以同实习工厂密切联系，研究和解决问题）；第二，编译书籍；第三，出版学术性的刊物；第四，各系举行学术讲演。[②]

为了加强学术研究，提高学术水平，学校成立了学术审议委员会。6月8日，学术审议委员会召开会议，讨论通过《学术审议委员会组织条例》。学术审议委员会由教务长、副教务长、各院院长以及历史语言研究所、海洋物理研究所所长组成，设主席1人、副主席2人，由正、副教务长分任。学术审议委员会的主要任务是：第一，审议教员升等（职称评定）所提出之论著及其他有关学术研究之报告；第二，审议员生申请奖励之有关学术的创造、发明、发现、著作、调查报告等；第三，审议各院、系提出奖励有特殊价值之毕业论文；第四，审议各院、系、所以教学为主的学术编译计划及准备发刊之学术丛书；第五，协助本校之编审工作。[③]各系均据此制订教学和科研计划，确定研究重点和方向。

1953年全国综合大学会议以后，学校积极贯彻落实会议精神，围绕着培养科学研究工作和教学专门人才的任务与目标，把大力开展科学研究列为学校年度工作的重点。

1953年12月，成立山东大学科学研究委员会，推举童第周为主任委员，郭贻诚、徐佐夏、杨向奎为副主任委员，委员有方宗熙、吴大琨、李正先、沈汉祥、冯沅君、梁希彦、赫崇本、刘遵宪、穆瑞五。科学研究委员会制订工作计划，加强全校科研工作的组织和领导，使科研工作建立在经常和广泛的基础上，有计划、有组织地进行。同时原有的教学小组调整为教研小组，把教学和科研紧密结合起来，互相促进，至1955年全校共设立教研组57个。学生做学年论文和毕业论文，提高科研能力和教学质量；助教补做毕业论文，进行

① 王琪珑、赵爱国主编：《山东大学纪事（1901—2020）》（上），山东大学出版社2021年版，第110-111页。
② 《校委会举行第一次会议讨论通过六项重要议案》，载《新山大》1951年第3期。
③ 华岗：《加强学术研究工作——学术审议委员会成立》，载《新山大》1951年第8期。

论文答辩；组织行政人员学习，自觉地为教学科研服务。全校上下形成了浓厚的科研氛围和良好的科研环境。

校庆科学讨论会自1952年开始到1958年，共举办六次。组织工作一次比一次好，论文质量一次比一次高，为学校所创办的学术刊物提供了数量较多、水平较高的学术论文。据统计，1952年校庆科学讨论会期间，全校师生提交论文62篇，1953年94篇，1954年120余篇，1955年150余篇。[①]

一年一度的科学讨论会的举办，促使许多教师纷纷订立科研计划。1955年，山大教授有79%制订科研计划，科学讨论会上28人提交25篇论文；副教授中，有71%制订科研计划，科学讨论会上有13人提交9篇论文；讲师中有60%制订科研计划，科学讨论会上有30人提交论文；助教中有50%在老教师的帮助下初步开始科学研究工作，科学讨论会上有48人提交论文。[②]一大批科研人才在这种学术环境中茁壮成长，成为学校的学术栋梁和骨干。

理科教师遵照科研要为地方和现实服务的原则，积极为山东省和青岛市解决一些实际问题。据1953—1954年《山东大学科学研究情况报告》显示，科研立项有黄渤海区重要经济鱼类渔场调查研究、血吸虫研究、天气分析的有关理论问题、海洋的动力学应用问题等。这些选题与人民的生产生活实际有着密切的关系。

就各系而言，由于学科性质的差异，为地方解决实际问题各有特点。数学系结合经济建设中实际问题，加强函数论、控制论、运筹学研究。物理系对青岛电力、仪表、机械、冶金工业的发展给予特别关注。化学系在山东特别是青岛橡胶业、印染业的生产中做了大量工作。医学院把山东和青岛的地方病作为攻关课题，同时受卫生机关委托，分析鉴定一些中药的作用及价值。

1956年1月，党中央发出"向科学进军"的号召。9月，中国共产党第八次全国代表大会召开。山大党委在组织学习八大精神的基础上，经过认真调查研究，提出《关于改进我校当前工作的意见》。根据《意见》的要求，成立科学研究处，拟订1957年科研计划228项，其中水产系22项、海洋系19项、生物系59项，参加研究的教师有196人。海洋系所列的科研计划中，有赫崇本的"潮汐学讲义"、王彬华的"气象学讲义""东南亚台风分析"、孙月浦的"沿海气象与盐业生产的关系"等；水产系所列科研计划中，有黄文澧的"黄海东海渔场及底层渔产资源"、薛廷耀的"水产品防腐"、闵菊初的"鱼类鲜度及盐渗

① 徐畅：《战士品行　学者风范——山东大学校长华岗》，山东教育出版社2012年版，第189页。
②《一年来贯彻统一教学计划获初步成绩》，载《新山大》1955年第207期。

透度的关系"等；生物系所列科研计划中，有陈机的"植物学教科书"、王祖农的"土壤微生物"、方宗熙的"种内关系"等。

1958年3月，学校与中国科学院海洋生物研究所及中央水产实验所合作，进行黄海、渤海的渔场调查，了解渔业生产情况，对提高鱼类产量和改善人们生活作出了贡献。5月，在中共山东省委领导下，海洋、水产、生物三系的96名师生和省水产局18名干部组成水产资源调查队，用四个月时间对山东沿海进行调查，为海水养殖业的发展提供了大量可靠的基础资料。其间，薛廷耀等对胶州湾口细菌数量波动进行调查研究，开启我国海洋微生物生态调查的进程。

第三节　夯筑中国海洋科教之基

海洋科学是研究地球上海洋的自然现象、性质及其变化规律，以及和开发与利用海洋有关的知识体系。它的研究对象，既有占地球表面约71%的海洋，也有海洋底边界，还有海洋的上边界。它的研究内容，既有海水的运动规律，海洋中的物理、化学、生物、地质过程及其相互作用的基础理论，也包括海洋资源开发、利用以及有关海洋军事活动所需要的应用研究，是一个综合性很强的科学体系。[①]海洋科学的分支学科中，属于基础性科学的分支学科包括物理海洋学、化学海洋学、生物海洋学、海洋地质学、环境海洋学、海气相互作用以及区域海洋学等；属于应用与技术研究的分支学科有卫星海洋学、渔场海洋学、军事海洋学、航海海洋学、海洋声学、光学与遥感探测技术、海洋生物技术、海洋环境预报以及工程环境海洋学；属于管理、开发研究的分支学科有海洋资源、海洋环境功能区划、海洋法学、海洋监测与环境评价、海洋污染治理、海洋管理等。[②]

水产学，也称"渔业科学"。研究水产资源、水产生产发展规律与经营管理的学科。主要研究内容包括：水产经济动植物的生产繁殖、洄游、分布与数量变动，采捕和增养殖，水产品的贮藏与加工工艺等的理论与技术，有关生产工具和设施的设计与应用，水产生产的经营与管理，以及影响生产的自然条件和人为因素等。[③]分支学科主要有水产养殖学、捕捞学、渔业资源学、水产遗传育种与繁殖、水产动物营养与饲料学、水产医学、水产设施与工程、水产品加工与质量安全、渔业经济与管理。

---

① 冯士筰、李凤岐、李少菁：《海洋科学导论》，高等教育出版社2003年版，第5页。
② 冯士筰、李凤岐、李少菁：《海洋科学导论》，高等教育出版社2003年版，第7页。
③ 夏征农、陈至立主编：《辞海》第三卷，上海辞书出版社2009年版，第2109页。

自国立青大起，历任掌校者均孜孜以求，在办学实践中不断探索发展涉海学科。1952年全国高校院系调整时，学校的海洋生物学已经成为生物系的主要方向，水产系的师资、仪器设备已有一定基础，而海洋科学中研究动力与热力现象的物理海洋学分支也开始发展。

一、海洋系的成立及初期发展

（一）成立海洋系

1946年国立山大复校时，奉国民政府教育部令，着设海洋学系和海洋研究所。赵太侔校长认为，"惟海洋学系范围过大，四年课程无法安排，拟请缓办。单独成立海洋研究所，已请童第周先生先行负责筹备"[①]，事实是，海洋学系因内战和师资匮乏，筹备不克。

历史往往就是如此，在时代的潮流中，有些事情好像并未主动地推动，但在大势的作用下，却发生了明效大验的结果。海洋系的组建，就有水到渠成的意味。

1949年春，赫崇本博士从美国回到祖国，受聘任国立山东大学教授。他先是在童第周、曾呈奎分别任正、副所长的海洋研究所工作，由于该所研究领域与赫崇本所学并不一致，一段时间后，他便要求调入物理系气象组。1950年5月5日，经山东大学第一次校委会讨论，同意他的申请。[②]同来物理系工作的还有讲师景振华，先于他们在这里授课的有王彬华副教授和孙月浦讲师，以及于宝琛、左中道、杨文民、陈绍鑫等青年教师。[③]

据现有资料相互印证，至1951年上半年，赫崇本主要做了以下工作：一是到北京法文书店（后改为国际书店）购买或订购物理海洋学的书刊，其中有美国的《深海研究》《海洋研究》、伍兹霍尔和斯克里普斯海洋研究所的论文集、美军部出版的《中国和日本附近海域的海流图》，以及德国的《国际海洋水文》杂志等。[④]二是与曾呈奎合作编写一本海洋学教材，用于培训景振华及动物系、植物系教师，使他们具备了一定的基础海洋学知识。[⑤]三是编写海洋学通论教材，为复旦大学在校借读的几个四年级学生讲授这门课，同时还为他们补习高等海洋学、潮汐学、动力气象学三门课，来听赫崇本课的还有于宝琛、王景玉、王景明等。[⑥]

---

① 日月、朱谨编：《朱树屏信札》，海洋出版社2007年版，第233页。

② 张静主编：《中国海洋大学大事纪》，中国海洋大学出版社2014年版，第42页。

③ 王彬华档案，中国海洋大学藏，档号：37。

④ 参见冉祥熙主编：《往事集》，青岛海洋大学出版社1993年版；侍茂崇、李明春、吉国：《一代宗师赫崇本》，中国海洋大学出版社2014年版。

⑤ 景振华：《创建山东大学海洋系》，冉祥熙主编：《往事集》，青岛海洋大学出版社1993年版，第185页。

⑥ 侍茂崇、李明春、吉国：《一代宗师赫崇本》，中国海洋大学出版社2014年版，第47页。

1950年11月，山东大学与华东大学合并后共设五院18系及两个研究所，其中的海洋物理研究所就是在物理系气象组的基础上创立的，所长由赫崇本担任。[①]

1952年8月，根据教育部《关于全国高等学校1952年的调整设置方案》，华东地区高等学校院系调整委员会召开大专院校校长会议，决定将复旦大学、南京大学和山东大学改为综合大学，建立多科性的高等工业学校，新设化工、水利、林业等高等学院。华岗校长参加了这次会议，涉及山东大学涉海学科的决定如下：植物学、动物学、水产系不变；厦门大学海洋系理化组部分教师并入山东大学，组建新的海洋系。

8月29日，校长华岗，副校长童第周、陆侃如联名致函厦门大学：

前经华东高等学校院系调整会议决定，在本年院系调整中，你校海洋系理化组迁来青岛，与我校海洋研究所合并成立海洋系。现我校为了迎接此项迁并及建系等准备工作，急需了解你校海洋系理化组各项情况，以便来青师生能够很快地安定情绪，进行工作与学习。

1. 调来的教职员的职别和人数，系开何年级何课程，其所带眷属人口数，以及眷属中就业就学的人数。

2. 调来的同学的年级、人数与已修习过的课程，并今后准备修习课程与各课程的教学大纲等。

3. 原有教学器材、图书有无调拨带来？

4. 何时可以迁来青岛，计划怎样迁来？[②]

厦门大学接函后即回复。9月，厦大海洋系理化组4名教师、18名学生，由唐世凤教授带领启程北上，月底到达青岛，与山大海洋物理研究所合并，组建起海洋系。

资料显示，厦门大学海洋系理化组来山东大学的师生共22人。教师包括教授唐世凤、王敏，助教陈宗镛、江克平，其中王敏到生物系任教。18名学生中，施正铿、曾焕彩、汪炳祥、伍伯瑜、王一飞、郑义芳、苏育嵩、齐孟鹗就读于海洋系三年级，7人于1954年毕业（苏育嵩因调北京工作，延期一年毕业），是山大海洋系第一届毕业生；陈则实、鲍强生、陈燊、林复旦（女）、修毅、范锡奎、陈锡康、陈武胜就读于二年级，8人于1955年毕业（修毅延期一年毕业，苏育嵩本年毕业），是海洋系第二届毕业生；另外两名学生转系学习，罗熙转入外语系，张潮生转入化学系。[③]这批学生大都成长为国家海洋科教领域的

①《山东大学百年史》编委会编：《山东大学百年史》，山东大学出版社2001年版，第190页。

② 刘宜庆：《海洋先驱——唐世凤》，中国海洋大学出版社2022年版，第194页。

③ 刘宜庆：《海洋先驱——唐世凤》，中国海洋大学出版社2022年版，第286页。

中坚和骨干，其中施正铿曾任山东海洋学院党委书记、院长，青岛海洋大学校长；陈则实曾任国家海洋局第一海洋研究所所长。

1952年10月，山大海洋系宣告成立，赫崇本任主任。教师有唐世凤、景振华、辛学毅、陈宗镛、江克平。师资虽然不足，但幸运的是，该系甫一成立，便有三个年级的学生。其中新招收学生68人，再有二年级的陈则实等8人、三年级的施正铿等8人，计有84人。尽管办学实体化有了先决条件，但图书、期刊很少且多系美国斯克里普斯海洋研究所赠送，海洋仪器及装备则寥寥无几。[①]海洋系就是在这样的基础上，开启了艰难的创业历程。

赫崇本（1908—1985），辽宁凤城人。1925年考入北京师范大学附属中学高中，1928年考入国立清华大学物理系，毕业后先后任河北工学院、天津南开中学、国立清华大学教师；1938年任西南联合大学物理系讲师；1944年考入美国加州理工学院气象学系，获哲学博士学位；1947年在美国斯克里普斯海洋研究所读海洋学，研究海浪并完成博士论文；1949年春回国，受聘为国立山东大学教授；1951年任山东大学教授、海洋物理研究所所长；1952年10月，任山东大学海洋系主任。

赫崇本

唐世凤

唐世凤（1903—1971），江西泰和人。1926年起先后在南昌省立二中、省立吉安中学、省立一中读书；1928年考入国立中央大学，在生物系学习，1932年毕业；1933年起，先后任安徽省立二中教员、中央研究院助理研究员，参加海南生物考察、渤海黄海海洋调查、渤海莱州湾带鱼渔场观测、浙江沿海渔业和海藻调查；1937年赴英国利物浦大学留学，1939年获哲学博士学位并任该大学海洋系研究员；1942年回国后，任中国地理研究所海洋组副研究员；1945年9月，受聘厦门大学生物系教授，并开始筹建海洋学系；1946年任厦门大学海洋学系主任兼海洋研究所所长；1952年10月，任山东大学海洋系教授。

（二）海洋系的初期发展

海洋系的诞生与初期建设，是伴随着全国院系调整和教学改革进行的。教学改革的基本方针是学习苏联高校办学经验并与中国实际情况相结合，改革的重点之一是按苏联

[①]《山东海洋学院校史（征求意见稿）》，中国海洋大学档案馆藏，档号：HY-1986-CB12-1。

模式设置专业,制订统一的教学计划和课程体系,旨在培养专门人才。山东大学根据师资力量和设备条件,决定设置10个专业。其中物理海洋学专业为新创立专业,在全国也是唯一的。

海洋系在讨论专业设置时,一开始对自身的定位和具体培养目标并不明确,有的主张以研究理论为主,有的主张搞应用为主。系主任赫崇本与大家反复研究,才基本达成共识:培养以物理海洋为主的调查、预报等研究人才和海洋学师资。[①]从而确立了海洋系的重点发展方向、开办专业及其培养目标,开拓出中国海洋科学教育与研究的新领域。

1. 设立高水准培养规格及教学大纲。物理海洋学所研究的是海洋的动力学和热力学问题,主要包括环流(海流、水团)、海浪、潮汐、风暴潮以及海气相互作用等。当时,这方面的研究和专业教育在中国还是空白,物理海洋学专业是新设,不受高等教育部"全国统一教学计划"要求的约束,又得益于华岗校长大力支持涉海学科发展,以及对赫崇本主任的放手任用,在客观上为赫崇本"一定要从根子上解决中国的海洋问题",着眼于解决国家急需的海洋教育和研究人才的培养,把自己的教育理念及所学付诸实践,提供了主动作为的余地和空间。赫崇本他们认真钻研苏联列宁格勒水文气象学院的教学计划,与美国斯克里普斯海洋研究所的课程作了反复比较,几经修改,拟定了中国第一个物理海洋学专业教学大纲。[②]主要内容如下:

(1)学制四年。

(2)专业(培养)规格:能调查潮汐、海流、波浪、水温、深度及其它海水物理性质,能预报潮汐、海流及海浪,能担任海水化学分析,能观测及分析天气,能整理调查资料、初步寻求中国海水运动和变化的规律,能担任科学院实习研究员及国防部门海洋调查工作,能胜任大学助教。

(3)课程设置:普通基础课有高等数学、普通物理、普通化学及化学分析;专业基础课有自然地理、海洋通论、力学及流体力学、无线电技术、普通气象学;专业课有航海船艺及海道测量、海洋动力学、潮汐学、海水化学、波浪学、海洋工程、天气学、海洋沉积学、海洋观测实习及生产实习。[③]

培养规格的高水准设立,引导教学大纲及课程体系设置的高水准,最突出的特点是理论与实践相结合,基础与专业并重。这个大纲既注重打牢学生的数理基础,也兼顾传

---

① 《山东海洋学院校史(征求意见稿)》,中国海洋大学档案馆藏,档号:HY-1986-CB12-1。
② 景振华:《创建山东大学海洋系》,冉祥熙主编:《往事集》,青岛海洋大学出版社1993年版,第186页。
③ 《山东海洋学院校史(征求意见稿)》,中国海洋大学档案馆藏,档号:HY-1986-CB12-1。

授其他学科知识（如无线电技术和海洋工程），本专业内课程也较为宽泛。它成为后来该专业教学计划的蓝本，其蕴含的教育理念对物理海洋学专业的发展产生了深刻而久远的影响。

　　这个教学大纲的实施，使培养的学生既有扎实的数理基础和较宽的知识面，又具有充实的专业知识和海洋调查及分析能力。这从前两届毕业生的去向及他们后来发展情况可见一斑。据资料显示和施正铿（第一届毕业生）先生回忆，这些学生大都分配到国防部门（海军声学研究所）、中国科学院、气象局、水产部、交通部和高校，成为所在单位的骨干力量。[①]其中第二届的朱立彬分配到天津大学，先是讲授电子学课，后转向讲授表面物理课。她认为由于自己已在大学打的基础好，这种转向并不困难，是很自然的。[②]

　　赫崇本认为，要真正懂得海洋，还必须有其他学科配合。气象学是物理海洋学极为重要的姊妹学科，他坚持设置海洋气象专业，使得两者能互相渗透、互相促进，实现共同发展。赫崇本之所以有这样的想法，一是基于山东大学的气象学科已有一定基础。1935年时国立山大物理系设天文气象组，与青岛观象台合作培养人才，当时有王彬华、孙月浦、万宝康、王金章四位学生。1949年，山东大学物理系恢复气象组，时任青岛观象台台长的王彬华就在此讲授天气学和普通气象学课程，赫崇本讲授理论气象和气象仪器与观测课。1953年，物理系气象组并入海洋系，成立海洋气象教研组（王彬华任组长），这为成立海洋气象专业打下了基础。二是赫崇本在美国斯克里普斯海洋所学习时已经确立了海洋与气象学科相互不可分的思想，他的导师斯韦尔德鲁普是一位极重视海洋观测的海洋学家、气象学家，赫崇本正是在导师建议下先读气象学再读海洋学的。

王彬华

　　1957年9月，在教学整改过程中，物理海洋专业内的海洋气象组扩充为海洋气象专业，王彬华负责筹建海洋气象专业，成为中国海洋气象学科的奠基者之一。

　　王彬华（1914—2011），安徽寿县人。1934年考入国立山东大学物理系，次年进入天文气象组学习。1938年春转入中央大学物理系，次年肄业。先后在中央研究院气象所、四川省气象测候所、重庆中央气象局、重庆军令部气象局工作。1945年8月起担任青岛观象台台长，1949年6月到1956年6

①《山东海洋学院校史（征求意见稿）》，中国海洋大学档案馆藏，档号：HY-1986-CB12-1。
②口述史资料（七），施正铿口述、魏世江整理，2023年3月11日。

月担任青岛海军基地观象台台长。王彬华一直在校兼授气象学课程，1947年1月到1949年12月兼任农学院教授，讲授气象学课程；1950年1月到1953年2月，专任物理系副教授，讲授普通气象学、天气学、气象观测、天气实习等课程；1950年到1952年在水产系讲授气象学；1953年2月开始在海洋系讲授气象学、天气及实习、普通气象学等课程。

资料显示，由于海洋系的教学计划与课程设置与苏联列宁格勒水文气象学院基本一致，按照学习苏联经验的要求，1957年9月，物理海洋专业改为海洋水文专业。除总的培养目标是具有社会主义觉悟、有文化的劳动者外，两个专业各有不同的培养要求。

海洋水文专业：①熟练掌握海洋观察方法（包括潮汐、海浪、海流及海水其他重要物理性质、海水分析、底质分析以及气象要素等）的技术，并具有解决观测上所发生问题的初步能力；②具有海洋学的一般理论，能进行调查资料的分析并能说明分析结果；③能承担海洋水文预报；④具有能进行研究工作的基础。

海洋气象专业：①具有气象学的理论基础及海洋学基本知识；②具有地面气象观测的熟练技术，并能进行高空气象观测及海洋观测；③能担任海洋气象预报及海洋水文预报；④具有能进行研究工作的基础。

2. 着力加强师资队伍建设。首先，赫崇本想方设法在全国范围延揽海洋学人才。1953年10月，哈尔滨军事工程学院的文圣常到校；12月，四川大学气象学教授牛振义到校；长期在校讲授气象课程的青岛观象台台长王彬华调入海洋系。赫崇本又聘中国科学院海洋研究所毛汉礼研究员和物理系束星北教授来海洋系进行教学和科研。这些学者的加盟，使海洋系拥有了高水平、多方向的教师队伍，也使教学质量有了保证。

其次，赫崇本教授大力培养本校毕业的青年教师，为他们提高教学能力创造条件。他在海洋系成立海洋调查和海洋学两个教学小组。1953年物理系气象组并入海洋系，成立海洋气象教研组，于宝琛、左中道、杨文民、陈绍鑫加盟。在教学小组内，明确培养方向，制定具体措施，责成专人对青年教师指导，限期完成计划，达到能独立开课的要求。聘请部分学科相近的有一定业务能力的人员，给他们一定的时间，专门进修海洋学，使之能够承担专业课教学任务。

为了壮大教师队伍和培养后备力量，赫崇本还注意选留优秀毕业生，并去清华大学、北京大学、南开大学、复旦大学等高校挑选毕业生并进行精心培养。在学好数学、物理学和打好海洋学基础的前提下，赫崇本和其他教授分工，对青年教师的专攻方向进行选择和指导，使得海洋系在海浪、海流、潮汐、热学和海况分析等方向上都形成相应的梯队。后来这些中青年教师大都成为所在领域的中坚力量，有的成为领军人才。

至1954年8月，海洋系已有专任教师17人，其中教授有赫崇本、文圣常、唐世凤；副教授有王彬华、牛振义；讲师有景振华、江乃萼、辛学毅，另有助教9人。此后，海洋系教师数量逐年增加，1955年增加到22人，充实了海洋学、气象学和物理海洋学三个教研组。到1958年，海洋系拥有正、副教授5人，讲师5人，助教25人，教辅4人，职工41人，基本上能够适应人才培养的需要。

3. 加强教学基本建设。海洋系成立时，教材很少，讲义、参考书也不多，也没有现成的苏联教材可以采用，赫崇本只能带领教师自己动手编写教材。

在教材内容的组织上，赫崇本既考虑到基础课彼此之间的联系，又要顾及与各专业课程的衔接。针对学生数理基础比较薄弱的情况，在教学计划中增补了高等数学的内容，在物理课程中加强有关光电现象的内容；注意避免教材内容和教学方法与实际相脱离。到1953年暑假前，海洋系陆续编写出《波浪学》《潮汐学》《动力海洋学》《普通海洋学》《气象学》《天气学》等具有一定水平的教材，修订了《海洋学通论》，摆脱了教材缺乏的局面。其中，《海洋学通论》成为我国海洋学者自主编撰的第一本海洋学教材。

至1957年，海洋系按照教学计划应该开设的课程均已开出，而且都有了一定质量的讲义或讲授提纲，其中包括专业基础课程的海洋通论、流体力学、近似计算、航海与海道测量、气象学及天气学等；选修课的海洋工程；专业课程的普通海洋学、动力海洋学、潮汐学、波浪学、天气学、海洋调查及海洋化学等。[①]

图书资料逐年增加。截止到1955年底，海洋类图书从当初的不足30册，增加到近2000册；期刊增加到数十种，内容涵盖化学、生物、海洋及气象等学科。截至1957年底，海洋系计有中外文专业书籍3190册、期刊308种。1958年9月，图书增加到4000余册。

重视实验室建设。至1958年9月，海洋系成立了仪器室，建立水文气象仪器厂、表征室，扩建海洋化学实验室和气象观测站，新建沉积分析室和高空气象实验室等，为学生实习提供了基本条件。

在教学仪器设备方面，海洋系发扬自力更生、艰苦创业的精神，自制一部分简单可用的海洋调查实习仪器，同时从国外购置一部分仪器设备。经过数年的努力，不仅海洋调查的基本仪器初步具备，而且添设了教学及科研使用的验潮仪、波浪仪以及一部分气象仪器，见表4-1。为了配合教学与生产实习，海洋系建立了金工厂，承担普通水文及气象

---

① 《山东海洋学院校史（征求意见稿）》（1986年），中国海洋大学档案馆藏，档号：HY-1986-CB-12-1。

仪器的修配与制造任务。例如，海洋调查用的采水器均自行制造，不仅供本系自用，而且支援兄弟单位。

表4-1 1957年海洋系主要仪器设备一览表 [①]

类别	数量（件或套）	备注
海洋	177	可装备4只调查船用（绞车和海流计）
气象	88	地面仪器供60人教学实习用，高空仅有测风经纬仪5架，探空仪不全
航海	36	可供航海教学实习用
物理（电传）	80	海水物性及高空气象用，尚待补充
化学	27	仅指分析天平及pH计等，玻璃仪器未计
其他	24	包括照相设备及绘图仪器

利用这些简单的仪器设备，在海军的大力支持下，海洋系基本上可以按教学计划开展教学实习。1956年在青岛完成系统的教学实习，在烟台进行生产实习；1957年又结合生产实习开展胶州湾的海洋调查。这些实习，从计划修订、仪器安装、实际操作和资料分析、编写实习指导书等，均由师生独立完成，自行解决。

4. 科学研究势头良好。海洋系教师虽然承担着繁重的教学任务，但仍积极开展科学研究。1957年学校在报送高教部的228项科学研究计划中，海洋系承担了19项，其中包括景振华负责的海水透明仪器的试制和辛学毅负责的标准海水的试制。科研经费逐年增加，1957年海洋系的研究经费为人民币22946元、卢布15386元、美金1000元，占当年全校科研经费的40%。[②]由此可见，学校对海洋学科的重视及海洋系呈现出的良好发展势头。

海洋系在创办之初只有86名学生，至1954年8月，在校学生172人；到1958年暑假，共培养了五届毕业生，计121人，其中留校29人，其余大部分分配到国防军事部门、教学、科研单位，如海军、中国科学院、水产部、交通部。这些学生大都成为我国海洋事业的骨干，有的成为国内外有影响的海洋学家，为国家的海洋科学与教育事业作出了重大贡献，为母校赢得了声誉。

---

① 《山东海洋学院校史（征求意见稿）》（1986年），中国海洋大学档案馆藏，档号：HY-1986-CB-12-1。

② 刘培平主编：《山大第一》，山东大学出版社2011年版，第192页。

二、水产系的发展

1952年全国院系调整期间，山大水产系留在青岛，但专业方向有所变动。农林水利部明确指出"今后全国渔业中心在华北，华北渔业中心在山东，山东渔业中心在青岛"，华东水利会议上决定水产系要"培养水产研究人员、行政与企业干部，各级水产职业教师"[①]。由于我国渔业恢复发展缓慢，有关单位对高级技术人才需求不甚迫切，致使学生分配出现困难，根据华东水利会议精神，山大水产系渔捞和水产加工两组于1952年停止招生。

在1953年的教学改革中，学校在水产系建立了专业，将原来的渔捞组改为工业捕鱼专业，培养目标为工业捕鱼工程师；水产加工组改为水产加工专业，培养水产加工工程师；养殖组改为水产养殖专业，培养目标为水产养殖学家。吸收苏联先进经验，制订教学计划，对大多数原有教材的内容作了修改或补充，如工业捕鱼、水产加工专业增加机械类的课程。有的采用苏联教材，加强实验课和实习课，增加课堂讨论。水产系在学习苏联经验的过程中，注重教学组织建设，相继成立水产通论、渔捞渔具、水产动物、食品加工和航海船艺五个教学小组。1954年，教学小组改为教研室。当时，各位教授均在教学第一线授课或带队实习，促进了水产系教学、科研工作的开展。沈汉祥、薛廷耀先后担任系主任。

由于海洋捕捞和水产加工两专业数年没有招生，1955年12月，高教部曾考虑将山东大学水产系并入上海水产学院，"关于水产系的问题，初步与商业部、水产总局接洽，认为山东大学水产系留青独立有困难，考虑在1956年暑假调整并入上海水产学院"[②]。下旬，山大遵照指示将水产系教职工及眷属统计表、全系迁上海的经费预算等先后上报高教部。

在此期间，水产系主任沈汉祥等人以书面或口头形式，向高教部及商业部水产总局领导申明，反对水产系合并到上海水产学院。理由是：青岛地理环境及工业条件适宜，有各相关海洋和水产研究单位配合，在综合大学中基础教学比较扎实，以我国幅员之广，海岸线之长，水产事业肯定要发展，现在只有一院（上海水产学院）一系（山东大学水产系）培养高级水产技术人才，水产类的高校不是多了，而是不足，要求在山东大学继续办

① 刘培平主编：《山大第一》，山东大学出版社2011年版，第163页。
② 青岛海洋大学水产学院编印：《青岛海洋大学水产学院（山大水产系、海院水产系）发展史（讨论稿）1946—1996》，1996年刊印，第6页。

好水产系。[①]

1956年1月7日，商业部水产总局给山东大学回电称："根据国家建设需要，水产工业要发展扩大，不同意山大水产系与上海水产学院合并，留青岛作为将来扩建的基础。"4月26日，高教部致函山东大学："你校水产系决定不迁上海。为了提高培养较高质量人才，兹决定水产养殖专业从1956年所招新生起，学制改为五年。该专业今年招生60名，请抓紧做好改制的准备工作。"[②]

1956年12月，上海水产学院因急需海洋捕捞、水产品加工专业的骨干教师，便派人来校协商，指名要调水产学系闵菊初、李爱杰、洪文友、马绍先、李重华、张定民等骨干教师去上海水产学院任教。学校表示：要调可将海洋捕捞、水产加工两专业师资全部调去，否则不同意。不久，国家水产部（原商业部水产总局）专门研究此事，认为必要时山大水产学系可以和上海水产学院分工，青岛培养水产科研人才，上海培养实际操作的人才。山东省教育厅电示学校："海洋捕捞和水产加工专业将来还要办，任何人都不要外调"。此事遂作罢。

1956年，山东大学水产系只有水产养殖专业招生，学制改为五年。之后海洋捕捞和水产加工专业相继招生，走上正常发展轨道。

至1958年，水产系共毕业学生241人，其中养殖专业毕业生八届，共101人；水产加工专业毕业生六届，共55人；海洋捕捞专业毕业生七届，共85人。不少学生成为我国水产事业的骨干和国内外有影响的专家学者，如1953届毕业生张福绥、1958届毕业生赵法箴，后来成为中国工程院院士，就是他们中的杰出代表。

（一）师资队伍建设

至1949年，水产系有教职员工23人，其中教授4人，副教授1人，讲师3人，助教3人，教务员、绘图员、采集员、练习生各1人，工人2人，船员6人。师资力量匮乏成为制约水产系发展的瓶颈。

新中国成立后，水产系采取多种举措引进师资。每年选留本系的优秀毕业生，同时也吸收上海水产学院和厦门大学的应届毕业生，教师数量逐年增加。1951年，学校聘原水产学系主任朱树屏为教授，继续讲授湖沼学、浮游生物学、水化学等专业课程。1953年

① 青岛海洋大学水产学院编印：《青岛海洋大学水产学院（山大水产系、海院水产系）发展史（讨论稿）1946—1996》，1996年刊印，第6页。

② 青岛海洋大学水产学院编印：《青岛海洋大学水产学院（山大水产系、海院水产系）发展史（讨论稿）1946—1996》，1996年刊印，第6页。

4月，高教部决定停办河北水产学校，1名教授、2名副教授、2名讲师和3名助教并入山大水产系，使水产系的师资力量得以加强。1954年后，鉴于实验室发展的需要，较多地从当地高中、初中毕业生和烟台水产学校的毕业生中吸收一些实验员。

至1959年1月，水产系共有教职员工65人。其中教授5人、讲师13人、助教16人、实验员18人、绘图员1人、图书管理员1人、仪器设备管理员2人、政工干部3人、行政干部3人、工人3人。[①]

经过近10年的努力，水产系的师资力量已有良好基础。系主任沈汉祥专长于水产养殖和加工，教授水产养殖学、水产通论、渔具学三门课程；薛廷耀专长于水产捕捞和加工，在教学和研究中都取得了较好的成绩；邹源琳在水产动物的分类、形态、洄游、繁殖等方面，有渊博的知识，是擅长水产捕捞和养殖的学者；黄文澧在渔捞、渔具方面教学经验丰富；闵菊初精于水产加工学，在指导水产品的生产、加工、储藏方面具有丰富的经验；胡文溶曾任海军副舰长，熟谙航海和船艺学理论和实践。此外，还有讲师刘纶和助教多人，又有化学、生物两系教师讲授基础课，师资力量比理科各系稍薄弱，但在教学上还是独树一帜，位于全国前列。[②]

（二）实验室建设

水产系一直重视实验室建设。至1958年，水产系实验室发展到八室二场，即水产动物实验室、藻类养殖实验室、生物化学实验室、微生物学实验室、水产食品工艺实验室、渔具材料工艺学实验室、航海实验室，水产生物标本室，海水养殖实验场和淡水养殖实验场，基本满足教学实习、生产实习和教师开展研究工作的需要。

（三）仪器、设备建设

新中国成立后，水产系仪器、设备不断增加，其中增加数量较大的有两次。一次是1953年河北水产学校停办，并入仪器100多箱，主要是加工、捕捞专业的设备，如手摇封罐机、杀菌恒温培养箱、电罗经及其他船用器械等；另一次是1956年商业部国家水产总局拨给学校一批养殖专业的仪器，主要是进口的显微镜、解剖镜、分析天平、光电比色计、酸度计、烘干箱、高温电炉等，仪器设备得到进一步充实。

（四）科学研究

1948年开始，水产系开展对胶州湾基础性调查。这项调查，一直延续到20世纪50年

① 青岛海洋大学水产学院编印：《青岛海洋大学水产学院（山大水产系、海院水产系）发展史（讨论稿）1946—1996》，1996年刊印，第11页。
② 刘培平主编：《山大第一》，山东大学出版社2011年版，第163—164页。

代。1956年3月，党中央发出"向科学进军"的号召，山东大学掀起大规模科学研究热潮。水产系在1957年度科学研究计划中，提出22个科研项目。同年11月，在学校的科研论文评奖中，水产系的科研论文《海豚原油的利用》及译著《水产细菌》获奖。1957年，水产系的研究经费为91790元，仅次于海洋系，在全校名列第二。1958年5月，水产系与海洋系、生物系部分师生组成沿海资源调查队，用三个月的时间对26个县市进行调查，为此后的海水养殖业的发展提供了基础资料。同年8月，水产系师生合作进行海带工业化利用的研究，由海带中提碘和甘露醇获得成功。

三、重点发展海洋生物专业

生物系创建于1930年6月，1946年分设动物、植物两系，1953年7月又合并为生物系。共有教师35人，其中教授8人，教师数量和质量在当时高等学校中名列前茅且特点突出。

童第周对鱼类和脊椎动物遗传中的细胞质和细胞核关系，进行了艰苦的探索和反复验证，取得了重大突破；曾呈奎对海藻学有深入研究，在青岛近海人工繁殖海带获得成功；陈机专长于植物解剖学研究，著有《植物学》《植物解剖学》《中国烟草栽培》《被子植物胚胎学》等著作，多有建树；王祖农于1952年在山大创建全国综合性大学的首个微生物学小组，出版学术著作《土壤微生物学》《硫黄细菌》；方宗熙对达尔文进化论和遗传学有深入的研究，1957年在《生物学通报》上发表《孟德尔摩尔根主义与达尔文主义》等论文；郑伯林长期研究海藻学，著有《华北区海藻索引》一书，对海藻利用研究颇有价值。

1953年1月，在教学改革中，生物系设有海洋生物学、动物学和植物学三个专业，建立无脊椎动物、普通植物、脊椎动物、微生物、达尔文主义五个教学组。过了半年，高教部指示各直属高校，研究并确定本校的重点学科与发展方向。1953年6月，山大在呈送高教部的报告中，对生物系三个专业的介绍如下：

（三）海洋生物专业有教授曾呈奎、王敏，副教授有高哲生、李冠国、郑伯林，讲师有王筱庆、张彦衡等七人，不仅承担全部的教学任务，并且对于海洋的藻类和无脊椎动物进行了大量的调查分类工作，初步掌握了海洋生物聚生地和繁殖的规律，为开发海洋资源、造福人民提供了依据，因而是很有发展前途的一个新专业。

（四）动物（胚胎学）专业有教授童第周、方宗熙、曲淑蕙，副教授有李嘉泳、叶毓芬、黄浙，讲师周才武、尹光德等，师资水平高，进取心较强。在教学中能注意理论基础知识的传授和启发学生独立思考的能力，在实验中能精心指导和培养学生细致准确的作风，在研究中能不囿旧说、敢辟蹊径、大胆创新，是生物学界公认的进展较快的专业。

（五）植物专业有教授陈机、王祖农，讲师陈慧民、周光裕、白玉谦、陈倬等，他们在植物生理、植物分类、植物解剖和微生物学等各方面各有专长，教学水平亦较高。为了查清山东半岛的植物资源，以资国家开发利用，故作为重点学科加以发展。[1]

生物系师资在山大理科的六个系中实力最为雄厚，而海洋生物专业又是生物系三个专业中的重点发展专业。海洋生物专业的重点发展方向初步定为调查和研究海洋生物演化史，以配合国家海洋资源调查和促进海水养殖事业。此外，海洋生物专业还可以充分利用中国科学院海洋生物研究室、农业部中央水产研究所、山东水产局养殖场等科研机构的资源，并可以与动物专业、海洋物理专业、养殖专业、植物专业实行资源共享。[2]

重点发展海洋生物学是华岗校长关于大学要为地方服务这一办学思想的体现。他多次指出，大学教育要与当地相结合，要为山东省的经济建设服务。山东大学地处黄海之滨的青岛，研究和开发海洋生物有着地理优势，也是学校为青岛服务义不容辞的责任，他的这个思想与前任校长杨振声、赵太侔致力于发展海边生物学一脉相承。

在具有战略眼光的华岗校长运筹下，海洋生物与物理海洋等涉海学科日渐壮大，成为我国海洋科学学科重要的研究与人才培养基地。

四、对新中国海洋事业的贡献

海洋科学研究的显著特点之一，是依赖于直接的观测，即在自然条件下进行长期的、有计划的、连续的、系统而多层次的区域性海洋考察或调查。[3]一般地说，海洋调查是按照确定的目的，通过一定的技术手段，获取海洋环境资料并进行分析、处理的过程，它是海洋科研的基础。这一时期，新中国的海洋调查处于起步阶段，主要工作有三个方面，一是以生物资源调查为主的渔场调查，二是以水深为主的海道测量，三是以物理海洋为主的海洋综合调查。[4]

海洋、水产、生物三系作为中国海洋事业的一支重要力量，参与新中国海洋事业的规划和海洋调查，发挥出独有的科教和人才优势。

---

[1]《我校理、文两科发展重点与方向》，载《关于我校重点发展方向及贯彻综合性大学会议决议的报告》，山东大学档案馆藏，档号：WSXB1953-1-014。

[2] 徐畅：《战士品行 学者风范——山东大学校长华岗》，山东教育出版社2012年版，第252—253页。

[3] 冯士筰、李凤岐、李少菁主编：《海洋科学导论》，高等教育出版社1996年版，第6页。

[4] 罗钰如、曾呈奎主编：《当代中国的海洋事业》，中国社会科学出版社1985年版，第35页。

1. 参加胶州湾及青岛东部沿海渔业资源调查。1951年至1952年，农林部水产试验所与水产系联合进行胶州湾及青岛东部沿海的渔业资源调查，历时11个月，掌握了青岛近海渔业资源状况。

2. 联合组织烟台、威海渔场及其附近海域的鲐鱼资源调查。1953年至1957年，海洋、生物两系与中国科学院青岛海洋生物研究室、中央水产实验所等单位，为适应国家经济建设需要，探讨中国近海海洋环境与资源特点，联合进行为期五年的"烟台、威海渔场及其附近海域的鲐鱼资源调查"。鉴于调查业务涉及单位多、时间长，又缺乏经验，专门成立了黄渤海重要经济鱼类资源调查委员会，副校长童第周担任委员会主任。

五年中，每年渔汛（4月至6月）进行现场调查。调查内容包括水温、盐度、深度、水色、透明度、底质、磷酸盐-磷、硅酸盐-硅、溶解氧、浮游生物量及群体组成、鱼群测定和标识放流等。经过各单位通力合作，基本上达到预定目的，其成果获1956年中国科学院科技进步二等奖。这次调查为建立适用于中国海的调查方法、培养海洋科技队伍打下了基础，为国家后来开展更大规模的海洋综合调查与渔场调查积累了经验。

3. 参与制订国家海洋科学远景规划。1956年国务院成立科学规划委员会，下设大气海洋专业组（简称海洋组），由赵九章、赫崇本、曾呈奎、毛汉礼、朱树屏等专家组成。赵九章任组长、赫崇本任副组长。1956年10月，在周恩来总理主持下，国务院科学规划委员会制订《1956—1967年科学技术发展远景规划纲要》。赫崇本作为海洋组副组长，参加其中"十二年海洋科学远景规划"的制订。

在赫崇本等专家的共同努力下，将"中国海洋的综合调查及其开发方案"列入国家重点科学技术项目第七项，并明确规定，中国海洋事业的发展，应密切结合生产实践和国防建设的需要为这些部门服务；其发展途径，应从海洋综合调查开始。该规划共有四个中心课题：① 进行中国近海综合调查；② 建立水文气象预报系统；③ 进行有关海洋生物资源的调查研究；④ 开展有关国防、交通的海洋问题的研究。"十二年海洋科学远景规划"的制定，表明海洋科学的调查研究已纳入国家科学发展的日程，也使得我国的海洋科学从此可以在国家计划的指导下健康地发展。

从20世纪50年代后期到60年代前期，国家科委海洋组实际上担负着领导、协调和组织实施全国"海洋科学远景规划"的职责。当时几次大规模的海洋调查研究活动，都是在国家科委海洋组的领导和主持下完成的。国家科委海洋组为推动和促进我国海洋科学技术的发展发挥了重要的作用。[①]

---

① 杨文鹤：《二十世纪中国海洋要事》，海洋出版社2003年版，第386-387页。

4. 参加渤海、黄海多船同步观测。1957年秋和1958年春夏，在国务院科学规划委员会海洋组领导下，学校海洋系与中国科学院海洋生物研究所、海军青岛基地等部门和单位，在渤海、渤海海峡和北黄海西部联合进行以物理海洋学为主的多学科多船同步观测。这是一次区域性的海洋调查，是全国大规模海洋综合调查的预演和试验。海洋系师生一方面通过海上训练和实际操作，熟悉规程，掌握方法，取得经验；一方面通过整理资料，熟练分析技术，为之后的科研打下基础。

这次同步观测先后有8艘调查船，分别于1957年7月、9月和1958年3月、6月进行了4个航次调查，获得了渤海和北黄海西部60多个测站的多种海洋要素资料，较系统地了解该海区的水文、生物、化学和地质特征，掌握了多种海洋要素的相互影响和某些变化规律。这次渤海、黄海同步观测，标志着中国海洋科学调查，由海洋生物资源调查向以物理海洋学为主的多学科综合调查方向迈进，为之后即将进行的全国海洋综合调查提供了可资借鉴的经验。

5. 作为主力军参加全国海洋综合调查。从1958年9月到1960年12月，在国家科委海洋组的规划和组织领导下，来自海军、中央气象局、中国科学院、水产部、交通部、山东大学等60多个单位、600多人，动用调查船只近40艘，以大协作方式在渤海、黄海、东海和南海进行全国海洋综合调查。这是有史以来中国进行的规模最大的一次海洋普查，史称"全国海洋普查"。这次调查基本上摸清了中国近海的情况，并培养了一大批海洋科学骨干力量。

赫崇本作为重要的决策者和技术负责人之一，不仅参与制订规划、组织领导，而且亲自到各调查点指导调查工作。赫崇本对海洋浅海海域的水文调查方法研究有独到的见解。他亲自到烟台的同步观测船上进行现场指导，系统地论证了逐日变化、周日变化和临时变化对海洋水文状况的影响及其产生原因，在此基础上提出各种切实可行的订正方法，既确保第一次全国海洋普查资料的可靠性，也为研究我国广阔海域、发展海洋调查方法奠定了基础。

颠倒温度表、颠倒采水器和标准海水是海洋综合调查所必需的。在赫崇本的推动和精心组织下，学校建立起相关的实验室，研制颠倒温度表检定的全套装置，并编写了检定操作规范，对颠倒温度表定期检定，保障了观测计量器具的统一。为仿制一支测量深层海水温度的颠倒温度表，赫崇本与工人技师一起，研究了德、英、日三国温度表的技术及工艺，克服重重难关，在很短的时间内生产制作出我国第一批颠倒温度表，并在综合调查中使用，解了燃眉之急。此外，他又建议学校工厂试制颠倒采水器，促使化学系建立标准海水制造厂，以满足调查船的使用。

海洋系98名师生参加这次历时两年多的全国海洋综合调查，是这次调查的主力军，四大海区的区队长和技术骨干，大多由海洋系师生担任。在海洋系学生出发前夕，赫崇本告诫大家："国家花这样多的人力、物力和财力进行中国历史上空前的海洋大调查，调查质量好是第一要务。我们必须按照国际标

参加全国海洋大普查的海洋系三年级学生

准，确保调查资料的准确度。我们要以对子孙后代负责的态度去完成各项观测任务。"[1]与此同时，学校还承担了对600多名海洋调查队员的培训工作。如1958年举办的"全国海水化学调查研究培训班"，为国内34个单位培养100余名海洋化学专业的调研人员。

这次调查共获得各种资料报表92000多份，图表30000多个，样品标本10000多号（份），编写调查研究报告8册，绘制了我国第一套海洋图集，出版了我国第一本海洋调查规范。

在全国海洋综合调查期间，赫崇本教授除参加全面领导工作之外，还具体领导了水团专题研究工作，并主编《全国海洋综合调查报告·第四分册·中国近海水系》。

6."中国标准海水"试制及标定。我国标准海水的试制开始于1954年，中国科学院海洋生物研究室以"苏联标准海水"为标准，用滴定法进行标定。1956年，海洋系、化学系与中国科学院海洋生物研究室合作，把标定方法改为电位滴定，所生产的标准海水曾供海洋调查的单位使用。1957年，国家正式确定将学校研制的"中国标准海水"作为全国盐度监测标准。1958年，化学系部分师生改进了标准海水制备过程中的一些方法，克服了以前产品中的缺点，并于同年7月开始大量生产，满足了全国许多海洋科学研究机构和沿海一些水文观测站台的工作需要。[2]

---

[1] 侍茂崇、李明春、吉国：《一代宗师赫崇本》，中国海洋大学出版社2014年版，第94页。

[2] 孙秉一、谈岳华：《中国标准海水的制备》，载《海洋与湖沼》1960年第1期。

第四章
政治运动与山东大学大部迁济

　　1955年5月29日，中共山东大学第一次代表大会召开，党委向大会作总结报告。6月5日，大会通过总结报告和《关于保证贯彻〈中共中央关于增强党的团结的决议〉的决议》，并选举产生新一届党委会。华岗任书记，崔戎任副书记，华岗、崔戎、房金堂、高云昌、贺治明为常委，邱锡斌任纪检书记。8月，华岗校长因受所谓的"胡风反革命集团"以及"向明反党集团"案牵连而被诬去职。

　　在华岗主政时期，山东大学呈现出一派生机勃勃的景象，是学校历史上的一个兴盛期，师生公认华岗是"懂政策、有能力、会办学"的好校长。华岗校长所作贡献，概括起来有以下几点：第一，重视全校的马克思列宁主义学习。他亲自为师生员工讲授辩证唯物论等政治理论课，提高师生员工的思想和理论水平。第二，认真贯彻执行党的知识分子政策。他强调知识分子在国家建设中的作用，提出办好学校必须依靠教师，调动广大教师的积极性，发挥他们的特长。同时，还帮助他们解决工作上和生活中的实际问题。第三，主动抓教学工作。他深入院系，与教师共同研究课程改革，还为文科学生讲授业务课。第四，发扬学术民主。他积极倡导科学研究和学术讨论，同文科教师在一起，创办《文史哲》杂志。第五，抓大事，提高领导和管理水平。学校的重大工作，在党委常委会议、校务委员会和校长办公会议上研究讨论，日常工作放手让各有关部门去办，以调动各方面的积极性。①

　　华岗校长去职后，山东大学的党政工作分别由副书记崔戎、副校长童第周主持。1956年7月，国务院任命山东省副省长晁哲甫为山东大学校长，杨希文为副校长。8月，副校长童第周奉调去京，任中国科学院生物学地学部副主任。9月14日，中共山东省委决定，晁哲甫兼任山东大学党委书记，叶锦田、高云昌、房金堂任副书记。党委常委会由晁哲甫、叶锦田、高云昌、房金堂、蒋捷夫、杨希文、贺治明组成。至此，山东大学党政领导班子调整告一段落。

　　晁哲甫（1894—1970），原名登明，又名蛰夫、晁哲夫，直隶清丰人（今属河南省）。1920年毕业于直隶省立高等师范学校。曾任中共清南边东中心县委书记，冀南行政督察专署参议室主任，冀鲁豫边区行政公署主任，中央党校五部副主任，晋冀鲁豫边区第一届参议会副议长、边区政府教育厅厅长，华北联合行政委员会教育厅厅长，华北人民政府教育部部长。新中国成立后，历任平原省人民政府主席、党组书记，中共平原省委常委、统战部部长，山东省人民政府副主席、党组副书记，中共山东省委常委、统战部部长，山东省政协副主席，山东省人民政府副省长等职。1956年7月，任山东大学校长，9月兼任党委书记。

校长兼党委书记晁哲甫

第一节　整风与反右派斗争

　　1956年，我国基本完成了对农业、手工业和资本主义工商业的社会主义改造。"一五"计划虽然还剩一年时间，但绝大多数指标已经完成，经济建设尤其是工业发展取得举世瞩目的成就。9月，中国共产党第八次全国代表大会召开，明确指出，"我们国内的主要矛盾已经是人民对建立先进的工业国的要求同落后的农业国的现实之间的矛盾，已经是经济文化迅速发展的需求同当前经济文化不能满足人民需要的状况之间的矛盾。党和人民当前的主要任务，就是要集中力量来解决这个矛盾，把我国尽快从落后的农业国

---

① 吴富恒：《华岗同志的战斗一生》，刘培平主编：《战士·学者·校长：华岗同志百年诞辰纪念文集》，山东大学出版社2003年版，第8页。

变为先进的工业国。"①

同在1956年，苏共二十大后，东欧一些社会主义国家对斯大林时期以来苏联的大国沙文主义表示不满，社会上弥漫着动荡不安的气氛。6月，波兰发生流血冲突，苏军向华沙进军，后经波苏两党谈判，苏联在波兰举国一致的强烈要求下被迫作出让步，波兰局势趋于缓和。10月下旬，匈牙利首都发生大规模骚乱，匈牙利宣布建立多党制政府，退出华沙条约，还发生多起逮捕杀害共产党人事件。11月4日，匈牙利工业革命政府宣布成立。苏军开赴布达佩斯，迅速控制了局势。

波匈事件引起党中央的高度重视和深入思考。斯大林的错误和波匈事件极其尖锐地表明，社会主义制度下仍然存在着各种矛盾。能否正确区分和处理敌我矛盾和人民内部矛盾，关系到社会主义建设的成败，关系到人民政权的存亡。1956年秋冬，国内也出现了一些不安定的情况。1956年9月至1957年3月，全国发生数十起罢工、请愿事件，每起事件少则数十人，多则一二百人甚至近千人。对国内外形势最为敏感的知识分子，在"百花齐放、百家争鸣"方针提出后，思想日趋活跃，批评教条主义，在政治、经济、文化、教育、科学等问题上发表各种意见。有些人对党和政府工作中的缺点以及干部作风上的问题提出批评，其中有不少尖锐意见，也有一些错误议论。

面对新出现的矛盾，许多党员和干部思想上缺乏准备，往往用老眼光，把群众闹事和尖锐批评一概作为阶级斗争的表现，认为凡是群众闹事，就是敌我矛盾；一些干部习惯于按照革命时期的经验办事，用类似处理敌我矛盾的办法处理罢工、罢课事件，造成矛盾激化；对于"百花齐放，百家争鸣"和"长期共存、互相监督"的方针也存有怀疑和抵触的情绪。上述情况表明，在开始进入社会主义社会，全党和全国工作重心转向经济文化建设的时候，努力教育党员干部从习惯于搞阶级斗争转变到主要开展经济建设和学会处理人民内部矛盾，是必要的。

1957年2月27日，毛泽东主席在有1800多位各方面人士出席的最高国务会议第十一次（扩大）会议上，以《如何处理人民内部的矛盾》为题发表讲话，系统地阐明关于严格区分社会主义社会的敌我和人民内部两类矛盾以及正确处理人民内部矛盾的问题。同年6月18日，这篇讲话以《关于正确处理人民内部矛盾问题》为题公开发表。

1957年4月27日，中共中央发出《关于整风运动的指示》，提出：由于党已经在全国范围内处于执政地位，得到广大群众的拥护，有许多同志就容易采取单纯的行政命令的

①《中国共产党第八次全国代表大会关于政治报告的决议》，冯文彬等主编：《中国共产党建设全书（1921—1991）》，山西人民出版社1991年版，第457页。

办法去处理问题，而有一部分立场不坚定的分子，就容易沾染旧社会作风的残余，形成一种特权思想，甚至用打击压迫的方法对待群众。因此，有必要在全党进行一次普遍、深入的反对官僚主义、宗派主义和主观主义的整风运动。整风运动的主题是正确处理人民内部矛盾。从5月8日到6月8日，中共中央统战部、国务院第八办公室单独或联合在京召开38次由各民主党派负责人、无党派人士、工商界人士参加的座谈会，希望大家多发表一些批评意见，帮助共产党进行整风。各级党政机关和高等学校、科研机构、文化艺术单位的党组织也纷纷召开各种形式的座谈会和小组会，听取党内外群众的意见，欢迎大家"鸣放"。①

受全国形势的影响，山东大学于5月18日开始大鸣大放，并张贴大字报。5月28日，学生自发组织"民主论坛"。师生可以上"民主论坛"自由发言，进行辩论。鸣放意见中既有帮助党整风的善意批评，也有某些过激或存在不满情绪的言论。党委设立接待室，听取意见和建议。党团员和群众同时鸣放起来，全校气氛活跃，前所未有。

这期间，各系按照党中央的部署和学校党委要求，召开教师座谈会，真诚地向学校党委提意见。在外语系召开的教师座谈会上，赵太侔、伍恩照、徐维恒、翟杰倪、唐郁南、唐启南、金诗伯等先后发言。赵太侔提出学校存在着行政效率不高，重德轻才等诸方面的问题。②

5月下旬至6月初，国内政治生活的气氛十分紧张，社会上极少数人趁"大鸣""大放"之机向党和新生的社会主义制度放肆地发动进攻。他们把共产党在国家政治生活中的领导地位攻击为"党天下"，公然提出共产党退出机关、学校，公方代表退出合营企业，要求"轮流坐庄"，妄图取代共产党的领导。③

6月8日，《人民日报》发表《这是为什么》的社论，指出"当前政治生活中，某些人利用党的整风运动进行尖锐的阶级斗争"。6月19日，《人民日报》发表经过毛泽东作了若干重要补充和修改的《关于正确处理人民内部矛盾的问题》讲话稿。发表的讲话稿增加了判断人们言行是非的六条政治标准。毛泽东指出，这六条标准中最重要的是社会主义道路和党的领导两条。

根据中央关于组织力量向右派进行反击的部署，6月17日，中共山东省委在当天的《大众日报》发表文章，对包括陆侃如在内的18人公开点名批评。6月18日，山东大学部

---

① 本节历史背景部分参见《中国共产党历史》，第二卷（1949—1978）上册"第十一章　全党整风和反右派斗争"，中共党史出版社2011年版。

②《赵太侔在外文系教师座谈会上发言》，载《新山大》1957年6月5日。

③ 中共中央党史研究室：《中国共产党历史》第二卷（1949—1978）（上册），中共党史出版社2011年版，第447页。

署开展反右派斗争。6月29日，学校召开全校教职工学生大会，晁哲甫作前一阶段整风情况和今后意见的报告。到7月上旬，反右派斗争告一段落。全校共划出"右派分子"204人，其中教师（包括工农速中教员）54人、学生144人、干部6人，"反右"斗争犯了扩大化的严重错误。这些人中，有教授、副教授16人，除陆侃如、束星北、赵俪生、沈汉祥等著名学者外，大多数则是不谙世事、书生气十足的青年学生。

3月22日，《新山大》以《我校处理右派大辩论收获丰硕》为题，刊发学校对右派处理的结果。至此，整风反右运动告一段落。

反右派斗争结束后，学校对部分负责人进行调整，免去陈机、沈汉祥、刘鸿宾和曲漱蕙分别担任的生物系主任、水产系主任、物理系副主任、图书馆副馆长职务；撤销科学研究处，其日常工作归并教务处。在总务处下设立教学设备科。总务处原庶务科与房产科合并，改为总务科。同时任命一些单位的负责人。[①]

第二节　1958年的教育革命

1957年10月27日，《人民日报》发表社论，首次提出"大跃进"的口号。1958年是我国执行第二个五年经济计划的开局之年。5月，在党的"八大"二次会议上制定"鼓足干劲，力争上游，多快好省地建设社会主义"的总路线，号召全国各族人民解放思想，破除迷信，敢想敢干，争取15年内或更短时间内，在主要工业产品的产量方面赶上和超过英国，实现国民经济的全面跃进。

1958年9月，中共中央、国务院发布《关于教育工作的指示》，提出"党的教育工作方针，是教育为无产阶级的政治服务，教育与生产劳动相结合"。"为了实现这个方针，教育工作必须由党来领导"。规定"在一切学校中，必须把生产劳动列为正式课程"，"今后的方向，是学校办工厂和农场，工厂和农业合作社办学校"[②]。一场以勤工俭学、教育与生产劳动相结合为中心的教育革命很快兴起，成为全国"大跃进"运动的组成部分。

3月15日，学校举行以"大跃进"为主要内容的全校师生员工誓师大会。会上，各系学生代表提出各自的计划；通过《山东大学六比公约》（即：比政治、比学习、比卫生、比勤俭、比文体、比干劲）和向山东各高校发出的挑战书。会后举行跃进誓师大游行，由此拉开山东大学"大跃进"的序幕。

①《学校人事有调整，机构有变动》，载《新山大》1958年4月8日。
②何东昌主编：《中华人民共和国重要教育文献（1949—1975）》，海南出版社1977年版，第856页。

一、积极开展勤工俭学

教育与生产劳动相结合，是1958年教育革命的重要内容。从年初开始，教育部、共青团中央等部门不断召开会议、发出指示，要求教育战线大力开展勤工俭学活动，以此作为教育与生产劳动相结合的重要方式。党的八大二次会议后，勤工俭学运动发展到大办各类工厂。

1958年3月初，山东大学成立以杨希文为主任委员，由校长、各处处长、团委、工会、学生会及各系负责人组成的勤工俭学指导委员会，统一安排和指导全校学生的勤工俭学活动。3月29日，勤工俭学指导委员会举行第一次会议，会议要求在最短的时间内制订出校、系两级的勤工俭学的具体规划，各系成立勤工俭学指导小组，负责领导本系的勤工俭学活动。

在教育革命中，山东大学组织全校师生大炼钢铁，大办工厂，大搞农副产品生产，大干社会主义公益劳动等，主要是结合专业大办工厂和农场。

10月1日，山东大学对勤工俭学运动进行总结。全校已建和正在筹建的工厂、农场共计56处，并有41处投入生产。已生产和即将生产的产品237种，其中有的是国内过去没有生产过的，有的已达到国内最高标准，有的还达到国际标准。国庆节前夕，有81项272件产品被选送到北京，参加全国的教育和生产劳动相结合展览会。参加勤工俭学的人数，已达到学生的百分之百了，而且越来越多的教职员工也投入这一运动。[1]

在勤工俭学活动中，学校建立的工厂和农场主要有钢铁厂、金工机械厂、磁性材料厂、探测仪器厂、化学试剂厂、活性炭厂、果树园艺和农场、微生物制品厂、水产养殖厂、海水综合利用厂等。此外，各系还根据实际，建立系办的工厂和农场。例如中文系的印刷厂、历史系的水泥厂、生物系的生物制品厂、化学系的电镀厂、物理系的无线电仪器厂等。这些工厂和农场既是生产劳动基地，又是进行教学和开展研究的场所。[2]中文、历史两系学生为本市各区创办六所业余学校。在服务性劳动中，学生成立"三八"缝纫组、理发组、修鞋组、印染组等，为学校师生服务。

各系在实行教学、科研、生产劳动三结合中，不断探讨新技术，研制新产品，其中柱头虫、绿海葵、纯硫酸、保险粉、钛酸钡五种均达到国内较高水平。水产系从海带中提制的药用甘露醇，质量也达到同类进口药品的标准。生物系研制的细菌肥料，对农业增产颇具实用价值。此时学校的勤工俭学活动，由单纯的体力劳动走上了结合专业的道路，

---

[1]《伟大的一年　辉煌的成就》，载《山东大学报》1958年10月1日。
[2] 山东大学校史编写组：《山东大学校史（1901—1966）》，山东大学出版社1986年版，第253页。

对学校、科研和生产都有促进。①

在勤工俭学运动中，中文系率先行动，在党委领导下兴建东风钢铁厂。没有资金，中文系学生利用暑假集体到青岛大港拉煤、装轮船，用挣来的钱兴建炼钢厂。为了早日建成钢铁厂，中文系学生白天到工厂参观学习，晚上进行研究，在自学《冶金学》基础上，设计出炼钢炉的图纸，建起小高炉，于7月31日炼出了第一炉钢，受到学校的表扬。历史系学生不甘落后，兴建起炼铁厂。在中文、历史系的带动下，学校掀起了大炼钢铁的高潮，至10月23日共炼出钢铁42吨。为了完成和超额完成国家制定的1958年钢产量1070万吨的任务，化学系三四年级部分学生和教师120人，响应山东省委的号召，于1958年9月下旬奔赴山东钢铁生产第一线，进行为期两个月的钢铁分析和化验工作。

为向七一献礼，学校勤工俭学展览于7月2日开幕。8月29日至31日，学校召开勤工俭学代表会议，对前一阶段工作进行总结，号召全校师生员工行动起来，把勤工俭学运动推向更高阶段。9月13日，山东工学院、农学院、医学院、师范学院四院党委书记及院长等17人组成的省高校参观团，由副省长王哲带队来校参观勤工俭学及交流经验；9月15日，又在杨希文副校长陪同下参观化学系、生物系、海洋系勤工俭学情况。

在勤工俭学活动中，广大师生劳动观念有所提高，增强了与工农之间的感情，把体力劳动与专业实践相结合，对教学、科研和生产有所促进，但大办工厂打乱了教学计划，偏离了教育教学基本规律，影响了人才培养的质量和水平。

二、教学改革偏重于生产劳动

在教育革命中，山东大学各系制定了教学改革方案。据记载，方案中首先体现了政治挂帅，贯彻党的教育方针，以提高教学质量，保证培养规格；建立又红又专的师资队伍。在课程设置上，各系都增加了政治课的比重。文科以毛主席著作为纲，贯彻厚今薄古、古为今用的方针，大力削减古代方面的课程。理科强调密切结合生产和实际，面向工农业生产，面向山东地区，大力发展尖端科学。方案把课堂教学、生产劳动、现场教学、生产实习、调查访问结合起来，有些课程采用报告、自学、辩论和作结论的方式。制订教学大纲和编写教材采用党总支、教师、学生三结合的方式，每学期的教学计划，都要在学生中讨论。②

在具体的教学改革实践中，各系呈现出不同的特点。中文、历史两系师生，通过下乡

---

① 山东大学校史编写组：《山东大学校史（1901—1966）》，山东大学出版社1986年版，第253页。

② 《伟大的一年　辉煌的成就》，载《山东大学报》1958年10月1日。

下厂参加劳动实践，写出《高唐人民公社史稿》和《枣庄煤矿史稿》；数学系师生参加工厂劳动中，通过数学计算，提出最佳生产程序，提高了工作效率；物理系师生对农业机械深耕犁、播种机等做研究改进，使之更加简便适用；化学系师生对大炼钢铁中的产品进行分析化验，提高了炼钢的质量；水产系师生开展水产养殖和加工的生产劳动，为开发海洋、利用海洋迈出新的步伐。这种边劳动边教学的方式，训练了学生的实际操作能力，也为促进工农业生产做出了一些成绩。据统计，在教育革命中共修订教学大纲117门，编出教材129种，撰写公社史、厂矿史、学校史4部，解决生产中较大的技术问题58个，提出科学论文或报告22篇。[①]

为了落实教育与生产劳动相结合的方针，学校多次组织学生到青岛工厂、农村参加劳动，全校范围的有两次。一次是4月28日至5月3日，利用春假组织全校师生1700多人到青岛郊区的四个农业社参加修水库等农业劳动；另一次是6月初，学校组织1000多名师生到青岛沙子口抗旱浇小麦，4天时间浇地700余亩。

通过教育革命，学校建立起党对教学工作的领导，贯彻了教育为无产阶级政治服务、教育与生产劳动相结合的方针。学生增长了生产实践知识，受到专业基本技能的训练，思想上有一定的提高。

由于"左"倾错误的影响，在教育革命中，开展了"拔白旗"、批判"反动学术权威"的群众运动，采取粗暴简单的方式，将一些老教师作为"拔白旗"的对象，横加批判，挫伤了一部分知识分子的积极性。教师和学生参加生产劳动过多，忽视课堂教学，教师在教学中的主导作用被削弱，教学质量未能得到保证。

第三节　山东大学大部迁往济南

一、学校领导体制变更

1958年3月8日至26日，中共中央在成都召开由中央相关部门和部分省（自治区、市）党委第一书记会议，讨论和研究国家经济建设、技术革命和文化革命等一系列问题，通过了《关于一九五八年计划和预算第二本账的意见》等40多个文件，[②]其中就有关于高等院校下放的意见。4月2日，在中央政治局会议上正式通过《中共中央关于高等学校和中

---

① 山东大学校史编写组：《山东大学校史（1901—1966）》，山东大学出版社1986年版，第252页。
② 中共中央党史研究室：《中国共产党历史》第二卷（1949—1978）上册，中共党史出版社2011年版，第465页。

等技术学校下放问题的意见》。意见提出：

为了切实加强党对高等学校和中等技术学校的领导，为了使这些学校培养出来的人材更加适合各地社会主义建设发展的需要，除了少数综合大学、某些专业学院和某些中等技术学校仍由中央教育部或者中央有关部门直接领导以外，其他的高等学校和中等技术学校都可以下放，归各省、市、自治区领导。中等技术学校（包括技工学校）可以比高等学校更多地下放，地方性较大的学校（例如农学院、医学院、师范学院等）可以比统一性较大的学校（例如综合大学、工业学院等）更多地下放。没有设立综合大学的省和自治区，可以新办或者以现有的专业学校为基础办一所综合大学。[①]

同时下放的还有统一招生和毕业生分配权限。

这样一来，设立高等学校的审批权、招生和毕业生分配权一并下放到省一级政府，国家对高校的管理，就从"条条为主"变更为"块块为主"，建立起了中央和地方两级管理、分工负责，以省级管理为主的新体制。

根据意见要求，教育部会同有关部门研究确定，将由中央领导的全国299所高等院校下放187所归地方领导，数量超过六成。7月，教育部电告山东省和山大："高等学校下放名单中央已同意，不日即可下达。我部下放你省的学校计有山东大学和山东工学院两校，请教育厅即代我部办理交接事项及手续。"[②]之后的一个月里，山东省教育厅与学校就经费划拨、物资供应、基本建设等事项逐一对口交接。自9月1日起，山东大学归山东省领导。[③]

7月8日，中共中央任命成仿吾为山东大学校长兼党委书记。8月28日，成仿吾到校视事。

校长兼党委书记成仿吾

成仿吾（1897—1984），湖南新化人。早年留学日本东京帝国大学，是新文化运动的主要代表之一。1925年任国立广东大学教授和黄埔军校教官。1928年在法国巴黎参加中国共产党。1931年回国后任鄂豫皖苏区省委宣传部长等职。1934年1月被选为中华苏维埃中央政府委员，10月参加二万五千里长征，途中任干部团政

① 何东昌主编：《中华人民共和国重要教育文献》，海南出版社1997年版，第812页。
② 中央教育科研所编：《中华人民共和国教育大事记》，教育科学出版社1984年版，第221页。
③ 据《山东大学百年史》第221、222页整理，山东大学出版社2001年版。

委。1935年到达陕北后，任中央党校教务主任。1937年全面抗日战争爆发，大批青年从全国各地奔赴延安，中央决定成立陕北公学，成仿吾出任校长。1939年创建华北联合大学并担任校长，后任华北大学副校长。新中国成立后，先后担任中国人民大学副校长、校长、党委书记，东北师范大学校长兼党委书记。

客观地说，成仿吾此时履职山东大学，面临很大考验。一则，全国"大跃进"运动声势浩大，学校勤工俭学、生产劳动、开办工厂等热火朝天，教学和科研工作受到严重冲击。二则，学校刚刚归山东省领导，省校双方有个相互适应的过程，存在某些不确定性。三则，海洋系、生物系近百名师生即将参加国家科委组织的全国海洋普查，正在进行培训，这是国家任务，马虎不得。面对重重困难，成仿吾校长提出"有秩序、上轨道、抓重点、收实效"，并将其作为学校一个时期的工作指导思想，希望恢复正常秩序，逐步实现他"把山大办成第一流的大学"[1]的愿望，但时隔仅半月，他将又面临着一个更急迫、难度更大的挑战。

二、山东大学大部迁往济南

1958年秋，山东省委研究了全省高等学校的布局和发展问题，决定将山东农学院迁往泰安，以利于直接为农业生产服务；决定将山东大学由青岛迁往济南（海洋、水产、地质三系留青岛）以利于更好地扩建和发展。[2]

9月16日，山东省委电令学校负责同志前往济南研究迁校事宜。因成仿吾校长刚到校，学校派党委副书记张滨黄于18日去济南，省教育厅负责同志当面传达山东大学迁校济南的决定。省里认为，当前全国工农业生产正在"大跃进"，高等教育也要大发展，山大由于青岛环境限制难以扩建发展。迁往济南则有四大优点：①山东大学是有较好基础的高等学校，还要创设文学、历史、数学、物理、化学、生物等研究所，迁往济南有条件发展。②可以和其他高等学校相互学习，交流经验，取长补短，共同提高。③便于省委、省人委的领导，全国高等学校多数在省会。④已决定山东农学院迁去农村，山大迁济可接住该院校舍，再大力扩建，逐步成为规模具备的综合大学，为社会主义培养多方面的人才。[3]21日学校研究了迁校的具体计划，决定按上级指示精神，中文、历史、数学、物理、化学、生物学系迁往济南，海洋系、水产系和正在筹建的地质系留在青岛。

① 余修：《怀念成仿吾校长》，《成仿吾传》编写组：《成仿吾传》，中共中央党校出版社1988年版，第179页。
② 《山东大学百年史》编委会编：《山东大学百年史》，山东大学出版社2001年版，第235页。
③ 《山东大学百年史》编委会编：《山东大学百年史》，山东大学出版社2001年版，第236页。

　　根据迁校计划，9月23日召开全体师生动员大会，成仿吾校长要求全校人员加强组织纪律性，发扬大干苦干的精神，团结互助，在统一指挥下完成艰巨的迁校任务。28日，中文、历史两系600人先去济南，接受炼铁任务。从10月3日起，迁济人员和物资分批行动，至10月24日，最后一批人员和物资到达济南，搬迁任务完成。

　　资料显示，山东大学搬离青岛早有伏笔。1955年高等教育部拟重新调整高等学校布局，报请国务院批准，将沿海某些高校内迁实现新的部署，其中就有交通大学、山东大学等高校。最初拟将山东大学迁往河南郑州，后经教育部审慎研究，决定改为由山大派人去河南筹建一所新的大学。1956年国务院通知，山东大学仍暂留青岛，就现有校舍容量招生，必要时再迁济南。国务院的这个通知并非凭空而下，而是缘于山东省把山东大学迁往济南的动议。此议曾在山大教师和干部中做过酝酿，那时民主空气浓厚，知识分子愿意表达意见。不同意迁济的理由有以下几条：

　　（一）青岛环境优美，气候宜人，得天时，占地利，是理想的办学和研究环境。

　　（二）山东大学就是因为设在青岛，专家学者多愿应聘，从而创造她的"黄金时代"，国内外闻名，迁去济南将失去这一优势。

　　（三）培养人才首先在于质量，山东大学在青岛虽然规模不大，但以质见胜，蜚有声誉，这个好的传统一定要保持。

　　（四）应在济南另建综合性大学，山东省人口多于英、法，土地接近日本，再建几所综合性大学也不算多。只此一所，何必搬来搬去？[①]

　　省委对上述意见甚为重视，同意此事缓议。之所以"缓议"，除了山大教师干部的意见之外，还有一个因素不能忽视，即此时山东大学隶属于教育部，此关不过，山大迁济之事山东省一方难以实施。但时过境迁，一方面，在经过"反右"斗争后，教师、干部噤若寒蝉，对上级决定不再表达不同意见；另一方面，山东大学此时已经由山东省领导，省里决定山大迁济是其职权范围内事。"一纸决定下来，再也没人提什么意见，三天之内行动，一个月内搬迁完毕。"[②]山大人执行力之强、行动之迅速，让人印象深刻。

　　山大大部迁至济南，海洋、水产、地质三系和海洋生物学专业及部分教研室留在青岛。紧接着，山东大学党委成立山东大学（青岛）党委和山东大学（青岛）校务委员会（史称"青岛部分"），党政工作的重点就是在原校址筹建一所面向海洋的大学。

[①] 田广渠：《山东大学从青岛迁济南始末》，载《山东大学报》2011年3月30日。
[②] 田广渠：《山东大学从青岛迁济南始末》，载《山东大学报》2011年3月30日。

第四节　共同期　兄弟情

历史地看，不论是风云际会，还是历史必然，山东大学与中国海洋大学在青岛这片沃土上命运与共，形成了长达30年的共同期。

1998年5月，受学校领导委托，校报编辑部主任魏世江拟函，就编撰《青岛海洋大学大事记》需要借鉴《山东大学大事记（1901—1990）》中相关内容一事，与山东大学沟通、商榷，正式提出两校"共同期"概念。去函说，青岛海洋大学与山东大学原本一家，发展历史一脉相承。山大已近百年，是国家历史悠久的名校之一，海大历史从私立青岛大学算起也有70多年了。经学校领导研究，决定编撰《青岛海洋大学大事记》。考虑到两校有长达30年的共同期，其间学校发生的大事，先期出版的《山东大学大事记》已有记载，海大在编撰大事记时不可能"另起炉灶"，需要借鉴、使用共同期内有关内容。现去函征求意见，并在后记中将使用情况予以说明。[①]12月11日，山东大学回函：

贵校《关于借鉴使用〈山东大学大事记〉有关内容的意见》函收悉。山东大学与青岛海洋大学历史一脉相承，原本一家，始终情同兄弟，有着深厚的情谊。对于贵校编撰《青岛海洋大学大事记》，需利用《山东大学大事记》有关两校共同期的记载内容一事，我们同意贵校来函中的意见。能为贵校尽绵薄之力，我们是十分高兴的。愿两校的友谊万古长青。[②]

这样，两校就用官方名义、正式文本的形式确认，自1929年6月国立青岛大学批准成立至1958年10月山东大学大部西迁济南的30年，为两校发展历史上的共同期。共同期内的校史资源由双方共享，这就是人们常从两校史籍中看到相同的人物、相似的故事之缘由。"共同期"也成为校史研究中的一个常见词。

2004年金秋十月，中国海洋大学举行成立80周年庆典。山东大学校长展涛教授代表国内高校致辞。他深情地讲道：

作为山大的一员，前来参加海大的校庆庆典，心中最深切的感受就是亲切。因为山大、海大46年前，山海相依，山中有海，我们原本是一家。上个世纪中叶，我们离海而去，向着泰山的方向，西进济南，从此山大不再以海为伴，山大近山，从此山海相望，海大、山大成为分处两地、遥相牵挂的兄弟，成为相互支持，共同发展的挚友和伙伴。我们总是怀着关切和美慕的心情，怀着一份特殊的情感，遥望大海，注视海大，你们取得的每一个辉

① 中国海洋大学档案馆藏，档号：HD-1998-XZ18-6。

② 中国海洋大学档案馆藏，档号：HD-1998-XZ18-6。

煌，都让我们同样欣喜和骄傲。从学院到大学，从青岛、山东到中国，你们的名气和影响与日俱增。在我们至今还在为学校如何形成特色而苦苦追寻和徘徊的时候，你们以鲜明的海洋特色，在国内独树一帜。你们高举着"中国"的旗帜，在南极、在世界独领风骚。当我们为趵突泉的突涌欢呼雀跃的时候，你们却从不用担忧大海和这座美丽城市的永恒魅力。今天的海大，以它浓厚的文化底蕴、鲜明的学科特色和地域优势，成为中国大学中一颗耀眼的明星。我们对尊敬的管华诗校长和海大的朋友们钦佩和羡慕不已。

我们羡慕海大，我们向往大海，我们虽然近山，依然有大海一样的胸怀，你们伴海，同样有高山一样的气质与品格。在培育民族中坚、服务社会发展、探求科学真理、引领民族进步的共同追求中，在实现中华民族复兴的伟大事业中，我们愿与海大的朋友一起加强合作与交流，让我们的友谊结出更加丰硕的果实。祝愿中国海洋大学明天创造更加灿烂的辉煌！[1]

展涛校长情真意切的祝辞，既是两校历史的真实写照，更是两校师生的情感共鸣。

2014年10月25日，在中国海洋大学90华诞庆典上，山东大学校长张荣教授以《山海相依，弦歌共续》为题，代表国内高校致辞。他说：

在齐鲁大地乃至全国高校中，山东大学与中国海洋大学有着特殊的关系。两校的师生常说"山海一家亲""山大海大是一家"，山大人与海大人不管在哪里相遇，都有一种特殊的亲近感……山大与海大同根同宗、血脉相连。上个世纪30年代，在救亡图存、民族危难的时代背景下，在励精图治、兴国振邦的历史使命下，我们曾在同一个校园谱写同一段历史、创造同一段传奇……赢得了"海洋学科远东第一""生物学科全国最好"和"文史见长"的三大美誉，写下了华美的历史篇章。而脱胎于共同的母体，我们也拥有共同的精神传承，从"为天下储人才，为国家图富强"到"教授高深学术，养成硕学宏材，应国家需要"，以天下为己任，为国家育栋梁的历史担当，成为我们共同的文化基因，深深融在两校师生的血脉中。[2]

两任校长，相隔十年的贺词，表达的都是山大、海大同根同宗、血脉相连的兄弟情谊，都是山大人、海大人为国育才、图兴图强的共同基因和使命担当。两份贺词，逻辑严谨，感情充沛，感人至深。一时传为佳话，历久更显魅力。

从山东大学大部迁往济南，迄今已逾一个甲子。其间，山大、海大山海相望，相互支持，共同进步，都发展成为国内外知名大学，为中国高等教育事业发展、为国家的现代化建设作出了重要贡献。

---

①魏世江主编：《走在特色之路上　中国海洋大学校外媒体新闻作品选（2000～2004）》，中国海洋大学出版社2005年版，第159—160页。
②张荣：《山海相依　弦歌共续》，载《中国海洋大学报》2014年10月30日。

附录
中国海洋大学校园沿革

【清军兵营】1891年6月，清光绪帝批准在胶澳设防。1892年8月，登州总兵章高元率兵移防胶澳，先后在青岛山、八关山麓建造广武中营（炮兵营）和嵩武中营（骑兵营），时称东大营，分别位于今鱼山校区鱼山路体育场一带和八关山西北部的五校门一带。这是鱼山校区第一次出现建筑物。

【德国俾斯麦兵营】1897年11月，德国侵占青岛，德军驻扎在嵩武中营。1903年至1909年，拆除嵩武中营，修筑俾斯麦兵营，包括四栋士兵营房和其他建筑，计十余栋。今存海洋馆、地质馆、水产馆（一号楼、二号楼）、铭史楼、"一多楼"六栋。

【日本万年兵营】1914年7月，第一次世界大战爆发，日本侵占青岛并驻扎在俾斯麦兵营。随后，日军将俾斯麦兵营与原清军广武中营合并，改称万年兵营。

【日本青岛中学】1921年6月，日本青岛中学新校舍建成，主要建筑有教学楼、寄宿公寓。今鱼山校区"六二楼"、"胜利楼"、鱼山路校门和鱼山路体育场为其遗存。

【青岛兵营】1922年，中国政府收回青岛主权。北洋陆军第5师第10旅进驻，将万年兵营更名为青岛兵营。

【私立青岛大学校园】1924年8月，胶澳商埠督办高恩洪创办私立青岛大学。9月，胶澳商埠督办公署将俾斯麦兵营拨给私立青岛大学作为永久校址。校园面积300余亩，有建筑十余栋。胶澳督办公署将学校周边的三条道路分别命名为大学路、定安路（今桃海路）、青中路（今红岛路），将校内的小山命名为定安山，即今八关山。

【国立青岛大学校园】1929年6月，南京国民政府收用私立青大（青岛）和省立山大（济南）校址校产，批准成立国立青岛大学。测得包括山体在内的校园面积为738.4亩，后经青岛市政府多次缩减，尚有410亩、校舍12座，编为第一至第十二校舍，今"一多楼"是第八校舍。

【抗战前国立山大校园】1932年9月，国立青岛大学更名为国立山东大学。至1937年，相继建成科学馆、体育馆、工学馆、水力试验室、化学馆。还在燕儿岛建有农业试验场，植有花木，种有果树。在汇泉浴场（今第一海水浴场）建有更衣室。

【日本兵营】1938年1月，日本第二次侵占青岛，将国立山大校园作为兵营。日军沿大学路修筑了钢筋混凝土围墙，并在水产馆前修建了23级台阶，连接台阶下的小广场（史称"六二广场"）。

【美军兵营】1945年秋，美军进驻青岛，将原国立山大校园和日本青岛中学校址作为兵营，并对大学路院墙进行加固，加高到2米，成坡形，墙宽2米，在墙上架设了铁丝网。美军还在校园内的"六二楼"后、二校门内、化学馆前、八关山坡（现教学楼位置）等多处，修建了半圆形军用铁皮房子；还在化学馆旁建了一处红砖平房，将化学馆两端加盖了一层，成为今化学馆样貌。

【抗战后国立山大校园】1946年春，国立山东大学在青岛复校。学校接收鱼山路5号原日本青岛中学校址，作为文、理两院院址和校本部；此外，还接收位于松山路的原日本第三小学校址，作为工学院、农学院的院址；接收位于武定路的原日本第一小学及德平路五号原日本俱乐部旧址作为先修班及医学院院址；以江苏路18号原日本同仁会医院作为附属医院；并购置辽宁路三处工厂作为实习工厂；将鱼山校区、松山路校区、武定路校区分别称为一院、二院和三院。学校还把接收的大学路3号（今鱼山路36号）日本青岛商业学校的教工宿舍和欧阳路（今合江路1号）上的一处公寓楼作为教师宿舍，分别称第一公舍、第二公舍。1948年，学校在现"胜利楼"后建设了"创造村"四栋楼。

1949年2月，美军撤离青岛，学校收回被强占四年之久的校园校舍，主要包括原私立青大校园、科学馆、化学馆等。学校将齐河路西段（今桃海路）及蓬莱路均划于校园之内，形成了东自红岛路、北至登州路、西至大学路、南至鱼山路的完整校园。至此，原私立青岛大学校园和复校后接收的校园连成一片，形成如今中国海洋大学鱼山校区的基本格局。校门分设于鱼山路、大学路、红岛路和齐河路上。

【山东大学校园】1949年6月青岛解放后，山东大学将武定路三院归还给青岛市。

1951年3月，华东大学与山东大学合并，又接收原日本女子中学（黄台路10号）的旧址，作为艺术系、政治系的系址，学校的校园面积达到历史最大。

1952年院系调整后，山大的土木系与山东工学院的土木、纺织专业合并成立青岛工学院，校址分设在黄台路10号和松山路16号（原国立山大二院）两处。1956年青岛工学院停办，山大医学院独立，定名为青岛医学院，校址为青岛工学院的原址。位于江苏路的山大医学院附设医院亦改称青岛医学院附属医院。

1956年8月，山东大学被迫开放校内的红岛路，成为一条市政道路。1953年至1957年，学校陆续建设了10余栋建筑，主要有直教楼、校医院楼、学生宿舍楼、教学楼、标准海水厂楼和八关山礼堂。

【山东海洋学院校园】1958年10月，山东大学大部迁往济南。1959年3月，经中共中央批准，山东海洋学院成立，校址即为山东大学校址。山东大学附属中学留在青岛，更名为山东海洋学院附属中学，校舍在水产馆2号楼，校门开在红岛路上。1963年夏，海院附中移交给青岛市教育局，易名为青岛第三十九中学，新建校舍位于登州路5号，腾空校舍由水产系使用。

1965年12月，学校在即墨县蓝村建设淡水养殖实验场，面积78亩，建筑房屋413平方米，铺设大型管道900余米，修筑汽车路1500多米。

1972年8月，青岛市城建局批准，将青岛近郊的小麦岛5.5亩国有土地划拨给学校，建设了综合性海洋实验站。1973年学校选址八关山筹建观象台，主体工程于1976年建成并投入使用。"文革"期间，学校校园失去了至少三分之一的面积，主要是红岛路东侧至青岛山的部分。

1979年至1987年，学校先后建设了新教学楼、计算机中心楼、图书馆、物理海洋实验楼（文苑楼）、电教楼、测试中心楼；建成8栋学生宿舍楼；先后在鱼山路、阴岛路（今红岛路）、辛家庄长汀路新建了教职工住宅。

【浮山校区】1989年浮山校区开工建设，先后建成综合楼、经贸学院楼等主体建筑和一批学生宿舍、学生食堂、教工住宅以及其他辅助用房。至2002年，总建筑面积达到14万平方米。1996年8月起，外国语学院、国际语言文化交流学院（现文学与新闻传播学院）、海尔经贸学院（后分设经济学院、管理学院）、工程学院、信息科学与工程学院（现信息科学与与工程学部）、数学系等院系入驻。

在浮山校区建设的同时，鱼山校区先后建成物理海洋实验大楼、海洋药物楼、逸夫科技馆、师苑餐厅、学苑餐厅、基础教学实验楼、金海苑等一批教学、科研、生活建筑。

【崂山校区】2002年学校决定建设崂山校区。崂山校区位于崂山区松岭路238号，占地1642亩，2004年10月奠基，分二期建设。一期工程包括理工科院系楼、学生生活区、图书馆、教学楼等，各类校舍面积总计31.4万平方米。2006年9月崂山校区启用，海洋环境学院、信息科学与工程学院、化学化工学院、海洋地球科学学院、工程学院、环境科学与工程学院、法政学院、材料科学与工程研究院迁入，入住学生8000余人；二期工程于2010年建成，包括行政办公楼、文科院系楼、综合体育馆，共约27万平方米。二期工程建成后，文学与新闻传播学院、数学科学学院、社科部（现马克思主义学院）迁入。之后，又相继建设了海洋科技中心楼、工程实训中心楼、中海苑学生宿舍等建筑。崂山校区现总建筑面积66.899万平方米。

【西海岸校区】2016年11月，青岛市人民政府与中国海洋大学签署协议，确定在青岛市西海岸新区共建中国海洋大学海洋科教创新园区（西海岸校区）。西海岸校区主要布局工科、应用学科和新兴交叉学科，定位为濒海实验基地和海上试验场、工程技术学科群和研发基地、海洋发展战略研究领域协同创新中心、融合发展创新示范区、体制机制创新试验区，并为学校长远发展留下空间。西海岸校区按照"百年校园、总体规划、分步推进、注重实效"的指导思想，分期建设。

西海岸校区位于青岛市三沙路1299号，规划占地约2800亩，总建筑面积约185万平方米，容纳在校生总规模20000人、教职工2000人。在总体设计上，通过"古典、近代、现代"三个建筑风貌带，实现与地形、山林相宜，与开阔海面相协调的布局，诠释史承与创新、古典与现代的主题。

2019年9月，西海岸校区奠基并开工建设。2022年9月，一期项目约60万平方米的校舍建成，包括学习综合体、电子信息楼、计算机楼、工程楼、食工楼、材料楼（一期）、西区学生宿舍与食堂、海洋生物资源开发中心（一期）、教工公寓（一期）、东区学生宿舍与食堂。

学习综合体总建筑面积约10.2万平方米，其中地上约9万平方米，地下约1.2万平方米。它集图书馆、综合教学、校园信息化管理等多重功能于一体，是西海岸校区的标志性建筑。

2022年9月，西海岸校区一期启用，计算机科学与技术学院、电子工程学院、工程学院、食品科学与工程学院、材料科学与工程学院整体迁入，共计7000余名师生进驻。

西海岸校区建设的不断推进，为中国海洋大学下一个百年发展提供了战略性保障。